21世纪高职高专规划教材·财经管理系列

管理学原理

（第2版修订本）

主　编　王欣欣
副主编　满　婧　王　楠

清华大学出版社
北京交通大学出版社
·北京·

内 容 简 介

本书是介绍管理学基本原理的实用教材,共分为 10 个项目。项目 1 和项目 2 分别介绍管理概述和管理学发展史;项目 3 至项目 8 讲述主要的管理职能,包括计划、组织、领导、激励、沟通和控制;项目 9 和项目 10 分别介绍企业文化和管理创新。

本书适应高职高专类管理专业的教学需求,注重结合高职高专类的教学目标,以培养学生的应用能力为主旨,在适度讲述基本理论的基础上,着重提高学生运用基本理论、基本方法解决实际问题的能力和水平,力求使学生以更好的方法来掌握管理知识。

本书封面贴有清华大学出版社防伪标签,无标签者不得销售。
版权所有,侵权必究。侵权举报电话:010-62782989 13501256678 13801310933

图书在版编目(CIP)数据

管理学原理 / 王欣欣主编. —2 版. — 北京:北京交通大学出版社:清华大学出版社,2017.6(2024.7 重印)
(21 世纪高职高专规划教材·财经管理系列)
ISBN 978-7-5121-3207-8

Ⅰ. ①管… Ⅱ. ①王… Ⅲ. ①管理学-高等职业教育-教材 Ⅳ. ①C93

中国版本图书馆 CIP 数据核字(2017)第 112900 号

管理学原理
GUANLIXUE YUANLI

策划编辑:吴嫦娥　　责任编辑:田秀青
出版发行:清 华 大 学 出 版 社　　邮编:100084　　电话:010-62776969
　　　　　北京交通大学出版社　　邮编:100044　　电话:010-51686414
印　刷　者:北京时代华都印刷有限公司
经　　　销:全国新华书店
开　　　本:185 mm×260 mm　　印张:20　　字数:499 千字
版　　　次:2020 年 1 月第 2 版第 1 次修订　2024 年 7 月第 8 次印刷
书　　　号:ISBN 978-7-5121-3207-8/C·192
印　　　数:14 001~15 000 册　　定价:49.00 元

本书如有质量问题,请向北京交通大学出版社质监组反映。对您的意见和批评,我们表示欢迎和感谢。
投诉电话:010-51686043,51686008;传真:010-62225406;E-mail:press@bjtu.edu.cn。

第 2 版前言

《管理学原理》自 2012 年出版以来,一直受到"管理学原理"课程的教师和学生的欢迎,本书先后重印 7 次,销量达 15 000 多册。近年来,管理环境瞬息万变,新的管理实践和思想层出不穷,人才市场对毕业生的实践应用能力的要求不断提升,同时,作为高职高专管理类专业专升本考试科目,学生需要更深入系统地掌握本门课程的知识体系。为此,我们决定对《管理学原理》进行修订再版。

任何组织都生存于一定的管理环境中,而当前的管理外部环境复杂多变,管理活动必须建立在环境分析的基础之上,因此,在项目 1 增加了管理环境的内容;管理思想博大精深,管理理论的发展历程揭示了管理学家们随着环境的变化调整组织管理实践的理念精髓,其中的很多方法和技巧现在仍然适用,因此,在项目 2 重新梳理了管理思想和理论的发展;为了更好地培养高职高专学生的实践应用能力,使学生不仅仅"知道"知识,还能够理解并应用所学知识解决实际问题,在每一个项目后增加了应用型练习;结合专升本考试大纲要求,对全书的知识点进行了重新的编排。

本书由王欣欣担任主编,负责结构和内容的确定及统稿;满婧、王楠担任副主编。具体编写分工如下:王欣欣编写项目 2、项目 3、项目 6、项目 7 和项目 8,满婧编写项目 1 和项目 5,王楠编写项目 4,孟扬编写项目 9,薛恒编写项目 10。

本书的再版修订工作得到了广大教师和同学的支持,北京交通大学出版社的田秀青编辑对本书的出版提供了极大的帮助。在此,对所有关心和帮助本书出版的朋友表示衷心的感谢!

编 者
2016 年 11 月

第 1 版前言

"管理学原理"是管理类专业的基础课，围绕管理的基本职能——计划、组织、领导和控制来组织全书的内容，将管理职能与技能，以及当前的管理实践结合起来，并融入了在当今这个快速发展时代所需要的新的能力。本书通过生动且易于理解的写作方式，结合当今时代的环境特点，采用大量的情景模拟和案例分析方法，使学生既尊重这个变动的管理世界，同时又增强他们理解和掌握管理技能的信心。在突出管理的基本原理与方法的同时，结合高职高专学生培养目标，注意吸收国内外先进的管理经验，力求反映现代管理理论研究的最新成果，努力做到内容系统全面，浅显易懂，实用性强。

本书重点突出以下特点。

一、结构设计更具灵活性

为提高学生的学习兴趣和实践应用能力，在教材的结构设计上进行了全新的安排，以学生应掌握的能力为主线，按项目块组织内容，每个项目块都有明确的能力培养目标，围绕培养目标安排理论和实践教学。

二、每个项目包含下列内容形式

1. 管理名言：结合教学内容选定有代表性的管理名言，简明扼要地指出本模块的核心思想，加深学生的理解。

2. 案例导入：精选与章节相关的引导案例作为每个项目的引言，引出将要讲授的内容。

3. 学习目标：明确指出将要学习的重点，指导学生的学习，并巩固他们对要点的记忆。

4. 管理实务练习：向学生提供进行自我测试和亲自体验实际管理问题的机会，为学生提供团队工作的体验。

5. 小结及习题：每个项目结束后进行重点内容总结，并辅以相应的练习题和讨论题。

6. 案例分析：选择与主要知识点相对应的案例，培养学生应用理论知识解决实践问题的能力。

三、内容安排注重理论与实践相结合

本书中将大量有关管理故事的书面例证安排在各章的关键点上，来阐明这些概念在具体工作中是如何被应用的。使学生能够接触到真实的案例，更好地掌握管理的概念。

本书由王欣欣、杨静担任主编，其中王欣欣负责本书结构和内容的确定及统稿；满婧、王楠担任副主编。具体编写分工如下：王欣欣编写项目六、项目七和项目八，满婧编写项目一和项目五，杨静编写项目二和项目三中的计划、目标管理，王楠编写项目四，孟扬编写项目九，薛恒编写项目十，李希杰编写项目三中的决策；李海燕、马红梅、代红和张妍参与了本书的编写工作，并提出了大量建议，在此表示感谢。

本书在编写的过程中参考了大量国内外专家学者的著作、教材和案例，涉及的内容已尽可能在参考文献中列出，在此对这些研究者表示真诚的感谢；如有疏漏，在此表示歉意。由于作者水平有限，书中难免会有疏漏和谬误之处，恳请诸位读者批评指正。

编　者

2012 年 7 月

目　　录

项目 1　管理概述 ……………………………………………………………… (1)
　◇ 学习目标 ……………………………………………………………… (1)
　1.1　管理的定义及性质 ………………………………………………… (2)
　1.2　管理的职能 ………………………………………………………… (7)
　1.3　管理者的角色和技能 ……………………………………………… (9)
　1.4　管理环境 …………………………………………………………… (13)
　◇ 本章小结 ……………………………………………………………… (19)
　◇ 复习题 ………………………………………………………………… (19)
　◇ 管理实务 ……………………………………………………………… (25)

项目 2　管理学发展史 ………………………………………………………… (27)
　◇ 学习目标 ……………………………………………………………… (27)
　2.1　早期管理思想 ……………………………………………………… (28)
　2.2　管理理论的形成与发展 …………………………………………… (36)
　◇ 本章小结 ……………………………………………………………… (53)
　◇ 复习题 ………………………………………………………………… (53)

项目 3　计划 …………………………………………………………………… (58)
　◇ 学习目标 ……………………………………………………………… (59)
　3.1　计划概述 …………………………………………………………… (59)
　3.2　目标管理 …………………………………………………………… (69)
　3.3　战略性计划 ………………………………………………………… (77)
　3.4　决策 ………………………………………………………………… (85)
　◇ 本章小结 ……………………………………………………………… (101)
　◇ 复习题 ………………………………………………………………… (101)
　◇ 管理实务 ……………………………………………………………… (107)

项目 4　组织 …………………………………………………………………… (109)
　◇ 学习目标 ……………………………………………………………… (110)
　4.1　组织概述 …………………………………………………………… (110)
　4.2　组织结构设计 ……………………………………………………… (114)
　4.3　组织结构的基本类型与运行 ……………………………………… (123)
　4.4　组织变革 …………………………………………………………… (132)
　◇ 本章小结 ……………………………………………………………… (142)
　◇ 复习题 ………………………………………………………………… (142)

I

◇ 管理实务 …………………………………………………………………… (152)
项目5　领导 ……………………………………………………………………… (153)
　　◇ 学习目标 …………………………………………………………………… (153)
　　5.1　领导的性质 ……………………………………………………………… (154)
　　5.2　领导理论 ………………………………………………………………… (157)
　　5.3　当代领导理论 …………………………………………………………… (170)
　　◇ 本章小结 …………………………………………………………………… (171)
　　◇ 复习题 ……………………………………………………………………… (172)
　　◇ 管理实务 …………………………………………………………………… (180)
项目6　激励 ……………………………………………………………………… (182)
　　◇ 学习目标 …………………………………………………………………… (182)
　　6.1　激励概述 ………………………………………………………………… (183)
　　6.2　"人性"假设理论 ………………………………………………………… (187)
　　6.3　激励理论 ………………………………………………………………… (193)
　　◇ 本章小结 …………………………………………………………………… (209)
　　◇ 复习题 ……………………………………………………………………… (210)
项目7　沟通 ……………………………………………………………………… (218)
　　◇ 学习目标 …………………………………………………………………… (219)
　　7.1　沟通概述 ………………………………………………………………… (219)
　　7.2　沟通的方法 ……………………………………………………………… (224)
　　7.3　沟通障碍及有效沟通 …………………………………………………… (235)
　　◇ 本章小结 …………………………………………………………………… (246)
　　◇ 复习题 ……………………………………………………………………… (246)
　　◇ 管理实务 …………………………………………………………………… (249)
项目8　控制 ……………………………………………………………………… (252)
　　◇ 学习目标 …………………………………………………………………… (253)
　　8.1　控制概述 ………………………………………………………………… (253)
　　8.2　控制的过程 ……………………………………………………………… (260)
　　8.3　有效控制的原则和要求 ………………………………………………… (266)
　　◇ 本章小结 …………………………………………………………………… (268)
　　◇ 复习题 ……………………………………………………………………… (269)
　　◇ 管理实务 …………………………………………………………………… (274)
项目9　企业文化 ………………………………………………………………… (275)
　　◇ 学习目标 …………………………………………………………………… (275)
　　9.1　企业文化概述 …………………………………………………………… (276)
　　9.2　企业文化建设 …………………………………………………………… (288)
　　◇ 本章小结 …………………………………………………………………… (293)

◇ 复习题	(293)
◇ 讨论题	(294)

项目10 管理创新 (296)
 ◇ 学习目标 (296)
 10.1 管理创新概述 (297)
 10.2 管理创新的过程和条件 (299)
 ◇ 本章小结 (306)
 ◇ 复习题 (306)
 ◇ 讨论题 (306)

参考文献 (309)

管理概述

有一个男孩买了一条长裤，穿上一试，裤子长了一点。他请奶奶帮忙把裤子剪短一点，可奶奶说，眼下家务事太多，让他去找妈妈。而妈妈回答他，今天她已经同别人约好去打牌。男孩子又去找姐姐，但是姐姐有约会，时间就要到了。这个男孩非常失望，担心明天穿不了这条裤子，他就带着这种心情入睡了。奶奶忙完家务事，想起了孙子的裤子，就去把裤子剪短了一点；姐姐回来后心疼弟弟，又把裤子剪短了一点；妈妈回来后同样也把裤子剪短了一点。可以想象，第二天早晨后果如何。

【管理启示】这个男孩的裤子最终的结局揭示了一个非常重要的理念：任何组织活动都需要管理。在没有管理进行协调时，组织中每个成员的行动方向并不一定相同，即使目标一致，也会互相抵触。如果没有整体的配合，组织的总体目标是无法实现的。

在人类历史上，自从有了有组织活动，就有了管理活动。对于"管理"一词人们并不陌生，但是对管理有深刻的理解，并能将管理运用到组织活动当中，却不是一件容易的事情。

本章将介绍管理的基础内容。首先通过案例建立对管理的初步理解，明确有效管理对于组织活动的重要性；然后从管理的定义与性质、管理的职能两方面学习管理基础知识；最后通过分析管理者的角色和应具备的技能理解管理者在管理活动中的作用，并分析管理环境对组织的影响。

【学习目标】

1. 掌握管理的定义。
2. 理解管理的性质，尤其是管理的二重性。
3. 理解管理的 4 项职能及各职能之间的关系。
4. 理解管理者的的层次和技能。
5. 掌握环境对组织的影响。

管理，从根本意义上讲，意味着用智慧代替鲁莽，用知识代替习惯和传统，用合作代替强制。

——彼得·德鲁克

1.1 管理的定义及性质

 案例

分粥的学问

有7个人组成的小团体，其中每个人都是平凡而且平等的。他们没有害人之心，但不免自私自利。他们想用非暴力的方式，通过制定制度来解决每天的吃饭问题——要分食一锅粥，但并没有称量用具或带刻度的容器。

他们试验了几种不同的分配方法：第一种，指定一个人负责分粥事宜。很快大家发现，这个人为自己分的粥最多。于是又换了一个人，结果无论换哪一个人，总是负责分粥的人碗里的粥最多。第二种，大家轮流负责分粥，每人一天。这样等于承认了个人为自己分粥的权利，同时给予了每个人为自己多分粥的机会。虽然看起来平等了，但是每个人在一周里只有一天能吃饱而且有剩余，其余6天都饥饿难挨。大家认为这种办法造成了资源浪费。第三种，大家选举一个信得过的人负责分粥。开始这位品德尚属上乘的人还能公平分粥，但不久他开始为自己和溜须拍马的人多分粥。第四种，选举一个分粥委员会和一个监督委员会，形成监督和制约。公平基本做到了，可是由于监督委员会常提出各种议案，分粥委员会又据理力争，等分粥完毕时，粥早就凉了。第五种，每个人轮流值日分粥，但是分粥的那个人要最后一个领粥。令人惊奇的是，在这个制度下，7个碗里的粥每次都是一样多，就像用科学仪器量过一样。每个负责分粥的人都意识到，如果7个碗里的粥不相同，他确定无疑将享用那份最少的。

【管理启示】管理体制中，最基本的是决策层和执行层。在案例中，分粥者是决策者，取粥者是执行者。把分粥与取粥分开，就是将职责与权利分离。因此，建立一个科学的管理体制，能够提高管理的有效性。同时，在案例中，分粥者是"指定""轮流"，还是"推选"，对分好的粥是分粥者"先取"还是"后取"，是管理方法问题，也是管理机制问题。管理机制是否合理，直接关系到管理效率。再者，就是要制定一套行之有效的科学管理制度。制度化管理是现代管理理念的重要内容，也是一种有效的管理方式。在一个团队里，制定出一套好的制度，是有效管理的关键。

管理是人类各种活动中最重要的活动之一。自从人们开始以群体方式去完成个人无法实现的目标以来，管理就成为协调各种资源的最重要的因素之一。正如在上面的案例中看到的那样，任何一种活动要想有效率且达到目标，都需要管理。管理就是通过对人和资源的配置实现组织目标的过程。

1.1.1 管理的定义

管理学的研究已经有上百年的历史了。自19世纪末20世纪初管理学形成以来，学术界提出的有关管理的定义很多。著名的美国管理学家哈罗德·孔茨认为，管理是设计和维持一种良好的环境，使人在群体里高效率地完成既定目标。美国管理学家赫伯特·西蒙认为决策贯穿管理的全过程，管理就是决策。美国著名的管理学家罗宾斯则认为管理是指同别人一起，或通过别人使活动更有效地完成的过程。

我国的一些管理学的教科书中也提出了管理的定义，在周三多等人编著的教材中，管理被定义为组织中的如下活动或过程：通过信息的获取、决策、计划、组织、领导、控制和创新等职能的发挥来分配、协调包括人力资源在内的一切可调用的资源，以实现单独的个人无法实现的目标。

综合这些观点，本书对管理下的定义是：管理是指在特定的环境下，管理者在实施计划、组织、领导和控制等职能的过程中，通过优化配置和协调使用组织内的各种资源，有效地达到组织目标的过程。

可以从以下几个方面理解管理的定义。

① 管理活动是在特定的环境下进行的，受内外部环境的约束。企业是一个与外界保持密切联系的开放的系统，它们影响着外部环境，反之也受外部环境的影响。因此，企业的生存离不开外部环境所提供的各种资源。管理理论的学习和实践活动必须注重组织的内外部环境，适应环境、利用环境的各种因素，并根据环境的变化而不断创新。

② 管理的目的是实现组织目标。组织目标是多样化的，管理的作用在于针对不同的目标采用差异化的方式来实现组织目标。不论什么样的组织，都要重视效率和效果，效率和效果是衡量管理工作的重要指标。

③ 管理的对象是包括人力资源在内的一切可以调用的资源。可以调用的资源通常包括原材料、人员、资本和信息等。在这些资源中，人员是最重要的。所有的组织中，都会同时存在人与人、人与物的关系。但人与物的关系最终仍然表现为人与人的关系，因为资源的优化配置是以人为中心的。所以，管理的中心是人。

④ 管理通过计划、组织、领导和控制等职能发挥其作用（如图1-1所示）。管理职能是管理者开展管理工作的方法和手段，也是管理工作区别于一般作业活动的重要标志。

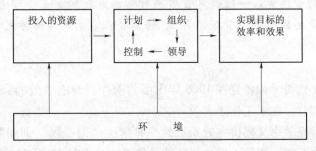

图1-1 管理活动

通过以上的分析，可以全面了解管理的定义，同时不难看出，管理普遍适用于任何类型的组织。因为每一个组织都会有组织目标，都会有特定的资源需要调配和利用，也就无法离开管理活动。

1.1.2 有效管理

位于加利福尼亚州弗里蒙特县的通用汽车公司的一家工厂，始建于20世纪50年代，从20世纪80年代初开始装配雪佛兰土星汽车。但是，工厂历来就有员工和生产力方面的问题，到了1982年年底，工厂业绩陷入了低谷，员工缺勤率达到20%，员工正式提交的意见高达5 000多条，而且过去几年每年都有员工罢工，5 000名员工的士气、生产力，以及所生产产品的质量在通用汽车公司中都是最差的，装配汽车的成本比亚洲竞争者要高出30%。鉴于这些数据，通用汽车公司高层发布命令准备关闭这家工厂，解聘所有员工。

因为日本的管理方式被人们广泛认可，1984年通用汽车公司请丰田汽车公司重新开办并管理弗里蒙特县的工厂。大部分的员工被重新雇用，并且引入了一个新的管理团队。员工接受了高参与度的工作培训，一位原福特汽车公司的管理人员成为新工厂的经理。新、旧两个工厂最主要的不同点就是管理团队和员工培训，换句话说，生产力基本没有改变。重新开办后的一年里，工厂的绩效就达到了以下水平。

缺勤：2%

意见：2条

罢工：没有

产量：提高20%

生产率：全公司最高

质量：全公司最高

成本：与竞争者相当

产品：丰田花冠——在该价位的汽车中获得最佳评价AAA级

值得注意的是，在这次转机中，生产力、凝聚力和承诺的提高并没有花费5～10年的时间，而只用了1年的时间。

这说明，好的管理有助于组织的成功，而差的管理会导致组织的失败。成功的组织拥有具有良好管理技能的管理者。一项针对首席执行官、经理和企业管理者的调查结果显示：导致企业倒闭最主要的因素是"管理不善"，保证企业成功的最好方式就是"提供更好的管理"。

现代管理学之父彼得·德鲁克在1966年出版的著作《卓有成效的管理者》中开宗明义地指出，管理者的本分，在求工作之有效。

有效管理既要讲究效率又要讲究效果。效率是解决"怎么做"的问题，管理通过计划、组织、领导和控制等职能，指导人们选择合适的行动方法和途径"正确地做事情"，以求比较经济、快速地完成任务，达到管理效率的目的；效果是解决"做什么"的问题，管理通过环境的分析确定目标，引导人们"做正确的事情"，以达到管理效果的目的。"正确地做事情"的核心是寻找做事情的有效方法，"做正确的事情"的关键是判明有效果的领域。只讲究效率而不讲究效果会导致碌碌无为，而只讲究效果却不讲究效率则会导致得不偿失。对于有效管理来说，两者缺一不可，管理的目的应该是效率与效果的统一，即管理效益。

一般来说，管理的结果可能会出现四种情况，见表1-1。"高效率/高效果"是管理工作的目标。

表1-1 管理的结果

高效率/低效果	高效率/高效果
管理者目标选择不当，但资源利用充分 结果：高质量的产品，但顾客不需要	管理者目标选择正确，并充分利用资源以实现组织目标 结果：产品是顾客需要的，且质量、价格都合适
低效率/低效果	低效率/高效果
管理者目标选择错误，利用资源不充分 结果：低质量的、顾客不需要的产品	管理者目标选择正确，但不善于利用资源实现组织目标 结果：产品是顾客需要的，但因为太贵而买不起

效率是指投入与产出之间的比值。常用的衡量指标有资金周转率、设备利用率、劳动生产率、单位成本及工时利用率等。在组织确定了有效果的领域后，摆在管理者面前的首要问题是如何运用组织所拥有的有限而稀缺的资源来获得最大产出，所以提高效率就成为管理工作的一个重要目标。当然，组织的高效率必须建立在实现正确目标的基础之上，如果以最高的效率去做本来就不该做的事情，是最徒劳无益的，因为如果方向错误，则效率越高，损失越大。因此，相对而言，效果是第一位的，即首先要保证做的事情是正确的，然后再去考虑如何去做。一个有效的管理者，应该一方面既能指出应当做什么才能取得好的效果，另一方面又能指出应当怎么做才能使组织保持高的效率，这样的组织才具有最大的有效性（如图1-2所示）。

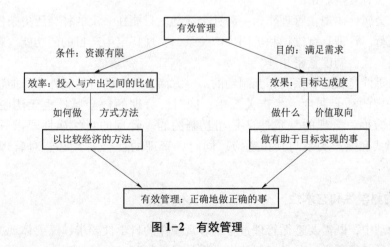

图1-2 有效管理

如何做对的事取决于目标定位；而如何把该做的事做好，则取决于方式方法的使用。

1.1.3 管理的性质

管理的本质，是从事管理工作的人通过他人并使他人同自己一起实现组织目标。这体现了管理的两个方面：组织劳动与指挥、监督劳动，既具有同生产力、社会化大生产联系的自然属性，又有同生产关系、社会制度相联系的社会属性，这就是管理的二重性；同时，基于管理本身的要求和特点，又体现了管理应具有的科学性和艺术性。

1. 管理的二重性

马克思对管理的二重性进行了精辟的论述。他在《资本论》中提出："凡是直接生产过程具有社会结合过程的形态，而不是表现为独立生产者的独立劳动的地方，都必然会产生监督劳动和指挥劳动。不过它具有二重性。一方面，凡是有许多人进行协作的劳动，过程的联系和统一都必然要表现在一个指挥的意志上，表现在各种与局部劳动无关而与工场全部活动有关的职能上，就像一个乐队要有一个指挥一样。这是一种生产劳动，是每一种结合的生产方式中必须进行的劳动；另一方面，完全撇开商业部门不说，凡是建立在作为直接生产者的劳动者和生产资料所有者之间的对立上的生产方式中，都必然会产生这种监督劳动。这种对立越严重，这种监督劳动所起的作用也就越大。"

通过马克思的论述，可以看出，管理具有同生产力和社会化大生产相联系的自然属性，表现为管理过程就是对人、财、物等资源的配置、利用的过程；另外，管理是人类的活动，而人类必然生存在一定的生产关系和一定的社会文化中，受生产关系的制约和社会文化的影响，因而管理也具有社会属性。

管理的自然属性体现在两个方面。一方面，随着协作劳动的产生，管理成为有效地组织共同劳动的必需手段，是共同劳动得以顺利进行的必要条件。协作劳动的规模越大，劳动的社会化程度越高，管理也就越重要。另一方面，管理在社会劳动中均具有特殊的作用，只有通过管理才能实现劳动过程中所需要素的组合，使各种要素发挥各自的作用，这是与生产关系、社会制度没有直接联系的。

管理的社会属性体现在管理作为一种社会活动，只能在一定的社会历史条件下和一定的社会关系中进行。管理具有维护和巩固生产关系，实现特定生产目的的功能。管理的社会属性与生产关系、社会制度紧密相连。

管理的二重性是相互联系又相互制约的。一方面，管理的自然属性不可能独立存在，它总是存在于一定的社会制度、生产关系中；同时，管理的社会属性也无法脱离自然属性而存在。另一方面，管理的二重性又是相互制约的。管理的自然属性要求具有一定社会属性的组织形式和生产关系与其相适应；同时，管理的社会属性必然对管理的方法和技术产生影响。

2. 管理的科学性和艺术性

在管理活动中，既需要遵循管理过程中客观规律的科学性要求，又要体现灵活协调的艺术性。管理既是一门科学，又是一门艺术，它是科学与艺术的统一。

1) 管理的科学性

管理是一门科学，它以反映客观规律的管理理论和方法为指导，有一套分析问题的方法论。通过总结管理活动中的成功与失败，大量的学者与实业家在不断的实践中获得了管理的理论，又用这些理论来指导实践，从而使管理的科学理论和方法在实践中得到不断的验证和丰富。

2) 管理的艺术性

艺术性是指管理者在管理活动中不仅要掌握一定的理论和方法，更要具有灵活运用这些知识和技能的技巧和诀窍。管理的艺术性表现在管理方式是无法复制的，相同的方法在不同管理者的使用下，会产生不同的效果；另外，管理者应发挥主动性，因地制宜地将管理知识与管理活动相结合，才能加强管理的灵活性。

管理的科学性与艺术性并不排斥，二者是相互补充的。不注重管理的科学性而只强调管理的艺术性，会使管理活动表现得比较随意；不注重管理的艺术性而只强调管理的科学性，管理活动将会是僵硬的管理。

1.2 管理的职能

管理的职能是帮助组织充分利用其资源以实现组织目标。管理职能的探讨正如管理的定义一般，有多种研究结论，经历了许多阶段。20世纪初，法国工业家法约尔提出了管理的5项职能：计划、组织、指挥、协调和控制。在20世纪50年代中期，美国的两位教授哈罗德·孔茨和西里尔·奥唐奈把计划、组织、人事、指挥和控制职能用作管理学教科书的理论框架。现在所流行的教科书也不外乎是围绕管理职能加以组织的，本书将管理的职能压缩为4项，即计划、组织、领导和控制，其他职能作为这些职能的派生职能存在。

1.2.1 计划

一只小狐狸对一只老狐狸抱怨说："真是生不逢时啊！我想得好好的计谋，不知为什么，几乎没有成功过。"老狐狸问："你告诉我，你是在什么时候制订你的计谋的？"小狐狸说："啥时候？都是肚子饿了的时候呗。"老狐狸笑了："对啦，问题就在这里！饥饿和周密计划从来走不到一块。你以后制订计谋，一定要趁肚子饱饱的时候，这样就会有好的结果了。"

正所谓凡事预则立，不预则废。要想干成一件事，仔细、认真的规划是不可或缺的。工作更是如此，只有预先周密策划，做到人与物完美结合，才能保障工作顺利开展。

计划是管理的职能中最为重要的一项职能。管理者需要通过计划识别并选择恰当的目标和行动方案，一般包括以下几个步骤：第一是确定组织追求的目标，第二是制订组织各个业务环节的决策，第三是决定如何分配组织资源以实现组织目标。管理活动的核心就是进行组织资源的优化配置以实现组织目标。因此，计划不仅规划出组织目标，制订出详细的执行方案，还要对组织内外资源的取得和分配进行统一协调，以高效实现组织目标。

计划也是管理活动中一项最基础的职能。管理活动从计划开始，计划能够反映出组织目标对组织结构与员工的要求，能够反映出领导与指导工作的目标，同时也为控制活动提供了标准。当一个管理者为了实现特定的目标调动组织资源时，必定要冒风险，收益越大，风险也会越大，所以，管理者必须重视计划的基础作用，慎重对待计划。

1.2.2 组织

管理活动中，计划付诸实施必须要通过具体的行动，即通过组织工作才能发挥计划的作用。组织是确定所要完成的任务和由谁来完成任务，以及如何管理和协调这些任务的过程。在管理中，管理者必须把各个成员组织起来，使信息、资源和任务在组织内部顺畅流通。

组织职能发挥的结果就是建立组织结构———一种能够协调和激励组织成员，使其协同工作以实现组织目标的正式工作及报告关系体系。组织结构决定了一个组织运转的有效性，即在多大程度上充分利用自身的资源。

管理者通过组织职能，根据组织的战略目标和经营目标来设计组织结构、配备人员和整合组织资源，提高组织的应变力。

1.2.3 领导

每一个组织都是由人组成的，所有资源中唯一具有能动性的便是人。管理的领导职能，是指管理者利用权威和威信施展影响，指导和激励各类人员努力去实现目标的过程。领导职能的发挥可以通过领导者个人的权力、影响力、观察力和说服力等能力和技巧协调个人与个人的关系、个人与组织的关系，并通过激励手段起到鼓励员工、培养员工工作的主动性和主人翁意识的作用。

1.2.4 控制

春秋时期，楚国令尹孙叔敖在苟陂县一带修建了一条南北水渠。这条水渠又宽又长，足以灌溉沿渠的万顷农田，可是一到天旱的时候，沿渠的农民就在渠水退去的堤岸边种植庄稼，有的甚至还把庄稼种到了渠中央。等到雨水一多，渠水上涨，这些农民为了保住庄稼和渠田，便偷偷地在堤坝上挖开口子放水。这样的情况越来越严重，一条辛苦挖成的水渠，被弄得遍体鳞伤，面目全非，因决口而经常发生水灾，变水利为水害。

面对这种情形，历代苟陂县的行政官员都无可奈何。每当渠水暴涨成灾时，便调动军队去修筑堤坝，堵塞漏洞。后来宋代李若谷出任知县时，也碰到了这个头疼的问题，他便贴出告示说，"今后凡是水渠决口，不再调动军队修堤坝，只抽调沿渠的百姓，让他们自己把决口的堤坝修好。"这布告贴出以后，再也没有人偷偷地去挖堤坝放水了。

管理者必须对组织的运行状况及战略计划和经营计划的实施情况进行监督。控制职能要求管理者识别预先计划和实际完成情况之间的偏差。当一个组织实际运行情况偏离计划时，管理者需要采取行动纠正偏差。纠正偏差可以采取手段保证预先计划得以顺利实现，也可以通过调整计划以符合当前情况的要求。因此，控制职能是为实际的行动制定标准，也是计划得以实施的重要保障。

计划、组织、领导和控制4项职能是管理最基本的职能，它们回答了一个组织要做什么、怎么做、靠什么做、如何做得更好及做得怎么样等基本问题，如图1-3所示。管理的各项职能是相互渗透融为一体的，计划职能为行动提供方向，组织职能为计划的实施进行资源分配，领导职能通过权力对组织及个体进行协调和激励，而控制职能用以保证计划实施过程中每一个环节的顺利进行。管理过程是一个各个职能活动周而复始的循环过程，一个有效的管理者都必须成功履行这4项职能。

图1-3 管理的职能

1.3 管理者的角色和技能

电脑神童比尔·盖茨

比尔·盖茨是微软公司的总裁和创建者。1972年，一名书生气十足、对被称作计算机的新奇设备颇有天赋的男孩子，把他的第一个电脑编程作品——一个时间表格系统，卖给了他就读的湖畔中学，得到了4 200美元的报酬。

比尔·盖茨作为微软公司两位创始人之一，曾任微软公司董事长、首席执行官和首席软件设计师，不仅在他孩童时代业余爱好的基础上一步一步缔造了一个巨大的软件帝国，而且他所走过的创业之路也已成为高科技企业大亨走向成功的康庄大道。

比尔·盖茨本人连续数年稳坐世界首富的交椅。

【管理启示】比尔·盖茨是一位成功的管理者，他在经营企业的过程中扮演着多重的角色。比尔·盖茨的成功再次说明了有效地管理对企业发展的重要性。好的管理者要学会扮演多种角色，并在不同的要求和环境下进行角色的转换。

管理活动的有效性取决于管理者是否能够发挥管理职能的作用，而管理职能的运用需要管理者在组织中明确两个问题：即自己应该扮演什么角色？以及自己应该掌握的技能有哪些？只有解决了这两个问题，管理者才能够更进一步提高管理的有效性。

1.3.1 管理者的角色

任何的组织都是由一群人组成的，根据他们在组织中的地位和作用的不同，组织成员可以被简单地划分成两类：操作者和管理者。所谓操作者，是指在组织当中直接从事具体的业务，而不负责指导和监督他人的人；相反，管理者是指挥他人完成工作的人。

管理者是否合格很大程度上取决于他们对管理职能履行的情况，为了有效地履行各项职能，管理者必须明确自己要扮演的角色。

所谓管理者的角色，是指特定的管理行为类型。管理学家亨利·明茨伯格研究了管理者所从事的工作，得出结论：管理行为类型可以通过考察管理者在工作中所扮演的 10 种不同但高度相关的角色来确定。这 10 种角色分为 3 个大类：人际关系角色、信息传递角色和决策制订角色。

1. 人际关系角色

人际关系角色涉及了人与人的关系及其他具有利益性和象征性职责的角色，包括挂名首脑、领导者和联络者。

1）挂名首脑

管理者是组织的首脑人物，必须承担礼仪和代表性事务方面的责任。例如，管理者有时需要迎接来访者、签订法律文件，或者参与一些必要的应酬活动。

2）领导者

所有的管理者都需要承担人员配备、培训及激励下属等相关的责任。

3）联络者

管理者有时在组织中要扮演联络员的角色。作为管理者，不仅要和自己的上级、下属联络，还需要同组织以外的其他管理者和其他人相互交往，维护自行发展起来的外部接触和联络网络。

2. 信息传递角色

信息传递角色，是指所有的管理者在某种程度上都从外部的组织或机构接收并收集信息。

1）监听者

管理者需要寻求和获取各种内部和外部的信息，以便透彻地了解组织与环境的变化。例如，阅读期刊和报告、与相关人员保持私人接触的行为等。

2）传播者

管理者还起着向组织其他成员传递信息的作用。

3）发言人

管理者向外界发布组织的计划、政策等。例如，召开新闻发布会、向外界表态等。

3. 决策制订角色

1）企业家

管理者寻求新的机会、制订发展战略，成为组织变革的发起者和设计者，如制订组织战略和检查会议等。

2）混乱驾驭者

当组织面临重大的、未预料到的问题时采取补救措施。

3）资源分配者

承担对组织所有资源进行分配的责任。

4）谈判者

管理者代表组织对外进行相应的谈判活动。

管理者角色理论的有效性在后续大量的研究中被证明，不论何种类型的组织，在组织的哪个层次上，管理者都扮演着相似的角色。但是，管理者处在不同的层次所扮演的角色是有侧重的，例如，层次较高的管理者，挂名首脑、传播者、谈判者等角色相对更重要，而层次较低的管理者，领导者的角色则会更加重要。

1.3.2 管理者的层次

组织中从事管理工作的人很多，通过管理者角色理论可以了解到管理者在组织中扮演的角色是相似的，但管理者所处层次的不同，决定了他们所扮演的角色更倾向于哪一方面。因此，通过划分管理者的不同层次，能够对管理者工作的完善提供帮助。

组织的管理者可以按其所处的管理层次区分为高层管理者、中层管理者和基层管理者，如图1-4所示。

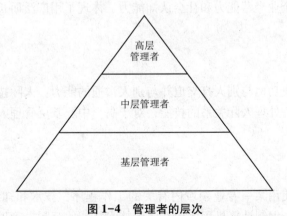

图1-4 管理者的层次

1. 高层管理者

高层管理者承担着制订广泛的组织决策，为整个组织制订计划和目标的责任。例如，制订公司的产品策略，决定提供何种产品和服务，监督各个部门的中层管理者如何有效利用组织的资源实现组织目标。在很多情况下，组织的成败往往取决于高层管理者的一个判断、一个决策。因此，高层管理者很少管理具体的工作，而把主要精力放在战略性问题的思考上。

2. 中层管理者

中层管理者是组织中层机构的负责人员，是组织中各个部门的管理者。中层管理者扮演的角色是高层与基层之间的桥梁，他们需要理解组织的发展目标，执行高层所做的决策，行使高层授予的指挥权，负责制订具体的计划、决策，作为沟通的纽带向基层管理者传达，同时支持、协调和监督基层管理者的工作。

3. 基层管理者

基层管理者是组织的一线管理人员，他们所管辖的仅仅是作业人员而不涉及其他管理者。他们主要的职责是给下属分派具体工作，保证各项工作的有效完成。

1.3.3 管理者的技能

管理者的责任是复杂和变化的，管理者需要特定的技能来履行其作为管理者的职责。根据罗伯特·卡茨的研究，管理者需要具有3种基本的技能：概念技能、人际技能、技术技能。

1. 概念技能

概念技能，是指综观全局、认清事物的本质，了解组织各部分相互关系的能力。具有概念技能的管理者能够准确把握组织之间、个人之间及组织和个人之间的相互关系，深刻了解任何行动的后果，以及正确行使4种管理职能。它包括管理者的思维能力，对信息的处理能力和计划能力，以及企业经营能力和社会认知能力，体现了用广泛而长远的眼光进行战略思考的能力。

2. 人际技能

人际技能，是指成功地与别人打交道并与别人沟通的能力。人际技能包括理解、激励他人与他人共事的能力。处理人际关系的技能，对于高、中、基层管理人员有效地开展管理工作是同样重要的。

3. 技术技能

技术技能，是指使用某一专业领域内有关的工作程序、技术和知识完成组织任务的能力。例如，生产技能、编制计算机程序，都属于技术技能的范围。管理者不必成为某一专业领域的专家，但是需要初步掌握与他所管理的领域相关的基本技能，否则很难与他所主管的人员进行有效的沟通，也很难为员工起到良好的指导作用。不同层次的管理者对于技术技能的要求是不同的，基层管理者需要具备较强的技术技能，而高层管理者则一般了解即可。

有效的管理者必须要具备以上3种技能，缺乏任何一种都有可能造成管理的失效，但是不同层次的管理者对这 3 种技能的要求程度会有所区别，如图 1-5 所示。

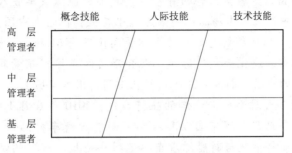

图 1-5　管理层次与管理技能

一般来说，越是高层的管理者，越需要制订全局性的策略，因为他们把握着组织的战略方向。因此，高层管理者需要掌握更多的概念技能，进而把全局意识、创新意识渗透到决策当中去。由于他们并不经常从事具体的操作性的工作，所以高层管理者不需要完全掌握某一方面的技术技能，但是他们也要对管辖的专业有所了解，才能更好地与员工沟通，进行指导工作。对自己管辖的领域全然不知的领导者是无法成为一个合格的领导者的。作为基层管理者，他们更多的是负责操作层面的工作，为员工进行某方面工作的具体指导，同工作人员一起解决问题，所以基层管理者需要掌握较全面和专业的技术技能。人际技能是组织中各层管理者都应具备的技能。因为不管是哪一层次的管理者，都必须在工作中与其他人进行有效沟通，促进相互合作以完成组织目标。

1.4　管 理 环 境

 案例

我国新能源汽车的发展

新能源汽车是指采用非常规的车用燃料作为动力来源（或使用常规的车用燃料、采用新型车载动力装置），综合车辆的动力控制和驱动方面的先进技术形成的技术原理先进的汽车。

我国新能源汽车产业始于 21 世纪初。2001 年，新能源汽车研究项目被列入国家"十五"期间的"863"重大科技课题，并规划了以汽油车为起点，向氢发动机汽车目标挺进的战略。"十一五"以来，我国提出"节能和新能源汽车"战略，政府高度关注新能源汽车的研发和产业化。

2008 年，新能源汽车在国内已呈现全面出击之势。2008 年成为我国"新能源汽车元年"。2008 年新能源乘用车销售 899 台，同比增长 117%，而新能源商用车销售 1 536 台，同比下滑 17%。

2009年，在扶持政策密集出台的背景下，我国新能源汽车驶入快速发展的轨道。虽然新能源汽车在中国汽车市场的比例依然微乎其微，但它在中国商用车市场上的增长潜力已开始释放。2009年新能源乘用车销量同比下降61.96%，新能源商用车（主要是液化石油气客车、液化天然气客车、混合动力客车等）销量同比增长178.98%。相比在乘用车市场的冷遇，新能源汽车销量在中国商用车市场上已开始迅猛增长。

2010年，我国加大对新能源汽车的扶持力度，2010年6月1日起，在上海、长春、深圳、杭州、合肥5个城市启动私人购买新能源汽车补贴试点工作。2010年7月，国家将"十城千辆节能与新能源汽车示范推广应用工程"的试点城市由20个增至25个。新能源汽车进入全面政策扶持阶段。

2011—2015年进入产业化阶段，在全社会推广新能源城市客车、新能源混合动力轿车、新能源小型电动车。

2012年5月，为加快培育发展新能源汽车，新能源汽车项目每年会获得10亿～20亿元资金支持。

2012—2016年，我国新能源汽车电机及控制系统的市场容量在500亿元以上。

2016—2020年，我国会进一步普及新能源汽车，多能源混合动力车、插电式电动轿车、氢燃料电池轿车将逐步进入普通家庭。

2014年，我国新能源汽车全年生产78 499辆，生产量同比增长近3.5倍，销售74 763辆，销售量同比增长近3.2倍。2015年1月到4月，我国新能源汽车累计生产3.44万辆，同比增长近3倍。其中，纯电动乘用车生产1.59万辆，同比增长近3倍，插电式混合动力乘用车生产8 780辆，同比增长3倍；纯电动商用车生产6 416辆，同比增长5倍，插电式混合动力商用车生产3 330辆，同比增长70%。其中国内新能源汽车销量前5名的汽车企业分别是比亚迪、众泰、北汽、奇瑞、上汽荣威。截至2015年年底，全国新能源汽车产销累计49.7万辆，成为全球保有量最大的国家。然而，我国累计建成的公共充换电站仅有3 600座，充电桩仅有4.9万个，远远不能满足电动汽车公共充电的需求，成为当前制约我国新能源汽车发展的瓶颈。

【管理启示】从我国新能源汽车的发展历程来看，新能源汽车的迅速发展得益于以下几个因素：第一是国家政策的大力扶持，政府高度关注新能源汽车的研发和产业化，在技术人才、设备、研发资金、相关税收、购买补贴等方面都给予了充分的支持；第二是技术的发展，新能源汽车关键零部件技术不断提升，带来了新能源汽车性能的不断优化；第三是社会文化方面，人们的观念发生转变，环保、节能、绿色出行的理念深入人心；第四是经济的发展，使得人民生活水平持续改善，私人购买汽车比例逐年上升。在诸多环境因素的综合作用下，近几年来我国新能源汽车研发推广、技术水平等取得明显成效，但同时也受到了一些环境因素的制约，由此可见环境因素对组织和产品发展均有影响。

任何组织都不是孤立存在的，组织是在不断与外界交互的过程中发展壮大的。组织是一个开放的系统，是一个物质的、人力的、信息的资源相互作用的综合体，这些资源构成的子系统与系统本身有紧密联系，又与环境相互作用。也就是说，组织的管理活动必然会受到与之息息相关的外部环境的影响，环境是管理行为的一个重要的限制因素。

1.4.1 管理环境的构成

管理环境是指存在于组织内外部的影响组织业绩的各种力量与条件因素的总和。任何组织都是在一定环境中从事活动的，任何管理也都要在一定的环境中进行，这个环境就是管理环境。管理环境的特点制约和影响管理活动的内容和进行程度。管理环境的变化要求管理的内容、手段、方式、方法等随之调整，以利用机会，趋利避害，更好地实施管理。

管理环境由组织外部环境和组织内部环境两部分构成。组织外部环境是指处于组织外部对组织产生影响的各种因素的总和，包括一般环境因素和任务（具体）环境因素，一般环境因素是指间接影响组织业绩的外部因素，任务环境因素是指直接影响组织业绩的外部环境因素。组织内部环境是指处于组织内部对组织产生影响的各种因素的总和，由组织文化和经营条件构成，组织文化是指存在于组织之中的共同的观念系统，经营条件是指组织所拥有的各种资源与能力的数量与质量。所以，判断一个因素是不是环境因素，取决于该组织的目标定位。凡是对组织目标的实现有影响的因素，对于该组织而言就是环境因素。至于一个环境因素是什么环境因素，则取决于该环境因素存在于组织内部还是外部，对组织业绩是直接影响还是间接影响。

1. 组织外部环境

根据环境因素对组织产生影响的重要程度不同，组织外部环境可以分为一般环境和任务（具体）环境。

1）一般环境

对一般环境的分析常用的方法是 PEST 分析法，即政治（political）、经济（economic）、社会（social）、科技（technology）分析。

(1) 政治环境

政治环境包括一个国家的政治体制，社会制度，执政党的性质，政府的方针、政策、法规等。政治环境的变化有时对组织的经营活动产生直接影响，但更多地表现为间接影响。例如，国家权力阶层的政治分歧或矛盾所引发的政局动荡和罢工浪潮，无疑会给当地乃至全国企业的经营管理活动产生影响。这种由政治环境的变化所导致的新制度、新法规和新经济政策，将对全国范围内企业的经营和决策产生广泛、深远的影响。只有政治局面安定，经济才能持续发展，企业经营管理活动才能顺利进行。

(2) 经济环境

经济环境是指影响组织生存发展的社会经济状况和国家的宏观经济政策，是影响组织的重要环境因素，它包括宏观和微观两个方面。宏观经济环境主要指一个国家的人口数量及其增长趋势，国民收入、国民生产总值、经济结构、生产力布局、要素市场发展程度等，通过这些指标能够反映国民经济发展水平和发展速度。微观经济环境主要指消费者的收入水平、消费偏好、储蓄情况、就业程度等，这些经济环境因素的变化，都将通过改变企业的供给环境和产品市场环境来影响企业经营管理决策。

(3) 社会环境

社会环境包括一个国家或地区的人口状况、居民文化水平、宗教信仰、风俗习惯、道德观念、价值观念等。人口状况影响组织的市场结构，居民文化水平影响居民的需求层次，宗教信仰和风俗习惯会倡导或抵制某些活动的进行，道德观念会影响人们对组织目标、组织活动及组织存在的态度，价值观念则会影响人们对组织活动内容、活动方式及活动成果的态度。因此，一个组织必须使其经营适应所在国家或地区的社会环境。也就是说，组织提供的产品和服务，以及组织政策都必须随着社会环境的变化而做相应的改变。

(4) 科技环境

科技环境是指与本行业有关的科学技术状况及其发展趋势，包括新技术、新设备、新材料、新工艺的发明（或发现）和可应用情况。科技环境反映了组织物质条件的科技水平。科技环境除了与本行业直接相关的技术手段外，还包括国家对科技开发的投资和支持重点，科技发展动态和研究开发费用，科技转移和科技商品化速度，专利及其保护情况等。科技是重要的生产力，也是最具活力的生产要素。随着科技的日新月异，新产品不断涌现，产品寿命周期不断缩短。如果一个企业不关注本行业科技动态和趋势，不能在相关领域的科技研究方面建立起自己的优势，在市场竞争中很容易被淘汰。

除了PEST环境之外，对组织影响较大的还有自然环境，包括地理位置、气候条件及资源状况。地理位置是决定组织活动特别是企业经营的一个重要因素，如北京要打造中国的金融中心必须凭借其作为首都的地理位置。气候条件也是如此，如南方多雨，对伞具需求就可能较多。此外资源状况也会影响产业布局和各类组织的发展，如山西煤炭资源丰富，在山西省与煤炭相关的企业和管理机构及从业人员就较多。

2) 任务环境

任务环境通常被称作是组织的微观环境，是指与特定组织直接发生联系的那些环境要素，包括供应商、顾客、竞争对手、政府机构、同盟者和特殊利益团体等。与一般环境相比，任务环境对特定组织的影响更为明显，也更容易被组织管理者识别和控制。不同的组织所面对的任务环境是不一样的，而且会随着组织所提供的产品或服务的范围及其所选择的细分市场的变化而发生改变。

(1) 供应商

供应商是指为组织供应原材料和设备的上游厂商，以及提供资本和劳动等生产要素的供给者，即所有生产要素的供给者。供应商对组织的影响至关重要，因为任何组织尤其是企业离开供应商就不能获得生产要素的供给，从而也就无法进行生产经营活动或组织其他活动。

(2) 顾客

顾客是指组织产品和服务的购买者，主要包括所有出于直接使用目的及出于再加工或再销售目的而购买产品或服务的个体或组织。由于组织通常都是为了满足某种顾客需要而设立的，因此顾客便构成了组织的消费市场，没有顾客，组织便无法生存。作为组织，在激烈竞争的市场环境下，必须要想方设法赢得更多顾客的认可和支持，预测、分析顾客的变化，满足顾客的需求，才能得以持续发展。

(3) 竞争对手

竞争对手是指与本组织存在资源和市场竞争关系的其他同类组织，既包括市场内已有的竞争对手，也包括潜在的竞争对手。竞争对手是组织的重要环境要素，由于它与组织存在资源和市场的争夺及此消彼长的关系，因此作为组织，必须时刻关注竞争对手的发展状况和趋势，做到"知己知彼"并差别定位，力求在竞争中找到立足点，并在竞争中发展自己。例如，可口可乐与百事可乐，竞争十分激烈，但两者都在竞争中得到了快速发展。

2. 组织内部环境

组织内部环境由组织文化和经营条件两部分构成。

1）组织文化

组织文化是存在于组织之中的共同的观念系统，即以共同的价值观为核心而形成的群体意识、风俗习惯、行为准则、组织形象。组织文化由组织价值观念（文化理念）、组织行为规范、组织形象组成，是以精神文化为核心、行为和制度文化为主体、物质文化为表象构成的一个体系。

2）经营条件

组织所面对的经营条件是指组织的资源和能力的总和，任何组织都是独特资源和能力的集合体。由于各个组织的资源和能力有所差异，因此处于同一组织外部环境下采取相同管理措施的组织，其绩效也可能会大相径庭。组织工作所面对的经营条件可以从资源、能力和核心能力3个方面考察，下面以企业为例来分析。

（1）资源

资源是指企业生产经营过程的投入，它可以是有形资源如土地、厂房、资金等，也可以是无形资源如知识、信息、商誉、专利、诚信等。需要注意的是，随着知识经济时代的到来，无形资源的价值不断上升，成为影响企业生存和发展的关键资源。

（2）能力

能力是指一组资源的有机组合，它不是企业资源的简单堆砌，而是一种有机结合。能力与资源有本质的区别，资源只有通过一定的组合和转换机制方可转变成企业的能力，而能力对企业才是最有价值的。

（3）核心能力

核心能力又称为核心竞争力，是指企业中的积累性知识，特别是关于如何协调不同的经营生产技术及如何使多种技术流有机结合。企业核心能力能够为企业带来相对于竞争对手的持久优势的能力，是企业生存和发展的基础。

1.4.2 管理环境综合分析

任何组织的经营过程，都是不断在其内部环境、外部环境及其经营目标之间寻求动态平衡的过程。组织的内外部环境是不可分割的，只有将两者结合起来综合分析管理工作所面临的环境，才能帮助管理者做出科学、正确的决策。

SWOT分析法是一种最常用的组织内外部环境综合分析方法。它通过将组织外部环境分析结果归纳为机会和威胁，将组织内部环境分析结果归纳为优势和劣势，从而形成了环境分析矩阵。这种分析法把对组织外部环境中的机会和威胁的分析及对组织内部环境中的优势和劣势的分析结合起来，指出组织应该把握组织外部环境中的机会，发挥组织内部环境中的优势,避开组织内部环境中的劣势和组织外部环境中的威胁。尽管这种分析法存在一些不足之处,但它将错综复杂的组织内外部环境分析通过一个简单的平面二维矩阵反映出来,直观且简单,因此被广泛地应用于各行各业的管理实践中,成为最常用的管理工具之一。

◇ **阅读资料**

彼得·德鲁克:有效管理的5要素

彼得·德鲁克是当代西方最负盛名和最具影响的管理学家之一,被人尊称为"大师中的大师""现代管理学之父"。彼得·德鲁克终身以教书、著书和咨询为业,在管理哲学、管理原理、管理组织和高层管理等方面都有较深的研究和独到的见解。在彼得·德鲁克的众多著作中,1954年出版的《管理实践》和1973年出版的《管理:使命、责任、实务》被视为管理学界的经典之作,也正是这两部著作奠定了彼得·德鲁克管理大师的地位。除此之外,彼得·德鲁克最令人振奋和最具吸引力的著作便是1966年出版的《卓有成效的管理者》。这本书自问世以来便受到各层次管理人员的广泛欢迎,并被翻译为多种语言在世界各国广为流传。如今,不仅是管理人员,而且社会各界都已经开始关注这本小册子了。因为彼得·德鲁克在《卓有成效的管理者》中所阐释的"有效管理理论"不仅适用于管理界,也适用于其他各界。

彼得·德鲁克提出了有效管理的5要素:

(1) 管理者不是从接受任务开始工作的,而是从研究如何利用时间着手,知道自己的时间花在什么地方最有价值。管理者应努力提高时间的利用效果。

(2) 重视工作的效果,不是为工作而工作,而是为效果而工作。

(3) 善于发现自身、他人和客观环境的潜在优势,充分释放"能量",发挥优势。

(4) 要能够集中力量,抓住重点,突破重要领域,然后带动其他方面的工作,多出成果。

(5) 不凭经验办事,而是靠科学的决策、团体的智慧来解决面临的或未来的各种难题。

彼得·德鲁克理论的核心是研究如何以最低的消耗达到最大的成果。

张瑞敏自述:以有效的管理为标准[①]

大约在1987年,我不记得从哪搞到一本彼得·德鲁克的书,书的译名是《卓有成效的管理者》。当时我想,这个外国人不了解中国的具体情况,他说的不一定能行。但那时我是有病乱投医,就读了一遍。给我印象最深刻的一句话是:管理很好的企业总是单调乏味,没有任何激动人心的事情发生。他这句话和我们当时的做法恰恰完全相反,不要说海尔,当时所有的中国企业天天在想办法做一些激动人心的事情,比如说搞什么会战、誓师大会之类。彼得·德鲁克的说法和我们的做法完全不一样,但是我仔细一想他说的很有道理。企业里的大多数事情都应该当作例行事务去管理。但是,当时中国的企业大部分都是碰到什么事就去解决什么事,没有章法和预算。这时候,受到彼得·德鲁克的启发,我们在海尔开始做预

---

① 有改动。

算,并创造了"日清工作法",也就是"日事日毕,日清日高",把每项工作的目标落实到每人、每天。每人在每天下班前根据目标对工作完成的情况"日清"。"日清工作法"解决了管理上的混乱无效问题,使我们那样一个濒临倒闭的小厂迅速扭亏为盈,并且摘取了中国冰箱历史上的第一枚金牌。

彼得·德鲁克的书里还说,如果同一个危机重复出现,往往是管理者的疏忽和懒散造成的。这对我改变个人的管理作风起了很大的作用。我们那时的管理做法是以忙为荣,每天工作十几个小时,很晚才下班,好像这才是好的管理者。而彼得·德鲁克说,卓有成效的管理者不以这个为标准,要以有效的管理为标准,所以你不能天天处理重复的问题和重复的错误。他的观点非常有道理。我一下子爱上了彼得·德鲁克,从此以后只要是彼得·德鲁克的书我都会找来反复阅读。

所以后来,我们把企业的管理分为3个层次,海尔的管理人员考核也是按照这3层来做。最低层次的管理就是"管事";再高一个层次的管理就是"管人";最高层次的管理就是"管机制"。所谓管事,就是"兵来将挡,水来土掩",结果是事越管越多、越来越杂、越来越乱。管人高了一个层次,也就是找到了这件事背后的责任人是谁,比管事要好得多。最重要的是管机制,因为机制能使整个企业处于一个有序的发展中。就像吉姆·柯林斯在《基业长青》里所说,好的企业管理者一定是造钟师而不是报时人。但是很多企业的领导喜欢做报时人,自己说是几点钟就是几点钟,但实际上造钟师造出一个时钟以后,应该几点就是几点,不是人为可以改变的。

【本章小结】

本章围绕管理基础内容展开探讨。管理是指在特定的环境下,管理者在实施计划、组织、领导和控制等职能的过程中,通过优化配置和协调使用组织内的各种资源,有效达到组织目标的过程。

社会再生产具有二重性,一方面是生产力的再生产过程,另一方面是生产关系的再生产过程,这就决定了管理具有组织生产力和协调生产关系的二重功能,所以管理具有二重性,即管理的自然属性和社会属性。管理的职能包括计划、组织、领导和控制。4项职能的发挥程度决定了管理行为的有效性。

管理的主体是管理者,分为高层管理者、中层管理者和基层管理者3个层次。亨利·明兹伯格提出了管理者所扮演的10种角色,根据他们所处的不同层级,管理者的角色有所区别。此外,管理者为了达到有成效的管理,需要掌握3种技能,即概念技能、技术技能和人际技能。

管理的特殊性,以及管理活动的普遍性决定了管理对于任何人和组织都具有十分重要的意义。

【复习题】

一、判断题

1. 管理学反映了管理过程的客观规律性,具有显著的科学性。但是,管理过程中的诸

多不确定因素使管理本身无法完全量化，故而只是一种不精确的科学。（ ）

2. 管理的主要目的是使资源成本最小化，因此管理最主要的目的是追求效率。（ ）

3. 效率与效果之间的差别可表述为：效果是使组织资源的利用成本达到最小化，而效率则是使组织活动实现预定的目标。（ ）

4. 不同的行业及不同的组织差别显著，很难说管理活动有什么共性。（ ）

二、选择题

1. 将管理要素按目标的要求结合成一个整体，体现了管理的（ ）职能。
   A. 计划　　　　　B. 组织　　　　　C. 领导　　　　　D. 控制

2. 要确保"事有人做，人有事做；事得其人，人得其事"，需要履行好管理中的（ ）职能。
   A. 计划　　　　　B. 组织　　　　　C. 领导　　　　　D. 控制

3. 管理的职能也就是管理工作中所包含的几类基本活动，对这些基本活动说法正确的是（ ）。
   A. 彼此独立，分别由不同的部门人员承担
   B. 各不相同，分别由不同层次的人承担
   C. 在空间和时间上彼此交融，每一个主管人员都要承担这些活动
   D. 形式不同而本质相同

4. 一艘船要顺利航行到目的地，船长的角色职能包括：确定方向的领航员，实际控制方向的舵手，轮船的选用者，以及全体船员形成支持、参与和沟通关系的促进者。这些分别是组织中的（ ）职能。
   A. 计划、控制、组织和领导
   B. 计划、组织、领导和控制
   C. 领导、计划、组织和控制
   D. 领导、组织、计划和控制

5. 彼得·德鲁克说过，如果你理解管理理论，但不具备管理技术和管理工具的运用能力，你还不是一个有效的管理者；反过来，如果你仅具备管理技术和管理工具的运用能力，而不掌握管理理论，那么你充其量只是一个技术员。这句话说明（ ）。
   A. 有效的管理者应该既掌握管理理论，又具备管理技巧和管理工具的运用能力
   B. 是否掌握管理理论对管理工作的有效性来说举足轻重
   C. 如果理解管理理论，就能成为一名有效的管理者
   D. 有效的管理应该注重管理技术与工具的运用能力，而不必注重管理理论

6. 基层管理人员最重要的技能是（ ）。
   A. 技术技能　　　B. 人事技能　　　C. 概念技能　　　D. 协调技能

7. （ ）属于组织所面临的任务环境。
   A. 竞争对手　　　B. 顾客　　　　　C. 技术因素　　　D. 经济因素

8. 某研究所的一位管理人员告诉自己的好朋友，说他在单位的主要职责是给软件开发人员分派具体的工作任务，并指挥和监督各项具体工作任务的完成。由此可推断，这位管理人员是（ ）。
   A. 高层管理人员　　　　　　　　　B. 中层管理人员

C. 基层管理人员　　　　　　　D. 无法推断
9. 管理者所处的层次越高,面临的问题越复杂,越无先例可循,就越需要具备（　　）。
   A. 领导技能　　B. 组织技能　　C. 概念技能　　D. 人事技能
10. 管理的载体是（　　）。
    A. 管理者　　B. 技术　　C. 工作　　D. 组织
11. 管理的主体是（　　）。
    A. 企业家　　B. 全体员工　　C. 高层管理者　　D. 管理者
12. 管理是一种艺术,这是强调管理的（　　）。
    A. 复杂性　　B. 有效性　　C. 实践性　　D. 精确性
13. 管理学中的原理和方法适用于各种类型组织,说明管理学具有（　　）。
    A. 一般性　　B. 多样性　　C. 历史性　　D. 实践性
14. 管理是由许多人协作劳动而产生的,它是有效组织共同劳动所必需的。管理具有同生产力、社会化生产相联系的属性是（　　）。
    A. 自然属性　　B. 社会属性　　C. 技术属性　　D. 人文属性
15. 管理或者管理活动的存在,必须具备的条件是（　　）。
    A. 两个人以上的集体活动和一定数量的生产资料
    B. 两个人以上的集体活动和一定规模的固定资产
    C. 两个人以上的集体活动和一致认可的目标
    D. 一定数量的生产资料和一致认可的目标

三、简答题

1. 什么是管理?管理具有普遍性吗?
2. 什么是管理的效率和效果?二者之间的关系如何?
3. 什么是管理?如何理解管理的概念?
4. 为什么说管理既是一门科学,又是一门艺术?
5. 管理者的角色包括哪些?
6. 管理者应掌握的技能包括哪些?
7. 通过学习管理的内涵和职能,谈谈在你周围接触的组织中,管理的职能是如何发挥作用的?

四、讨论题

1. 有效的管理者是工作中最有成绩的管理者,是否是组织中提升得最快的人?是否就是成功的管理者?
2. 你的课程授课教师是管理者吗?请分别用管理职能、管理角色、管理技能观点讨论这个问题。
3. 当一个人从非管理岗位被提拔到管理岗位上时,其管理职能和管理技能发生了哪些变化?管理者如何才能获得新的管理技能?

五、案例分析

◇ **案例 1**

甜美的音乐

马丁公司成立于 1833 年，被公认为是世界上最好的乐器制造商之一。就像施坦威的大钢琴、劳斯莱斯的轿车，或者布菲的单簧管一样，马丁吉他虽然每把价格超过 10 000 美元，却是你能买到的最好的东西之一。这家家族式的企业历经艰难岁月，已经延续了 6 代。马丁公司首席执行官弗雷德里克·克里斯蒂安马丁四代秉承了马丁吉他的制作手艺。他甚至遍访公司在全世界的经销商，为他们举办培训讲座。很少有哪家公司像马丁公司一样有这么持久的声誉，那么这家公司成功的关键是什么？一个重要原因是公司杰出的管理和领导技能，使公司员工始终关注像质量这样的重要问题。

马丁公司自创办起做任何事都非常重视质量。即使近年来在产品设计、分销系统及制造方法方面发生了很大变化，但公司始终坚持对质量的承诺。公司在坚守优质音乐标准和满足特定顾客需求方面的坚定性渗透到公司从上到下的每一个角落。不仅如此，公司在质量管理中长期坚持生态保护政策。因为制作吉他需要用到天然木材，公司非常审慎和负责地使用这些传统的天然材料，并鼓励引入可再生的替代材料。基于对顾客的研究，马丁公司向市场推出了采用表面有缺陷的天然木材制作的高档吉他，这在其他厂家看来几乎是无法接受的。

马丁公司使新老传统有机地整合在一起。虽然设备和工具逐年更新，员工始终坚守着优质音乐标准。要使所制作的吉他符合这些严格的标准，员工需要极为专注和耐心。家庭成员弗兰克·亨利·马丁在 1904 年出版的公司产品目录的前言里向潜在的顾客解释，"怎么制作具有如此绝妙声音的吉他并不是一个秘密，它需要细心和耐心。细心是指要仔细选择材料，巧妙安排各种部件，关注每一个使演奏者感到惬意的细节。所谓耐心是指做任何一件事不要怕花时间。优质的吉他是不能用劣质产品的价格造出来的，谁会因为买了一把价格不菲的优质吉他而后悔呢？"虽然 100 多年过去了，但这些话仍然是公司理念的表述。虽然公司深深地植根于过去的优良传统，但首席执行官弗雷德里克·克里斯蒂安马丁四代却毫不迟疑地推动公司朝向新的方向。例如，在 20 世纪 90 年代末，他做出了一个大胆的决策，开始在低端市场上销售每件价格低于 800 美元的吉他。低端市场在整个吉他产业的销售额中占 65%。公司 DXM 型吉他是 1998 年引入市场的，虽然这款产品无论外观、品位和感觉都不及公司的高档产品，但顾客认为它比其他同类价格的绝大多数吉他产品的音色都要好。弗雷德里克·克里斯蒂安马丁四代为他的决策解释道："如果马丁公司只是崇拜它的过去而不尝试任何新事物的话，那恐怕就不会有值得崇拜的马丁公司了。"

马丁公司现任首席执行官弗雷德里克·克里斯蒂安马丁四代在管理方面的出色表现，使公司销售收入持续增长，新的吉他品种不断推出。公司员工描述他的管理风格是友好的、事必躬亲的，但又是严格的和直截了当的。虽然马丁公司不断将其触角伸向新的方向，但却从未放松过对尽其所能制作顶尖产品的承诺。在弗雷德里克·克里斯蒂安马丁四代的管理下，这种承诺决不会动摇。

【问题】

1. 根据管理技能理论，你认为哪种管理技能对弗雷德里克·克里斯蒂安马丁四代最重要？解释你的理由。

2. 根据管理者角色理论说明弗雷德里克·克里斯蒂安马丁四代在下列情况时分别扮演什么管理角色？解释你的选择。

（1）当弗雷德里克·克里斯蒂安马丁四代访问马丁公司世界范围的经销商时；

（2）当弗雷德里克·克里斯蒂安马丁四代评估新型吉他是否有效性时；

（3）当弗雷德里克·克里斯蒂安马丁四代让员工坚守公司的长期原则时。

3. 弗雷德里克·克里斯蒂安马丁四代宣布："如果马丁公司只是崇拜它的过去而不尝试任何新事务的话，那恐怕就不会有值得崇拜的马丁公司了。"这句话对全公司的管理者在履行计划、组织、领导和控制职能时意味着什么？

4. 弗雷德里克·克里斯蒂安马丁四代的管理风格被员工描述为友好的、事必躬亲的，但又是严格和直截了当的。你认为这意味着他是以什么方式计划、组织、领导和控制的？你认为这种管理风格对其他类型的组织也有效吗？说明你的观点。

◇ 案例 2

升任公司总裁后的思考

郭宁最近被所在的生产机电产品的公司聘为总裁。在准备接任此职位的前一天晚上，他浮想联翩，回忆起他在该公司工作20多年的情况。

他在大学时学的是工业管理，大学毕业后就到现在的公司工作，最初担任液压装配单位的助理监督。他当时感到真不知该如何工作，因为他对液压装配所知甚少，在管理工作上也没有实际经验，他感到几乎每天都手忙脚乱。可是他非常认真好学，一方面仔细参阅装配工作手册，并努力学习有关的技术知识；另一方面监督长也对他主动指点。这使他渐渐摆脱了困境，胜任了工作。经过半年多的努力，他已有能力独担液压装配监督长工作。可是，当时公司没有提升他为监督长，而是直接提升他为装配部经理，负责包括液压装配在内的4个装配单位的领导工作。

在他当助理监督时，他主要关心的是每日的作业管理，技术性很强。而当他担任装配部经理时，他发现自己不能只关心当天的装配工作状况，他必须做出此后数周乃至数月的规划，还要完成许多报告和参加许多会议，他没有多少时间去从事他过去喜欢的技术工作。当上装配部经理后不久，他就发现原有的装配工作手册已基本过时，因为公司已安装了许多新的设备，引入了一些新的技术，这令他花了整整1年时间去修订装配工作手册，使之切合实际。在修订装配工作手册的过程中，他发现要让装配工作与整个公司的生产作业协调起来是有很多讲究的。他还主动到几个工厂去访问，学到了许多新的工作方法，他也把这些方法吸收到修订的装配工作手册中去。由于该公司的生产工艺频繁发生变化，装配工作手册也不得不经常修订，郭宁对此都完成得很出色。他工作了几年后，不但自己学会了这些工作，而且还学会如何把这些工作交给助手去做，教他们如何做好，这样，他可以腾出更多时间用于规划工作和帮助他的下属工作得更好，以及花更多的时间去参加会议、批阅报告和完成自己向上级的工作汇报。

当他担任装配部经理6年之后,正好该公司负责规划工作的副总裁辞职应聘于其他公司,郭宁便主动申请担任此职务。在同另外5名竞争者较量之后,郭宁被正式提升为负责规划工作的副总裁。他自信拥有担任新职位的能力,但由于高级职务工作的复杂性,仍使他在刚接任时碰到了不少麻烦。例如,他感到很难预测几年之后的产品需求情况,可是一个新工厂的开工,乃至一个新产品的投入生产,一般都需要在几年前做出准备。而且,在新的岗位上他还要不断处理市场营销、财务、人事、生产等部门之间的协调,这些他过去都不熟悉。他在新岗位上越来越感到:越是职位上升,越难于仅仅按标准的工作程序去进行工作。但是,他还是渐渐适应了,做出了成绩,以后又被提升为负责生产工作的副总裁,而这一职位通常是由该公司资历最深、辈分最高的副总裁担任的。到了现在,郭宁又被提升为总裁。他知道,一个人当上公司最高主管职位之时,他应该自信自己有处理可能出现的任何情况的能力,但他也明白自己尚未达到这样的水平。因此,他不禁想到自己明天就要上任了,今后数月的情况会是怎么样?他不免为此而担忧!

【问题】

1. 郭宁担任助理监督、装配部经理、负责规划工作的副总裁和总裁这4个职务,其管理职责各有何不同?你能概括其变化的趋势吗?请结合基层、中层、高层管理者的技能进行分析。

2. 你认为郭宁要成功地胜任公司总裁的工作,哪些管理技能是最重要的?你觉得他具有这些技能吗?试加以分析。

3. 如果你是郭宁,你认为当上公司总裁后自己应该补上哪些欠缺才能使公司取得更好的绩效?

◇ 案例3

杨总经理的一天

胜利电子公司是一家拥有200多名员工的小型电子器件制造企业。除了3个生产车间之外,企业还设有生产技术科、购销科、财务科和办公室4个部门。总经理杨兴华任现职已有4年,此外还有2个副总经理张光和江波,分别负责生产技术、经营工作及人事工作。几年来,公司的经营呈稳定增长的势头,职工收入在当地处于遥遥领先的水平。

今天已是今年的最后一天,杨总经理一上班就平息了两起"火情"。首先是关于张平辞职的问题。张平是一车间热处理组组长,也是公司的技术骨干,一向工作积极性挺高,但今天一上班就气呼呼地来到总经理办公室递上了一份辞呈。经过了解,张平并非真的想辞职,而是觉得受了委屈。原因是前一天车间主任让他去参加展览中心的热处理新设备展销会,而未能完成张副总交办的一批活,受到了张副总的批评。经过杨总经理说服后,张平解开了疙瘩,收回了辞呈。

张平刚走,又来了技术科的刘工。刘工是厂里的技术"大拿",也是技术人员中工资最高的一位。刘工向杨总经理抱怨自己不受重视,声称如果继续如此,自己将考虑另谋出路。经过了解,刘工是不满技术科的奖金分配方案。虽然技术科在各科室中奖金总额最高,但科长老许为了省事,决定平均分配,从而使得自认为为企业立下汗马功劳的刘工与刚出校门的小李、小马等人所得一样。结果是小李、小马等欢天喜地,而刘工却感到受到了冷落。杨总对刘工进行了安抚,并告诉刘工明年公司将进一步开展和完善目标管理活动,"大锅饭"现象很快就会克服的。事实上,由于年初制订计划时,目标制订得比较模糊和笼统,各车间在年终总结时均出现了一些问题。

送走了张平和刘工后,杨总经理开始翻阅秘书送来的报告和报表,结果上个月的质量情况令他感到不安,不合格品率上升了6个百分点。车间和生产技术科在质量问题上的相互推诿也令他恼火。他准备在第二天的生产质量例会上重点解决这个问题。此外,用户的几起投诉也需要格外重视。

处理完报告和报表后,杨总经理决定到车间巡视一下。在二车间的数控机床旁,他发现青工小王在操作时不合乎规范要求,当即给予了纠正。随后他又到了由各单位人员协作组成的技术攻关小组,鼓励他们加把劲,争取早日攻克几个影响产品质量和生产进度的"拦路虎",并顺便告知技术员小谭,公司将会尽量帮助解决他妻子的就业问题。此外,杨总经理又透露了公司已做出的一项决定:今后无论是工人还是技术人员,只要有论文发表,公司将承担其参加学术会议的全部费用。大家感到备受鼓舞。

中午12点,根据预先的安排,杨总经理同一个重要的客户共进了午餐。下午2点主持了公司领导和各部门主管参加的年终总结会,会上除了生产技术科科长与购销科科长为先进科室的称号而又一次争得面红耳赤之外,基本顺利。散会以后,他同一个外商进行了谈判,签下了一份金额颇大但却让两位副总忐忑不安的订单,因为其中的一些产品本公司并没生产过,短时期内也没有能力生产。但杨总经理心中自有主意,因为他知道,有一家生产这类产品的大型企业正在四处寻找销售渠道,而这份订单不仅会使这家大企业愁眉舒展,也将使胜利电子公司轻轻松松稳赚一笔。

下班时间到了,但杨总经理丝毫没有回家的意思,他得想想明年的事情了。

【问题】

请从管理职能的角度分析杨总经理一天的活动。

【管理实务】

管理才能问卷

按照下面给出的标准为每道题目打分。

5分(我始终如此),4分(我经常如此),3分(我有时如此),2分(我很少如此),1分(我从不如此)。

注意:带 * 的题目是反向计分的,即:

1分(我始终如此),2分(我经常如此),3分(我有时如此),4分(我很少如此),5分(我从不如此)。

1. 当我有多项任务或家庭作业时,我会确定轻重缓急次序,然后根据截止时间的要求一一加以完成。C

2. 大多数人都认为我是一个很好的倾听者。H

3. 当我为自己决定一个特定的行动方向时（例如，从事哪种业余爱好，学习什么语言，做什么工作，参与哪个特殊项目等），我通常会考虑，我所做出的决定会对我产生哪些长远的影响（3年或更长的时间）。C

4. 与文学、心理学或社会学内容的课程相比，我更喜欢技术或定量分析类的课程。T

5. 当我与某个人存在严重分歧时，我会坚持把问题搞明白，直到分歧完全解决为止。H

＊6. 当我接到一个项目或任务时，我关心的是细节问题，而不是其总体情况。C

7. 我宁愿一个人坐在计算机前面，也不愿意花很多时间与其他人待在一起。T

8. 在工作或讨论问题时，我总是设法让其他人也参加进来。H

9. 当我学习一门课程时，我会把我正在学习的东西与我学过的其他课程，或者我在其他地方学到的概念联系起来。C

＊10. 当某个人犯错误时，我会去纠正他，让他知道正确的答案或方法是什么。H

11. 当我与其他人交谈时，最好是让我的时间有效率，而不去考虑别人有什么要求，以便我能做自己的工作。T

12. 我知道自己的职业、家庭和工作的长远发展前景是什么，我已经对这些问题仔细考虑过了。C

13. 在解决问题时，我更喜欢分析数据和统计资料，而不是与他人进行讨论。T

＊14. 当我为一个集体项目工作时，如果某个人避重就轻，有力不出，我更愿意向我的朋友发牢骚，而不是当面指责这个懒家伙。H

15. 与别人一起讨论思想或概念这些话题，会使我变得热情高涨，兴奋不已。C

16. 像管理学这类课程，简直是在浪费时间。T

＊17. 我认为，最好是礼貌待人，不要伤害他人的感情。H

18. 与对人相比，我反而对数据和事情更感兴趣。T

按照以下分类计算总分：

1，3，6，9，12，15　思辨技能（C）总分：＿＿＿＿＿＿＿

2，5，8，10，14，17　人际技能（H）总分：＿＿＿＿＿＿＿

4，7，11，13，16，18　技术技能（T）总分：＿＿＿＿＿＿＿

上述技能是每一位好管理者必须具备的技能。理想的情况是，管理者在这3个方面都十分优秀（尽管不必同样出色）。如果某人在上述技能中的某项差得较多，则必须通过学习和阅读来加以提高。

管理学发展史

人类的很多活动离不开管理,在这个意义上,管理活动的历史可以被视为同人类历史一样悠久。管理活动的出现促使一些人对这种活动进行研究和探索。经过长期的积累和总结,人们对管理活动有了初步的认识和理解,从而开始形成一些朴素、零散的管理思想。随着社会的发展,科学技术的进步,人们又对管理思想加以提炼和概括,找出其中带有规律性的东西,并将其作为假设,在管理活动中进行检验,继而对检验结果加以分析研究,从中找出属于管理活动普遍原理的东西。这些原理经过抽象和综合就形成了管理理论。这些理论又被应用于管理活动,指导管理活动的进行,同时这些理论也被实践检验。

管理是人们在一定组织环境下所从事的一种智力活动。管理现象随着人类共同劳动的出现已有几千年的历史,要组织和协调集体活动就需要管理。因此,自从有了人类组织就有了管理,但是人们对管理的系统研究只有上百年的历史。管理作为一种理论,是在资本主义经济发展到一定阶段后才产生的。

本章将介绍管理学产生发展的背景与理论的形成过程,按照时间脉络,首先介绍早期管理思想,然后介绍古典管理理论、行为科学理论,最后围绕现代管理理论丛林介绍各现代管理学派的研究重点。

【学习目标】

1. 了解早期的管理思想及理论产生和发展的历史背景。
2. 了解管理思想及理论经历的主要阶段和各阶段的主要特点。
3. 掌握泰勒的"科学管理思想"的主要内容。
4. 掌握法约尔对管理科学的贡献,尤其是五大管理要素和十四项原则。
5. 了解韦伯的行政组织理论。
6. 了解梅奥及其同事进行霍桑试验的过程和人际关系学说。
7. 了解现代管理理论丛林的主要学说及其内容。

在人类历史上,还很少有什么事比管理的出现和发展更为迅猛,对人类具有更为重大和更为激烈的影响。

——彼得·德鲁克

2.1　早期管理思想

 案例

福特 T 型车

美国的福特汽车公司创建于1903年。成立以后，福特汽车公司生产了小型车、大型车等多种车辆，但销售情况并不理想。为了加快公司的发展，公司创办人亨利·福特对市场进行了深入的研究，推出了后来举世闻名的T型车，一举开创了汽车时代和福特汽车公司的新纪元。

1908年10月1日，T型车正式推向市场，很快就赢得了美国消费者的喜爱，取得了巨大的市场成功。这个巨大的成功是和T型车所包含的重大创新密不可分的。实际上，T型车的诞生不仅仅是一种车型或者设计的创新，而是汽车生产方式乃至大工业生产方式上具有划时代意义的创新。

在T型车出现以前，汽车工厂都是作坊式的手工生产方式。这种生产方式使得汽车的产量很低，成本居高不下。20世纪初，一辆汽车在美国的售价大约是4 700美元，这相当于一个普通人好几年的收入，汽车仅仅是少数有钱人的奢侈品。亨利·福特认为，要想把汽车市场变成一个能够创造巨大利润的市场，就必须把汽车变成普通人也买得起的消费品，而要想做到这一点，大幅降低价格是关键。

福特汽车公司最初推向市场的T型车，定价只有850美元，相当于当时一个中学教师一年的收入。这背后的生产效率的差异是，同时期其他公司装配出一辆汽车需要700多小时，福特汽车公司仅仅需要12.5小时。而且，随着流水线的不断改进，十几年后，这一速度提高到了惊人的每10秒钟就可以生产出一辆汽车。与此同时，福特汽车的市场价格不断下降，1910年降为780美元，1911年降为690美元，1914年则大幅降为360美元，最终降为260美元。

福特汽车公司先进的生产方式为它带来了极大的市场优势。T型车推向市场后的第一年，T型车的产量达10 660辆，创下了汽车行业的纪录。到了1921年，T型车的产量已占世界汽车总产量的56.6%。福特汽车公司也成为美国最大的汽车公司。可以说，福特汽车公司创造出了现代工业史上的奇迹。

在大幅降低汽车成本的同时，亨利·福特还通过大幅提高工人工资来有意识地培养汽车的消费者。1914年，福特汽车公司实行了日工资5美元的薪酬制度。这个报酬是当时技术工人正常工资的两倍。在这个报酬下，制造汽车的普通工人也能够成为汽车的拥有者。

亨利·福特的整个创业史，都围绕着一个目标——为普通人提供个人出行工具。这种观念在当时无疑是一种领先的意识。

遗憾的是，虽然T型车创造了辉煌的业绩，但它的结局却要黯淡得多。

T型车取得巨大的市场成功以后，亨利·福特不断改进生产线，几乎把单一型号大批量生产的潜力发挥到了极致。但是，市场却已经发生了变化。到了20世纪20年代中期，由于产量激增，美国汽车市场基本形成了买方市场，道路及交通状况也大为改善。简陋而千篇一律的T型车虽然价廉，但已经不能满足消费者的需求。面对福特汽车难以战胜的价格优势，竞争对手通用汽车公司转而在汽车的舒适化、个性化和多样化等方面大做文章，以产品的特色化来对抗廉价的T型车，推出了新式样和多种颜色的雪佛兰汽车。雪佛兰汽车一上市就受到消费者的欢迎，严重冲击了T型车的市场份额。

然而，面对市场的变化，亨利·福特仍然顽固地坚持生产中心的观念。他不相信还有比单一品种、大批量、精密分工、流水线生产更加经济、更加有效率的生产方式。他甚至都不愿意生产黑色以外的其他颜色的汽车。他宣称："无论你需要什么颜色的汽车，我福特只有黑色的。"

每当通用汽车公司推出一种新产品时，亨利·福特总是坚持其既定方针，以降低价格来应对。但是，降价策略成功的前提是市场的无限扩张，而自20世纪20年代以来，市场对于T型车这样简单的代步型汽车的需求已经饱和，消费者需要的是更舒适、更漂亮、更先进的新型汽车。1926年，亨利·福特做了最后一次绝望的努力，宣布T型车大减价。但过去的效果不再有了！这一年，T型车的产量超过了订数。亨利·福特继续坚持大批量生产，结果就是巨大的库存积压。最终，亨利·福特也不得不承认失败。1927年，T型车停止了生产。

1927年开始，福特公司被迫停产，重组生产线，更换1.5万台车床，重新设计制造2.5万台机床。这些庞大的调整工作耗用了福特汽车公司1亿美元的资金和16个月的时间。等到新车型投产时，福特汽车公司已经从全美第一大汽车公司降至第二大汽车公司。由于新车型是仓促上阵的，技术并不成熟，由于随后的更换发动机，福特汽车公司不得不再一次停产。通用汽车公司等竞争对手趁机抢占市场。终于，1933年，福特汽车公司的新车才得以重新上市。这时，福特汽车公司不但落在了通用汽车公司的后面，甚至也落到了克莱斯勒汽车公司之后，沦为了美国第三大汽车公司。直到今天，福特汽车公司再也没有能够恢复昔日美国第一大汽车公司的地位。

T型车最终的结局是令人尴尬的失败，它是被竞争对手赶出市场的。显然，是亨利·福特不顾市场变化的顽固守旧造成了最终的结局。令人疑惑的是，赢得巨大成功的创新能力怎么会和如此顽固保守同时出现在亨利·福特一个人身上呢？

讨论题

1. T型车为何创造了辉煌的业绩又走向了失败的结局？
2. 汽车生产方式的演变说明了什么？

【**管理启示**】T型车的发展演变过程说明了任何组织的活动都是存在于一定的环境之中的，因此当环境发生变化时，组织必须调整自己适应环境，作为组织掌舵人的管理者的管理理念也必须具有灵活性，要随时了解社会的发展和市场需求的变化，不断提供能够创造新的顾客价值的产品和服务。实际上，亨利·福特本人对于创新的兴趣一直到老也没有衰退，但是，他所有的创新热情和能力都表现在 T 型车上了，结果是不能接受任何偏离"使用简单"这一特色的做法。这种心理特点其实并不罕见。尤其是在那些取得了非凡成就的人那里，这种情况甚至可以说经常出现。过去的成功强化甚至固化了成功者的所谓模式，使得他们过于自信和执着，进而思想僵化。当亨利·福特的儿子劝说父亲要跟上新时代时，亨利·福特的回答是："你懂什么？是我创造了新的时代！"亨利·福特确实可以说创造了一个新时代，但他也同样不能阻止另一个新时代的到来。

2.1.1 中国古代管理思想

中国作为四大文明古国之一，是一个具有几千年文明史的国家，我国古代各族人民以自己的智慧和辛勤劳动创造了许多令现代人叹为观止的著名管理实践和极为丰富的管理思想。例如，战国时期著名的"商鞅变法"是通过变法提高国家管理水平的一个范例；西汉时期文景之治使国家出现了政治安定、经济繁荣的局面；秦大将蒙恬率领几十万人建造万里长城，充分反映了当时测量、规划设计、建筑和工程管理等的高超水平，体现了工程指挥者所具有的高度管理智慧；李冰父子主持修建的集分洪、灌溉、排沙诸功能于一体的都江堰水利工程，将防洪、排灌、航运综合规划，显示了我国古代工程建设与组织管理的高超水平；丁谓主持的"一举三得"皇宫修建工程堪称运用系统管理、统筹规划的范例。还有许多令人赞叹的管理实践都体现了我国古人高超的管理智慧。

中国古代的管理实践是一种经验管理。古代管理实践的成功与否主要取决于管理者或决策者的素质高低。管理者的个人知识、能力和经验越丰富，越有可能进行卓有成效的管理活动，否则，管理就可能缺乏成效，甚至失败。因此，管理实践是和个人经验分不开的，是一种典型的经验管理。

1. 中国古代管理思想的五大流派

中国古代出现了许许多多的思想家，如老子、孔子、商鞅、孟子、孙子、管子、墨子等至今仍被人们广为传颂，也形成了儒家、道家、法家、兵家和墨家五大有代表性的管理思想流派。

1）儒家强调等级和伦理原则的管理思想

儒家的代表人物是孔子、孟子等，主张"人治"。以"仁"为核心，一曰"克己复礼"，二曰"仁者爱人"。把人作为管理和实施管理的中心，把仁爱看成是维持社会秩序和做人的根本，由重人伦、人性、道德引发出民本论，在内涵上很符合后来提出的人本管理。

孔子作为儒家学派的创始人，他的以仁为核心，以礼为准则，以和为目标的以德治国思想是其管理思想的精髓，成为中国传统管理思想的主流。孟子是孔子思想的嫡派传人，继承了孔子"仁"的学说，提出了著名的"行政"主张。他的性善论的人性观、施"仁政"的管理准则及"修其身而天下平"等思想，对中国管理思想的完善与发展做出了重要贡献。

儒家在对人性的假设方面和对人性的改造方面提出了相当多的见解，认为人性的改造主要是通过自身的修养来解决，儒家是提倡天人合一的。一个人最高的奋斗目标是做圣人，并提出向此目标奋斗的途径。

2) 道家以遵循自然法则为特色的行政管理思想

道家的代表人物是老子，主张"天治"。在老子的思想体系中，不仅有着深邃的哲学思想，而且也包含政治、经济、文化、军事等方面的社会和国家管理思想，诸如"道法自然""无为而治"等许多思想对中外管理思想的发展产生了深刻影响。

老子认为天地万物都是由道化生的，而且天地万物的运动变化也遵循道的规律。那么道的规律又是什么呢？老子说："人法地，地法天，天法道，道法自然。"（《道德经》）可见，道的最根本规律就是自然，即自然而然、本然。既然道以自然为本，那么对待事物就应该顺其自然，无为而治，让事物按照自身的必然性自由发展，使其处于符合道的自然状态，不对它横加干涉，不以有为去影响事物的自然进程。

3) 法家以法治和尊君为核心的行政管理思想

法家的代表人物是韩非子、管子、商鞅，"崇法"是他们管理思想的中心，主张法要遵循事物发展规律并且顺从人心。管理国家必须用法，法治才是治国的根本，认为"王子犯法与庶民同罪"，不能"游意于法之外"，管理者必须要惩罚分明、革新政风，必须要体现法律面前人人平等，如果如此管理就能够保证国家长治久安。

韩非子以势为后盾，用术来驾驭群臣，用法来对待人民。他的主张为当时的国君提供了完备的统治手段。他认为国君如果都能以法治国，依法管理，国家也就能长治久安。

4) 兵家以军事思想为核心的管理思想

兵家的代表人物是孙子。孙子是中国古代著名的军事家，其军事思想和管理思想主要体现在他的传世之作《孙子兵法》中。国外的许多大学师生和企业家们都把《孙子兵法》作为管理著作来研读。"不战而屈人之兵""上兵伐谋""攻其不备，出其不意""唯民是保"等思想至今仍为管理者们所运用。

《孙子兵法》开篇就提出了"经之以五事，校之以计而索其情"的系统思想。战争的胜败取决于各方面的因素和情况，但关键的是"经之以五事"，即"道、天、地、将、法"5个方面的因素："道者，令民与上同意也"，即要使老百姓和统治者同心同德，也即"人和"；"天者，阴阳、寒暑、时制也"，即"天时"；"地者，远近、险易、广狭、死生也"，即"地利"；"将者，智、信、仁、勇、严也"，即将要有智有谋、诚信、仁慈、无私、勇敢、严明；"法者，曲制、官道、主用也"，即强调编制与制度规范。同时还要"校之以计而索其情"——"主孰有道？将孰有能？天地孰得？法令孰行？兵众孰强？士卒孰练？赏罚孰明？吾以此知胜负矣。"即要比较哪一方统治者更清明？哪一方将帅更有才能？哪一方拥有更好的天时地利？哪一方法令能够贯彻执行？哪一方武器装备精良？哪一方士兵训练有素？哪一方更能做到赏罚分明？通过这7个方面的观察与比较，就可以预测战争的胜败。

5) 墨家以"尚同""尚贤"为核心的管理思想

墨家的代表人物是墨子，他提出了"尚同"管理原则，表现出了秩序性和强制性，针对人们的社会政治行为做出了强制规定，并设想了行政管理的体制构建，提出了"政长"

体系。墨子提出选用紧才一要任人唯贤,不避贵贱,二要以贤为准,公平选用。

2. 中国古代管理思想的特点

1) 顺"道"

中国历史上的"道"有多种含义,属于主观范畴的"道",是指治国的理论;属于客观范畴的"道",是指客观经济规律,又称为"则""常"。管理中的"道"指后一种含义,即管理要顺应客观规律。道家反对主观人为的管理,主张顺应自然,应"辅万物之自然",一年中的四季是没有办法变更顺序的,所以道家把管理称为"天治主义"。道家认为管理是"治大国若烹小鲜",得民心者得天下,所以道家历来都主张简政放权。

2) 重人

"重人"是中国传统管理的一大要素,包括两个方面:一是重人心向背,二是重人才归离。要夺取天下,治好国家,办成事业,人是第一位的,故我国历来讲究得人之道,用人之道。

得民是治国之本,欲得民必先为民谋利。儒家提倡"因民之所利而利之""天下之民归心焉""近者悦,远者来"(《论语》),"民为贵,社稷次之,君为轻"(《孟子》),"政之所兴,在顺民心;政之所废,在逆民心"(《管子》)。

我国素有"求贤若渴"一说,表示对人才的重视。能否得贤能之助关系到国家的兴衰和事业的成败,"得贤人,国无不安名无不荣;失贤人,国无不危,名无不辱"(《吕氏春秋》)。诸葛亮总结汉史经验说:"亲贤臣,远小人,此先汉之所以兴隆也;亲小人,远贤臣,此后汉之所以倾颓也。"(《前出师表》)

在治生学方面,我国也有重视人才的传统。司马迁提倡"巧者有余,拙者不足""能者辐凑,不肖者瓦解"(《史记》)。

3) 人和

"和"就是调整人际关系,讲团结,上下和,左右和。对治国来说和能兴邦,对治生来说和气生财。我国历来把天时、地利、人和当作事业成功的三要素。"礼之用,和为贵"(《论语》),"上下不和,虽安必危""上下和同""和协辑睦"(《管子》),是事业成功的关键。战国时期赵国将相和的故事,妇孺皆知,被传颂为从大局出发讲团结的典范。

4) 守信

治国要守信,办一切事业都要守信,信誉是人们之间建立稳定关系的基础,是国家兴旺和事业成功的保证。

"君子信而后劳其民"(《论语》),孔子对弟子注重"四教":文、行、忠、信,他认为治理国家,言而无信,政策多变,出尔反尔,从来是大忌。管子十分强调取信于民,提出国家施政应遵循一条重要原则:"不行不可复。"

古代治生亦然。商品质量、价格、交货期以至借贷往来,都要讲究一个"信"字。明代徽商唐祁,其父曾借某人钱,对方借据丢失,唐祁照付父债,后来有人拣得借据,向唐祁讨债,他又照付。别人嘲笑他傻,他说,"前者实有是事,而后卷则真也。"(《安徽通志》)

5) 利器

"工欲善其事,必先利其器"(《论语》),生产要有工具,打仗要有兵器,中国历来有利器的传统，使用利器可达到"其用日半，其功可使倍"（《吕氏春秋》）的效果。中国古代的四大发明及其推广，极大地推动了社会经济、文化和世界文明的发展，并使"利器说"成为中国管理思想的重要内容。我国历史上许多重大发明使生产效率进一步提高。例如，粮食加工机械——水碓，"役水而舂，其利百倍"《新论·离车第十一》；炼铁鼓风器——水排，大大提高了炼铁的质量，从而提高了工具和兵器的质量，这些都是在当时政府官员的主持下发明和推广的。

6) 求实

实事求是、办事从实际出发，是思想方法和行为的准则。儒家提出"守正"原则，看问题不要偏激，办事不要过头，也不要不及，过了头超越客观形势，犯冒进错误；不及于形势又错过时机，流于保守，这两种偏向都会坏事，应该防止。

7) 对策

"夫运筹策帷帐之中，决胜于千里之外"（《史记》），这句话说明在治军、治国、治生等一切竞争和对抗的活动中，都必须统筹谋划，正确研究对策，以智取胜。研究对策有两个要点：一是预测，二是运筹。

有备无患，预则成，不预则废。孙子认为："知彼知己，百战不殆；不知彼而知己，一胜一负；不知彼，不知己，每战必殆。"管子主张"以备待时""事无备则废"。治国必须有预见性，备患于无形，"唯有道者，能备患于无形也"（《管子》）。范蠡认为经商要有预见性，经商和打仗一样，"知斗则修备"，要善于"时断"和"智断"，比如要预测年景变化的规律，推知粮食供求变化趋势，及时决断收购和发售。他提出"旱则资舟，水则资车"的"待乏"原则。要观察市场物价变动，按"贵上极则反贱，贱下极则反贵"的规律，采取"贵出如粪土""贱取如珠玉"的购销决策。

中国古代有许多"运筹"成功的实例。齐国将军田忌与人赛马屡败，后来他按照谋士的筹划，按马力的强弱，以己之下马对彼之上马，己之上马对彼之中马，己之中马对彼之下马，结果二胜一负，转败为胜。

8) 节俭

我国理财和治生，历来提倡开源节流，崇俭拙奢，勤俭治国，勤俭持家。节俭思想源于孔子和墨子，孔子主张"节用而爱人，使民以时"。墨子说："其用财节，其自养俭，民富国治。"荀子说："臣下职，莫游食，务本节用财无极""强本而节用，则天不能贫，……本荒而用侈，则天不能使之富"。

9) 法治

我国的法治思想起源于先秦法家和管子，后来逐渐演变成一整套体系，包括田土法治、财税法治、军事法治、人才法治、行政管理法治、市场法治，等等。韩非子在论证法治优于人治时，举传说中舜的例子，舜事必躬亲，亲自解决民间的田界纠纷和捕鱼纠纷，花了3年时间纠正3个错误。韩非子说这个办法不可取，如果制定法规公之于众，违者以法纠正，治理国家就方便了。

通过研究我国古代的管理实践和管理思想，可以自豪地说，中国古代管理思想博大精深，是一个丰富的、无尽的宝库，不仅成为滋养中华民族蓬勃发展的智慧之源，而且也被世界各国有识之士所开发和利用。

2.1.2 国外早期的管理思想

国外有记载的管理实践和管理思想可以追溯到 6 000 多年前,一些文明古国如古埃及、古巴比伦、古罗马等在治国施政、组织大型工程修建、指挥军队作战、管理教会组织中都体现出了大量高深的管理思想。

例如,古巴比伦国王汉穆拉比曾经颁布《汉穆拉比法典》,包含了丰富的管理思想,其中对责任的承担、借贷、最低工资、货物的交易、会计和收据的处理、贵金属的存放等,都做了明确的规定。

又如,古罗马帝国的长期兴盛也为人们留下了管理方面的宝贵遗产。公元 284 年,狄奥克利雄大帝登上王位后,发现古罗马帝国过于庞大,属下人员太多,难以管理,于是建立了层次分明的中央集权组织,这种组织采用了按地理区域划分基层组织,并采用效率很高的职能分工,还在各级组织中配备了参谋人员。

15 世纪世界最大的工厂之一——威尼斯兵工厂,在当时就采用了流水线作业,并建立了早期的成本会计制度,实行了管理分工,工厂的管事、指挥、领班和技术顾问全权管理生产;工厂的计划、采购、财务事宜由市议会通过一个委员会来负责。这些都体现的是现代管理思想的雏形。

西方工厂制度早期管理实践是在 18 世纪末到 19 世纪末,其特点是由资本家直接担任企业管理者,靠个人的经验从事生产和管理,管理的重点是解决分工和协作问题。西方工厂制度早期管理实践的主要代表人物如下。

1. 小瓦特和博尔顿

小瓦特和博尔顿提出的科学管理制度如下。

在生产管理方面,根据生产流程的要求,配置机器设备,编制生产计划,制定生产作业标准,实行零部件生产标准化;在销售方面,研究市场动态,进行市场需求预测;在会计成本管理方面,建立起详细的记录制度和先进的监督制度;在人事管理方面,制订工人和管理人员的培训和发展计划;实行工作研究,并按工作研究结果确定工资的支付办法;实行由职工选举的委员会来管理医疗福利费等福利制度。

2. 罗伯特·欧文

罗伯特·欧文是 19 世纪初最有成就的实业家之一,杰出的管理学先驱者,被称为"空想社会主义者""人事管理之父"。他认为工厂是由员工组成的,把他们有效地组织起来,相互合作,就能产生最大效果;搞好人事管理能给雇主带来收益,这是每个主管人员的一项主要工作。他主张大力减轻劳动强度,改善劳动条件,为职工提供较多的福利设施。

3. 亚当·斯密

亚当·斯密是最早对经济管理思想进行论述的学者,1776 年发表了《国民财富的性质和原因的研究》,第一次系统论述了古典政治经济学,对以后的管理理论有着重大影响。他的主要观点:劳动是国民财富的源泉,强调劳动分工对劳动生产力提高的重要性。亚当·斯密观点的先进性体现在：劳动分工使生产者的技能得到发展，节约了由工作变化而损失的时间，能使专门从事某项作业的劳动者改良工具和发明机械，提出了"经济人"的观点。

4. 查尔斯·巴贝奇

查尔斯·巴贝奇是科学管理思想的先驱者，提出了劳动分工，主张通过科学研究来提高动力、材料的使用效率和工人的工作效率，采用利润分配制以谋求劳资之间的调和。他的主要研究成果如下。

一是对工作方法的研究：一个体质较弱的人如果所使用的铲子在形状、重量、大小等方面都比较适宜，那么他一定能胜过体质较强的人。

二是对报酬制度的研究：他主张按照对生产率贡献的大小来确定工人的报酬。

5. 汤尼

1886年汤尼在《作为经济学家的工程师》中指出，工厂管理同工程技术有着同样的重要性……但工厂的管理却是无组织的，几乎没有什么有关的文献，没有交流经验的机构或媒介工具，而且没有任何协会或组织……为了补救这种情况，不能只求助于"生意人"或办事员、会计师，而应该由那些由于训练和经验而能从两个方面（机械方面和文书方面）了解有关重要问题的人去办，应该由工程师来发起！

1889年汤尼在《收益分享》中提出，每个职工享有一种"保证工资"，然后每个部门按科学方法制定工作标准，并确定生产成本。该部门超过定额时，由该部门职工和管理阶层各得一半；定额应3～5年维持不变，以免降低工资。

6. 哈尔西

1891年，哈尔西在《劳动报酬的奖金方案》中指出当时普遍使用的3种报酬制度的弊端。

（1）计时制（日工资制）。不是以刺激原则为依据的。

（2）计件制。工人常认为，每当工人在产量上有大幅度的提高时，雇主就会压低工资率。

（3）收益分享制。对工人的报酬不区分工效高的工人与工效低的工人。

哈尔西还提出工资和奖金方案，该方案是按照每个工人来设计的：以工人过去的通常业绩为依据，对工人一定量的工作付给日工资或小时工资；对工人增加的产量付给奖金，奖金额为日工资或小时工资的1/3～1/2。

在管理实践的发展过程中，还有一个著名事件——"马萨诸塞车祸"与所有权和管理权的分离。

1841年10月5日，在美国马萨诸塞州至纽约的西部铁路上，两列火车迎头相撞，造成近20人伤亡。事件发生后，舆论哗然，对铁路公司老板低劣的管理工作进行了猛烈的抨击。为了平息公众的怒气，在马萨诸塞州议会的推动下，这个铁路公司不得不进行管理改革。老板交出了企业管理权，只拿红利，另聘具有管理才能的人员担任企业领导。这是历史上第一次在企业管理中实行所有权和管理权的分离。

这种分离的重要意义表现为：独立的管理职能和专业的管理人员正式得到承认，管理不仅是一种活动，还是一种职业；随着所有权和管理权的分离，横向的管理分工开始出现，这不仅提高了管理效率，也为企业组织形式的进一步发展奠定了基础；具有管理才能的人员掌握了管理权，直接为科学管理理论的产生创造了条件，为管理学的创立和发展提供了前提。

2.2 管理理论的形成与发展

第二次世界大战期间，英国政府因国防需要，组织了一支科研队伍，集中解决一些高难度技术性问题，产生了运筹学，有关成果被用于管理，这样，一种新的管理理论，即数量管理理论诞生了。第二次世界大战后，又出现了许多管理理论的新学派，这些学派在历史渊源和论述内容上互相影响、盘根错节，形成了现代管理理论丛林。下面按照这些不同理论分支出现的先后顺序依次介绍古典管理理论、行为科学理论、现代管理理论丛林。

2.2.1 古典管理理论

管理实践同人类的历史一样悠久，但系统的管理理论的形成，却是19世纪末到20世纪初在西方国家形成的。当时，科学技术和社会经济都出现了巨大变化，对企业管理提出了新的要求，也为创建新的管理理论提供了有利的条件。第二次工业革命，石油、电力等新能源和化学等新技术在工业上的广泛应用，使资本主义经济迅速发展，推动了资本的积累和集中，逐步出现了各种垄断组织。资本主义由自由竞争时期进入了垄断时期。但是，此时的管理方法还相当落后，并且一般是建立在经验和主观臆断的基础上的，缺乏科学的依据，因此，当时科学技术的成就和生产力的发展，远没有被充分利用。为了进一步发展生产，必须在管理方面有一个较大的突破，而以往管理经验的积累、管理思想的种种萌芽，为创建新的管理方法和管理理论提供了有利条件。新的管理理论正是在这种情况下，在管理实践的基础上建立起来的。19世纪末20世纪初创建的管理理论，人们称为古典管理理论，主要由泰勒的科学管理理论，法约尔的一般管理理论和韦伯的行政组织理论构成。

古典管理理论奠定了现代管理学的理论基础，也是现代管理学的一个重要组成部分，它为探讨管理的性质与范畴提供了许多重要见解。

1. 科学管理理论

1）泰勒及其科学管理理论

凡是研究管理学的人，都无法绕开泰勒。在管理学的创立阶段，伴随着机器化大生产的飞速发展，泰勒给世人竖起了一座丰碑。他从企业管理出发，为管理学大厦奠定了坚实的基础。正是他搭起的平台，使众多的研究者和实践者在管理学领域取得了令人目不暇接的成绩。如果说，研究经济学必须从亚当·斯密开始，那么，研究管理学就必须从泰勒开始。

泰勒是科学管理理论的创始人，于1856年出生在美国费城的一个律师家庭。泰勒18岁时考入哈佛大学法学院，但19岁时因眼疾辍学进入一家工厂当学徒工，22岁时进入费城米德维尔钢铁厂当机械工人并在夜校学习。在短短的几年时间里，泰勒从一名普通工人升为机工班长、车间工长、总技师，最后成为总工程师。1898年他进入伯利恒钢铁公司继续从事管理方面的研究。1901年他离开伯利恒钢铁公司，用大部分时间从事写作、演讲，宣传他的一套企业管理理论。1906年，泰勒担任了美国机械工程师协会的主席，1915年，在一次发表演讲的归途中，泰勒患了肺炎，在刚度过59岁生日的第二天于医院病逝。泰勒被埋葬在一座能俯视费城米德维尔钢铁厂的小山上，墓碑上刻着"科学管理之父弗雷德里克·温斯洛·泰勒"。

泰勒的代表作是1911年出版的《科学管理原理》，在该书中他提出的理论奠定了科学管理理论的基础，标志着科学管理思想的正式形成，泰勒也因此被西方管理学界尊称为"科学管理之父"。

2) 泰勒的主要试验

(1) 秒表测时试验

泰勒为了设定"公正的一天工作量"而最早提出了秒表测时试验，早在费城米德维尔钢铁厂当工长时，泰勒就发现了工人磨洋工和效率低下的问题。因为工资是按是否上班及地位高低而不是以做出的努力大小来决定的，即多劳不会多得，实际上是纵容工人偷懒。计件工资制标准不统一，当工人得到的工资太高时，雇主们便降低工资标准，因此工人们为了保护自身利益，只把工作干到不被解雇的程度便不再继续提高产量了。对此泰勒认识到，必须确定一个大家都能接受的客观标准，才能避免管理部门同工人之间的激烈冲突。

泰勒和工作人员规定了标准的作业方法，要求工人严格按照既定流程操作，用秒表详细记录工人每个动作所花费的时间，将这些时间加总起来，再加上休息、吃饭的时间，计算出每项工作所需要的标准工时，然后推算出标准工作定额（工时定额）。

(2) 搬运铁块试验

1898年，泰勒在伯利恒钢铁公司开展动作研究时进行了一项搬运铁块试验。当时，工厂附近的一处料场放有大约8万长吨[①]生铁铁块，有75名搬运工人负责把这些铁块搬上火车运走。尽管每名工人都十分努力，但工作效率并不高，每人每天平均只能搬运12.5长吨的铁块。

泰勒经过认真的观察分析，最后测算出，一个好的搬运工每天应该能搬运47~48长吨的铁块，而且不会危害健康。进行试验时，泰勒经过反复挑选，找到了一位大块头、强壮、头脑简单且爱财如命的，名叫施密特的人。泰勒用金钱来激励施密特，使他按规定的方法搬运铁块。泰勒的一位助手按照事先设计好的时间表和动作对这名工人发出指令，如搬起铁块、开步走、放下铁块、坐下休息等。通过长时间的试验，施密特平均每天工作量从原来的12~13长吨猛增至每天48长吨，工资也增加了60%，于是其他人也渐渐要求泰勒指导他们掌握新的工作方法。从这以后，搬运工作的定额就提高到了47.5长吨，工人的工资也从每天1.15美元提高到1.85美元。

(3) 铁锹试验

早先工人是自备铁锹到料厂去干活的，用铁锹去铲矿石，每铲的重量太大容易疲劳；而用同一个铁锹去铲煤屑则容易滑落，且比重较小。泰勒研究发现，当一名工人在操作中的平均负荷大约是每铲为21磅时，他就能干出最大的工作量。因此他在进行试验时就不让工人自己带铁锹，而是准备了8~10种不同的铁锹，每种铁锹只适合铲特定的物料，这不仅是为

---

① 长吨，即英吨，1长吨=1.016吨。

了使工人能平均每铲的重量达到21磅,也是为了使这些铁锹能适应若干的条件。

(4) 金属切削试验

在费城米德维尔钢铁厂时,泰勒对金属切削工作进行了研究。1880年秋季预计进行6个月的金属切削试验开始了。在使用车床、钻床、刨床等机床切削金属时,无论何时都必须决定使用什么样的刀具、用多大的切削速度,以便获得最佳的金属切削效率。然而要确定这些要素需要多达12种变量,如金属的成分、金属件的直径、切削的深度、进刀量等。

这项实验非常复杂和困难,原来预计6个月实际上用了26年,花费了巨额的资金,耗用了80万吨钢材,最后在巴思和怀特等十几名专家的帮助下取得了重大进展。这项实验的成果是形成了金属加工方面的工作规范,另一重要的副产品是高速钢的发明并取得了专利。

3) 泰勒科学管理理论的主要内容

泰勒及其合作者、追随者为科学管理理论奠定了坚实的基础。泰勒科学管理理论的内容概括起来主要有如下几方面。

(1) 科学管理的中心问题是提高劳动生产率

19世纪末期,资本主义社会频繁爆发经济危机,每次经济危机都使资本主义国家的生产急剧下降,大批企业破产,失业人数猛增,劳资矛盾激化。在经济危机中,生产相对过剩,需求严重不足,亟须提高消费者购买力。泰勒认为科学管理的中心问题是提高劳动生产率。

泰勒认为只有以最小的综合支出(包括人工、自然资源和以机器、房屋等形式使用的资本支出等)完成企业的工作,才能够带来雇主和雇员的最大富裕的长久实现。

(2) 为工作挑选一流的工人

挑选一流的工人是泰勒提出来的企业人事管理的一条重要原则。在泰勒看来,每一个人都具有不同的天赋和才能,只要工作适合他,就都能成为一流的工人。一流的工人,就是那种既有能力又勤奋工作的工人。所谓挑选一流的工人,就是指在企业人事管理中,要把合适的工人安排在合适的岗位上。只有做到这一点,才能充分发挥工人的潜能,才能促进劳动生产率的提高。泰勒还认为,企业要挑选合适的工人,并且有责任培训工人,提高他们的工作技能和熟练程度。

(3) 实行标准化管理

在经验管理时代,对工人在劳动中使用什么样的工具没有统一的标准,全凭师傅的经验摸索。泰勒认为,在科学管理的情况下,要用科学知识代替个人经验,一个很重要的措施就是实行工具标准化、操作标准化、劳动动作标准化、劳动环境标准化等标准化管理。管理人员的任务就是要对以往长期的经验进行总结,将它们概括为一定的标准,然后将这些标准在工厂中推行。只有实行标准化管理,才能使工人劳动更有积极性,也能更合理地衡量他们的劳动成果。

(4) 实行刺激性的差别计件工资制

在实行差别计件工资制之前,泰勒详细研究了当时的工资制,如日工资制和一般计件工资制。经过研究后他发现,现有工资制的主要缺陷是不能调动工人的积极性,泰勒提出了差别计件工资制,这个制度包括的内容如下。

第一,设定专门的制定定额的部门,运用科学的方法制定合理的劳动定额和恰当的工资率。

第二，制定差别工资率，对同一种工作，设定两个工资率。能够保质保量完成者，使用较高的工资率来计算工资，否则使用较低的工资率来计算工资。

第三，工资付给工人而不是付给职位，即工人的工资按照他们的贡献来计算，而不是按照他们所处的职位来计算。要鼓励工人有上进心，对他们的出勤率、劳动生产率等方面进行记录，根据这些对工人的工资进行适当的调整。

这种工资制度可以很好地发挥工人的积极性，有利于提高劳动生产率，使工人多劳多得，且更加公平。

(5) 劳资双方为提高劳动生产率共同合作

管理者和工人之间都必须进行一场"心理革命"，以合作取代对抗。泰勒强调，要使管理者认识到管理者与工人之间的关系不是对立关系而是合作关系，没有管理者与工人同心协力的合作，也就没有科学管理。双方应把注意力从分配剩余的问题上移开，通过友好合作和互助增加剩余，使工人工资和工厂的利润都大大增加。

资方和工人的紧密、亲切和个人之间的协作，是现代科学或责任管理的精髓。

在科学管理中，劳资双方在思想上要进行的重大革命就是：双方不再把注意力放在盈余分配上，不再把盈余分配看作是最重要的事情。他们将注意力转向增加盈余的数量上，使盈余增加到使如何分配盈余的争论成为不必要。

当他们用友谊合作、互相帮助来代替敌对情绪时，通过共同努力，就能创造出比过去大得多的盈余。完全可以做到既增加工人工资也增加资方的利润。

如果不能用友谊合作与互相帮助的新见解来代替旧的对立与斗争的观点，那么就谈不上科学管理。

(6) 实行计划职能与执行职能的分离

金属切削实验表明，把工作设计交给工人，实际上是一种不负责任的做法。切削金属的最佳方法竟然要用26年的时间来实验，还要由相关专家来研究，这是工人做不到的。任何工人，如果单凭经验，只能达到"会做"，但不能达到"最佳"。所以，对于工作的计划、安排，以及操作动作设计，是不能由工人自行进行的，而必须由懂得管理和科学技术的专家来进行。为此，泰勒提出了"划分资方和工人之间的工作和职责"，提出计划职能和执行职能分离的原则，在企业中设立专门的计划机构。工人每天的工作至少在一天前就有人设计好了，在大多数情况下，工人会收到书面指示，其中包括他的任务和工作方式，工人只要按照指示执行就行了。

(7) 使管理职能细化，在此基础上实行"职能工长制"

在泰勒看来，一名"全面"的工长应该具备9种品质：智能、教育、专门知识或技术知识，手脚灵巧和有力气，机智老练，有干劲，刚毅不屈，忠诚老实，判断力，一般常识，身体健康。要找到一个具备上述3种品质的人并不太困难，但要找到一个能具备上述七八种品质的人，几乎是不可能的。所以为了使工长能有效地履行自己的职责，还必须把管理工作再加以细化，使每名工长只承担一种管理职能。泰勒选出8名职能工长来代替原来的1名职能工长。

在实际工作中，由于一名工人同时接受几名职能工长的多头领导，容易引起混乱，所以没有得到推广。但是泰勒的职能管理思想，是把总经理的权力交给低一级的专业管理人员承担的一种分权尝试，为以后职能部门的建立和管理的专业化提供了启发和思路。

(8) 实行组织控制的例外原则

组织控制的例外原则，是指企业的高级管理人员把一般的日常事务授权给下级管理人员处理，自己只保留对例外事项的决策权和控制权，如重大的企业战略问题和重要人事的任免等。

一个大企业的经理，几乎被办公桌上汪洋大海似的信件和报告所淹没，而且每一种信件和报告都被认为要签字或盖章，这种情景尽管是可悲的，却并不是罕见的。有些经理觉得，有这样大量的详情细节在他面前的桌子上通过一下，他就能与整个企业保持密切的接触。例外原则与此恰恰相反，在这项原则下，经理只接受那些经过压缩、总结了的，而且总是属于对照性的报告，但这些报告要包括管理上的一切要素在内。即使是总结性的资料，也要先经助手仔细看过，把一切同过去的平均数或规定标准不相符合的地方指出来——包括特别好的和特别坏的两种例外情况在内。这样，只要几分钟时间，就可以使经理全面了解事态的发展，并且腾出时间来考虑更为广泛的大政方针，以及研究手下重要人物的性格和是否称职。

例外原则的基本准则，就是每个管理层次都要处理好自己分内的常规事务，只有例外事务才上交处理。

4) 对科学管理理论的评价

对科学管理理论的评价可以从科学管理理论的贡献和弊端两个方面进行评价。

(1) 贡献

① 科学管理理论的最大贡献在于泰勒所提倡的在管理中运用科学方法和他本人的科学实践精神。泰勒科学管理的精髓是用精确的调查研究和科学知识来代替个人的判断、意见和经验。泰勒所强调的是一种与传统的经验方法相区别的科学方法。

② 泰勒和他的同事创造和发展了一系列有助于提高生产效率的技术和方法，如时间与动作技术研究及差别计件工资制等。这些技术和方法不仅是过去，而且也是现在合理组织生产的基础。

(2) 弊端

① 泰勒对工人的看法是错误的。他把人看成为"经济人"，认为工人的主要动机是经济的。工人最关心的是提高自己的金钱收入。他还认为工人只有单独劳动才能好好干，集体的鼓励通常是无效的。

② 泰勒的科学管理理论只重视技术的因素，不重视人的社会因素。他所主张的专业分工、管理与执行分离、作业科学化和严格的监督等，加剧了体力劳动与脑力劳动的分离，加剧了劳资之间及管理人员和工人之间的矛盾。

③ 泰勒仅解决了个别具体工作的作业效率问题，而没有解决企业作为一个整体如何经营和管理的问题。

2. 一般管理理论

1) 法约尔及其代表作

法约尔是古典管理理论的主要代表人物之一，也是管理过程学派的创始人，他出生于法国一个中产阶级家庭。1860 年，19 岁的法约尔取得了矿业工程师资格，同年被任命为科芒特里富香博公司的工程师。在这家公司，他度过了整个职业生涯，并于 1888 年公司濒临破产时临危受命，担任总经理一职直至退休。1918 年他退休时的职务是公司总经理，并继续在公司里担任董事，直到 1925 年去世。他晚年担任过大学的管理学教授，一生中写了很多著作，其内容包括采矿、地质、教育和管理等，尤其是他在管理领域的贡献，受到后人的瞩目。由于法约尔和泰勒的经历不同，所以研究管理的着眼点也不同。因为他一直从事领导工作，所以把企业作为一个整体来加以研究的，他的代表作是《工业管理与一般管理》。

2) 法约尔一般管理理论的主要内容

(1) 企业活动类别和人员能力结构

法约尔发现，一个企业无论大还是小，简单还是复杂，它的各种活动都可以划分为 6 类。

① 技术方面——生产、制造。
② 商业方面——采购、销售和交换。
③ 财务方面——资金的筹集与最恰当地运用。
④ 核算方面——盘点、会计、成本及统计。
⑤ 安全方面——财产及人身的保护。
⑥ 管理方面——计划、组织、指挥、协调与控制。

法约尔指出，这些活动都存在于各种不同规模的企业里。通过对以上 6 类活动进行分析可以发现，对基层工人主要要求其具有技术能力；随着在技术能力的要求逐步降低，而管理能力的要求逐步提高，并且随着企业规模的增大，管理能力显得更加重要，而技术能力的重要性随之减少。因此法约尔更为重视一般性的管理工作和管理职能，即管理的五大要素——计划、组织、指挥、协调与控制（如图 2-1 所示）。

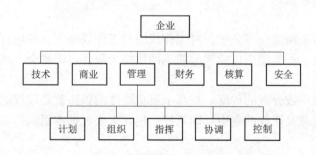

图 2-1　企业的经营和管理的关系

(2) 管理的十四项原则

法约尔认为，管理原则是灵活的，不是绝对的，而且无论条件如何变化，它们都是适用的。在《工业管理与一般管理》一书中他提出了管理的十四项原则。

① 劳动分工。

实行劳动的专业化分工可以提高效率。这种分工不仅适用于技术工作，也适用于管理工作。但专业化分工要适度，不是分得越细越好。

如果一名工人没有受过专门的训练，恐怕工作一天也难以制造出一枚针来。如果把制针程序分成若干项目，每个工人只分工负责其中一项，这样一来，平均一名工人每天可以生产48 000 枚针，生产效率提高的幅度是相当惊人的。

——亚当·斯密

② 职权与职责。

职权和职责是有联系的，后者是前者的必然结果，同时又是由前者产生的。法约尔将管理人员的职位权力和个人权力划出了明确的界限。职位权力由个人的职位高低而产生。任何人只要担任了某一职位，就必须拥有一种职位权力，而个人权力则是由个人的智慧、知识、品德及指挥能力等个性形成的。一位优秀的领导必须兼有职位权力及个人权力，以个人权力补充职位权力。

③ 纪律。

法约尔认为，纪律实际上是企业领导人同下属人员之间在服从、勤勉、积极、举止和尊敬方面所达成的一种协议。制定和维护纪律的最有效方法是各级都要有好的领导，尽可能有明确而公平的协定，并要正确地对待惩罚。

④ 命令的统一。

无论什么时候，一个下属都应接受而且只应接受一个上级的命令。

⑤ 领导的统一。

具有同一个目标的全部活动，都必须只有一位领导和一个计划。只有这样，资源的应用与协调才能指向同一目标。

⑥ 个人利益服从集体利益。

集体的目标必须包含员工个人的目标，但个人均不免有私心和缺点，这些因素常促使员工将个人利益放在集体利益之上。因此作为领导，必须经常监督又要以身作则，才能缓和两者的矛盾，使其一致起来。

⑦ 报酬。

法约尔认为，薪金制度应当公平，对工作成绩与工作效率优良者应有奖励。但奖励不应超过某一适当的限度，即奖励应以能激起职工的热情为限，否则将会出现副作用。

⑧ 集中。

这是指职权的集中或分散的程度。提高下属重要性的做法就是职权的分散，即分权，降低下属重要性的做法就是职权的集中，即集权。领导人要根据本组织的实际情况适时改变集权与分权的程度。

⑨ 等级制度。

企业管理中的等级制度是指从最高管理人员直至最基层管理人员应该建立关系明确的职权等级系列，它显示出执行权力的路线和传递的渠道。

⑩ 秩序。

法约尔遵循简单的箴言："每一事物（每一个人）各有其位，每一事物（每一个人）各在其位。"即这一原则既适用于物质资源，也适用于人力资源。

⑪ 公平。

法约尔认为，执行已订立的协定时应该公道，但制订协定时，人们不可能预测到将来所发生的一切事情，因此要经常地说明它，补充它的不足之处。领导为了激励其下属人员全心全意地做好工作，应该善意地对待他们。公平就是由善意和公道产生的。

⑫ 人员的稳定。

法约尔发现人员的不必要流动乃是管理不良的原因和结果，并指出其带来的危险和浪费。所以，一个成功的企业必须是稳定的，人员多有变动的企业必然是不成功的，因此任何组织都有必要鼓励员工在企业里长期服务。

⑬ 首创精神。

首创精神表现在拟订并执行一项计划上，是创立和推行一项计划的动力。除领导人要有首创精神外，还要使全体成员发挥其首创精神，这样才能促使员工提高自己的敏感性和能力，对整个组织来说是一种巨大的动力。

⑭ 团结精神。

实现团结精神要强调集体协作的必要性和协调沟通的重要性。

3) 对法约尔一般管理理论的评价

(1) 法约尔一般管理理论的贡献

① 法约尔一般管理理论思想的系统性和理论性更强，他对管理的五大要素的分析为管理科学提供了一套科学的理论构架。后人根据这样的理论构架，建立了管理学并把它引入了课堂。

② 法约尔是以企业最高管理者的身份自上而下地研究管理，虽然他以企业为研究对象，但由于他强调管理的一般性，使得他的理论适用于许多领域。

③ 法约尔提出的管理的十四项原则，经过多年的研究和实践证明总体来说仍然是正确的。这些原则过去曾经给管理人员巨大的帮助，现在仍然为许多人所推崇。

(2) 法约尔一般管理理论的缺陷

法约尔一般管理理论的主要缺陷是：管理原则过于僵硬，以至于有时管理工作者无法遵守；忽视对"人性"的研究，仍将人视为"经济人""机器人"；过分强调企业内部的管理，忽视外界环境对管理的影响。

3. 行政组织理论

1) 韦伯及其代表作

韦伯生于德国，曾担任过教授、政府顾问、编辑，对社会学、宗教学、经济学与政治学都有相当深的造诣。韦伯主要从行政管理的角度对管理的组织进行了深入的研究，他通过对教会、政府、军队和企业进行的经验分析，认为等级、职权和行政管理是全部社会组织的基础，其思想和理论集中体现在其代表作《社会组织和经济组织理论》一书中，被誉为"组织理论之父"。

2) 韦伯的行政组织理论的主要内容

(1) 明确的分工

组织中的人员应有固定和正式的职责并依法行使职权。

(2) 自上而下的等级系统

组织的结构是一层层控制的体系。在组织内，按照地位的高低，规定成员间命令与服从的关系。

(3) 人与工作的关系

成员间的关系只有对事的关系而无对人的关系。

(4) 成员的选用与保障

每一职位根据其资格限制（资历或学历），按自由契约原则，经公开考试合格予以使用，务求人尽其才。

(5) 专业分工与技术训练

对成员进行合理分工并明确每个人的工作范围及权责，然后通过技术培训来提高工作效率。

(6) 职业管理人员

对职业管理人员按职位支付薪金，并建立奖惩与升迁制度，使他们安心工作，培养其事业心。

韦伯认为，他主张的这种理想的行政组织体系是一种高度结构的、正式的、非人格化的组织体系，能提高工作效率，在精确性、稳定性、纪律性和可靠性方面均优于其他组织体系。韦伯的行政组织理论的提出，对西方古典组织理论的确立起到了奠基作用。

2.2.2 行为科学理论

古典管理理论的杰出代表泰勒、法约尔等人在不同的方面对管理思想和管理理论的发展做出了卓越的贡献，并且对管理实践产生了深刻影响，但是他们有一个共同的特点，就是都强调管理的科学性、合理性、纪律性，而对管理中人的因素和作用不够重视。他们的理论是基于这样一种假设，即社会是由一群无组织的个人所组成的；他们在思想上、行动上力争获得个人利益，追求最大限度的经济收入，即"经济人"；管理部门面对的仅仅是单一的职工个体或个体的简单总和。基于这种认识，工人被安排去从事固定的、枯燥的和过分简单的工作，成了"活机器"。

20世纪20年代以后，一方面工人日益觉醒，工人阶级反对资产阶级剥削压迫的斗争日益高涨；另一方面经济的发展和周期性经济危机的加剧，使西方资产阶级感到再依靠古典管理理论已不可能有效地控制工人来达到提高生产率和利润的目的。一些管理学家和心理学家也意识到，社会化大生产的发展需要有与之相适应的新的管理理论。一些学者开始研究企业中关于人的一些问题，于是人际关系学说应运而生。这个学说为以后的行为科学理论奠定了基础，也成为由古典管理理论过渡到现代管理理论的跳板。

1. 梅奥的人际关系学说

梅奥是美国行为科学家，美国艺术与科学院院士，对中期管理思想发展做出重大贡献的人物之一，人际关系学说的创始人，行为科学理论研究的奠基人。梅奥曾经学过逻辑学、哲学和医学3个专业，这种背景大大有利于他后来的研究工作，梅奥的人际关系学说的重要贡献：一是发现了霍桑效应，即一切由"受注意了"引起的效应；二是创立了人际关系学说。人际关系学说的诞生是从著名的霍桑试验开始的。

1) 霍桑试验

霍桑试验是1924—1932年在美国芝加哥郊外的西方电器公司的霍桑工厂中进行的。霍桑工厂具有较完善的娱乐设施、医疗制度和养老金制度，但是工人们仍然有很强的不满情绪，生产效率很低。

(1) 照明试验

1924年11月，美国国家研究委员会组织了一个包括多领域专家的研究小组进驻霍桑工厂，开始进行试验，以判定照明和其他一些条件对生产效率的影响。结果他们发现，对试验小组的照明，无论是增强还是减弱，生产效率都有所提高（有两个女工甚至在照明降低到与月光差不多时仍能维持较高的生产效率）。随后，研究者又试验不同的工资报酬、福利条件、工作与休息的时间等对生产效率的影响，也没有发现预期的效果。在研究人员为此打算宣布整个试验归于失败之际，哈佛大学的梅奥却发现某些不寻常的东西，便和罗特利伯格及其他一些人继续进行研究。

(2) 继电器装配工人小组试验

1927年梅奥等人应邀参与这项试验，他们以"继电器装配组"和"云母片剥离组"女工为试验对象，通过改变或控制一系列福利条件重复了照明试验。结果发现，在不同福利条件下，工人始终保持了高产量。研究者从这一事实中意识到，工人参与试验的自豪感极大地激发了其工作热情，促使小组成员滋生出一种高昂的团体精神。这说明工人的士气和群体内的社会心理气氛是影响生产效率的更有效的因素。

(3) 大规模访谈阶段

在上述试验基础上，梅奥等人又对厂内2 100名工人进行了采访，开展了一次涉及面很广的关于士气问题的研究。起初，他们按事先设计的提纲提问，以了解职工对工作、工资、监督等方面的意见，但收效不大。后来的访谈改由职工自由发表意见。由于访谈过程既满足了职工的尊重需要，又为其提供了发泄不满情绪和提合理化建议的机会，结果工人士气高涨，生产效率大幅度提高。

(4) 对接线板接线工作室的研究

梅奥等人在这个试验中选择了14名男工人在单独的房间里从事绕线、焊接和检验工作，对这个班组实行特殊的工人计件工资制度。梅奥等人原来设想实行这套奖励办法会使工人更加努力工作，以便得到更多的报酬。但观察的结果发现，产量只保持中等水平，每名工人的日产量平均都差不多，而且工人并不如实地报告产量。深入地调查发现，这个班组为了维护他们群体的利益，自发地形成了一些规范。他们约定，谁也不能干得太多，突出自己；谁也不能干得太少，影响全组的产量，并且约法三章，不准向管理当局告密，如有人违反这些规定，轻则挖苦谩骂，重则拳打脚踢。

进一步调查发现，工人们之所以维持中等水平的产量，是担心产量提高，管理当局会改变现行奖励制度，或裁减人员，使部分工人失业，或者会使干得慢的伙伴受到惩罚。这一试验表明，为了维护班组内部的团结，可以放弃物质利益的引诱。由此梅奥等人提出"非正式群体"的概念，认为在正式的组织中存在自发形成的非正式群体，这种群体有自己的特殊的行为规范，对人的行为起着调节和控制作用，同时加强了内部的协作关系。

梅奥亲自参与并指导了霍桑试验，总结了几个试验的初步成果，出版了他的代表作《工业文明的人类问题》。在此书中，他阐述了人际关系学说的主要思想，从而为提高生产效率开辟了新途径。为此，他的名字同他的著作一起载入了管理发展史册。

2) 梅奥人际关系学说的主要内容

梅奥人际关系学说的主要内容如下。

(1) 工人是"社会人"而不是"经济人"

梅奥认为工人是"社会人",影响工人生产积极性的因素,除了物质方面的因素以外,还有社会、心理方面因素的影响。

(2) 企业中存在非正式组织

正式组织是为了实现企业目标而规定的企业成员之间职责范围的一种结构。梅奥认为,人是"社会人",在企业的共同工作中,人们必然相互发生关系,由此就形成了一种非正式团体。在该团体中,人们形成共同的感情,进而构成一个体系,这就是非正式组织。

(3) 生产效率主要取决于工人的工作态度及他和周围的人的关系

梅奥认为,提高生产效率的主要途径是提高工人的满足度,即要力争使职工的安全感方面、归属感方面、友谊方面的需求得到满足,而对上述需求的程度是因人而异的,这主要取决于两方面的因素:第一,职工的个人情况,包括由于不同的经历、不同的家庭生活和不同的社会生活所形成的不同的态度;第二,工作场所的情况,包括工人相互之间、工人与领导者之间的人际关系好坏。梅奥认为,职工的满足度越高,其士气就越高,从而生产效率也就越高,作为一个管理人员应该深刻认识到这一点,不但要考虑职工的物质需要,还应该考虑职工的精神需求。

3) 对梅奥人际关系学说的评价

(1) 梅奥人际关系学说的意义

梅奥人际关系学说为管理思想的发展开辟了新的领域,也为管理方法的变革指明了方向,并引起了管理学发展史上一系列的改革。他注意研究人的需要与激励,强调非正式组织在管理中的重要作用。当时出现的管理措施大致可以归纳为以下几点。

① 强调对管理者和监督者进行教育和训练,以改变他们对工人的态度和监督方式。

② 提倡下级参与企业的各种决策,以此来改善人际关系,提高工人士气,否定采取解雇和人事考核制裁等强制性手段迫使工人服从的古典管理方法。

③ 加强沟通,允许工人对工作目标、工作标准和工作方法提出意见,鼓励上下级之间实行意见交流。

④ 建立面谈和调解制度,以消除不满和争端。

⑤ 改变管理者的标准,重视管理者自身的人际关系及协调人际关系的能力。

⑥ 重视、利用和倡导各种非正式组织;重视美化工作和宿舍环境,配备娱乐设施、运动设施。

(2) 梅奥人际关系学说的局限性

① 过分强调非正式组织的作用。人际关系学说认为,组织内人群行为强烈地受到非正式组织的影响。可是实践证明,非正式组织并非经常地对每个人的行为有决定性的影响,经常起作用的仍然是正式组织。

② 过多地强调感情的作用。人际关系学说认为,工人的行动主要受感情和人际关系的支配。事实上,人际关系好不一定士气高,更不一定生产效率高。

③ 过分否定经济报酬、工作条件、外部监督、作业标准的影响,事实上这些因素在人

们行为中仍然起着重要的作用。

2. 行为科学理论的产生和发展

梅奥等人所创立的人际关系学说，为行为科学理论的发展奠定了基础。在他们之后，行为科学理论更多的是运用心理学、社会学、人类学等成就进一步对组织中的人群行为进行科学分析，研究是什么因素决定人的行为，以及用什么方式激励人，如何正确处理人与人之间的关系，如何引导组织成员为达到组织目标而努力。

行为科学理论产生于20世纪二三十年代，对于行为科学可分为广义的行为科学和狭义的行为科学。

（1）广义的行为科学

广义的行为科学包括研究人的各种行为（甚至于动物的各种行为）的多种学科，是一个学科群，而不单是一门学科，因而在英文中用复数形式来表示。它是社会科学的同义语，是包括心理学、社会学、人类学在内的学科群。

（2）狭义的行为科学

狭义的行为科学是指运用心理学、社会学、经济学等学科的理论和方法来研究工作环境中个人和群体的行为的一门综合性学科，而不是一个学科群。

梅奥之后，行为科学理论的研究主要集中在以下3个方面。

第一，关于人的需求、动机和激励问题，主要包括马斯洛的需要层次理论和赫兹伯格的双因素理论。

第二，关于管理的人性假设问题，从"经济人""社会人"到"自我实现人""复杂人"，以及麦格雷戈的"X理论-Y理论"和阿吉里斯的"不成熟-成熟理论"。

第三，关于人际关系问题，主要有巴纳德的组织平衡理论和勒温的群体动力学理论。

2.2.3 现代管理理论丛林

现代管理理论是继科学管理理论、行为科学理论之后，西方管理理论发展的第三个阶段，特指第二次世界大战以后出现的一系列学派。这一阶段最大的特点就是学派林立，新的管理理论、思想、方法不断涌现。第二次世界大战之后，工业生产迅速增长，企业规模进一步扩大，企业经营范围不断扩展，结构更加复杂，影响和制约经营的因素不断增加，技术进步的速度日益加快，新的科技用于生产的周期大大缩短。与此同时，生产的社会化程度不断提高，许多复杂产品的生产和大型工程度建设，需要组织大规模的广泛协作，而在凯恩斯的影响下，西方政府对经济活动的干预范围不断扩大，手段不断增强，管理环境日益复杂。各派学者从不同的层面、角度，运用不同的方法和手段对现代管理过程中的问题进行研究，出现了各种不同的管理分析方法和观点，形成了许多新的管理理论和学说，使得管理理论空前多样化，这种情况被称为"管理理论丛林"，包括经验主义理论、人际关系理论、组织行为理论、社会系统理论、管理科学理论、权变理论、决策理论、系统管理理论、管理过程理论等。

现代管理理论是一个知识体系，是近代管理理论的综合，内容十分丰富。不同的现代管理理论学派各有其观点，各有所长，本书主要介绍以下几种现代管理理论。

1. 管理过程理论

管理过程理论又称为管理职能理论或经营管理理论。这个理论在西方是继古典管理理论和行为科学理论之后影响最大、历史最久的一个理论。法约尔就是这个理论的创始人，该理论的代表人物有美国的哈罗德·孔茨和西里尔·奥唐奈，代表作是他们两人合著的《管理学》。

管理过程理论是以管理的职能及其发挥作用的过程为研究对象，认为管理就是通过别人或同别人一起完成工作的过程。管理过程与管理职能是分不开的，管理的过程也就是管理的各职能发挥作用的过程。以这一认识为出发点，管理过程理论试图通过对管理过程或管理职能的研究，把管理的概念、原则、理论和方法加以理性概括，从而形成一种"一般性"的管理理论。在研究方法上，这一理论一般是首先把管理人员的工作划分为各种职能，然后对这些职能进行分析研究，并结合管理实践探索管理的基本规律和原则。管理过程理论认为，运用这种研究方法，可以把管理工作的一切主要方面加以理论的概括，从而建立起可指导管理实践的管理理论。

管理过程理论认为管理是一个过程，即让别人同自己去实现既定目标的过程；管理过程的职能有5个，即计划工作、组织工作、人员配备、指挥、控制；管理职能具有普遍性，即各级管理人员都执行管理职能，但侧重点则因管理级别的不同而异；管理应具有灵活性，要因地制宜，灵活应用；主张按管理职能建立一个研究管理问题的概念框架。

2. 社会系统理论

社会系统理论的形成以美国管理学家巴纳德的现代组织理论体系的建立为标志。1938年，巴纳德的《经理人员的职能》一书出版，在这本著作中，他对组织和管理理论的一系列基本问题都提出了与传统组织和管理理论完全不同的观点。他认为组织是一个复杂的社会系统，应从社会学的观点来分析和研究管理的问题。由于他把各类组织都作为协作的社会系统来研究，后人把由他开创的管理理论体系称作社会系统理论。

社会系统理论的主要内容可以归纳如下。

① 组织是一个是由个人组成的协作系统，个人只有在一定的相互作用的社会关系下，同其他人协作才能发挥作用。社会的各级组织包括军事的、宗教的、学术的、企业的等多种类型的组织，它们都是一个协作系统，都是社会这个大协作系统的某个部分和方面。

② 组织作为一个协作系统都包含3个基本要素：能够互相进行信息交流的人们，这些人们愿意做出贡献，实现一个共同目的。因此，一个组织的要素是协作的意愿、共同的目标和信息联系。

③ 组织是两个或两个以上的人所组成的协作系统，管理者应在这个系统中处于相互联系的中心，并致力于获得有效协作所必需的协调，因此，管理者要招募和选择那些能为组织目标的实现而做出最大贡献并能协调地工作在一起的人员。

④ 经理人员的作用就是在一个正式组织中充当系统运转的中心，并对组织成员的活动进行协调，指导组织的运转，实现组织的目标。

⑤ 所有的正式组织中都存在非正式组织。正式组织是保持秩序和一贯性所不可缺少的，

而非正式组织是提供活力所必需的，两者是相互作用、相互依存的两个方面。

3. 决策理论

决策理论是在巴纳德的社会系统理论的基础上发展而来的，它的代表人物是美国的赫伯特·西蒙和詹姆斯·马奇，其代表作为《管理决策的新科学》。他们把第二次世界大战以后发展起来的行为科学理论、系统理论、运筹学、计算机科学等综合运用于管理决策，形成了关于决策和决策方法的完整理论体系。该理论认为管理的关键在于决策，因此，管理必须采用一套科学的决策方法，要研究合理的决策程序。有人认为赫伯特·西蒙的大部分思想是现代企业经济学和管理学的基础。

作为管理决策者，制订决策包括4个主要阶段：第一，情报活动，找出制订决策的理由，即探寻环境，寻求要求决策的条件。第二，设计活动，找到可能的行动方案，即创造、制订和分析可能采取的行动方案。第三，抉择活动，在各种行动方案中进行抉择。第四，审查活动，对已进行的抉择进行评价。

——赫伯特·西蒙

赫伯特·西蒙是美国管理学家和社会学家，经济组织决策管理大师，曾先后在加利福尼亚大学、伊利诺工业大学和卡内基-梅隆大学担任计算机科学及心理学教授，曾从事过计量学的研究。他还担任过企业界和官方的多种顾问。赫伯特·西蒙在管理学上的贡献是深入研究了经济组织内的决策程序，并提出了管理的决策职能，建立了系统的决策理论。这一理论是以社会系统理论为基础，吸收古典管理理论、行为科学和计算机科学等内容而发展起来的一门边缘学科，被公认为是关于企业实际决策的独创见解。他的主要著作有《管理行为》《组织理论》《管理决策的新科学》《人类问题的解决》《科学发现》《思维模式》等。

赫伯特·西蒙一生得奖很多，1958年，赫伯特·西蒙获得美国心理学会颁发的心理学领域的最高奖——心理学杰出贡献奖；1975年获得计算机领域的最高奖——图灵奖；1978年获得诺贝尔经济学奖；1986年获得美国国家科学奖。

赫伯特·西蒙的决策理论主要包括以下内容。

1) 管理就是决策

决策理论强调决策在组织中的重要作用，认为管理就是决策。

传统的管理将组织活动分为高层决策、中层管理和基层作业。认为决策只是组织中高层管理的事，与下面的其他人员无关。但是赫伯特·西蒙却认为，决策不仅仅是高层管理的事，组织内的各个层级都要做出决策，组织就是由作为决策者的个人所组成的系统。管理活动的中心就是决策。计划、组织、指挥、协调和控制等管理职能都是做出决策的过程。因此，管理就是决策的过程，管理就是决策。赫伯特·西蒙还强调管理不能只追求效率，也要注意效果。赫伯特·西蒙等人认为，在"信息爆炸"的时代，重要的不是获得信息而在于对信息进行加工和分析，并使之对决策有用；现在的稀有资源不是信息，而是处理信息的能力。

2) 决策的过程

在传统的思维中，人们一般把决策认为是从几个备选方案中选出一个最优的行动方案。但是赫伯特·西蒙等人认为，决策包括从调查、分析到选择方案等整个一系列的活动。它是一个分阶段，涉及很多方面的复杂活动。

（1）收集信息阶段

即收集组织所处环境中有关经济、技术、社会各方面的信息及组织内部的有关情况。通过收集信息，发现问题，并对问题的性质、发展趋势做出正确的评估，找出问题的关键。信息的收集应该尽可能全面，而且要真实，否则的话对以后的决策会有误导作用，极有可能做出错误的决策。

（2）拟订计划阶段

拟订计划即在确定目标的基础上，根据所收集到的信息，编制可能采取的行动方案。这时可能会有几个备选方案，决策的根本在于选择，备选方案的数量和质量对于决策的合理有很大的影响，因此要尽可能提出多种方案，避免漏掉好的方案。

（3）选定方案和实施方案阶段

选定方案即从候选方案中选定一个行动方案。这时要根据当时的情况和对未来的预测，从中选择最合适的一个方案。在选定方案时，首先要确定选择的标准，而且对各种方案应该保持清醒的估计，使决策保持一定的伸缩性和灵活性。选择好方案以后，方案的实施也很重要，所以要制订一个合理的实施计划，这个计划要清晰且具体，对时间有一个合理的分配，对人、财、物也要进行清晰的分配。在这一阶段中，还要做好决策的宣传工作，使组织成员能够正确理解决策，同时营造出一种有利于实现决策的气氛。

（4）评价决策阶段

评价决策即在决策执行过程中，对过去所做的决策进行评价。通过评估和审查，可以把决策的具体实行情况反馈给决策者。如果出现了偏差，就及时地纠正，保证决策能够顺利实施，或者修改决策，以使决策更加的科学合理。

3）合理性的决策标准

"有限理性"原理是赫伯特·西蒙决策理论的重要基石之一，也是对经济学的一项重大贡献。新古典经济理论假定决策者是"完全理性"的，认为决策者趋向于采取最优策略，以最小代价取得最大收益。赫伯特·西蒙对此进行了批评，他认为事实上这是做不到的，应该用"管理人"假设代替"理性人"假设。由于现实生活中很少具备完全理性的假定前提，人们常需要一定程度的主观判断来进行决策。也就是说，个人或企业的决策都是在有限度的理性条件下进行的。完全的理性导致决策人寻求最佳措施，而有限度的理性导致决策人寻求符合要求的或令人满意的措施。

在赫伯特·西蒙看来，按照满意的标准进行决策显然比按照最优化原则更为合理，因为它在满足要求的情况下，极大地减少了搜寻成本、计算成本，简化了决策程序。因此，满意标准是绝大多数决策所遵循的基本原则。

4）程序化决策与非程序化决策

赫伯特·西蒙认为，根据决策的性质可以把它们分为程序化决策和非程序化决策。程序化决策是指反复出现和例行的决策，这种决策的问题由于已出现多次，人们自然就会制订出一套程序来专门解决这种问题,如为病假职工核定工资,排出生产作业计划等。非程序化决策是指那种从未出现过的,或者其确切的性质和结构还不很清楚或相当复杂的决策。例如,某个企业要开发某种市场上急需而本厂又从未生产过的新产品,这就是非程序化决策的一个很好的例子。程序化决策与非程序化决策的划分并不是严格的,因为随着人们认识的深化,许多非程序化决策将转变为程序化决策。

4. 经验主义理论

经验主义理论是研究实际管理工作者的管理经验教训和企业管理的实际经验,强调用比较的方法来研究和概括管理经验的管理理论。它的创始人是彼得·德鲁克,代表人物有欧内斯特·戴尔、艾尔弗雷德·斯隆等。

经验主义理论认为,古典管理理论和行为科学理论都不能完全适应企业发展的实际需要;管理仅仅是企业管理,因此管理的经验仅限于企业,有关企业管理的科学应该从企业管理的实际出发,以大企业的管理经验为主要研究对象,把实践放在第一位,以适用为主要目的,重点分析许多管理人员的经验,以便在一定的情况下把这些经验加以概括和理论化,并据此向管理人员提供实际的建议。对实践经验高度总结是经验主义理论的主要特点,该理论认为成功的管理者的经验是最值得借鉴的。经验主义理论在一定程度上反映出现代社会生产与现实管理实践的客观要求,通过对大量的案例与实例的分析研究,为管理者提供管理的思路和经验借鉴;重视组织结构,认为组织结构必须具备明确、经济、稳定和适应等特性。

5. 权变理论

"权变"是指偶然事件或偶然性。权变理论的主要含义是权宜应变,认为管理没有一成不变的方法和技术,而必须根据管理的条件和环境随机变化。因此,权变理论学派也称为因地制宜理论、情景管理理论、形势管理理论及情况决定理论等。权变理论是20世纪60年代末70年代初在美国经验主义学派基础上进一步发展起来的管理理论。权变理论的核心就是力图研究组织的各子系统内部和各子系统之间的相互联系,以及组织和它所处的环境之间的联系,并确定各种变数的关系类型和结构类型。权变理论强调在管理中要根据组织所处的内外部条件随机应变,针对不同的具体情况寻求不同的最适合的管理模式、方案或方法。权变理论主要代表人物有美国学者卢桑斯,主要著作有《权变管理理论:走出丛林的道路》《管理导论:一种权变学说》;英国女管理学家琼·伍德沃德,主要著作有《经营管理和工艺技术》《工业组织:理论和实践》。

权变理论的主要内容如下。

1) 权变理论的核心思想

权变理论的核心思想是在现实中不存在一成不变、普遍适用的理想化的管理理论和方法,管理应随机应变,即采用什么样的管理理论、方法及技术应取决于组织的环境。权变理论认为,组织和组织成员的行为是复杂的,加上环境的复杂性和环境的不断变化,使得普遍适用的有效管理方法实质上是不可能存在的。因此,应该根据具体情况来选用合适的管理方法。这就需要进行大量的调查研究,将组织的情况进行分类,建立不同的模式,根据不同的模式选用适宜的管理方式。

2) 权变理论的理论基础

权变理论是以超 Y 理论为理论基础的。权变理论认为并不是在所有的情况下 Y 理论都比 X 理论效率高，管理思想和管理方式应该依据组织成员的素质、工作特点和环境情况而定，不能一概而论。

超 Y 理论的主要内容包括：人们是怀着许多不同的需要加入工作组织的，而且人们有不同的需要类型；不同的人对管理方式的要求也是不同的；组织的目标、工作的性质、职工的素质等对组织机构和管理方式有很大的影响；当一个目标达到以后，可以继续激起员工的成就感，使其为达到新的、更高的目标而努力。

3) 权变关系

权变理论在企业结构方面的共同点，是把企业看成一个受外界环境影响而又对外界环境施加影响的开放系统。管理的方式和技术要随着企业的内外环境的变化而变化，所以在管理因变量和环境自变量之间存在一种函数关系，这种函数关系就是权变关系，这是权变理论的核心内容。

影响权变关系的因素包括：组织的规模，相互联系和影响的程度，组织成员的个性，目标一致性，决策层次的高低，组织目标的实现程度。

4) 权变理论的管理方法

（1）计划制订的权变理论

权变理论认为，计划就是为了实现企业所确定的目标而制订出所要做的事情的纲要，以及如何做的方法，包括确定企业总任务，确定产生主要成果的领域，规定具体的目标，以及制定目标所需要的政策、方案和程序。在制订计划以前，要对环境中的机会、组织的能力与资源、经营管理上的兴趣和愿望、对社会的责任 4 个方面及其相互关系进行分析。权变理论认为，要根据不同的情况，分别制订"有目标的计划"和"指导性的计划"。

（2）权变理论的组织论

权变理论在组织结构方面的共同点是，把企业看成是一个"开放式系统"，是一个受外界环境影响而又对外界环境施加影响的系统。

权变理论学者研究发现，组织结构同企业的规模大小和企业对其他单位的依赖程度是密切相关的。

6. 管理科学理论

管理科学理论是泰勒科学管理理论的继续和发展，该理论的正式形成是在第二次世界大战以后。1940 年英国成立了由物理学家布莱克特领导的第一个运筹学小组，发展了新的数学分析和计算技术，这些成果应用于管理工作就产生了数量管理理论。布莱克特是一位诺贝尔物理学奖获得者，管理科学理论在创建时有各方面的专家参加布莱克特领导的运筹学小组，该小组在第二次世界大战中发挥了重大的作用。

管理科学理论认为管理中的人是理性人，组织是追求自身利益的理性结构，经济效果是其最根本的活动标准。管理过程是一个合乎逻辑的系统过程，因此，管理活动可以运用数学的方法来分析和表述。管理就是制订和运用数学模式与程序的系统，就是用数学符号和公式来表示计划、组织、控制、决策等合乎逻辑的程序，求出最优答案，以达到企业的目标。所以，所谓管理科学就是制订用于管理决策的数学和统计模式，并把这些模式通过计算机应用于管理之中。

管理科学理论的主要内容如下。

1) 关于组织的基本看法

管理科学理论认为组织是由"经济人"组成的一个追求经济利益的系统，同时又是由物质技术和决策网络组成的系统。

2) 科学管理理论的目的、应用范围

管理科学理论的目的就是将科学原理、方法和工具应用于管理的各种活动之中，其应用范围主要是计划和控制这两项职能。

3) 管理科学理论应用的科学方法

管理科学理论应用的科学方法主要有线性规划、决策树、计划评审法和关键线路法、模拟、对策论、概念论、排队论。

4) 管理科学应用的先进工具

管理科学理论应用的先进工具主要是计算机。管理科学理论借助于模型和计算机技术研究管理问题，重点研究的是操作方法和作业方面的管理问题。现在管理科学理论有向组织更高层次发展的趋势，但完全采用管理科学的定量方法来解决复杂环境下的组织问题还面临许多实际困难。

【本章小结】

本章介绍了管理学理论形成的背景与发展的过程，并从管理学发展的不同阶段进行详细的讲解，即古典管理理论，包括了泰勒的科学管理理论，法约尔的一般管理理论，韦伯的行政组织理论；行为科学理论包括梅奥的霍桑试验，行为科学理论的产生和发展；现代管理丛林包括管理过程理论、社会系统理论、决策理论、经验主义理论、权变理论、管理科学理论，分别从各项理论的特点、主要思想、代表人物等方面进行了介绍。

【复习题】

一、判断题

1. 新的管理理论层出不穷，对实际工作中的新问题做出了较好的解释，泰勒的科学管理理论等古典管理理论已经彻底过时，除了尚存历史意义外，对管理实践早已丧失了指导作用。（　　）

2. 与韦伯的行政组织理论相匹配的组织是以制度为中心运转的等级化、专业化的金字塔形的组织。（　　）

3. 管理科学理论是把科学的原理、方法和工具应用于管理的各种活动中，制订用于管理决策的数学和统计模型，并把这些模型通过计算机应用于管理降低不确定性，最大限度地提高了管理活动的程序性，代表着管理理论的发展趋势，因此优于其他的管理理论。

（　　）

二、选择题
1. 非正式组织是指（　　）。
   A. 未经上级主管机关正式批准的组织
   B. 未在有关部门登记的组织
   C. 由于价值观、性格、爱好等的趋同而自发形成的组织
   D. 由于价值观、性格、爱好等的趋同而被上级机关批准成立的组织
2. 如果你是一位公司的总经理，当你发现公司中存在许多非正式组织时，你的态度是（　　）。
   A. 立即宣布这些非正式组织为非法，应以取缔
   B. 深入调查，找出非正式组织的领导人，向他们提出警告，不要再搞"小团体"
   C. 只要非正式组织的存在不影响公司的正常运行，可以对其不闻不问，听之任之
   D. 正视非正式组织的客观存在性，允许乃至鼓励其存在，对其行为加以积极引导
3. 管理学形成的标志是（　　）。
   A. 泰勒科学管理理论　　　　　　　B. 法约尔的管理过程理论
   C. 韦伯的行政组织理论　　　　　　D. 梅奥的霍桑试验
4. 古典管理理论阶段的代表性理论是（　　）。
   A. 一般管理理论　　B. 科学管理理论　　C. 行为科学理论　　D. 权变理论
5. 科学管理理论之父是（　　）。
   A. 泰勒　　　　　B. 韦伯　　　　　C. 梅奥　　　　　D. 法约尔
6. 泰勒认为工人和雇主双方都必须来一次（　　）。
   A. 管理培训　　　B. 管理实践　　　C. 劳动竞赛　　　D. 心理（精神）革命
7. 法约尔提出的管理职能是（　　）。
   A. 计划、组织、人员配备、领导、控制
   B. 计划、决策、组织、领导、控制
   C. 计划、组织、指挥、协调、控制
   D. 计划、组织、领导、协调、控制
8. 法约尔管理理论的代表作是（　　）。
   A. 车间管理　　　　　　　　　　　B. 管理决策新科学
   C. 工业管理和一般管理　　　　　　D. 全面质量管理
9. 提出管理十四项原则的是（　　）。
   A. 泰勒　　　　　B. 韦伯　　　　　C. 梅奥　　　　　D. 法约尔
10. "管理机构从最高一级到最低一级应该建立关系明确的职权等级系列"指的是法约尔管理十四项原则中的哪一项？（　　）
    A. 统一指挥　　　　　　　　　　　B. 统一领导
    C. 等级制度　　　　　　　　　　　D. 集中化
11. 古典管理理论认为，人是（　　）。
    A. 经济人　　　B. 自我实现人　　C. 复杂人　　　D. 社会人
12. 霍桑试验的结论对工人的定性是（　　）。
    A. 经济人　　　B. 社会人　　　C. 自我实现人　　D. 复杂人

13. 管理过程理论强调的是（　　）。
    A. 管理是让别人同自己去实现既定目标的过程
    B. 管理的核心是提高劳动生产率
    C. 在管理中要重视人的因素
    D. 要建立正式的、非人格化的组织体系
14. 决策理论的代表人物是（　　）。
    A. 韦伯　　　　B. 哈罗德·孔茨　　C. 巴纳德　　　　D. 赫伯特·西蒙
15. 认为没有一成不变、普遍适用的"最好的"管理理论和方法的是（　　）。
    A. 管理过程理论　　　　　　　　B. 权变理论
    C. 社会合作理论　　　　　　　　D. 管理科学理论
16. 战略管理提出的根本原因主要在于（　　）。
    A. 组织规模的扩大　　　　　　　B. 组织内部的专业化分工
    C. 外部环境的变化　　　　　　　D. 员工素质的提高
17. （　　）是梅奥等人在总结霍桑试验的基础上得出的结论。
    A. 工人是自然人
    B. 人的行为是由动机导向的，而动机导向则是由需要引起的
    C. 人的需要是有层次的
    D. 新型的领导能力在于提高职工的满足度
18. 泰勒的科学管理理论的中心问题是（　　）。
    A. 提高劳动生产率　　　　　　　B. 配备一流的工人
    C. 使工人掌握标准化的操作方法　D. 实行有差别的计件工资制

三、简答题

1. 古典管理理论主要包括了哪些内容？
2. 简述泰勒的科学管理理论的主要内容、贡献及不足。
3. 简述法约尔的一般管理理论。
4. 简述人际关系学说的主要观点。

四、讨论题

1. "管理思想的发展是由时代和当时的条件决定的"，你同意这种说法吗？
2. "泰勒和法约尔给予我们一些明确的管理理论，而权变理论却说一切取决于当时的情境，我们从一套明确的理论退回到一套不明确的和模糊的指导方针上去了。"你同意这种说法吗？为什么？

五、案例分析

◇ 案例 1

保利公司的总经理

保利公司是一家中美合资的专业汽车生产制造企业，总投资 600 万美元，其中固定资产 350 万美元，中方持有 53% 的股份，美方持有 47% 的股份，主要生产针对工薪家庭的轻便、

实用的汽车，在中国有广阔的潜在市场。

谁出任公司的总经理呢？外方认为，保利公司的先进技术、设备均来自美国，要使公司发展壮大，必须由美国人来管理。中方也认为，由美国人来管理，可以学习借鉴国外企业管理方法和经验，有利于消化吸收引进技术和提高工作效率。因此，董事会形成决议：聘请美国山姆先生任总经理。山姆先生有20年管理汽车生产企业的经验，对振兴公司胸有成竹。谁知事与愿违，公司开业一年不但没有赚到一分钱，反而亏损80多万美元。山姆先生被公司辞退了。

这位曾经在日本、德国、美国等地成功地管理过汽车生产企业的经理何以在中国失败呢？多数人认为，山姆先生是个好人，在技术管理方面是个内行，为公司消化和吸收先进技术做了很多工作。他对搞好保利公司怀有良好的愿望，"要让保利公司变成一个纯美国式的企业"。他工作认真负责，反对别人干预他的管理工作，并完全按照美国的管理模式设置了公司的组织结构并建立了一整套规章制度。在管理体制上，山姆先生实行分层管理制度：总经理只管两个副总经理，下面再一层管一层。但这套制度的执行结果造成了管理混乱，人心涣散，员工普遍缺乏主动性，工作效率大大降低。山姆先生强调"我是总经理，你们要听我的"。他甚至要求，工作进入正轨后，除副总经理外的其他员工不得进入总经理的办公室。他不知道，中国企业负责人在职工面前总是强调和大家一样，以求得员工的认同。最终，山姆先生在公司陷入非常被动、孤立的局面。

山姆先生走后，保利公司选派了一位懂经营管理、富有开拓精神的中方年轻副厂长担任总经理，并随之组建了平均年龄只有33岁的领导班子。新领导班子根据实际情况和组织文化，迅速制定了新的规章制度，调整了机构，调动了全体员工的积极性。在销售方面，采取了多种促销手段。半年后，保利公司宣告扭亏为盈。

【问题】
试运用管理理论分析保利公司总经理成败的原因。

◇ 案例2

管理的理论流派

某大学管理学教授在讲授古典管理理论时，竭力推崇科学管理理论的创始人泰勒的历史功勋，鼓吹泰勒所主张的"有必要用严密的科学知识代替老的单凭经验或个人知识行事"的观点，并且宣传法约尔的十四条管理原则。

后来，在介绍经验主义理论时，这位教授又强调企业管理学要从实际经验出发，而不应该从一般原则出发来进行管理和研究。他还说，欧内斯特·戴尔在其著作中故意不用"原则"一词，断然反对有任何关于组织和管理的"普遍原则"。在介绍权变理论的观点时，这位教授又鼓吹在企业管理中要根据企业所处的内外条件随机应变，没有什么一成不变、普遍适用的"最好的"管理理论和方法。不少学生认为这位教授的讲课前后矛盾，胸无定见，要求教授予以解答。教授却笑而不答，反倒要求学生自己去思考，得出自己的结论。

【问题】
1. 你是否认为教授的上述观点是前后矛盾的？为什么？

2. 在企业管理中，有无可能将管理原则与实践正确结合起来？

◇ **案例 3**

联合包裹速递服务公司的科学管理

联合包裹速递服务公司（UPS）雇用了 15 万员工，平均每天将 900 万个包裹发送到美国各地和美国以外的 180 个国家和地区。为了实现其宗旨，"在邮运业中办理最快捷的运送"，UPS 的管理当局对员工进行系统培训，使他们以尽可能高的效率从事工作。下面以送货司机的工作为例，介绍一下联合邮包服务公司的管理风格。

UPS 的工业工程师对每一位司机的行驶路线进行了时间研究，并对每种送货、暂停和取货活动都设立了标准。这些工程师记录了红灯、通行、按门铃、穿院子、上楼梯、中间休息喝咖啡的时间，甚至上厕所的时间，将这些数据输入计算机中，从而给出每一位司机每天中工作的详细时间标准。

为了完成每天取送 130 件包裹的目标，司机们必须严格遵循工程师设定的程序。当他们接近发送站时，松开安全带，按喇叭，关发动机，拉起紧急制动，把变速器推到 1 挡上，为送货完毕的启动离开做好准备，这一系列动作严丝合缝。然后，司机从驾驶室来到地面上，右臂夹着文件夹，左手拿着包裹，右手拿着车钥匙。他们看一眼包裹上的地址把他记在脑子里，然后以每秒 3 英尺的速度快步跑到顾客的门前，先敲一下门以免浪费时间找门铃。送完货后，他们回到卡车上的路途中完成登录工作。

这种刻板的时间表是不是看起来有点烦琐？也许是，它真能带来高效率吗？毫无疑问！生产率专家公认，UPS 是世界上效率最高的公司之一。举例来说吧，联邦快递公司平均每人每天不过取送 80 件包裹，而 UPS 却是 130 件。在提高效率方面的不懈努力，对 UPS 的净利润产生了积极的影响。

UPS 为获得最佳效率所采用的程序并不是 UPS 创造的，他们实际上是有效管理的成果。

【问题】
1. UPS 主要应用了什么管理理论？是谁提出来的？
2. 这个理论的主要内容有哪些？
3. 请评价这一理论的贡献和弊端。

项目 3

计　　划

IBM 百年回顾：电子商务促进企业架构变革

　　IBM 最重要的发明之一根本不是发明，它是一种改变游戏规则的洞察，即公司所创造的著名的"电子商务"一词。

　　20 世纪 90 年代，在互联网快速发展时期，许多公司将在互联网上淘金视为一场"新经济"，认为 IBM 等公司很快会像苹果公司早期的个人计算机一样成为率先快速衰败的巨人，终结其在 IT 界的中心地位。然而，IBM 从中看到了截然不同的前景，在网络、内部网、服务器、网站、浏览器和搜索引擎大混战的时代，公司认识到了新的基础架构——巨大且强大的平台，各种规模的企业用它不仅可以销售产品和宣传品牌，这个以网络为中心的新世界（早期的叫法）还将改变企业运作的根本方式。

　　1995 年的一天，首席执行官 Gerstner 出席公司工作会议，最后一个议题解释了互联网如何可能成为对企业有用的工具，这个议题让他受到了震动。他在 2002 年的自传《谁说大象不能跳舞》中写道，如果战略家是正确的，网络可以实现并支持人们和企业之间的海量通信和交易……则两项革命肯定会出现：一个是计算机，而另一个就是商务。他解释说，工作负荷将从个人计算机转向大型企业系统和网络本身。

　　在一天的会议结束时，Gerstner 责令他的直接下属在三个星期内提出如何充分利用新的网络世界的想法。他很快发现，其他人也有完全相同的观点，例如集成系统服务公司（IBM 全资子公司）的负责人和营销主管 John Patrick。Gerstner 最后成立了由 John Patrick 领导的 IBM 互联网业务部，要求他制定并在所有业务部门实施公司的互联网战略，正如他写道的那样，让每个人"拥抱网络"。IBM 将成为客户的"互联"典范。

　　接下来的重要工作是向客户和受到少数互联网"最终用户"影响的普通民众推广以网络为中心的理念。Gerstner 在 1993 年加盟 IBM 时接受了大量媒体采访，并宣称"IBM 现在需要做的最后一件事就是制订远景"。

　　现在，他有一个远景，而且在 1994 年 3 月曾努力向华尔街分析家推销以网络为中心的理念，似乎没有人关注。1995 年秋，他在拉斯维加斯的大型 Comdex 展会上再次传达以网络为中心的信息，他向听众断言"以网络为中心的计算将终结个人计算机在计算领域的统治地位"。

　　但当时是 1995 年，在 Gerstner 的主题演讲一天后，微软公司的比尔·盖茨在主题演讲中大谈以桌面为中心的未来。然而，以网络为中心的理念已经被提出来，正在寻找生根之地。Sun 开始提出了"网络就是计算机"的口号，而 Oracle 也在谈论"网络计算机"。

IBM 重新又回到了绘图板前，他们需要以客户和 IBM 员工能够理解的方式谈论这个辉煌的新未来。营销人员经过努力工作，提出了"电子商务"一词。

这个词并不能令人印象深刻，但它似乎是一个足够可信的名称。公司投入 5 亿美元开展大型广告和营销活动，展示电子商务远景的价值，并且证明 IBM 拥有人才、服务和产品，可帮助客户从新的业务运作方式中获益。

由 Ogilvy & Mather 制作的广告是黑白的系列"办公室情景剧"，并取得了极大的成功。广告消除了当时大多数人对互联网业务的疑虑，展示了互联网如何增加价值，以及 IBM 如何帮助企业"在网上开展真正的业务"。

公司的举措大获成功，IBM 为那些迫切希望将业务转型为以网络为中心的"电子商务"的客户提供了服务和产品，在该领域成为全球领导者。

【管理启示】在变化的环境中，IBM 能够全面分析现状，预测未来的发展方向，提出了"电子商务"并推出了一系列解决方案。该项计划的正确制订和实施，使得蓝色巨人又一次站在了 IT 行业的巅峰。

计划是管理活动的首要职能，在整个管理活动中，计划起着重要的作用，它是一切管理活动的起点。本章将从计划的含义及性质、计划的类型、目标管理、战略性计划、决策等方面进行学习与讨论。

【学习目标】

1. 了解计划的含义及性质。
2. 掌握计划的类型及其特点。
3. 掌握目标管理的概念及其性质。
4. 掌握目标管理的过程。
5. 了解企业战略管理的基本过程。
6. 掌握决策的程序和方法。

计划工作是一座桥梁，它把我们所处的这岸和我们要去的对岸连接起来，以克服这一天堑。

——哈罗德·孔茨

3.1 计划概述

案例

玄德屏人促膝而告曰："汉室倾颓，奸臣窃命，备不量力，欲伸大义于天下，而智术浅短，迄无所就。惟先生开其愚而拯其厄，实为万幸！"孔明曰："自董卓造逆以来，

> 天下豪杰并起。曹操势不及袁绍，而竟能克绍者，非惟天时，抑亦人谋也。今操已拥百万之众，挟天子以令诸侯，此诚不可与争锋。孙权据有江东，已历三世，国险而民附，此可用为援而不可图也。荆州北据汉、沔，利尽南海，东连吴会，西通巴、蜀，此用武之地，非其主不能守；是殆天所以资将军，将军岂有意乎？益州险塞，沃野千里，天府之国，高祖因之以成帝业；今刘璋暗弱，民殷国富，而不知存恤，智能之士，思得明君。将军既帝室之胄，信义著于四海，总揽英雄，思贤如渴，若跨有荆、益，保其岩阻，西和诸戎，南抚彝、越，外结孙权，内修政理；待天下有变，则命一上将将荆州之兵以向宛、洛，将军身率益州之众以出秦川，百姓有不箪食壶浆以迎将军者乎？诚如是，则大业可成，汉室可兴矣。此亮所以为将军谋者也。惟将军图之。"言罢，命童子取出画一轴，挂于中堂，指谓玄德曰："此西川五十四州之图也。将军欲成霸业，北让曹操占天时，南让孙权占地利，将军可占人和。先取荆州为家，后即取西川建基业，以成鼎足之势，然后可图中原也。"玄德闻言，避席拱手谢曰："先生之言，顿开茅塞，使备如拨云雾而睹青天。但荆州刘表、益州刘璋，皆汉室宗亲，备安忍夺之？"孔明曰："亮夜观天象，刘表不久人世；刘璋非立业之主；久后必归将军。"玄德闻言，顿首拜谢。只这一席话，乃孔明未出茅庐，已知三分天下，真万古之人不及也！
>
> **【管理启示】** 从故事中可知，孔明为刘备分析了天下形势，指明了目标，制订了实现目标的具体方案，这正是计划的过程。计划工作是全部管理职能中最基本的一个职能，它与其他4个职能有密切的联系。因为计划工作中既包括选定组织和部门的目标，又包括确定实现这些目标的途径。主管人员围绕着计划规定的目标，去从事组织工作、人员配备、指导与领导及控制工作等活动，以达到既定的目标。为使组织中的各种活动能够有节奏地进行，必须有严密的统一的计划。

计划工作的任务，就是根据社会的需要及组织的自身能力，确定出组织在一定时期内的奋斗目标；通过计划的编制、执行和检查，协调和合理安排组织中各方面的经营和管理活动，有效地利用组织的人力、物力和财力等资源，取得最佳的经济效益和社会效益。计划职能在管理的各项职能中处于首位。只有制订好计划，才能使各项工作有一个明确的目标，并激励全体人员为完成这个目标而努力，所以计划在管理中的作用至关重要。

3.1.1 计划的含义及性质

计划是管理的关键职能，管理者的职责是运用其权限范围内的资源，动员组织内成员完成工作，从而达到预期目的，计划职能在管理中居于首要的地位，是管理的先导性职能。计划与组织、领导、控制职能的关系如图3-1所示。

1. 计划的含义

计划是对未来行动的说明，计划作为对组织未来活动的预先筹划，在组织管理中具有非

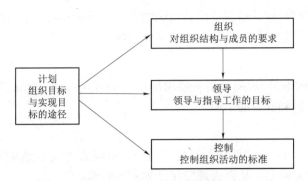

图 3-1 计划与组织、领导、控制职能的关系

常重要的作用。"凡事预则立，不预则废。"科学而周密的计划是成功的一半。计划具有引导功能，它为组织管理者和成员指明方向。当组织中的所有成员了解了组织的目标和为达到目标而必须付诸的行动时，他们就会协调自己的活动，互相合作结成团队，为实现目标而努力。

计划工作是为实现未来预期目标而预先进行的行动安排，有广义和狭义之分。广义的计划工作指制订计划、执行计划和检查计划执行情况的工作过程；而狭义的计划工作仅指制订计划。一般情况下所说的计划工作是指狭义的计划工作，即根据组织内外实际情况，通过科学的预测，权衡主观需要和客观可能，提出在未来一定时期内要达到的目标及实现目标的途径。

理解计划的含义应把握：
① 计划是预先制订的行动方案；
② 计划是一个连续的行为过程；
③ 计划是控制的基础和前提；
④ 计划需要修正和调整。

可以看出，在计划中涉及两个重要的内容。一是确定行动目标。如果目标选择不对，计划再周密也无法成功实现组织原本想达到的目的，这是计划的关键。二是确定实现目标的路径和手段。即在明确了做什么之后，要策划怎么做及什么时候做等关键性步骤。这是循序渐进地实现目标的重要环节。

2. 计划工作的内容

计划工作要为组织未来的发展规定方向和进程，计划工作的内容就是根据社会的需要及组织者的自身能力，确定出组织在一定时期内的活动安排。计划工作的具体内容涵盖了六方面的要素，可以用"5W1H"来描述。

1) 做什么

做什么？（What to do?）说明一项计划的活动内容、工作要求和工作重点，即明确某一时期的中心任务。例如，企业生产计划的内容主要为确定生产哪些产品及生产多少。

2) 为什么做

为什么做？（Why to do?）说明计划的理由、意义及重要性；阐明计划工作的宗旨、目标和战略,并论证可行性。组织成员对组织的宗旨、目标和战略了解得越清楚,认识得越深刻,就越有可能在计划工作中发挥主动性和创造性。

3)何时做

何时做(When to do?)说明计划所要求的项目的开始时间、完成进度及结束时间,以便进行有效的时间控制和资源的平衡。

4)何地做

何地做(Where to do?)说明执行计划的地域、市场或地点安排及空间布局,以便了解计划实施的环境条件和限制,从而合理安排计划实施的地点。

5)谁去做

谁去做(Who will do?)明确计划中每个阶段的任务由哪个部门、哪些岗位负责完成,同时规定由哪些部门协助完成。

6)怎样做

怎样做(How to do?)说明实施计划的手段、途径和方法。组织要制订实现计划的措施,以及相应的规则,对资源进行合理分配和集中使用。

以上要素对于计划工作来说是缺一不可的。在管理的各项职能中,计划是首要的和关键的职能,管理者通过计划工作,合理运用资源,协调组织各方面的力量,从而达到预期的目的。

【管理启示】做任何工作都应该从"5W1H"来思考,这有助于人们的思路条理化,杜绝盲目性。

3. 计划工作的性质

1)目的性

组织是通过精心安排的工作去实现目标而得以生存和发展的,任何计划都是为了实现组织的发展目标而设计的行动步骤和方案。所以,计划的目的性非常明确,就是为组织实现既定目标服务的。例如,某家企业希望明年产值和利润有一个大幅度的增长,然而这只是一个期望,要想把期望变成现实,还要根据过去的情况和现在的条件确定一个可行的明确目标。无论是产值增长10%还是20%,这些具体目标都要以科学的方法为基础,通过预测和分析,策划出一系列能使最终目标实现的行动方案。如果没有计划,行动就会盲目或产生混乱。

2)首位性

计划工作必须在组织工作、人员配备、领导和控制之前进行,是进行其他各项管理工作的基础,并贯穿于整个管理过程之中。

3)普遍性

计划工作是各级管理者的一个共同职能。组织中的管理者,无论职位高低、职权大小,都需要进行不同层次的计划工作。一个组织的总目标确定后,各级管理者为了实现组织目标,使各级或各部门的工作得以顺利进行,都需要制订相应的分目标和分计划。这些具有不同广度和深度的计划有机地结合在一起,便形成了一个多层次计划系统,因此,计划工作具有普遍性。

4）经济性

计划工作要讲究效率，要考虑投入与产出之间的比例。计划工作的效率不仅体现在有形物上，还包括满意度等无形的评价标准。

5）动态性

制订好的计划不是一成不变的，要随着环境的变化而进行相应的调整，因此计划工作具有动态灵活性。

6）前瞻性

计划工作不是对过去工作成绩的总结，也不是对现在工作状况的分析，而是在预测未来趋势的基础上对组织发展前景和目标的规划。组织未来的发展会受到很多不确定因素影响，因此，计划工作要审时度势，充分考虑未来的变化因素，为组织提供具有预见性的应对方法和路径。

3.1.2 计划的作用

组织是为实现目标而建立起来的系统，它是一群有意识的人在一定的目标支配下形成的。组织要实现目标，就必须建立起一定的保障，而计划就是这个保障。研究表明，计划通常与更高的利润、更高的资产报酬率及其他的财务成果相关联。因此，计划对组织有着积极的作用，具体而言，有以下几方面。

1. 弥补不肯定性和变化带来的问题

计划是面向未来的，而未来又是充满不确定性的。计划工作的重要性就在于如何适应未来的不确定性。因此，组织需要进行周密细致的预测，制订相应的补救措施并随时检查计划的落实情况，遇到问题则需要重新制订相应的计划。即使将来的事情是肯定的，也需要根据已知事实的基本数据计算采用哪种方案能以最低的代价取得预期的结果。

2. 有利于管理者把注意力集中于目标

计划工作可以使人们的行动对准既定的目标。由于周密细致、全面的计划工作统一了部门之间的活动，才使主管人员从日常的事务中解放出来，而将主要精力放在随时检查、修改、扩大计划上来，放在对未来不确定的研究上来。这既能保证计划的连续性，又能保证全面地实现奋斗目标。

3. 有利于更经济地进行管理

由于计划工作强调了经营的效率和一贯性，使得组织经营活动的费用降至最低限度。计划工作能细致地组织经营活动，是有效地、经济地组织经营管理活动的工具。

4. 有利于组织进行控制

计划和控制是一个事物的两个方面。未经计划的活动是无法控制的。控制活动就是通过纠正脱离计划的偏差来使活动保持既定的方向。计划是控制的标准，也是控制的基础。

因此，计划工作是一个指导性、科学性和预见性很强的管理活动，同时也是一项复杂而又困难的工作。

3.1.3 计划的类型

从不同的角度，按照不同的标准，可以将计划分为不同的类型，各种类型的计划不是彼此割裂的，而是由分别适用于不同条件下的计划组成的一个计划体系。

1. 按计划的期限划分

按所涉及的时间跨度划分，计划可分为短期计划、中期计划和长期计划。一般来讲，期限在1年以内的计划称为短期计划，而期限在5年以上的计划称为长期计划，介于两者之间的计划称为中期计划。当然这个划分标准并非绝对，在某些情况下，它还受计划的其他方面因素的影响。长期计划主要是规定组织发展方向、规模及主要任务和目标的纲要性计划，它是描绘组织长期发展的蓝图。由于计划期限过长，中间发生的变动因素很多，因此，随着时间的推移，长期计划在实施过程中会不断发生变化。中期计划常常是长期计划的一个组成部分，比后者更为稳定，在实施过程中变动较小。短期计划是更具体、更细致的计划，与组织中每个成员都密切相关，它的实施是实现组织目标和战略计划的基础。

2. 按计划的范围划分

按所涉及的范围划分，计划可分为战略计划和行动计划。

1）战略计划

战略计划是应用于整体组织，为组织设立总体目标以寻求组织在环境中的地位的计划，是其他计划制订的依据，也是组织最重要的计划。因为一个组织的总体目标和地位通常是不轻易改变的，所以这种计划的周期一般都较长，通常为长期计划。战略计划正确与否，直接影响到组织的兴衰存亡。

战略计划的特点是计划期较长，涉及的范围广；计划内容抽象，操作性不强；计划的前提条件和结果具有不确定性。因而战略计划的制订者必须有较强的风险意识，能在众多的不确定因素中合理选定组织未来的行动目标和经营方向。

2）行动计划

行动计划是有关组织活动具体如何运作的计划，即规定组织总体目标如何实现的具体计划。行动计划的周期通常较短，它与战略计划的最大差别在于战略计划的一个重要任务是设立目标，而行动计划则是假设目标已经存在，而提供一种实现目标的方案。

与战略计划相比，行动计划的特点是计划期较短，涉及的范围比较狭窄；计划的内容比较详细、具体、操作性强；计划是在已知的条件下进行的，计划结果具有可预测性，因而其风险程度小于战略计划。

3. 按制订计划的组织层次划分

按制订计划的组织层次划分，计划可分成高层管理计划、中层管理计划和基层管理计划。

1) 高层管理计划

高层管理计划一般以整个组织为单位，着眼于组织整体的、长远的安排，一般属于战略计划。

2) 中层管理计划

中层管理计划一般着眼于组织内部的各个组成部分的定位及相互关系的确定，它既可能包含部门的分目标等战略性质的内容，也可能包含各部门的工作方案等战术性的内容。

3) 基层管理计划

基层管理计划着眼于每个岗位、每位员工、每个工作时间段的工作安排和协调，基本是作业性的内容。

3.1.4 计划的表现形式

计划表现形式的多样性是计划多样性的体现，确定计划的表现形式对于发挥计划职能有着重要意义。不同表现形式的计划构成了自上而下的计划层次体系，如图 3-2 所示。

图 3-2 计划的层次体系

1. 组织的宗旨

一个组织的宗旨可以看成是一个组织的最基本的目标，是一个组织得以存在的基本理由。组织的宗旨是社会赋予这个组织的基本职能，是对组织现在和将来从事的事业的描述，组织是为其宗旨而存在的。例如，松下公司的宗旨：为社会提供价廉物美的产品。又如，联想的宗旨：以科研成果为国民经济做贡献。

"自来水经营哲学"是松下公司最基本的经营理念，是松下根据自己的人生体验，受到自来水的启发而总结出来的。

他的经营信念为：如果一切东西都像自来水一样，能够随便取用的话，社会上的情形就将完全改变了。我的任务就是制造像自来水一样多的电器产品,这是我的生产使命。尽管实际上不容易办得到,但我仍要尽力使物品的价格降低到最便宜的水准。1932 年 5 月 5 日,在松下公司的创业纪念日上,松下向全体员工表明了自己的这种信念,并把它确定为公司的经营哲学,要求全体员工遵照执行。松下在演讲词中讲道:"大抵生产的目的,不外乎丰富人们日常生活的必需品,以充实生活的内容。这也是我生平最大的愿望。"

2. 组织的使命

组织使命的内容就是组织选择的服务领域或事业。组织使命阐明了组织的经营目的、市场、用户、产品或服务及采用的基本技术。其最终目的是为组织自身和利益相关者创造价值。例如,一所学校和一家医院,同样服务于社会,学校的使命是教书育人,医院的使命是救死扶伤。再如,福特的使命:我们是一个拥有悠久传统的世界性家族,献身于为全世界人民提供个人活动能力的事业。使命只是组织实现宗旨的手段,而不是组织存在的理由。

3. 组织的目标

组织的目标具体说明了组织在一定时期内从事某项事业所预期达到的成果。组织的使命支配着组织各个时期的目标和各个部门的目标。而且组织各个时期的目标和各个部门的目标是围绕组织存在的使命所制定的,并为完成组织使命而努力。每个组织都有一个层层分解、互相联系的目标体系。虽然教书育人和科学研究是一所大学的使命,但一所大学在完成自己使命时会进一步具体化不同时期的目标和各院系的目标,如最近 3 年培养多少人才,发表多少论文等。

4. 组织的战略

组织的战略是达到组织目标的一种总体的谋略或路径选择,是为了达到组织总目标而采取的行动和利用资源的总计划,其目的是通过一系列的主要目标和政策去决定和传达一个组织期望自己成为什么样的组织。组织的战略并不打算确切地概述组织怎样去完成它的目标,这是无数主要的和次要的支持性计划的任务。人们常把组织的战略看成是关于组织全局发展的方案、谋略或韬略。它通常规定组织的长远发展方向、发展重点、组织的行为方式及资源分配的优先领域,是组织制订各类具体规划、计划的重要依据。

5. 组织的政策

组织的政策是人们进行决策时思考和行动的指南,它明确了处理各种问题的一般规定。政策能帮助人们事先决定问题处理的方法,一方面能减少对某些例行问题处理上的时间成本,另一方面能把计划统一起来。政策支持了分权,同时也支持了上级主管对该项分权的控制。政策允许对某些事情处理的自由,一方面不能把政策当作规则,另一方面又必须把这种自由限制在一定的范围内。自由处理的权限大小一方面取决于政策本身,另一方面取决于主管人员的管理艺术。例如,企业鼓励员工进行发明创造或技术革新,对表现突出的给予奖励;一个企业的用人政策规定"今后 5 年内企业管理者要求受教育的程度达到大专以上"。

6. 组织的程序

组织的程序规定了某些经常发生的、反复出现的问题的解决办法和步骤，程序是一种经过优化的计划，是通过大量经验事实的总结而形成的规范化的日常工作步骤和方法，它详细列出了必须完成某类活动的切实方式，并按时间顺序对必要的活动进行排列。它与战略不同，它是行动的指南，而非思想的指南。它与政策不同，它没有给行动者自由处理的权利。出于理论研究的考虑，可以把政策与程序区分开来，但在实践工作中，程序往往表现为组织的政策。例如，一家制造企业处理订单的程序、财务部门批准给客户信用的程序、会计部门记载往来业务的程序等，都表现为企业的政策。组织中每个部门都有程序，并且在基层，程序更加具体化、数量更多。

7. 组织的规则

组织的规则是对具体场合和具体情况下允许或不允许采取某种特定行动的规定，规则没有酌情处理的余地，它详细、明确地阐明必须行动或无须行动，其本质是一种管理决策。规则通常是最简单形式的计划。规则不同于程序。第一，规则指导行动但不说明时间顺序；第二，可以把程序看作是一系列的规则，但一条规则可能是也可能不是程序的组成部分。例如，"禁止吸烟"是一条规则，但和程序没有任何联系；而一个规定为顾客服务的程序可能表现为一些规则，如在接到顾客需要服务的信息后30分钟内必须给予答复。

8. 组织的预算

组织的预算是一种数字化的计划，把预期的结果用数字化的方式表示出来就形成了预算。一般来说，财务预算是组织中最重要的预算，因为组织的各项经营活动几乎都可以用数字化、货币化的方式在财务预算上体现出来。预算作为一种计划，勾勒出了未来一段时期的现金流量、费用收入、资本支出等的具体安排。预算还是一种主要的控制手段，是计划和控制工作的联结点，计划的数字化产生了预算，而预算将作为控制的衡量基准。

3.1.5 计划工作的过程

任何完整的计划，都要经过一个筹划过程，这个过程包括识别机会、确立目标、明确前提条件、拟订备选方案、评价各种备选方案、确定最终方案、拟订辅助计划、编制预算使计划数量化。

1. 识别机会

组织在启动项目之前首先要考察市场环境，并根据市场的需要及自身的资源判别哪些是可利用的机会。留意外界环境和组织内的机会是编制计划的真正起点。只有这样，管理人员才能了解将来可能出现的机会并能清楚而全面地了解这些机会对组织是否有利，怎样解决将要出现的问题，为什么要解决这些问题，以及是否能得到期望的结果。

对机会的识别是在实际计划工作开始之前就着手进行的，虽然它不是计划工作的一个组成部分，但却是计划工作的真正起点。其内容包括：对未来可能出现的变化和机会进行初步的分析，形成判断；根据自己的优势和劣势，弄清自己所处的地位，了解自己利用机会的能力，列举不确定性因素，分析其发生的可能性和影响程度；在反复斟酌的基础上，确定切合实际的目标。

2. 确立目标

计划应有明确的目标，目标规定了组织活动或项目的预期结果，并说明了组织要做的工作。战略计划主要侧重于目标的确立，而行动计划主要侧重于执行某项活动的具体步骤和行动细节。组织应根据未来的方向、行动的目的及行动所需要的时间来确立目标。

确立目标通常应包括：指导资源最合理的分配；充分发挥全体职工的积极性和潜力；达到经营活动的最佳效果；促进组织内部团结成一体，对外享有良好的声誉。

组织目标的确立，必须考虑：满足并保证国家的要求；了解和掌握社会动向、用户要求，以满足社会需要；考虑并体现出本组织长期计划的要求；掌握本组织上年度目标达成情况及存在的问题。

3. 明确前提条件

确定一些关键性的前提条件，并使计划制订人员对此取得共识。所谓计划工作的前提条件就是关于组织实现计划的环境假设条件，即组织将在什么样的环境中执行计划。这里所考虑的前提条件仅限于那些对计划而言是关键性的或具有策略意义的假设条件，即那些最影响计划贯彻实施的假设条件。

4. 拟订备选方案

拟订备选方案就是寻求实现目标的可供选择的、可实施的方案。在过去的计划方案上稍加修改或略加推演是不会得到最好的方案的。此外方案也不是越多越好，即使我们可以采用数学方法和借助电子计算机的手段帮助计划的制订，还是要对候选方案的数量加以限制，以便把主要精力集中在对少数最有希望的方案的分析方面。

5. 评价各种备选的方案

按照计划的前提条件和目标来权衡各种因素，比较各个方案的利弊，对各个方案进行评价。显然，确定目标和确定计划工作的前提条件的工作质量，直接影响到方案的评价。

6. 确定最终方案

如果发现有两个可取的方案时，必须决定首先采取哪个方案，而将另一个方案也进行细化和完善，并作为备用方案。

7. 拟订辅助计划

辅助计划是总计划的分计划。总计划要靠辅助计划来保证，辅助计划是总计划的基础，如雇用和培训各类人员的计划、采购和安装零部件的计划、建立维修设施的计划、制订飞行时刻表的计划以及广告、筹集资金和办理保险的计划。

8. 编制预算使计划数量化

计划工作的最后一步是将计划转化为预算，使之数量化。预算实质上是资源分配计划。预算工作做好了，可以成为综合平衡各类计划的一种工具，也可以成为衡量计划完成进度的重要标准。

3.2 目标管理

老鹰的追求

老鹰被安置在动物园的笼子里。每天，它都能吃上精心挑选的瘦肉；渴了，蓄满清水的池子就在脚下。一年四季，它都不会因饥饿而担忧发愁。

一天，在管理员打开笼子喂食的时候，老鹰却夺门而出，飞到松树的一根横枝上停下来。任凭管理员千呼万唤，它就不下来。

"你这不识好歹的东西，动物园哪点对不住你啊？饿了有吃的，渴了有喝的，刮风吹不到，下雨淋不到，暑天热不着，冬天冻不着；笼子上还专门挂上一块精致的木牌，将你的身世介绍给千千万万个参观者。要名有名，要利有利，这样的待遇你还不满足，你到底要求的是什么？"管理员愤愤地问。

老鹰长鸣一声，说："不错，笼子里的生活确实安逸自在。但是，如果因此而满足，那和猪圈里的猪有什么两样？"

说罢，老鹰展开双翅，扶摇直上，朝蓝天白云间飞去。

任何社会活动都有目标，目标是协调人们行动的依据，它既是管理活动的出发点，同时也是管理活动追求的结果。组织正是通过目标来引导人们的行动并考核行为的结果的。计划工作的首要任务就是要为组织确立合理的目标，没有目标，组织也就失去了存在的意义。组织的工作只有围绕着目标展开才能取得预想的成果。长期以来，人们在实践中不断探索运用目标进行管理的方法。

3.2.1 目标

企业在成长过程中都会有自己的未来目标，未来目标的设定、实施及目标达成的结果都会对企业的经营产生重大的影响。

1. 目标的含义

古人云："凡事预则立，不预则废。"这句话告诉人们做事要有计划和准备，在这种辩证的思维中，还蕴含着更深层次的含义，那就是做事情要有预想的目标。目标是一个组织根据其任务和目的确定在未来一定时期内所要达到的成果或结果。换句话说，目标就是关于组织未来的一种期望的结果。

企业目标是在分析企业外部环境和内部条件的基础上确定的企业各项经济活动的发展方向和奋斗目标，是企业经营思想的具体化。

目标牵引着企业向某个方面发展，为所有的管理决策指明了方向，并且作为标准可用来衡量实际的绩效。因此，目标是计划的基础，对企业来说意义很大，没有目标的企业很可能在混乱的环境中迷失方向。

2. 目标的特性

1) 目标的多重性

企业既要为资产所有者谋求利润，又要向消费者提供满意的产品和服务，并对社会承担一定责任。了解目标的多样性，有助于主管人员正确地确定目标和充分发挥目标的作用。

企业目标可分为主要目标、并行目标、次要目标。主要目标由企业性质决定，是贡献给企业顾客的目标；并行目标可分为个人目标、社会目标，是为企业的关系人服务的目标；次要目标是贡献给企业本身的目标。

——拉·柯·戴维斯

企业的性质本身需要多重目标。在每一个领域中，只要企业绩效和成果对企业的生存和发展有直接和利害关系，就需要制定出目标来。

——彼得·德鲁克

2) 目标的层次性和网络性

组织是分等级、分层次的。组织的总目标确定之后，围绕着总目标就要依次确定下级各个分目标、子目标，而且，各等级、各层次的目标之间构成了目标与手段的关系。各等级、各层次的目标之间彼此相互关联、相互影响，并相互支持，形成了一个整体的目标网络。总目标的实现是以分目标的实现为基础的，各分目标都有着密切的关联和明显的层次性。越是上层部门的目标，其数量越少，重要程度越大。上层目标对下层目标有导向作用，下层目标是上层目标的分解、落实，上层目标和下层目标是一个有机统一体。即目标之间左右关联，上下贯通，彼此呼应，融会成一个整体。组织内各目标之间也只有形成了网络，才能保证组织目标的更有效实现（如图3-3所示）。

3) 目标的明确性和精确性

目标需要明确，尽量用量化的方式表示，避免使用模糊不清的字句。

你看到了什么？

有一位父亲带着3个孩子到沙漠去猎杀骆驼。他们到达了目的地之后，父亲问老大："你看到了什么呢？"老大回答："我看到了猎枪、骆驼，还有一望无际的沙漠。"父亲摇摇头说："不对。"父亲以相同的问题问老二。老二回答："我看到了爸爸、大哥、弟弟，猎枪、骆驼，还有一望无际的沙漠。"父亲又摇摇头说："不对。"父亲又以相同问题问老三。老三回答："我只看到了骆驼。"父亲高兴地点点头说："答对了。"

【管理启示】一个人若想走上成功之路，首先必须有明确的目标。目标一经确立之后，就要心无旁骛，集中全部精力，勇往直前。

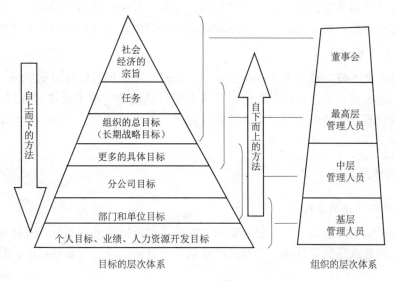

图 3-3　目标的层次体系

歧路亡羊

杨子的邻居走失了一只羊。邻居已经发动了他所有的亲属，又来请杨子的童仆一起去找羊。杨子说："唉，丢了一只羊，为什么要这么多人去找呢？"邻居回答说："因为岔道太多啊。"

找羊的人回来了，杨子问道："羊找到了吗？"邻居说："跑丢了。"杨子又问："怎么会让它跑丢了呢？"邻居说："因为岔道上又有岔道。我们不知道它到底跑到哪儿去了，所以只好回来了。"

【管理启示】如果在管理过程中目标不清晰，过于庞大或者复杂，必然会在许多岔路上迷失方向，难有收获。

4）目标的先进性和可行性

目标的先进性和可行性是指目标既实际而又具有挑战性。

篮球架原理：正是由于现在这个"跳一跳，够得着"的高度，才使得篮球成为一个世界性的体育项目，让许许多多的爱好者乐此不疲。篮球架子的高度启示人们，一个"跳一跳，够得着"的目标最有吸引力，对于这样的目标，人们才会以高度的热情去追求。要想调动人的积极性，就应该设置有着这种"高度"的目标。如果目标很容易达到，就会缺乏挑战性，失去激励员工的作用；但如果目标比登天还要难，就会令员工放弃争取。

5）目标的时限性

目标的时限性是指目标要设定完成期限。目标是一定时期内所要达到的预期成果，如果没有"一定时期"的时间约束条件，目标就失去了存在的意义。所以，任何目标都有时限性。一般来说，目标分为长期目标和短期目标。短期目标是长期目标的基础，任何长期目标的实现都是通过短期目标来完成的。只有在时限的框架中实现目标才是有意义的。

6) 目标的可考核性

目标如果不能考核，就失去了存在的意义。最便于考核的目标是定量目标，但不等于说定性目标就不能考核。定性目标可以通过具体说明时间规定、成果要求等加强其可考核性。目标可与报酬联系，管理人员可对完成既定目标的员工加以奖赏，作为一种激励，奖赏的方式可以是加薪、晋升或发放奖金等。

3. 目标的作用

1) 为管理工作指明方向

目标指明了组织的发展方向，它为组织中的成员勾画出未来的图景，并指导着组织成员的行动。管理的起点是制定目标，管理的终点是实现目标。没有明确的目标，管理就是杂乱无章的。

2) 激励作用

目标对整个组织和员工个体都有着激励作用。清晰、明确的组织目标有利于员工产生积极的心态和行动动力，从而最大限度地释放能量。

3) 作为评判绩效的客观标准

一般来说，组织绩效及组织成员绩效的评估依据主要来自组织行为及个体行为是否符合组织目标及其实现目标的程度，因此组织目标可以作为评判绩效的客观标准，明确而合适的目标会引领组织实现高绩效。

4) 凝聚作用

当组织目标充分体现了组织成员的共同利益，并能够与组织成员的个人目标取得最大限度的和谐一致时，就能够极大地激发起组织成员的工作热情、献身精神和创造力。

4. 目标确定的原则

目标的确定要符合以下原则。

1) 具体而科学

目标要明确不含糊，能明确期望做什么，什么时候做及做到何种程度。同时，资源是有限的，只能将努力集中于最重要的事情上，所以每一层面的目标数量要有一定的限制；目标表述要简明扼要、易懂易记。

2) 可衡量、可量化、可描述

如果目标无法衡量，就无法检查实际与期望之间的差异。因此，目标值不能用形容词，而尽可能用数字或程度、状态、时间等准确而客观的表述；衡量方法不应是主观判断而应是客观评价。

3) 可达成

目标值应尽可能高而合理，能起到激励作用，过高或过低都会影响目标作用的发挥。

4）相互关联

目标是实现组织使命和远景的重要工具，目标内容的确定必须与组织宗旨和远景相关联。在分解目标时则应与员工的职责相关联，使组织目标成为员工日常工作的一部分。

5）有时间限制

目标必须有起点、终点和固定的时间段。没有确切的时间要求，就无法检验；没有时间要求的目标，容易被拖延，即一项没有截止期限的目标常常是一项永远不会完成的目标。

人们在制定工作目标或者任务目标时，只有符合以上原则的目标才是良好的、可实施的。

3.2.2 目标管理

传统的目标设定一般是由高层管理者负责，然后分解成子目标落实到组织的各个层次上，这种单向的目标设定过程具有典型的"命令式管理"特点，更强调高层管理者的权威性，而忽视了目标本身的可操作性和可接受性。这种目标设定方法是不科学的，由上级给下级规定目标，其结果通常是不具有可操作性的，甚至引起下级的反感或抵制，这就大大减少了目标的可接受性和实际的指导作用，使目标成为一种形式上的摆设。要使组织上下目标一致，且全体成员完全了解和认同，组织的目标就应由组织成员共同参加来完成。这样就实现了"自我控制"，使目标的达成更具有可行性。目标管理提供了一种将组织的整体目标转换为每个单位和每个成员目标的有效方式。

1. 目标管理的概念

1954年，美国管理学家彼得·德鲁克在《管理的实践》中提出了"目标管理和自我控制"的理论，并对其原理进行了全面的概括。他认为：企业的目的和任务必须化为具体的、各层次的目标，企业的各级主管必须通过这些目标，对下级进行领导和指导，以此来达到企业的总目标。

目标管理是指在组织成员的积极参与下，自上而下地确定工作目标，并在工作中实行"自我控制"，自下而上地保证目标实现的一种管理办法。其目的是以目标为导向，以人为中心，以成果为标准，促使组织和组织成员取得最佳的工作绩效。

目标管理是一种综合的、以工作为中心和以人为中心的系统管理方式。它是指一个组织中上级管理人员、下级管理人员和员工一起来制定组织目标，并把其具体化展开至组织的每个部门、每个层次、每位成员，明确地规定各级人员的职责范围，并用目标完成情况来评价各级人员的贡献、决定各级人员的报酬的一整套系统化的管理方式。

目标管理的中心思想就是让具体化展开的组织目标成为各级人员行为的方向和激励，同时又使其成为评价各级人员工作绩效的标准，从而使组织能够有效运作。

目标管理自诞生之日起便在美国迅速流传。当时正值第二次世界大战后西方经济由恢复转向迅速发展的时期，企业急需要采用新的方法调动员工积极性以提高竞争能力。而目标管理的出现，恰好满足了企业的这个应急之需。所以，这种方法一经推出就被美国企业广泛应用,并很快为日本、西欧国家的企业所仿效,直到今天仍被世界管理界大为推崇,是企业提高绩效的关键管理工具。目标管理的思想是在1978年引入我国的,伴随着各项计划指令层层分解落实方式的应用,特别是全面质量管理的开展,目标管理的思想在我国也得到广泛的重视。

现代管理学之父

彼得·德鲁克(1909—2005)生于维也纳,1937年移居美国,终身以教书、著书和咨询为业。德鲁克一生共著书39本,在《哈佛商业评论》发表文章30余篇,被誉为"现代管理学之父"。他文风清晰练达,对许多问题提出了自己的精辟见解。杰克·韦尔奇、比尔·盖茨等人都深受其思想的影响。彼得·德鲁克一生笔耕不辍,他曾发誓:"如果我能活到80岁,我要写到80岁。"难怪《纽约时报》赞誉他为"当代最具启发性的思想家"。2005年11月11日,彼得·德鲁克在加州的家中逝世,享年95岁。

2. 目标管理的特点

1) 员工参与管理

目标管理是员工参与管理的一种形式。目标的设定是由上下级共同协商确定的,首先确定出总目标,然后对总目标进行分解,逐级展开,通过上下协商,制定出企业各部门、各车间直至各员工的目标,用总目标指导分目标,用分目标保证总目标,形成一个目标-手段链。

2) 强调自我管理

目标管理的基本精神是以自我管理为中心,以"自我控制"代替"压制性管理"。目标的实施,由目标责任者自我进行,通过自身监督与衡量,不断修正自己的行为,以达到目标的实现。

3) 强调自我评价

目标管理强调自我对工作中的成绩、不足、错误进行对照总结,经常自检自查,不断提高效益。

4) 重视成果

目标管理将评价重点放在工作成效上,按员工的实际贡献大小如实地评价一个人,使评价更有建设性。

3. 目标管理的步骤

1) 形成目标体系

组织的最高管理者,根据组织的需要与内部条件,制定出一定时期内经营活动所要达到的总目标,然后经过上下级的协商,将总目标层层分解到下级各单位和部门,以至形成每个人的分目标。这样,总目标指导分目标,分目标保证总目标,组织内部以总目标为中心,形成上下相互衔接、分工明确、协调一致的目标体系。目标的多少和目标实现的难易程度都要适当，而且要便于考核。在目标分解的同时，还伴随有权力的下放，即授权。

组织总目标的制定主要注意以下因素：与组织的核心专长密切相关；分析组织的环境因素，保证组织目标的实现；组织目标是可以度量的。

企业总目标确定之后，要将总目标层层分解，逐级落实。各级、各部门要根据总目标的要求和自己的具体情况，制定出确保总目标实现的各级、各部门的目标，每个人，包括各级领导要制定出确保上述目标实现的个人目标。这样通过目标的层层展开，形成一个协调一致的企业目标体系。

2）目标的实施

目标确定、权力下放以后，各项具体目标是否能够如期完成就要靠执行者的自主管理了。上级管理者除非必需，否则不宜再具体针对每项措施做详细的指示。但这不等于说上级管理者可以撒手不管，上级管理者的责任从直接管理转变为间接控制，即针对下级的情况提出问题、提供情报，进行指导、协助，并且为下级更好地完成任务创造良好的工作环境。在目标实施过程中，不是靠上级的严格监督和控制，而是靠执行者的"自主管理"和"自我控制"，上级只是按照例外原则，对一些重大问题进行指导、监督和帮助。

3）成果的评定

成果的评定既是上一个目标管理过程的结束，同时也是下一个目标管理过程的开始。通过成果评定，既能够作为奖惩的依据，也能发现工作中的薄弱环节和差距，为下一步做好工作创造了条件，提供了经验教训。成果评定的过程，一般是事先确定评定时间，到期后先由执行人自我评定，然后再上下协商，分析结果产生的原因，以便吸取经验教训，并为制定下一个目标做准备。对完成结果的奖惩办法是事先确定好的，实践中常常采用分级打分的方式，如达到预期目标以上，定为 A 级；刚好完成目标，定为 B 级；没有完成目标，但差距不大，定为 C 级；没有完成目标，且差距很大，定为 D 级。各级都有明确的奖惩办法。

成果的评定有以下方式。

（1）自我评定

每个人对照目标要求和实际工作成绩进行自我评定，成果的评定以自我评定为主。

（2）民主评定

结合各部门、各环节及每个人的分目标完成情况，进行民主讨论，集体评定。

（3）上级协商评定

在下级自我评定的基础上，上级对下级的目标执行情况做出评定。如果下级的自我评定结果切合实际，上级做出同意的结论即可；如果下级的自我评定结果与实际有较大出入，则上级需要与下级进行协商，并做出上级评定的意见。

4. 目标管理的优缺点

目标管理开展以后，组织成员都有自己的明确工作目标，而且因为组织成员也参与过目标的制定过程，这就使目标成为激励组织成员努力工作的要素。同时，也在一定程度上解决了以工作为中心的管理与以人为中心的管理之间的矛盾。目标管理在实践过程中表现出了其他管理方法所替代不了的优点，但同时也暴露出了一些缺点。

1) 目标管理的优点

(1) 目标管理可以提高管理水平

这是因为目标的确定过程就是一次很好的问题分析过程，在上下级共同参与确定目标后，组织中成员的责任明确了。为了更好地实现目标，有关执行者一定会想办法，用尽可能少的付出来实现预定的目标，这本身就是加强管理的过程。组织内的成员都能够用最好的方式以实现目标为己任，管理水平也就能够得到逐步的提高。

(2) 目标管理有助于克服组织中的许多问题

在目标分解及成果评定过程中，人们会发现组织结构上存在的问题，如因人设事、机构臃肿、互相推诿等；目标管理还可以克服工作上的随意性及本位主义；目标管理强调以成果为中心，有助于管理者从众多的日常事务性工作中摆脱出来；目标管理较好地体现了分权制的思想，使权力的分配更加合理。

(3) 目标管理有助于控制

控制就要有目标，而目标管理不仅仅是组织有一个未来要实现的总目标，而且围绕着总目标，各级各类管理者以至每位成员都有与之配套协调的分支目标和个人目标，这就使考核每个人的工作成为可能。根据每个部门、每个人完成目标的情况划分出等级，奖惩也有了依据。

2) 目标管理的缺点

(1) 合理的目标不易确定

确定目标是目标管理的第一步，也是关键的一步。如果目标确定得不合理，目标管理的优势就难以发挥了。但是，所谓合理的目标又很难定义。一般认为，组织的目标不宜太高，否则执行者难以实现而望而却步。组织目标也不宜太低，否则难以保证资源的优化利用，执行者也缺乏压力。因此，所谓合理的目标是指执行者需要努力才能实现的目标。实践当中，目标分解的过程常常伴有上下级的讨价还价，最终使目标偏低，目标管理的效果大受影响。因此，应该加强对目标管理方法的宣传，进一步认清目标管理能够给组织带来的好处，从而自觉确定合理的目标。

(2) 重视了结果但忽视了过程

目标管理重在靠结果说话，最终的评价也是针对结果的，这就有可能造成为了追求结果而忽视了对过程的分析研究。例如，为了完成生产计划，将必要的设备维护修理计划取消，虽然目标完成了，但这是以牺牲长期利益为代价的。

(3) 容易忽视长期目标

目标管理过程中，为了便于目标的层层分解和落实，一般确定的都是不超过一年的短期目标，但系统理论告诉人们，若干个短期目标的实现，不一定保证最优长期目标的实现，有时为了保证长远利益不得不牺牲眼前利益。所以，应该加强各个短期目标与长期目标的协调配合问题，在长期目标的基础上，恰当确定各个时期的短期目标。

(4) 耗时耗资较多

目标确定的过程就是一个艰苦的过程，需要花大力气分析论证，确定了总目标后再层层分解，更不是短时间内能够完成的事情。因此，在目标管理的付出和效果之间存在矛盾，必须认真分析并充分研究这个问题，既不要因花费时间、费用太多削弱了目标管理的效果，更不能为省事草率行事，使目标管理流于形式，失去意义。

3.3　战略性计划

海尔的战略发展

张瑞敏在1984年12月来到青岛电冰箱总厂任厂长，这是一个只有600人的街道小厂，由于经营不善已亏空了147万元，发不出工资，工厂濒临倒闭。张瑞敏摆脱工厂困境的办法是，让他接手的这家小厂与德国利勃海尔公司签订电冰箱制造技术合同。

第一阶段：名牌战略

1985年，海尔推出了第一代四星级冰箱——"琴岛-利勃海尔"。第二年，电冰箱市场进入了普及期前的爆炸性增长阶段，海尔的产品在全国一举打响，热销各大城市。张瑞敏为海尔制定的奋斗目标是，在消费者心目中树立起良好的形象，争取消费者的第一联想：用户只要有购买冰箱的欲望，第一个想到的就应是"琴岛-利勃海尔"。1988年12月，海尔拿下同行业全国质量评比金牌，从此奠定了海尔冰箱在中国电冰箱行业的领军地位。

海尔于1985年提出创名牌，并亮出了自己鲜明的品牌观——要么不干，要干就要争第一。海尔首先依靠质量打出品牌，随着家电行业市场竞争的激烈，当其他家电企业也开始注重产品质量时，海尔又把重点转向服务。在产品服务上，海尔与其他企业有观念上的差异。首先，它不仅仅强调售后服务，还强调售前、售中服务。其次，它认为服务不仅仅包括维修、安装、答疑等，还包括了解消费者的意见和需求，以便作为进行产品再开发、再改进的重要途径。用户的难题就是海尔的课题，根据这一理念，海尔开发了"小小神童"洗衣机、"画王子"冰箱、"大地瓜洗衣机"等能够满足用户潜在需求的新产品，从而创造了崭新的市场。在服务转型中，海尔提出"用户永远是对的"，从此认识出发进一步建构"真诚到永远"的服务理念与"国际星级服务一条龙"的全方位承诺，使海尔品牌与用户之间形成一种亲情般的关系。

在名牌战略阶段（1984—1991年），海尔用7年的时间，专心致志地做好一个冰箱品牌。在这个阶段，海尔建立了全面质量管理体系，主要目的是提高质量，提升企业的核心竞争能力；然后，从产品驱动向品牌驱动转变，对品牌进行长期投资，积累品牌资产，提升品牌价值。为了维系海尔品牌，张瑞敏明确提出，海尔不打价格战，要打就打价值战。一字之差，大不相同。所谓价值战，最终的目的是满足消费者的个性化需求。

第二阶段：多元化战略

对于企业的生存之道，张瑞敏有过一句极为精辟的论述："没有成功的企业，只有时代的企业。"海尔的几次关键性发展，似乎都在印证着这句话，海尔真的踏准了时代的节拍。

1992—1993年，海尔进入了一个超常规发展的阶段，它抓住了国家宏观经济扩张的历史机遇，初次在白色家电圈内进行多元化尝试。在青岛市委、市政府的支持下，海尔兼并了青岛电冰柜总厂和青岛空调器总厂，于1991年12月20日成立集团，进入了多元化发展的战略阶段。1995年，张瑞敏率领5 000多名员工将海尔总部东迁至青岛高新区，提出"二次创业"的口号。依靠这种"上升力"，海尔先后兼并了18个企业，共盘活了包括5亿亏损在内的18亿资产，企业全部扭亏为盈。

1994—1997年，海尔进入以兼并求发展，增强竞争实力的阶段。海尔成为中国家电"第一品牌"之后，发现自己可以以品牌为核心，进行资产重组，以低成本实现资产的高质量、经营的高效益。

1997年9月，以进入彩电业为标志，海尔进入黑色家电、信息家电生产领域。与此同时，海尔以激活"休克鱼"思路，先后将广东顺德洗衣机厂、贵州风华电冰箱厂、合肥黄山电视机厂等企业收归旗下，企业在多元化经营与规模扩张方面，进入了一个更广阔的发展空间。

第三阶段：国际化战略

1998—2005年，这7年是海尔的国际化战略阶段。海尔以创牌而非创汇的目的，驶向大海，开始由一条池塘中的小鱼变身一条海中的大鱼。1998年开始，海尔开始了全面的流程再造。它以市场为导向，以快速响应用户需求为目标，以组织结构的扁平化为手段。

2003年，张瑞敏提出：把海尔30 000名员工改造为30 000名自主管理的SBU（strategy business unit，战略事业单位）。人人都成为创新的资源，不是靠控制员工的行为，而是要靠为员工提供创新的空间，而这种空间的实现，靠的就是一种被称之为SBU的机制。成为SBU的4个要素是：市场目标、市场订单、市场效果、市场报酬，这实际上是企业的4个目标，现在要转化到每个人身上去。SBU对员工意味着要成为创新的主体，在为用户创造价值中，体现自己的价值，实际上就是经营自我；对企业来说，如果每个人都成为SBU，形成了企业的核心竞争力，这是竞争对手不能模仿和复制的；对用户来说，意味着帮助形成他们在网络时代对企业和品牌的忠诚度。如果每个员工都在创新，用户的需求无论怎么变化，海尔都能抓住。

为了让市场链形成稳定的机制，2005年以来，海尔又进行了多种尝试。2005年9月，在2005年海尔全球经理人年会上，张瑞敏提出了"人单合一"的全球化竞争海尔模式，这是张瑞敏对海尔未来全球竞争力之源的全新思考与精心设计。"人单合一"的"人"指的是每一个员工，也就是每一个自主创新的主体，"单"是有竞争力的市场目标，"人单合一"就是每一个自主创新的主体与第一竞争力的市场目标的合一。

第四阶段：全球化战略

海尔确立全球化战略，在海外设厂，也走了很多弯路。有个规律说，国际化品牌在母国之外的国家，如果不是建厂生产产品，而是创立品牌的话，最少要经历8年的赔付期。海尔在美国赔了差不多9年。全球化策略推进的过程中，张瑞敏发现，之前对全球化的理解就是完全本土化，找本地人做管理，但实际上存在很多问题。海尔的目标是本土化的企业，但是完全本土化不一定有竞争力，因此，海尔的全球化要完成企业的跨文化融合。2011年10月8日，海尔和三洋株式会社签订并购协议，海尔收购三洋在日本及越南、印度尼西亚、菲律宾、马来西亚4国的白电业务。2012年9月至11月，海尔花了约7.66亿美元，增持斐雪派克80%的股权，从而全资拥有了这家新西兰最大的家电制造商。海尔在2年内完成了两次重大收购表明海尔在全球化战略上的调整，即从自由品牌开拓海外市场向直接收购海外品牌的转变。它意味着海尔的全球化从"走出去""走进去"，逐渐到了"走上去"的阶段。

第五阶段：网络化战略

2012年12月26日，张瑞敏宣布，海尔进入第5个发展阶段——网络化战略阶段。网络化战略包含两个部分，网络化的市场和网络化的企业。

网络化的市场首先是指用户网络化，因为人们现在可以轻易地在网上组建各种群体，拥有了在机构之外组建群体、共同行动的能力；其次是营销体系的网络化，即分散型和合作型，例如，所有的网店都是分散的，无数个网店，形成一个网店的网络，极其分散，高度合作，比如支付网络、配送网络的合作。所以，张瑞敏提出，未来的企业组织形式是分散化加合作化，即网络化的企业：企业无边界，海尔一定要变成以自主经营体为基本细胞的一个并联生态圈，拥有按单聚散的平台型团队。管理无领导，海尔在探索自治的小微公司，每一个员工都可能成为小微公司，而用户才是真正的领导。供应链无尺度，这一个由关键性节点组成的复杂网络，每一个节点都具有自主性和活力，可以为小众和大众同时提供服务。这是一次巨大的颠覆，在网络的世界里，一切界限都不再分明，万物归"心"，落实到商业世界里，就是用户需求是主导一切的变革动力。

海尔文化墙上有一句话："太上，不知有之"，取自《道德经》，这其实是中国古文化里所说的乾卦所达到的最高境界——群龙无首。后来人们常把群龙无首当作贬义词，其实它意味着一种管理境界：没有人来发号施令，但是每一条龙都会治水，每一条龙都会做到极致，就像一般系统论所说的整体大于各部分之和。张瑞敏在2014年的企业年会上提出"人人创客"的口号，个体可以直接借助企业的力量自我满足需求，尝试以小微涵盖所有员工。

20世纪70年代之前，企业赖以生存的环境是相对稳定的。管理者们深信未来会更加美好，因此，面向未来的长期计划是过去计划自然的向前延伸。但是，进入20世纪70年代以后，企业所面临的环境发生了根本性的变化，环境变得越来越风云变幻。

面对瞬息万变的环境，人们发现，企业依靠传统的计划方法来制订未来的计划显得不合时宜了，企业要谋求长远的生存和发展，就必须审时度势地对外部环境的可能变化进行预测和判断，准确把握未来，制订出正确的战略计划。

3.3.1 企业战略

1. 战略

在中国，战略一词历史久远，"战"指战争，"略"指谋略。《孙子兵法》被认为是中国最早对战争进行全局筹划的著作。现在，战略一词被引申至政治和经济领域，其含义演变为泛指统领性的、全局性的、左右胜败的谋略、方案和对策。从这个角度上来说，诸葛亮的《隆中对》就是中国历史上非常具有代表性的战略案例。在美国经济学家切斯特·巴纳德

1938年出版的《经理的职能》一书中,战略因素首次被引入对企业综合系统的分析中,第二次世界大战后被广泛用于政治、经济和商业领域。军事战略与企业战略有很大的区别,军事战略是以胜负输赢为前提的,倾向于速战速决,分出胜负;而企业战略的制订、实施和控制是以市场竞争作为前提假设的,更强调持续的博弈和长期性。企业战略中有几个关键的因素决定了战略的取向,即长期目标、外部机会与威胁、内部优势与劣势。

从管理学的角度,战略就是组织为了实现长期的生存和发展,在综合分析组织内部条件和外部环境的基础上做出的一系列带有全局性和长远性的谋划。通俗地理解,即战略就是做正确的事。

企业战略是计划的一种,但与普通的计划不同。企业战略是为实现企业长期经营目标而制定的具有全局性、长远性的行动谋略和规划。

2. 战略管理

战略管理是企业高层管理者为了企业长期的生存和发展,在充分分析企业内外部环境的基础上,确定和选择战略,并对战略实施、控制和评价的动态管理过程。在当今企业环境复杂多变,竞争越加残酷和激烈的时代,战略管理作为企业高层管理者的管理内容,越来越显示出它在企业管理中的重要性。

3. 企业战略的层次

一个有着多种业务或产品系列的大型企业的战略一般可分为3个层次,即公司层战略、事业层战略和职能层战略。

1)公司层战略

公司层战略也称总体战略,是指一家企业在从事多种业务或在多种产品的市场上,为了获得竞争优势而对业务组合进行选择及管理的行为。公司层战略关注的是企业应当拥有什么样的事业组合,以及每一种事业在组织中的地位。

2)事业层战略

事业层战略是指在公司层战略基础上所制订的有关各事业单位如何与竞争对手进行竞争,并取得竞争优势的行动计划。事业层战略关注的是在每一项事业领域里应当选择怎样的竞争策略,以及采取何种行为与竞争对手去竞争。

一般情况下,可以把组织的经营看作是一种事业组合,每一个事业单位都活动于一种明确定义的产品细分市场,为这个市场提供产品或服务。事业组合中的每一个事业单位按照自身的能力和竞争需要开发自己的竞争战略,以配合公司层战略的实施。

3)职能层战略

职能层战略是指各职能部门所制订的,用于支持各事业单位去竞争的行动战略。职能层战略主要包括财务战略、人力资源战略、生产战略、营销战略、研发战略和组织发展战略等。它关注的是应当如何与事业层战略保持一致,并为事业单位的竞争行为提供帮助。

3.3.2 企业战略管理的基本过程

战略管理的基本过程就是对战略计划进行分析、选择、实施和评估的过程。企业经营的成功,不仅取决于一个好的战略计划,还取决于战略计划是否能有效地实施。即使有了好的战略,管理层如果不能适当地实施战略,企业的战略就失去了其价值和意义。战略管理的基本过程的主要步骤如下。

1. 确定企业的宗旨和目标

战略管理基本过程的第一步是确定企业的宗旨和目标,宗旨回答的是"我们想成为什么",目标反映了他们对自己未来的憧憬。共同的目标可以使人们的精神得到升华,使得人们不停地受到激励。确定企业的宗旨能促使管理者仔细确定企业的产品和服务范围,确定企业宗旨的目的在于确保企业有一个重心点。

2. 外部环境分析——发现机会和威胁

企业外部环境主要是指存在于企业边界之外的,企业自身无法控制又对企业有潜在影响的,充满复杂变量因素的环境。外部环境一般分为两类:一般环境与任务环境。

宏观的大环境指外部一般环境,主要包括政治环境、社会文化环境、经济环境、技术环境,可以把外部一般环境的分析称为 PEST 分析。除了对宏观外部环境进行分析外,企业还要对已经进入或即将进入的行业(任务环境)进行分析,以便掌握行业的竞争动态和发展趋势。在进行行业分析时,一般会借助迈克尔·波特的五力模型来进行分析。对企业外部环境的分析的目的是适时地寻找和发现有利于企业发展的机会,以及对企业来说所存在的威胁,做到"知彼",以便在制订和选择战略中能够积极地利用外部环境所提供的机会,同时避开给企业带来的威胁因素。

3. 内部环境分析——发现优势和劣势

企业内部环境分析即对企业内部所具备的资源和条件进行分析。企业内部的资源一般包括人才、技术、资金、研发、渠道、品牌等方面的资源和能力。对企业内部环境分析的目的是发现企业所具备的优势和劣势,做到"知己",以便在制订和实施战略时能扬长避短、发挥优势,有效利用企业自身的各种资源。

4. 选择和确定战略

当管理者认识了自身的优势与劣势,并分析了环境中的机会与威胁后,就需要重新评价企业的使命与目标,进行相应的调整,从而选择和确定符合自身发展的战略。这种对企业的优势、劣势、机会和威胁进行分析的方法被称为 SWOT 分析法。选择战略的过程就是在了解公司层战略与事业层战略的基础上,利用内外部环境因素对战略进行匹配、评价及选择的过程。一个企业可能会拟订出实现战略目标的多种方案,这就需要对每种方案进行鉴别和评价,最后确定适合企业自身的战略。企业在选择和确定战略时一般要解决两个问题:企业战略性进入的领域是什么,以及在该领域中企业将如何与竞争对手竞争。

5. 实施战略

实施战略就是将战略付诸执行,使企业朝着既定的战略目标和方向前行。实施战略是继战略确定之后,创造企业利润的环节。实施战略的关键就在于保证战略的有效执行。为了顺利地实施战略,应该保证组织结构与战略之间的匹配,也应该注意分析高层的领导力等因素对实施战略的影响。

6. 评估战略

评估战略就是利用评估体系和评估工具对战略的实施效果进行评价,进而采取相应的完善措施,以保证企业的战略能带来有效的绩效提升。

3.3.3 企业战略分析工具

1. 迈克尔·波特的五力模型

迈克尔·波特出生于1947年,他是哈佛商学院的教授,企业管理界公认的"竞争战略之父"。五力模型又称波特竞争力模型,是迈克尔·波特于20世纪80年代初出版的《竞争战略》一书中提出的,是一种用于行业分析和商业战略研究的理论模型,属于外部环境分析中的微观分析,其目的在于明确企业(或行业)在目前的情况下的竞争者和竞争情况,从而能够对企业(或行业)在未来的盈利能力有一个基本的判断,对企业的战略制订产生了深远的影响。

迈克尔·波特认为,在行业的竞争中,竞争程度主要源于五种重要的力量:潜在进入者的威胁、供应商的讨价还价能力、购买者的讨价还价能力、替代品的威胁能力、行业内现有竞争对手的竞争,如图3-4所示。在企业制订可行性战略时,首先应该对这5种力量进行分析和评价,不同力量的特性和重要性因行业和企业的不同而变化。

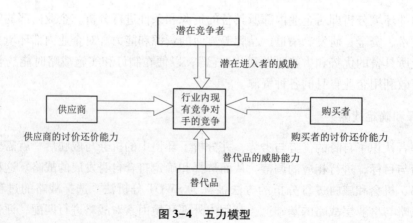

图 3-4 五力模型

1) 潜在进入者的威胁

潜在进入者在带来新生产能力、新资源的同时，也会与现有企业发生原材料与市场份额的竞争，其结果是产品价格可能被压低或从业者的经营成本上升，从而导致行业利润率下降。某一行业被入侵的威胁大小取决于行业进入障碍、行业产品价格水平和预期现有企业对于进入者的反应程度。

影响行业进入的因素有规模经济、产品差别化、转移成本、资本需求、在位优势和政府政策导向等。

2) 供应商的讨价还价能力

因为企业生产所需要的许多生产要素是从外部获得的，从而提供这些生产要素的经济组织也制约着企业的经营，一方面供应商是否可以根据企业的需要按时、按质、按量地提供所需要的生产要素，影响着企业生产规模的维持和扩大，另一方面供应商提供货物时所要求的价格决定着企业的生产成本，影响着企业的利润水平。

一般来说，当供应商的客户很多、供应商产品的独特性较强且不容易被替代、供应商实施前向一体化的程度较高、买主进行后向一体化的程度较低时，供应商的讨价还价能力会比较强。

3) 购买者的讨价还价能力

购买者在两个方面影响着行业企业的经营，一是买方对产品的总需求决定着行业的市场潜力，从而影响行业内所有企业的发展边界；二是不同买方的讨价还价能力会诱发企业之间的价格竞争，从而影响企业的获利能力。

一般来说，当购买者的数量较少、购买者的采购量较大、卖方企业规模较小且实力不足，购买者所购产品的差异化程度较低、购买者的购买来源较多、购买者实行后向一体化程度较高、卖方实现前向一体化的程度较低时，购买者的讨价还价能力会比较强。

4) 替代品的威胁能力

企业生产的产品，从表面上看，是具有一定外观形状的物质品，但抽象地进行分析，它们是能够满足某种需要的使用价值或功能。产品的使用价值或功能相同，能够满足的消费者的需要相同，在使用过程中就可以相互替代，生产这些产品的企业之间就会形成竞争。另外，替代品限定了行业内的厂商可能的最高限价，从而限制了一个行业的潜在收益。

决定替代品威胁能力大小的因素包括：替代品的功能、替代品的盈利能力、替代品生产企业的经营策略、替代品的品质及购买者的转换成本。

5) 行业内现有竞争对手的竞争

对于行业内现有竞争对手要从以下几方面进行研究：竞争对手基本情况、主要竞争对手和主要竞争对手的发展动向。

竞争对手基本情况研究主要研究竞争对手的数量有多少，分布在什么地方，他们有哪些活动，各自的规模、资金、技术力量如何，其中哪些对自己的威胁特别大。竞争对手基本情况研究的目的是要找到主要竞争对手。为了在众多的同种产品的生产厂家中找出主要竞争对手，必须对它的竞争实力及其变化情况进行分析和判断，主要是考察反映企业竞争实力的指标，包括销售增长率、市场占有率和产品的获利能力。

主要竞争对手研究主要是为了比较不同企业的竞争力，找出主要竞争对手后，还要研究其所以能对本企业构成威胁的主要原因，是技术力量雄厚、资金多、规模大，还是其他原因。通过找出主要竞争对手竞争实力的决定因素，帮助企业制订相应的竞争策略。

竞争对手的发展动向研究包括市场发展或转移动向和产品发展动向。要收集有关资料，密切注视竞争对手的发展动向，分析竞争对手可能开辟哪些新产品、新市场，使企业在竞争中争取主动地位。

以上5种力量从整体上决定了行业的营利性，因为它们直接影响到行业中企业的产品价格水平、成本结构和投资需求。因此，企业的管理者应当通过评估这5种力量，来评价某个行业的吸引力和盈利的难易程度。

2. SWOT 分析法

SWOT（strengths，weaknesses，opportunities，threats）分析法也称态势分析法，是用系统分析的思想对研究对象所处的情景进行全面、系统、准确的研究，从而根据研究结果制订出相应的发展战略的一种矩阵分析方法。从字母含义来看，S 代表 strengths（优势），W 代表 weaknesses（劣势），O 代表 opportunities（机会），T 代表 threats（威胁）。其中 SW 属于内部因素，而 OT 属于外部因素。该分析法是 20 世纪 80 年代初由美国旧金山大学的管理学教授韦里克提出的，常被用于企业战略的制订和对竞争对手的分析。

在进行 SWOT 分析时，企业可在 4 个区域内分别记录下自身的优势、劣势、机会与威胁，并通过以下问题的提出，逐一分析企业的内部条件和外部环境，见表3-2。把 SWOT 分析法运用于企业的战略分析中，关注变量因素，客观地了解企业自身的机会和威胁，势必提高企业战略决策的科学性。

表3-2 SWOT 矩阵中的问题分析

S（优势）	W（劣势）
（1）组织擅长什么？ （2）组织有什么新技术？ （3）能做什么别人做不到的？ （4）和别人有什么不同？ （5）顾客为什么来？ （6）最近因何成功？	（1）什么做不来？ （2）缺乏什么技术？ （3）别人有什么比我们好？ （4）不能够满足何种客户？ （5）最近因何失败？
O（机会）	T（威胁）
（1）市场中有什么适合我们的机会？ （2）可以学到什么技术？ （3）可以提供什么新的技术/服务？ （4）可以吸引什么新的客户？ （5）怎么可以与众不同？ （6）组织在5~10年的发展机遇？	（1）市场最近有什么变化？ （2）竞争者最近在做什么？ （3）是否赶不上客户需求的变化？ （4）外部环境的改变是否会伤害组织？ （5）是否存在威胁组织生存的因素？

3.4 决　　策

阿里巴巴集团由中国互联网先锋马云于1999年创立，他希望将互联网发展成为普及使用、安全可靠的工具，让大众受惠。发展到2012年已经有14家旗下公司，分别是：阿里巴巴B2B、淘宝、天猫、支付宝、阿里软件、阿里妈妈、口碑网、阿里云、中国雅虎、一淘网、中国万网、聚划算、CNZZ、一达通，服务来自超过240个国家和地区的互联网用户，阿里巴巴集团及其关联公司在中国、印度、日本、韩国、英国及美国等国家的70多个城市共有25 000多名员工。马云作为一名优秀的企业家，于2001年被世界经济论坛选为"全球青年领袖"，2004年被中国中央电视台选为"年度十大经济人物"之一，2005年被美国财富杂志评为"亚洲最具能力的25名商人"之一，2007年被美国商业周刊杂志评选为"年度商业人物"，2008年3月被巴隆金融周刊（Barron's）评为年度全球30位最佳执行长官之一，2009年度被CCTV中国经济年度人物颁奖典礼评为"十年商业领袖"。马云曾多次应邀为全球著名高等学府麻省理工学院、沃顿商学院、哈佛大学讲学。同时，阿里巴巴两次被哈佛大学商学院选为MBA案例，在美国学术界掀起研究热潮；5次被美国权威财经杂志《福布斯》选为全球最佳B2B站点之一；多次被相关机构评为全球最受欢迎的B2B网站、中国商务类优秀网站、中国百家优秀网站、中国最佳贸易网。阿里巴巴的成功正是来自于正确的决策。

波音公司为了扩大飞机生产，将工厂的生产线更换使用新的自动制造系统的决策却遭到了惨败。巨大的生产线接近崩溃，工厂不得不停止两条组装线的运转，以便工人们能够赶上生产线的节奏，这使得波音公司遭受了26亿美元的损失。决策不是一件轻而易举的事，因为它必须根据许多始终在变化的因素、不确切的信息和相互矛盾的观点进行选择。

3.4.1　决策的概念

关于决策的概念有狭义和广义两种理解。狭义地说，决策就是人们为了达到一定目标，在充分掌握信息和对有关情况进行全面深刻分析的基础上，用科学的方法拟订并评估各种方案，从中选出合理方案的过程。广义地说，决策不仅包括拟订和选择方案的过程，还包括在做出选择之后的决策执行及执行后的效果评价。一般使用广义的决策概念，这样对决策的理解才能更完整和更系统。

所以，决策就是人们为实现一定的目标，而用科学的方法制订行动方案，进行方案选择并准备方案实施的活动，是一个提出问题、分析问题、解决问题的过程。换言之，决策就是决策者经过各种比较之后，决定应当做什么和应当怎么做。

3.4.2　正确决策的基本要求

决策是管理的核心，渗透于各项职能之中，可以说没有决策就没有合乎理性的行为。决策是个人或组织为了实现目标，拟订、评价和选择方案并加以实施的过程，是一个充满权力运作、人际角色、文化差异、历史积淀的复杂过程。科学的决策，应当认真地研究，实事求是地分析问题及产生的原因，把握环境的变化和事物的发展规律，做出符合实际情况的正确决断。为了保证其合理性，决策应符合一定的基本要求。

1. 把握住问题的要害

首先要对现状进行分析，了解组织在何时、何地出现问题，这些问题产生的影响，确定问题的性质，找出关键性的问题和要害。分析其产生的根源，把握导致问题产生的根本原因，通过决策使得组织能够得到提升。

2. 明确决策的目标

找到关键问题并分析其根源后，需要明确决策的目标。问题是现状与期望状态之间的差异，通过解决问题实现目标。组织同一时期的目标往往是多元化的，且有些目标相互之间存在冲突，在资源有限的情况下，必须分析各目标间的关系，分清主次，确定主要目标，集中精力保证主要目标的实现。

美国管理学家彼得·德鲁克曾在他所著的《有效的管理者》一书中举过这样一个例子：1965年11月间，美国整个东北部地区，从圣罗伦斯到华盛顿一带，发生过一次美国历史上最严重的全面停电事件。在大停电的那天早上，纽约市所有的报纸都没有出版，只有《纽约时报》出版了。原来在那天停电时，《纽约时报》当即决定把报纸改在赫德逊河对岸的纽华克印刷。当时，纽华克还没有停电。但虽有此英明决策，发行约100万份的《纽约时报》也只有不到半数送到了读者手中。这其中有个原因：据说正好《纽约时报》上了印刷机后，总编辑忽然跟他的3位助手发生了争论，争论的问题只是某一英文单词如何分节。据说争论持续了48分钟之久，恰好占去了该报仅有的印刷时间的一半。争论的理由是该报制定有一套英文写作标准，印出的报纸绝不允许有任何文法上错误，就使得他们在出现意外停电的情况时，认识不到保证报纸每天的发行份数已成为更紧迫的目标，从而使上述正确决策未能有效贯彻实施。可见，目标对于正确决策起着多么大的决定作用。

3. 要有两个以上可行方案

决策是选择的过程。如果只有一种方案，无选择余地，也就无所谓决策。没有比较就没有鉴别，更谈不到所谓"最佳"，所以决策者应尽力创新，多方面征求意见，保证备选方案的数量，有更大的选择范围。同时还应考虑方案的整体详尽性和相互排斥性。即要尽量考虑到所有可能实现的方案，以免漏掉那些可能是最好的方案，而且可行方案本身要尽量相互独立，不要互相包含，更不能为了选择硬凑出某个方案来。

20世纪60年代美国顺利实施的阿波罗工程，就是在3种可能的方案中进行正确选择的结果。这3种方案是：①直接发射飞船；②在地球轨道上交会后向月球发射飞船；③在月球轨道上交会后向月面发射登月舱。前两个方案的研制难度、研制时间都不能保证实现20世纪60年代末把人送上月球的目标；第三个方案需要的助推火箭推力最小，实现的技术难度较低,最有可能保证实施上述目标。事实证明,这种决策是正确的。

4. 对决策方案进行综合评价

每个实现决策目标的可行方案,都会对目标的实现发挥某种积极作用和影响,也会产生消极作用和影响。因此必须对每个可行方案进行综合的分析和评价,即进行可行性研究。决策方案不但必须在技术上和经济上可行,而且应当考虑社会、政治、文化等方面的因素,还要使决策结果的负面作用(如环境污染)减小到可以允许的范围内。通过可行性分析,确定出每个方案的经济效益和社会效益及可能带来的潜在问题,以便比较各个方案的优劣,从中选择最佳方案。

5. 敢冒风险

决策是对组织将来行动所做的选择,建立在对未来情况预测的基础之上,而预测就会包含不肯定的因素,尤其是在复杂多变的环境下。所以,那种有百分之百的把握,不冒任何风险的决策,不但因为它过于保守不合管理的需要,而且客观上也是很少有的。一般来说,那些看上去可能收益越高的方案,包含的风险因素也往往越大。因此,对于决策者来说,一方面要敢于冒风险,敢于承担责任。另一方面,决策者必须清醒地估计到各项决策方案的风险程度;估计到最坏的可能性并拟定出相应的对策,使风险损失不致引起灾难性的不可挽回的后果;必须尽量收集与决策的未来环境有关的必要信息,以便做出正确的判断;同时还应考虑到是不是到了非冒更大风险不可的地步。此外,决策者还应当对决策的时机是否成熟有准确的判断。这些都有助于决策者将决策方案的风险减至最小。

6. 决策是一种学习过程

决策实施后还要通过反馈对其效果进行评价,以检验决策的正确性,及时修正偏离目标的偏差。评价的结果常常导致一个新的决策,也就是决定要不要继续干下去,怎么继续干下去等问题。应当把决策看作是一种学习过程,即在做出最初的抉择之后,还需要不断地对实行的情况进行检查,注意对那些新出现的未曾预料到的情况进行分析和判断,及时补充新的决策。

3.4.3 决策的程序

麦迪森制造公司

麦迪森制造公司从一家大型汽车制造商那里赢得了一份为其全面提供发动机的合同,这些发动机将用在他们的主打产品运动跑车上。罗宾斯非常激动,因为他被任命为该项目的经理。该项目大大提高了麦迪森制造公司的声誉,而罗宾斯和他的工程师小组也为他们自己的工作感到自豪。但是,最近的一份报告声称,在交付给顾客的汽车上,他们的发动机出现了严重的问题,这给他们的热情当头浇了一盆冷水。这家汽车制造商的行动极其迅速,他们立即暂停了这款跑车的销售，终止了当前正在进行的生产，并且通知购买了这款车的主人不要再驾驶该车出行。所有与此事有关的人都知道这是一场大灾难。除非尽快地解决发动机问题，否则，麦迪森公司将遭到大范围的起诉。此外，麦迪森公司与世界最大汽车制造商所建立起来的宝贵合作关系也将毁于一旦，并且从此之后再也难以恢复了。

作为项目经理，罗宾斯花了两个星期的时间在事故现场，以及在安装发动机的车间里对发动机进行了全面检查。根据这些广泛的研究，对于问题出在哪里，罗宾斯已经心中有数了。而且他深知，他的小组成员对这些问题非常内行。此外，就在他去现场的时候，小组的其他成员对麦迪森公司发动机生产车间的工艺和管理也进行了仔细的调查。因此，罗宾斯决定在做出最终决策之前，将全体小组成员召集到一起进行讨论。小组会进行了几个小时，对问题进行了深入的讨论，就各种可能的前景交换了意见，并且分享了罗宾斯和小组成员所收集到的各种信息。根据会议讨论的情况，罗宾斯拿定了主意，他将在第二天早上的会议上向全体小组成员宣布他的决定，而会后立即开展对发动机的测试和修正工作。

决策既然是从两个以上的备选方案中选择一个方案的分析判断过程，就必须遵循正确的决策程序或步骤，一般应包括以下几个方面的内容。

1. 研究现状，发现机会或找出问题并分析原因

管理者所面临的决策或者是为了解决某些问题，或者是为了抓住某些机会。当组织没有实现预定的目标时就产生了问题。如果业绩的某些方面不能令人满意，而管理者又发现了能够超越当前目标的潜力所在，那么这就是机会。在这种情况下，管理者就看到了进一步提高业绩水平的可能性。认识问题或机会是决策过程的第一步，它要求管理者对组织内部或者外部环境中那些值得注意的问题进行研究。

通用汽车公司的奥斯默比尔车和别克车分部的销售数字大幅度下降了，这就预示出了问题，要注意了。管理者本来是应当能发现问题的，因为奥斯默比尔车和别克车的销售下降已经有一段时间了，而这是因为这两个品牌的忠实用户都已经年龄老化，而这两款车又没有吸引年轻用户而造成的。认识到了问题的所在，管理者就可以集中精力来解决这两款车的命运了，从而设法使通用汽车公司走出困境。

管理者了解了问题和机会后，需要对形势进一步加以分析认识。管理者要对导致当前形势的内在原因加以分析，从而了解实际上发生了什么情况，以及为什么发生了这些情况。

有一天动物园的管理员发现袋鼠从笼子里跑出来了，于是开会讨论，一致认为是笼子的高度过低。所以他们决定将笼子的高度加高到 20 米。结果第二天他们发现袋鼠还是跑到外面来了，所以他们又决定再将高度加高到 30 米。没想到隔天居然又看到袋鼠全跑到外面了，于是管理员们大为紧张，决定一不做二不休，将笼子的高度加高到 100 米。一天长颈鹿和几只袋鼠们在闲聊，"你们看，这些人会不会再继续加高你们的笼子？"长颈鹿问。"很难说，"袋鼠说："如果他们再继续忘记关门的话！"

麦当劳公司的经理们正在努力诊断公司最近遇到麻烦的真正原因。由于最近 3 年里该公

司的股票价格下跌了60%，销售额和利润也不断减少，食品的质量和服务也比其他快餐竞争对手落后了，因此问题显得十分紧迫。经理们正在检查问题的各个方面：跟踪经营下降的特点；研究各种问题的相互关系，例如，饮食习惯的变化、经济的不景气、竞争日益激烈、总部计划不周、控制系统薄弱、培训减少及特许权管理不当，等等。

2. 明确决策目标

在分析了改变组织活动的必要性后，还要研究针对存在的问题将要采取的措施应符合哪些要求，必须达到哪些效果，也就是说，要明确决策的目标。明确决策目标，不仅为方案的制订和选择提供了依据，而且为决策的实施和控制及组织资源的分配和各种力量的协调提供了标准。

3. 拟订备选方案

决策明确了目标后，就应拟订能够达到目标的各种备选方案。所谓"备选方案"就是指可供进一步选择的可能方案，可将决策方案看作是缩小组织目前业绩和理想业绩之间差距的一个工具。在拟订备选方案的过程中，要尽量找出限制因素，对一些抉择方案进行选择。

麦当劳公司里，当局正在考虑采用秘密购物人和不提前宣布的检查来改善食品质量和服务；鼓励那些士气不高的特许权获得者对新设备和经营计划加大投资；让研发工作走出实验厨房，并且鼓励特许权获得者提供成功的新菜谱；以及关闭一些店面，以避免销售工作中出现同类相残的现象。

4. 评价备选方案并进行选择

备选方案拟订后，随之便是确定标准对备选方案进行评价，评价标准是看哪一个方案最有利于达到决策目标。通过对各种备选方案总体权衡，挑选一个最符合公司总目标和价值观的方案，从而使选择工作更有成效。

因为2001年年末股票市场低迷和总体经济下滑，股票经纪商爱德华·琼斯遭受了重大打击。为了决定如何应付这种局面，经理根据公司要善待员工，以及与员工建立长期共济关系的目标和价值观来寻找解决方法。他没有解雇一个员工（该公司34年来从未解雇过员工），尽管红利减少了，公司却提前一个星期来发放红利，以便帮助受到交易下降而造成损害的员工。爱德华·琼斯这种依靠价值观做出的决策使得该公司在《财富》杂志所评选的"最值得去工作"的公司排名榜上，连续两年名列第一。

决策的选择还会受到决策者个性特征及愿意承受风险和不确定性程度的影响。风险倾向指的是一个人在面对获得赢利机会时所愿意承担风险的程度。管理者愿意承受风险的大小，将影响到他们对所选择方案的成本效益分析，并影响他们的最终决策。

5. 方案的实施

方案的实施，是指管理者将决策传递给有关人员并综合运用管理、行政和说服能力得到他们愿意执行的承诺，可以让方案的实施者参与方案的制订和选择过程，激发他们的工作热情使他们认识到决策实施的必要性和可行性，能够更好地接受和实施方案。同时，要准备实施方案所必需的各种资源，确保方案能够转化为具体行动。

在通用汽车公司里，首席执行官里克·瓦格纳雇用了前克莱斯勒公司的产品开发主管鲍伯·鲁兹，鲍伯·鲁兹具有与里克·瓦格纳同样的见解，并且能够帮助里克·瓦格纳实施扩大产品类型的决策。例如，作为负责产品开发副总裁的鲍伯·鲁兹，亲自督促设计师和工程师注意所有的细节问题，从转动方向盘时对方向盘把手的感觉，到汽车顶棚与车前灯的距离，因为这些细节决定了一种新车型是否具有吸引力。通过与一线员工的讨论，鲍伯·鲁兹每天都帮助实施一些小的决策，其目的就是要更新通用汽车的面貌，恢复通用汽车公司的品牌形象。

6. 评估和反馈

评估就是通过搜集相关信息，了解决策的实施效果，看它是否解决了问题，是否取得了预期的目标，并根据评价的结果做出反馈。决策是一个反复的、无休止的过程，反馈为决策者提供进入下一个决策循环所需要的信息，成功的经验可以在下一轮决策中应用，而失败的问题和教训将引以为戒，避免再次出现类似的错误。

缅因州汤姆公司

缅因州汤姆公司以全天然个人卫生产品而闻名于世，它发现了一个扩大新的除臭剂产品的机会。但是这个机会很快就变成了一个问题，因为对于一半的顾客来说，这种除臭剂只能工作一段时间，而它那个可以回收使用的塑料盒子也很容易破裂。

除臭剂失效这个问题迫使公司的创办人汤姆·查普尔和经理来分析和诊断到底是什么地方出了差错。最终，他们认定是公司的产品开发过程太草率了。从建立产品概念到最终推出产品，都是由同一组开发人员进行的，他们对这个产品爱不释手，结果没有对产品进行必要的测试，也没有考虑会有什么潜在的问题。管理层考虑了几个解决方案。对于汤姆·查普尔来说，因为他经营公司的原则是公正和诚实，因此做出公开承认问题和召回产品的决定并不困难。公司不仅向顾客们道歉，而且还听取了他们的抱怨和建议。汤姆·查普尔还亲自接听电话和写回信。虽然召回产品使得公司花费了40万美元，并且在公众里产生了不好的影响，但是最终公司还是改善了与顾客的关系。

评估和反馈使得汤姆公司成立了橡果小组，公司希望通过这个小组来开发大量的、像橡树一样成功的新产品。橡果小组由跨部门的人员组成，负责从头到尾开发新产品的工作。这个跨部门的小组还负责查找问题，发现新机会，而在通常情况下，人们往往容易忽视这些问题或错失这些机会。该小组将把他们的发现和点子向管理层和产品开发小组报告。

正是由于正确处理了评估和反馈工作，因此汤姆公司才能将问题转化为机会。所发生的事故不仅帮助公司巩固了它与顾客的关系，而且还使得公司建立起了正式的学习和分享思想的机制，而这种机制是公司以前所从来没有的。

3.4.4 决策的分类

1. 按决策的重复程度分类

赫伯特·西蒙把一个组织的全部活动分为两类。一类是那些经常发生、重复出现的日常活动。可以建立一定的程序，制定相应的准则，在这类活动重复出现时予以应用，不必每次都做新的决策，这类决策称为程序化决策。例如，当纸张或者库存的办公用品减少到一定程度时需要及时补充，因而要再次订货的问题；或者某些岗位需要增添人手、制造车间库存需要重新订货的起点问题等。决策准则确定后，员工就可以遵照这些准则办事，将管理者从常规事件中解脱出来，集中精力处理其他问题。另一类是非例行性活动，这类活动往往是偶然发生的，是极其特殊、对组织有重大影响的、性质不明的管理问题。对待非例行活动不能用对待例行公事的办法来处理，需要重新进行决策，此类决策叫作非程序化决策。例如，建设一个新工厂、开发一种新产品或服务、进入一个新的地区市场等。

2. 按决策的范围分类

按决策的范围和层次分类有战略决策、战术决策和业务决策。

① 战略决策是指关系企业或组织未来发展方向与远景的全局性、长远性的施政方针方面的决策。一般由高层管理者做出，与长期计划相联系，关系到企业生存和发展。决策正确可以使企业沿着正确的方向前进，提高竞争力和适应环境的能力，取得良好的经济效益。反之决策失误，就会给企业带来巨大损失，甚至导致企业破产。

② 战术决策是执行战略决策过程的具体决策。战术决策的重点是解决人、财、物等内部资源的合理配置问题，一般由中层管理者做出，具有局部性、中期性与战术性的特点。战术决策的制订是为了实现战略决策，以保障战略决策的目标实现为标准，一般与中短期计划相联系。

③ 业务决策是指日常业务活动中为提高工作效率与生产效率，合理组织业务活动进程所做出的决策。一般由基层管理者做出，具有琐碎性、短期性与日常性的特点，如作业计划的制订，生产、质量、成本，以及日常性控制等方面的决策。

3. 按决策信息的多少和结果的确定性分类

在理想的情况下，决策者拥有关于决策的所有必要信息，在此基础上可以做出充分的决策。但实际上，某些情况是不可知的，由于时间和条件的限制，往往无法获得决策所需要的全部信息，从而使决策具有不确定性。根据决策中可获取信息的多少及结果的可能性，可以将决策分为确定型决策、风险型决策和不确定型决策。

① 确定型决策，是指决策所需要的信息完全能够获得，并且每一种备选方案执行后的结果是唯一的。决策者对环境信息全面掌握，只要直接比较各方案的结果就可做出决策。

一个公司打算投资 1 万美元来购置新设备，管理者确切地知道，在今后 5 年内，每年可以节约 4 000 美元的成本，还可以计算得出，该投资的税前回报率为 40%。如果管理者将该投资与一个每年只能节约3 000美元成本的投资相比较，他们将肯定会选择前一个投资决策。

由于现实环境复杂多变，影响因素较多，很少有如此确定的决策，大多数决策都具有风险或不确定性。

② 风险型决策，是指决策者能够获得充分的信息，目标明确，但不能确定未来的环境情况，只能预先估计可能出现的状态及其概率，预测每个备选方案在不同状态的执行结果。

③ 不确定型决策，是指决策者不具备足够的信息，也不能对未来各种情况出现的概率进行估计，因此对于未来情况及各种方案的执行结果都是无法确定的。影响决策的因素，如价格、生产成本、生产数量或者未来的利率等，都难以分析和预测，决策者就不得不做出一些假设，然后在此基础上进行决策，决策的成败会受到假设正确与否的影响。

2003年年底，在纽约证券交易所主席理查德·格拉索被迫辞职后，代理主席和总裁约翰·里德在致力于恢复组织的信誉和士气方面面临着巨大的不确定性。需要考虑的方方面面和相互冲突的利益是如此之多，以至于将它们搞清楚本身就是一项挑战。需要做出决策的问题包括：建议对哪些类型公司的监管方法加以改革，如何实施对指控犯有非法交易的公司进行调查，是否要修改公开拍卖、竞卖的方式等。所有这些问题的决策都没有明确的解决办法，需要管理者根据自己的创造性、判断、直觉和经验来做出决策。

在不确定的情况下，许多决策都无法产生所希望的结果。但大多数决策都属于不确定型的，管理者不得不面对这种情况，找出更好的方法来应对。如图3-5所示。

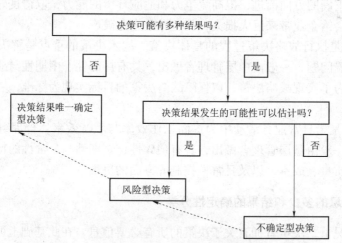

图3-5 确定型决策、风险型决策和不确定型决策的划分

3.4.5 定性决策方法

定性决策方法是指在决策中充分利用决策者或专家的知识、能力和经验，通过各种渠道获取信息，研究决策对象的本质特征，发现事物的内在联系及运行规律，对企业经营管理目标、方案的拟订及选择实施做出决策。

1. 头脑风暴法

头脑风暴法是由被称为"风暴式思考之父"的奥斯本提出的。它是一种邀请专家、内行，让大家面对面地坐在一起，针对组织内某一个议题，开动脑筋，畅所欲言地发表个人意见，并进行讨论，互相启发，通过集思广益，产生连锁反应，充分发挥个人和集体的创造性，激发有创意性的想法，产生尽可能多的解决方案，而后进行决策的方法。该方法一般邀请5~12人，时间在1个小时左右。首先，头脑风暴法的过程为：主持者介绍背景，提出总议题；其次，与会者畅所欲言，形成思想和热情的风暴；最后，形成创意、决策意向方案。

这种方法有以下特点。

① 创造一种自由的气氛，激发参加者的积极性，消除顾虑，使他们能放开思路，畅所欲言。

② 主持人现场提出议题，参与者即席发言。不对别人的意见进行批评，不要争论，要研究所有的设想。

③ 倡导多角度分析，鼓励提出多种不同方案。

④ 激励相互启发、联想、综合与完善。

IDEO是当今最具创造性的设计公司之一，它的客户包括英特尔、雀巢、三星等著名公司。公司的员工按照"五步工作法"来"创造体验，而不仅仅是产品"。其中一个重要的步骤就是头脑风暴阶段，在这个阶段的工作中，人们提出尽可能多的方法来满足客户的要求。在IDEO公司里，头脑风暴被叫作"有管理的胡思乱想"，往往在1小时的会上能够产生多达100个不同的点子。经理们鼓励人们大胆思想和迅速思维，并且严格禁止打断同事的发言，或者对其他想法表示不尊重和批驳等做法。

随着网络的发展和普及，出现了电子头脑风暴法，即通过计算机网络将大家集合到一起针对某一问题展开讨论。研究发现，电子头脑风暴法要比一个人所产生的想法多40%，并且比面对面的头脑风暴小组会议所产生的想法多25%~200%。这是因为通过网络参加讨论的人都是匿名的，从而可以消除很多顾虑，避免受到权威和等级层次的影响；而且参加者可以立即写下他们的想法，不会像在面对面的讨论会上那样，等轮到自己发言时已经忘记了自己的观点；可以避免有些人不善于社交而不能畅所欲言，扩大了讨论的范围；网络对空间范围的拓展，也使得邀请位于世界各地的人员一起讨论变得非常简单，从而增加了可获得的方案数量。

2. 认知冲突法

这种方法与头脑风暴法的规则正好相反。它要求与会者对问题展开激烈的争论，要针对他人提的见解、方案，直接提出相反的意见或进行否定，以求在不同意见与方案的争论中辨明是非，通过建设性的冲突识别问题本质，发现各种方案的缺陷，逐步趋于一致。

艾默森电气公司的前首席执行官曲克·奈特，每当举行战略计划会议时，都要设法点燃激烈争论的火花。他相信，通过激烈的辩论，人们能够更加清楚地看到竞争环境的全面情况，并且迫使管理者观察到问题的所有方面，有助于领导人做出正确的决策。

在参会者的选择方面，尽量使其在年龄、性别、专业领域、层次级别及商务经验等方面多样化，有助于冲突的发展，得到更全面的意见；也可以通过事先指定"唱反调的人"，对小组达成的意见和方法提出挑战，迫使小组重新考虑解决问题的方法，避免形成不成熟的结论；或者将小组成员分为正反两方，让他们持对立的观点展开辩论，直至取得共识，达成一致的结论。

3. 德尔菲法

德尔菲法是由美国兰德公司于20世纪50年代初发明的。首先确定决策目标，设计需要专家回答的问题；然后选择在该领域有名望的或从事该工作数十年，经验丰富的专家，以匿名发函或个别谈话的方式征求专家们的意见，组织决策小组对所有意见进行汇总整理，作为参考资料再反馈给每个专家，供他们分析判断，再提出新的意见。如此反复几次，专家的意见渐趋一致，根据全部资料做出最终结论。

3.4.6 定量决策方法

定量决策方法是运用数学的决策方法，把同决策有关的变量与变量、变量与目标之间的关系进行量化，用数学模型表示，通过计算求出答案，供决策者参考使用。计算机的发展和应用使得决策者可以将数学模型编制成处理的程序，从而得到更加迅速强大的运算功能。

1. 确定型决策

确定型决策是决策者对未来的情况有非常明确的预期，一种方案只产生一个确定的结果，从而可以通过比较结果来选定方案。

盈亏平衡分析法是最简单、常用的确定型分析方法。通过研究产销量、成本及利润之间的关系，确定收入和成本相等（盈亏平衡点）的产量，借以做出决策，如图3-6所示。

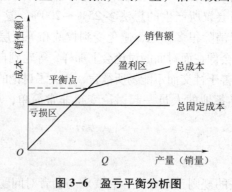

图3-6 盈亏平衡分析图

盈亏平衡点产量的计算公式为：

$$Q = \frac{C}{P-V}$$

其中，Q为盈亏平衡点产量（销量），C为总固定成本，P为产品价格，V为单位变动成本。

当目标利润为 B 时，其公式为：

$$Q = \frac{C+B}{P-V}$$

其中，Q 为实现目标利润 B 时的产量或销售量。

例 1：某厂生产一种产品，该产品总固定成本为 200 000 元，单位变动成本为 10 元，产品销售价格为 20 元。

求：① 该厂盈亏平衡点产量应为多少？

② 如果要实现利润 40 000 元时，其产量应为多少？

解：① $Q = \dfrac{C}{P-V} = \dfrac{200\,000}{20-10} = 20\,000$（件）

即当产量为 20 000 件时，处于盈亏平衡点。

② $Q = \dfrac{C+B}{P-V} = \dfrac{200\,000+40\,000}{20-10} = 24\,000$（件）

即当生产 24 000 件时，企业可实现利润 40 000 元。

2. 风险型决策

风险型决策指未来可能有几种自然状态，每种状态发生的概率已知。风险型决策的方法通常是通过计算各种方案的期望收益值并进行比较，从而确定决策方案。这是企业中大量碰到的决策问题。

决策树法是常用的风险型决策方法。它是借助树形分析图，根据各种自然状态出现的概率及方案预期损益值，计算与比较各方案的期望值，从而选择最佳方案的方法。

决策树的构成：

决策点一般用符号□表示。

状态点一般用符号○表示。

从决策点引出的分支叫作方案枝，从状态点引出的分支叫作状态枝，决策树图如图 3-7 所示。

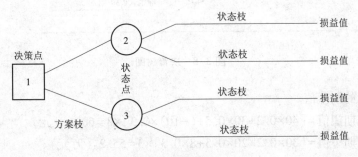

图 3-7 决策树图

例 2：某公司计划未来 3 年生产某种产品，需要确定产品批量。根据预测估计，这种产品市场状况的概率是：畅销为 0.2，一般为 0.5，滞销为 0.3。现提出大、中、小三种批量的生产方案，求取得最大经济效益的方案，有关数据见表 3-3。

表 3-3　各方案损益值表

损益值＼状态及概率＼方案	畅销（0.2）	一般（0.5）	滞销（0.3）
大批量	40	30	-10
中批量	30	20	8
小批量	20	18	14

解：① 绘制决策树图形，由左向右顺序展开。

② 计算每个状态点的期望值。计算公式为：

$$\text{状态点的期望值} = \sum (\text{损益值} \times \text{概率值}) \times \text{经营年限}$$

③ 剪枝，即进行方案的选优。计算各方案的最终期望值。

计算公式为：

$$\text{方案最终期望值} = \text{该方案状态结点的期望值} - \text{该方案投资额}$$

④ 比较各方案的最终期望值，选取最大者，并将数值标在决策点的上方，其余方案枝一律剪掉，如图 3-8 所示。

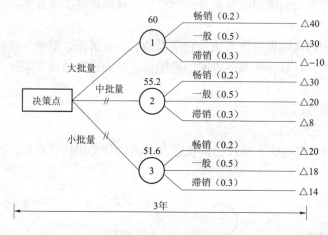

图 3-8　决策树图

计算各方案的期望值。

大批量生产期望值 = [40×0.2+30×0.5+(-10)×0.3]×3 = 60（万元）

中批量生产期望值 = [30×0.2+20×0.5+8×0.3]×3 = 55.2（万元）

小批量生产期望值 = [20×0.2+18×0.5+14×0.3]×3 = 51.6（万元）

通过比较，大批量生产期望值最高，所以选中该方案。为了简化问题，忽略了时间因素对不同时期收益和投资实际价值的影响，即没有考虑资金的时间价值。但现实中，这种多阶段决策的时间差别可能对决策结果有重要影响。

3. 不确定型决策

不确定型决策，是指决策所需要的信息不够完整，对未来状态及其发生的概率都不能完全确定，主要靠决策者的经验、智慧和风格进行决策，因而产生了不同的评价标准，形成了多种具体的决策方法。

例 3：某企业要投产一种新产品，有 3 个可供选择的方案，估计产品投放市场后有畅销、一般、销路差 3 种情况，各方案在各种情况下的收益值见表 3-4（乐观系数为 0.7）。

表 3-4 收益值表

状况	收益值		
	畅销	一般	销路差
方案一	100	50	-20
方案二	85	60	10
方案三	40	30	20

1) 乐观原则

乐观的决策者往往认为未来会出现最好的自然状态，所以不论采用何种方案均认为能够获得该方案的最大收益，那么决策时会比较各方案在最好自然状态下的收益值，选取最好的自然状态下能够带来最大收益的方案作为决策实施方案。这种原则也叫"最大收益值原则"，即"大中取大"，结果见表 3-5。

表 3-5 乐观原则

状况	收益值			乐观原则评价
	畅销	一般	销路差	大中取大
方案一	100	50	-20	100
方案二	85	60	10	85
方案三	40	30	20	40

最优决策方案为方案一。

2) 悲观原则

与乐观原则相反，悲观决策者往往认为未来会出现最差的自然状态，即认为采取任何一种方案都只能获得该方案的最小收益，因此决策者会比较各方案在最差的自然状态下的收益值，选取最差的自然状态下收益值最大的方案，即"小中取大"，结果见表 3-6 所示。

表 3-6 悲观原则

状况	收益值			悲观原则评价
	畅销	一般	销路差	小中取大
方案一	100	50	-20	-20
方案二	85	60	10	10
方案三	40	30	20	20

最优决策方案为方案三。

3）折中原则

折中原则认为应在最好和最差状态中取平衡。决策时，既不能把未来的状况估计得如何光明，也不能想象得如何黯淡，最好和最差的自然状态均有出现的可能。因此，根据决策者对未来情况的判断，给出一个乐观系数，一个悲观系数，两者之和为1，分别作为最好状态和最坏状态出现的概率，计算每种方案的期望收益值，选择期望收益值最大的方案，结果见表3-7。

表3-7 折中原则

状况	收益值			折中原则评价
	畅销	一般	销路差	期望收益值
方案一	100	50	-20	100×0.7+（-20）×0.3 = 64
方案二	85	60	10	85×0.7+10×0.3 = 62.5
方案三	40	30	20	40×0.7+20×0.3 = 34

最优决策方案为方案一。

4）等可能原则

等可能原则是认为未来的所有状况都具有相同的概率，以相同的概率来计算期望收益值，比较大小即可，结果见表3-8。

表3-8 等可能原则

状况	收益值			等可能原则评价
	畅销	一般	销路差	期望收益值
方案一	100	50	-20	[100+50+（-20）]/3 = 43.3
方案二	85	60	10	(85+60+10)/3 = 51.7
方案三	40	30	20	(40+30+20)/3 = 30

最优决策方案为方案二。

5）最小后悔值原则

最小后悔值原则，又叫大中取小法，这种方法的基本思想是如何使选定决策方案可能出现的后悔值最小，即蒙受的损失最小。各种自然状态下的最大收益值与实际采用的方案的收益值之间的差额，称为后悔值。决策时，首先选择每种自然状态下的最大收益值，用最大收益值减去每种方案在此状态下的预期收益，得到后悔值，然后找到每种方案的最大后悔值，选定最大后悔值最小的方案，结果见表3-9。

表3-9 最小后悔值原则

状况	收益值			最小后悔值原则评价
	畅销	一般	销路差	后悔值
方案一	0 (100-100)	10 (60-50)	40 [20-（-20）]	40

续表

状况	收益值			最小后悔值原则评价
	畅销	一般	销路差	后悔值
方案二	15 （100-85）	0 （60-60）	10 （20-10）	15
方案三	60 （100-40）	30 （60-30）	0 （20-20）	60

最优决策方案为方案二。

◇ 阅读资料

作为一家颠覆中国传统零售的电商平台，京东的核心价值究竟是什么？凭什么市值为 300 亿～400 亿美元？一个电商平台，如果只是一个网站、一堆服务器和一个呼叫中心，那么能有多高的市值呢？

在 2016 年 5 月京东的一次大会上，京东这样解读其商业内涵：百度是信息的链接；阿里是商户的链接；腾讯是人的链接；小米是设备的链接……京东的商业定位是供应链的链接。用刘强东的话来说：京东用高效的供应链为供应商服务，帮助更多商家实现"品质、品牌、品商"的水准，这是京东未来的战略布局。刘强东针对消费品行业，提出了"10 节甘蔗"理论，即零售、消费品行业的价值链包括：创意、设计、研发、制造、定价、营销、交易、仓储、配送、售后 10 个环节，其中前 5 个归品牌商，后 5 个则归零售商，京东在未来的开放平台竞争中要啃好后 5 节甘蔗。

截至 2016 年 3 月 31 日，京东已经运营 209 个大型仓库，6 个"亚洲一号"智能物流中心已经投入使用，仓储设施占地约为 430 万平方米，全国拥有 5 987 个配送站和自提点。京东的物流体系已经覆盖全国 2 493 个区县，拥有 6 万支自营配送队伍，提供当日达、次日达和限时达等特色配送服务。京东快递还有多元化的末端客户自提服务，配送一体站、人工自提点、自提车、智能提货柜、社会便民服务点超过 22 000 个，极大地提高了网购人群的便利性和个性化需求。

2016 年 5 月刘强东表示，京东已经打造了两张网，分别是以大家电为核心的大件网、中小件网。2015 年，京东开始打造第三张网络，即冷藏、冷链、仓配一体化生鲜网络；2016 年要将生鲜冷链网络覆盖超过 1 000 个城市，未来要达到国内大家电线上线下的零售总额第一，并超过国美、苏宁之和。

京东自建物流的历程

2007 年，京东获得第一笔融资后，刘强东做出两大决定性战略决策，一是向全品类扩张，从只做 3C（中国强制性产品认证）产品转为一站式购物平台，二是决定自建仓配一体的物流体系，这是京东真正蜕变的开始，也是京东物流发展的重要起点。

2009 年，京东自购土地自建物流，从此开始了京东全国自建仓储网络布局的全面推进。

2010 年，京东在自建仓储配送启动仅仅 3 年后，开始在部分城市具备当日达、"211"

限时达能力。

2011年，京东完成C轮15亿美金融资，市场估值100亿美金，刘强东把融资的所有钱全部布局全国一级物流中心，刘强东的战略是到2013年构建全国的物流配送体系，同时把平台开放给第三方电商和供应商，彻底拉开与其他电商的差距，打造京东的核心竞争力。

2012年6月，京东自营物流干线运输车队宣告正式投入运营，实现了城市之间自主调拨。

2013年6月，京东自提柜在北京、沈阳开始投放，布局"最后一公里"物流自提柜模式，实现京东商品24小时自提服务。

2014年5月，京东IPO（首次公开募股）路演，物流成为京东上市的重要卖点。

2014年下半年，京东全面布局生鲜农产品全程冷链战略，獐子岛、查干湖生鲜，青岛原浆啤酒等直供模式陆续试水。

2014年10月20日，京东位于上海的首个"亚洲一号"现代化物流中心（一期）在双十一大促销前夕正式投入使用，此举标志着京东物流战略中又一重点举措落地。这座面积达10万平方米的高智能化大型仓库成为当时国内最先进的仓库，此后两年间，沈阳、武汉、广州、贵阳的"亚洲一号"都陆续投入使用。

2015年4月，京东O2O（线上到线下）"京东到家"正式启动，以众包物流模式抢占生活服务O2O市场。京东对外宣布："京东到家"将力求创造新的行业标杆。

2015年8月，京东42亿入股永辉超市，持永辉超市10%股份，双方"探索线上线下O2O仓储物流协作"的战略。

2016年4月，"京东到家"和达达合并：打造众包物流平台超市生鲜O2O平台的"最后一公里"物流O2O众包全新模式。

2016年5月，京东无人机计划曝光：未来将打造农村快物流体系。

京东物流发展历程的特征

京东物流发展历程的特征如下。

（1）京东越来越大：电商是轻平台，伴随着京东的发展，京东从轻资产到全面的自建物流体系，从发展趋势看京东将是一家全方位的电商生态平台公司。

（2）京东的物流做得越来越细：从开始的建立京东仓储物流平台，到配送队伍的建立，到"最后一公里"O2O的布局，到生鲜冷链的布局……整体看越来越细。

（3）京东物流越来越技术化：传统物流都是傻大粗的行业，电商物流必须走向精细化运营，京东的物流运营管理越来越细。

（4）京东的物流越来越社会化：刘强东对京东自建物流的战略定位是要为其他电商服务，要为供应商服务。

（5）京东物流越来越开放，越来越平台化：京东的自建物流与外部资源整合，受众包模式的推动，都表现了这种发展趋势。

（6）京东物流越来越细分垂直化：京东生鲜物流的投入是京东物流在细分垂直化运营领域的重要尝试。

（7）京东物流倒逼中国电商物流的发展：传统的电商物流都是社会化的运营，京东物流作为自营电商物流，几次引导中国电商物流的新模式。电商物流免费是京东最先开启的，电商物流"211"模式是京东提前推动的，电商物流收费门槛模式也是京东提出的。同时京东是最早开启云仓模式的电商自建物流平台。这一切都可以看出，京东驱动了电商物流的发展模式，倒逼着中国电商物流社会化企业的发展。

京东自建物流的核心商业定位

中国电商物流经历了2007—2016年的快速发展，京东、阿里两大电商平台对物流的战略重视差异决定了当前的格局。

刘强东在2009—2010年大力投资物流，抓住国家物流振兴规划政策，全国圈建"亚洲一号"，自建供应链系统、配送队伍，成就了中国电商最大自建物流队伍。

马云在2009年投百世，2010年投星辰急便，后推淘宝大物流，2013年开始启动菜鸟网络……时间对比，马云比刘强东重视物流晚了3年，结果成就了当前电商物流的格局，阿里巴巴错过了自建物流的最佳时机，最后采取社会化整合的模式打造菜鸟网络。

刘强东对京东物流的商业定位：用空间换时间，完成了供应链体系搭建，成为客户体验最优的电商物流履约平台。京东经营战略是打造"前端用户体验、后端成本效率"的核心竞争力，极速良好的用户体验，最终让竞争对手望尘莫及。

京东自建物流体系与传统电商物流的差异：京东的巨额投入并非盲目地扩大地盘，与顺丰、"三通一达"等企业网状式的结构不同，京东的仓储配送体系是轮轴式，自控力极强，将全国分为7个大区，建立7个物流中心，每个大区有自己的服务半径，最终形成三个层级的立体物流网络布局（大区仓、中心仓、末端仓库），这是传统电商物流企业根本不可能具备的生态物流布局。

【本章小结】

计划是根据实际情况，通过科学的预测，权衡客观需要和主观的可能，提出在未来一定时期内要达到的目标及实现目标的途径。计划职能具有首要性，在管理活动中，计划职能最先开始工作。任何计划工作，其工作步骤都是相同的，依次包括如下内容：识别机会、确立目标、明确前提、拟订备选方案、评价各种备选方案、拟订辅助计划、编制预算使计划数量化。确立目标是计划的主要环节，本章详细介绍了如何制定适合组织发展的目标、目标管理在组织中的应用及其如何大幅度提高组织的管理效率。同时，给出了组织决策的概念，提出了正确决策的基本要求，并重点讲授了盈亏平衡分析法、决策树法等定量决策的方法。

【复习题】

一、判断题

1. 目标管理就是上级给下级制定目标，并依照此目标对下级进行考核。（　　）
2. 不确定型决策是指具有多种未来状态和相应后果，但是只能确定各状态发生的概率而难以获得充分可靠信息的决策问题。（　　）
3. 按决策的作用（所处地位）可以把决策分为战略决策、管理决策和业务决策。（　　）

二、单项选择题

1. 在管理中居于首要地位的工作是（　　）。
   A. 领导工作　　　B. 人员配备　　　C. 计划工作　　　D. 组织工作

2. 计划工作的经济性指的是（　　）。
   A. 投入与产出之间的比例关系　　　B. 实现预期目标
   C. 编制计划要诀　　　D. 计划指标既先进又可行

3. 计划工作有利于管理人员把注意力集中于（　　）。
   A. 管理　　　B. 顾客　　　C. 目标　　　D. 战略

4. 使计划数字化的工作是（　　）。
   A. 规划　　　B. 规则　　　C. 政策　　　D. 预算

5. 某项建筑工程的施工进度计划应该按照计划时间完成施工任务，但在制订施工进度计划时却要考虑出现雨季不能进行露天作业的情况，因而对完成任务时间的估计要留有余地，这遵循的是（　　）。
   A. 改变航道原理　　　B. 灵活性原理　　　C. 许诺原理　　　D. 限定因素原理

6. 使目标具有可考核性的最方便的方法是（　　）。
   A. 使之定量化　　　B. 使之定性化　　　C. 使之定型化　　　D. 使之稳定化

7. 一般环境分析简称为（　　）。
   A. PETS　　　B. PEST　　　C. PTSE　　　D. PSET

8. "根据组织的使命而提出的组织在一定时期内所要达到的预期成果"称为（　　）。
   A. 战略　　　B. 计划　　　C. 组织　　　D. 目标

9. 狭义的决策指（　　）。
   A. 选择方案　　　B. 评价方案　　　C. 比较方案　　　D. 拟订方案

10. 那些重复出现的、日常的管理问题称为（　　）。
    A. 例外问题　　　B. 例行问题　　　C. 一般问题　　　D. 特殊问题

11. 那些偶然发生的、新颖的、结构上不甚分明的、具有重大影响的问题属于（　　）。
    A. 例外问题　　　B. 例行问题　　　C. 一般问题　　　D. 特殊问题

12. 管理的计划职能的主要任务是要确定（　　）。
    A. 组织结构的蓝图　　　B. 组织的领导方式
    C. 组织目标及实现目标的途径　　　D. 组织中的工作设计

13. 实施目标管理的主要环节包括：① 逐级授权，② 目标的制定与展开，③ 实施中的自我控制，④ 成果评价，这些环节的逻辑顺序是（　　）。
    A. ①→②→③→④　　　B. ②→③→①→④
    C. ③→②→①→④　　　D. ②→①→③→④

14. 实施目标管理的主要难点是（　　）。
    A. 不利于有效地实施管理　　　B. 不利于调动组织成员积极性
    C. 难以有效地控制　　　D. 设置目标及量化存在困难

15. 滚动计划法的计划内容依据（　　）的原则。

  A. 远粗近细 B. 远细近粗 C. 统一 D. 逐期滚动
16. 如果各种可行方案的条件大部分是已知的，且每个方案执行后可能出现几种结果，各种结果的概率已知，那么，这种决策属于（ ）决策。
  A. 风险型 B. 不确定型 C. 确定型 D. 模糊型
17. 提出目标管理的管理学家是（ ）。
  A. 哈罗德·孔茨 B. 韦伯 C. 彼得·德鲁克 D. 罗宾斯
18. 古人云："凡事预则立，不预则废。"这是说的哪一项管理职能的重要性？（ ）
  A. 领导职能 B. 计划职能 C. 控制职能 D. 组织职能
19. 计划制订中的滚动计划法是动态的和灵活的，它的主要特点是（ ）。
  A. 按前期计划执行情况和内外环境变化，定期修订已有计划
  B. 不断逐期向前推移，使短、中期考虑有机结合
  C. 按近细远粗的原则来制定，避免对远期计划的过早、过细安排
  D. 以上三方面都是
20. 根据美国管理学家哈罗德·孔茨的观点，有效决策的判断标准是（ ）。
  A. 最优标准 B. 次优标准 C. 满意标准 D. 合理性标准
21. 按计划的表现形式可将计划分为（ ）。
  A. 经营计划、人事计划、财务计划、新产品研制计划
  B. 战略计划、施政计划、业务计划
  C. 指令性计划、指导性计划
  D. 宗旨、目标、策略、政策、程序、规则、规划、预算
22. 在一次年会上，某公司制定了一系列目标：产品质量要比去年提高，成本要比去年低，人员素质要有较大改善，市场占有率要达到第一，要努力开发出比竞争对手更好的新产品等。由此可以看出（ ）。
  A. 该公司的目标制定得非常明确
  B. 该公司的目标太模糊，不容易执行
  C. 该公司的做法符合目标管理的基本思想
  D. 以上说法都不正确
23. 由高层管理者负责制订的是（ ）。
  A. 战略计划 B. 行动计划 C. 业务计划 D. 施政计划
24. 决策是企业管理的核心内容，企业中的各层管理者都要承担决策的职责。关于决策的解释，哪个更正确？（ ）
  A. 越是企业的高层管理者，所做出的决策越倾向于战略性、风险型的决策
  B. 越是企业的高层管理者，所做出的决策越倾向于常规的、科学的决策
  C. 越是企业的基层管理者，所做出的决策越倾向于战术的、风险型的决策
  D. 越是企业的基层管理者，所做出的决策越倾向于非常规的、肯定型的决策
25. 关于计划的下列几种说法中，何者最恰当？（ ）
  A. 计划关系到组织的发展大计，和中基层管理者无关
  B. 计划是计划部门做的事，和其他管理人员无关

C. 计划是各层次、各部门的管理者乃至一般员工都要参与制订的，因此在相当程度上是组织中的一项全员的活动

D. 计划要随环境变化而调整，因此计划只有对组织的最高层来才有意义

26. 时间网络图中的"关键线路"是指（　　）。
   A. 占用时间最短，宽裕时间最少的活动序列
   B. 占用时间最长，宽裕时间最多的活动序列
   C. 占用时间最短，宽裕时间最多的活动序列
   D. 占用时间最长，宽裕时间最少的活动序列

27. 国际政治风云变幻，战争与和平力量的消长，国内外重大政治事件和社会政治热点问题的发生、发展都会影响组织的运营，这是组织所面对的（　　）。
   A. 一般环境，经济因素　　　　　B. 一般环境，政治因素
   C. 特殊环境，社会因素　　　　　D. 特殊环境，政治因素

28. 解决以往无先例可循的新问题的决策是（　　）。
   A. 确定型决策　　　　　　　　　B. 不确定型决策
   C. 程序化决策　　　　　　　　　D. 非程序化决策

三、简答题

1. 简述计划的内容。
2. 简述计划的表现形式。
3. 简述计划工作过程。
4. 简述目标管理的特点。
5. 简述企业战略的层次。

四、论述题

1. 有人说："计划总是赶不上变化，因此制订长期计划是无用的。"你同意这个观点吗？
2. 对于以下每种决策，你将选择哪种方案？

（1）在与一个老对手大学球队比赛的决策时刻，学校橄榄球球队的教练有以下选择：一种是打成平局，其概率为95%；另一种是打胜或者打败，其概率都是30%。

（2）一位加拿大公司的总裁必须对在什么地方建厂进行决策：一种是在国内建厂，其获得中等投资回报的概率为90%；另一种是到一个历史上历来不稳定的国家去建厂，其失败的概率为40%，但是如果成功，其回报将极其可观。

（3）一位具有相当表演天赋的大学高年级学生必须对自己未来的工作做出决策：她有机会去读医学院，然后成为一个医生，其成功的概率为80%；或者去当一名女演员，但是成功的概率只有20%。

五、案例分析题

◇ **案例1**

福特汽车公司的 Focus

根据福特汽车公司的新世纪全球发展战略规划，福特汽车公司推向市场的新产品之一是

Focus，这是一款四缸节油型中型房车，福特汽车公司开发 Focus 是为了取代已具有 30 年历史并销售了 2 000 万辆的 Escort。

福特汽车公司的目标是在世界市场上使 Focus 成为销售量的领先者，成为世界性的汽车。Focus 的销售非常理想。事实上，在 2000 年，福特汽车公司在全球大约销售了 100 万辆 Focus。由这种销售量所带来的规模经济使福特汽车公司可以以非常低的价格销售 Focus。Focus 在 2001 年获得了《车与驾驶员》杂志第 19 届"十佳房车"评选大奖。高级舒适的座椅，宽敞的内部空间，漂亮的抛光漆，使 Focus 在市场上非常具有吸引力。

Focus 是在 4 个不同的国家进行生产和组装的，这 4 个地方是德国的萨尔路易斯、墨西哥的埃米希洛、西班牙的瓦伦西亚和美国的韦恩。福特汽车公司计划每年生产超过 100 万辆的 Focus，并在全球 100 多个国家销售。其设计与以前的车型是完全不同的。在设计过程中，福特汽车公司所采用的关键战略是开发一种全球化平台，Focus 设计的 85% 仍然保留着全球标准化，但 15% 则根据当地消费者的需要进行调整，使 Focus 的风格与外形经过调整与修改后，适应当地市场的特殊需要与特征。其他的关键性设计特征是使用智能型空间。这种设计的一个主要目的是为驾驶员提供更多的空间，福特汽车公司认为，Focus 车型的设计是从内部开始的，其结果是 Focus 比其他中型房车提供了更多的内部空间。

【问题】
1. 谈谈福特汽车公司的战略是怎样体现"全球思考，地区行动"的。
2. 福特汽车公司 Focus 设计的 85% 仍然保留着全球标准化的好处是什么？如果保持 100% 的全球标准化，为什么会降低战略的有效性？
3. 联系本案例谈谈战略性计划与战术性计划的不同。

◇ **案例 2**

如何实施目标管理

北斗公司刘总经理在一次职业培训中学习到很多目标管理的内容。他对于这种理论逻辑上的简单清晰及其预期的收益印象非常深刻。因此，他决定在公司内部实施这种管理方法。首先他需要为公司的各部门制定工作目标。刘总经理认为：由于各部门的目标决定了整个公司的业绩，因此应该由他本人为他们确定较高目标。确定了目标之后，他就把目标下发给各部门的负责人，要求他们如期完成，并口头说明在计划完成后要按照目标的要求进行考核和奖惩。但是他没想到的是各部门负责人在收到任务书的第二天，就集体上书表示无法接受这些目标，致使目标管理方案无法顺利实施。刘总经理感到很困惑。

【问题】
根据目标管理的基本思想和目标管理实施过程，分析刘总经理的做法存在哪些问题？他应该如何更好地实施目标管理？

◇ **案例 3**

这家酒业公司怎么了

不久前，为最大限度地节约成本、增加利润，金帝酒业公司决定在整个公司内实施目标管理，根据目标实施和完成情况，一年进行一次绩效评估。

事实上，该公司在此之前为销售部门制订奖金分配方案时已经用了这种方法。该公司通过对比实际销售额与目标销售额，支付给销售人员相应的奖金。这样销售人员的实际薪资就包括基本工资和一定比例的个人销售奖金两部分。

销售额大幅度提高了，但是却苦了生产部，他们很难及时完成交货计划。因此，销售部总是抱怨生产部不能按时交货。于是，公司高层管理者决定为所有部门和员工建立一个目标。生产部的目标包括按时交货和库存成本两个部分。

为了实施目标管理，金帝酒业公司聘请了一家咨询公司重新进行岗位分析和工作描述，指导管理人员设计新的绩效评估系统。金帝酒业公司付给咨询顾问高昂的费用以修改基本薪资结构、制定奖金系统，该系统与年度目标的实现程度密切相连。总经理期待着很快能够提高业绩。

然而不幸的是，业绩不但没有上升，反而下滑了。部门之间的矛盾加剧，尤其是销售部和生产部。生产部埋怨销售部销售额预测准确性太差，而销售部埋怨生产部无法按时交货。每个部门都指责其他部门存在的问题。客户满意度下降，利润也在急剧下滑。

【问题】
本案例的问题可能出在哪里？为什么设定目标（并与工资挂钩）反而导致了矛盾加剧和利润下降？

◇ 案例4

丹尼森·金先生公司的环境分析

丹尼森·金是一家电子技术公司的所有者和执行总裁，这家公司设在新加坡，中等规模，主要生产印刷线路板。公司的产品主要销给新加坡当地一些有名的跨国公司及销往国外。该公司以其产品的高质量和快速供货而著称。

丹尼森·金通过与其他董事的商量及对国外的考察之后，认为有必要引进现有产品的最新样式和设计，以满足顾客的需求变化。

丹尼森·金在电子行业具有丰富的经验，对于投资和企业扩张，他是比较保守的。

丹尼森·金认识到改进现有产品模型压力重重，这将意味着要建立一个研究与开发机构，招聘具有资格的人员，此外，对高度自动化生产过程的改变需要一大笔投资，维护这样一个系统，将会增加成本。为适应周期性的供货还必须扩大库存体系，培训各个层次的人员也需要一大笔开支，可能还必须建立一个市场研究部门估计需求的变化。

由于上述种种原因的限制，丹尼森·金选择决定不再引进新产品模型，他想改进现有产品，以降低成本和价格，他认为顾客真正想得到的是价值。

然而，在最后决定前，他想征求一位咨询人员的意见。

【问题】
1. 这家公司组织外部环境中的机会和威胁各是什么？
2. 这家公司的优势和弱点是什么？成功的关键因素是什么？

◇ **案例5**

某企业是中国电力电子行业骨干企业之一，生产各种电力电子装置、电力半导体器件、快速熔断器和成套设备。产品主要技术性能达到国际先进水平，在开发、设计、制造和试验方面积累了丰富的经验，技术力量雄厚。2004年以来，该企业顺应市场发展，遵循国家和集团精神，顺利完成了各项业务的合并整合等工作，并同国外企业合资成立了新企业。在几年的时间里，该企业围绕规范现代企业制度和今后的发展，开拓创新，勇于实践，各项工作均取得了可喜的成绩。随着企业制度建设的不断深入，企业迫切需要借助外力，创建科学化的、符合现代企业管理理念的组织结构和人力资源管理系统。

企业的现状如下。

(1) 企业本部约240人，共13个部门。多个组织机构职能交叉、流程烦琐等问题，极大降低了工作效率，增加了企业成本。

(2) 企业沿用原有的人事管理模式，虽然经常进行有关人力资源理念的培训，但还没有真正同现代企业制度接轨。

(3) 员工对于现行的薪资福利制度很有意见，一些掌握核心技术的人员离职，刚入职的大学毕业生还是新手，不能独当一面，即使这样也有很多人跳槽到其他企业。

(4) 目前的绩效考核办法，目标设定的科学性不够，考核的主观性较大，考核结果往往流于形式不能准确反映员工绩效，造成员工的满意度降低，考核没有发挥促进绩效提高的作用，有时甚至适得其反。

【管理实务】

自我决策能力评估

每一次都做出正确的决策实际上是不可能的。然而，采取正确的方法、技术及正确的工具可以增加你做出正确决策的机会。下面的自测题帮助你评估自己的决策能力。答题时应尽可能地客观：如果你回答"从不"则选择①，回答"有时"则选择②，回答"经常"则选择③，回答"总是"则选择④。将你的得分加起来，并根据最后的分析来判断你的决策能力。用这些自答题来确定你需要改进的方面。

选项：① 从不　② 有时　③ 经常　④ 总是

1. 我及时地做出决策，并及时地实施它。
2. 决策前我仔细而且全面地分析了情况。
3. 我把不必自己亲自做出的决策授权给下属去完成。
4. 我将理智和创新结合起来做出决策。
5. 我在开始具体的决策前分析决策的类型。
6. 根据自己对企业文化的理解来获得同事对决策的支持。
7. 做决策时，将影响决策的因素按优先次序区分开来。
8. 对战略性决策我花大力气对待。
9. 决策过程中我最大限度地寻求别人的参与。

10. 完成一个正确决策的过程中，我向合适的人选咨询以获得他们的帮助。
11. 对自己及竞争对手的机会、威胁、优势和劣势进行全面分析。
12. 我用具有挑战性的、创新性的方法来摒弃陈旧的观点。
13. 我鼓励大家团结协作而不是各自为战。
14. 我在会议前认真地准备方案，也鼓励其他人这样做。
15. 我根据最终的目标客观地分析和评估所有可选方案。
16. 我尽可能地从公司内部和外部收集各种有用的信息。
17. 我考虑实施决策的计划及决策的效果。
18. 在分析结果时，我客观地判断每种方案成功的可能性。
19. 在合适的时候，我应用计算机帮助我进行决策。
20. 我努力降低风险，但是在有把握的时候冒点风险也是必要的。
21. 我采用不同的情景设计来完善预测，并测试计划的可行性。
22. 我实事求是地做出决策，而不考虑决策提出者与自己的利害关系。
23. 在整个过程中，我仔细寻求他人的支持。
24. 在制订行动计划时，我要求所有的人都参与进来。
25. 我指定一个特定的人选对某个具体的行动负责。
26. 我与同事们公开地、真诚地并尽可能及时地交换对决策的看法。
27. 我努力鼓励他人对决策提出反对意见。
28. 我在适当的地方设置监督系统，并利用他们来监测进展的情况。
29. 在一个项目完成之后，我回顾行动过程以期发现和吸取经验教训。
30. 我将决策解释清楚，并努力使其他人理解它。
31. 我对自己招聘的人的行为负全部责任。
32. 我努力使每一个会议都有明确的结论和决策。

分析：现在你已经做完了上面的自测题，将各题的得分加起来，根据下面的描述你将知道你的决策能力。不管你获得什么样的分数，或者你具有获得最高分数的潜力，总是有进一步提高的余地。认清自己的弱点和不足，采取相应措施来改善和提高你的决策能力。

32～63 分　你的决策能力差，须下大力气来提高。
64～95 分　你的决策能力不错，继续提高。
96～128 分　你有很强的决策能力，但是不要自满，仍要不断提高。

项目 4

组 织

在《西游记》"三打白骨精"的故事中，唐僧作为领导，战术上轻敌，对取经的危险认识不充分，固执己见，不善于分析问题、反思问题，不善于听取不同意见，辨别真伪的能力有待提高，激励手段不足，方法论也有问题，有家长做派（动辄念紧箍咒）。更加致命的问题是唐僧对主要目标信念不明确（见孙悟空滥杀"无辜"，居然认为取得真经也没用），信心不足，缺乏长期忍耐性，遇到挫折摆挑子，团队的管理控制系统调节失效。孙悟空虽然火眼金睛，但性急遇事不请示领导。猪八戒贪色、偷懒、馋嘴，喜好溜须拍马、邀功，来弥补自己的竞争优势的不足。孙悟空与猪八戒互相较劲内耗，沙僧的协调工作效果不明显。

众所周知，三打白骨精时的唐僧师徒4人的取经团队刚刚组建，尚处于团队的磨合期，师徒4人的价值观、性格、经历、心理状态截然不同，师徒之间的沟通不足，默契程度不高。此时吴承恩笔下的取经团队简直具备了所有失败团队的特征，唐僧落入白骨精的魔爪也就顺理成章了。经历这场灾难后的取经团队能够吸取教训，亡羊补牢，尽管风风雨雨，但是团队的磨合逐渐演变为一种默契，最终取得真经。

【管理启示】现实工作中遇到的问题使人们清醒地意识到：目前某些值得人们反思的事情，究其原因并非兵不精、将不能，而弊端在于组织建设。如何把握组织建设的前进方向，使之按照人们的预定计划发展，将成为当前的一个重要课题。

在计划使用职能确定了组织的具体目标并对实现目标的途径做了大致的安排之后，为了使人们能够有效地工作，还必须设计和维持一种组织结构，它包括组织机构、职务系统和相互关系。具体地说，就是要把为达到组织目标而必须从事的各项工作或活动进行分类组合，划分出若干部门。根据管理幅度原则，划分出若干管理层次，并把监督每一类工作或活动所必需的职权授予各层次、各部门的主管人员及规定上下左右的协调关系，明确规定组织中各岗位的权力、责任及相应的利益。此外，还需要根据组织内外诸要素的变化，不断地对组织结构进行调整和变革，以确保组织目标的实现。

本章将介绍组织的有关理论和应用。首先通过讨论给出组织的概念，分析组织的要素及功能；其次重点介绍组织结构设计的步骤和内容、常见的组织结构类型及其优缺点和适用情况；最后探讨在当前环境下，组织变革的动因、阻力及实施过程。

【学习目标】

1. 理解组织的概念。
2. 掌握组织结构的设计、构建及内容。
3. 掌握组织结构的常见类型和特点。
4. 理解组织运行中的权责问题。
5. 领会组织变革的动因及实施过程。

为了使人们能为实现目标而有效地工作，就必须设计和维持一种职务结构，这就是组织管理职能的目的。

——哈罗德·孔茨

4.1　组　织　概　述

组织是现实社会中普遍存在的现象，每个人几乎每时每刻都置身于组织中并与各种组织打交道，就业、工作、提升、下岗……人们的生活与组织紧密联系在一起。组织是管理的基本职能之一，是为了确保有效地工作以实现目标而设计维系一种结构，合理地安排部署资源，并根据组织内外要素的变化，不断地调整和变革，使各个部分协调运转，确保目标的实现。

4.1.1　组织的概念

组织的概念可分为一般意义的组织和管理学意义的组织。一般意义的组织泛指各种各样的社会组织或事业单位，如企业、机关、学校和医院等。管理学意义的组织，是指按照一定目的和程序而组成的一种权责角色结构，是为了实现组织目标对组织的资源进行有效配置的过程。

4.1.2　组织的构成要素

组织的构成要素可以分为有形要素和无形要素，这也是组织存在的必要条件。

1. 有形要素

要构成一个组织，需要的有形要素包括以下方面。

1）人员

人员是组织构成中的核心要素，是组织运转的主体，能够使组织充满生机和活力。

2）职务

组织目标必须通过成员的分工协作实现，因此要明确每个成员所从事的工作和承担的义务，即职务的划分。

3）职位

职位是设置完成各项工作和任务所需的岗位，并规定每个岗位所拥有的权力、须承担的责任和能够获取的利益。

4）关系

为了实现组织目标，组织成员要互相配合、协同工作。因此需要明确成员相互之间的权、责、利关系。

5）生存条件

生存条件是维持组织生存发展所必需的物质条件，包括资金、工作场所、设备设施及交通工具等。

2. 无形要素

系统学派的创始人巴纳德认为，所有正式组织不论其级别和规模差别有多大，均包含共同目标、协作意愿和信息沟通3个无形要素，组织的产生和发展只有通过这3个无形要素的结合才能实现。

1）共同目标

只有具有共同目标的群体才能形成组织，任何组织都是为了特定目标的实现而存在和运转的。组织目标是组织一切动力的源泉，是组织运营和协调的方向，组织目标要被全体成员认可和接受，并且应根据外部环境和内部条件的变化适当地调整。

2）协作意愿

协作意愿是组织成员与他人配合、协同工作实现组织目标的愿望，是组织存在必不可少的要素，它将每个成员的力量凝聚成一个整体。但这种愿望也意味着个人行为控制权的转让与个性化的丧失。因此，巴纳德指出理解协作意愿应注意两个方面的问题。第一，组织成员协作意愿的强弱程度是不同的，甚至有人持反对意见。成员的协作愿望强弱与组织的规模成反比，组织规模越大，综合性越强，成员的协作愿望越小，甚至是消极的；反之，组织单位越小，协作意愿就越强烈。第二，组织成员协作意愿的强弱是经常变化的，组织中协作意愿强弱的人数也在发生变化，并不是固定不变的。因此，组织可以通过实施奖酬刺激和说服教育两种措施，来设法增强成员的协作愿望。

3）信息沟通

只有通过信息沟通，使个人理解和认可组织目标，认识到组织目标与自身目标的关联和一致性，组织成员才会有较强的协作意愿。缺少信息沟通，将无法协调组织成员为实现组织目标而共同工作，所以信息沟通是组织一切活动的基础。

4.1.3 组织的特征与功能

1. 组织的特征

所有的组织都具有目的性、整体性、开放性和人本性4个主要特征。

1) 目的性

任何一个组织都是为了特定目标的实现而存在的，没有目标，组织就失去了运转的方向和动力，也就没有了存在的价值。

2) 整体性

所有的组织都是一个相对独立的社会单元，组织内部的各个部门彼此之间的关系及部门和组织整体的关系是以组织整体为主进行协调的。对于一个组织而言，要从整体着眼，部分着手，统筹考虑，各方协调，注重全局利益。

3) 开放性

任何组织都需要从外部获取资源并向外输出产品和服务，从而获取生存和发展的必要条件，开放是组织存在的基本状态，也是维持组织运转的基本方式。

4) 人本性

组织是人构成的集体，没有人的参与，组织就无法形成，更谈不上发挥作用。在组织的构成要素中，人是活的、具有能动性的要素，因此在组织发展中起到决定性的作用。所以组织必须充分尊重和考虑人的需要和权利，努力挖掘和释放人的创造性潜能。

2. 组织的功能

组织活动绝不是仅仅简单地把单个个体力量集合在一起，个体力量的简单集合可能会成为一个"抱团"的群体，也可能仅是形成一盘散沙而已。事实上，有效地利用群体的力量才可能完成单独个体所不能完成的任务，这才是组织的功能所在。

在自然科学领域，石墨与金刚石都是由碳原子构成的物质，它们的构成要素虽然一样，但两者的力量和价值简直无法相提并论。金刚石是自然界最硬的物质，而石墨却是最软的物质之一。造成它们之间差异的根本原因是晶体结构的差异：石墨是"层状结构"，一个碳原子周围只有3个碳原子与之相连，碳原子之间组成了六边形的环状结构，无限多的六边形组成了一层，层与层之间的作用力非常弱，受力后层与层之间容易滑动而破裂。而金刚石的碳原子之间是独特的"金刚石结构"，呈骨架状三维空间排列，1个碳原子周围有4个碳原子相连，形成空间网状结构，这种结构在各个方向联系力均匀且很强，因此使金刚石具有高硬度的特征。

在军队，一队士兵，数量上没有变化，仅仅由于组织和列阵的不同，在战斗力上就会表现出质的差异。

不同的组织结构，其效率会大不一样。建立精简高效的组织结构，对组织非常重要。
一个优秀组织的基本功能具体表现在以下方面。

1) 聚集功能

聚集功能是指通过组织把分散的人力、财务、物力及知识信息等聚集在一起，根据目标实现的需要，统一协调配置、分工协作、共同努力，实现个体无法实现的目标。

2) 放大功能

放大功能即"整体大于部分之和"。

大雁有一种合作的本能，它们飞行时都呈V形。这些大雁飞行时定期变换领导者，因为为首的大雁在前面开路，能帮助它两边的大雁形成局部的真空。科学家发现，大雁以这种形式飞行，有利于整个群体的持续飞行能力。

合作可以产生1+1>2的倍增效果。据统计，获诺贝尔奖的项目中，因协作获奖的占2/3以上。在诺贝尔奖设立的前25年，协作获奖占41%，而现在则跃居80%。

分工合作正成为一种企业工作方式的潮流被更多的管理者所提倡，如果人们能把事情变得简单、容易，做事的效率就会倍增。合作，就是简单化、专业化、标准化的一个关键，世界正逐步向简单化、专业化、标准化发展，于是合作的方式就理所当然地成为这个时代的产物。一个由相互联系、相互制约的若干部分组成的整体，经过优化设计后，整体功能能够大于部分之和，产生1+1>2的效果。

3）交换功能

个人与组织存在交换关系，个人加入一个组织并对其投入时间、精力和技能，目的是从中得到自己想要的利益或报酬，以满足自身需求。而组织给予员工各种利益和报酬也是为了让员工对组织有所贡献，以实现组织目标。

4）调节功能

组织是社会的基本单元，是生存于社会大环境之中的，它既要为社会提供各种服务以实现自身的使命，又要受到社会政治、经济、文化及其因素的制约。因此，有生命力的组织必须能适应外部环境的变化，随时进行自我调节，才能得到长期的生存和发展。

◇ **阅读材料**

两种截然不同的组织

组织A是一家制造公司，要求管理者对所有的决策彻底地文件化，而"优秀"的管理者是那些能够提供精细的数据来支持其提案的人。能导致重大变革和风险的、具有开创性的决策是不被鼓励的，由于计划失败的管理者会被公开地批评或惩罚，因此管理人员尽量实施那些不太偏离现状的构想。一位基层管理人员引用公司常用的一句话来说，就是"如果没坏，就不要修理它"。

公司要求雇员遵守大量的规章制度，管理者严密监督雇员以保证不发生偏离。管理当局关心的是高生产率，而不关心它对雇员士气或流动率的影响。

工作活动是围绕个人设计的。组织中有明确的权力线，并希望雇员尽量减少与专业领域外或指挥线外的雇员正式交流。虽然上级往往是决定加薪和晋升的主要因素，但是绩效评估和奖励强调的是个人的努力。

组织B也是一家制造公司。在这家公司中，管理当局鼓励并奖励冒险和变化。基于直觉的决策与那些经过充分合理化的决策受到同等程度的重视。管理当局以不断试验新技术并成功地定期引入创新产品为荣。公司会鼓励那些具有好点子的管理者或雇员"大胆地去做"，而失败被视为"学习经验"。公司以自己成为市场推动型的公司而骄傲，并对顾客变化的需求做出快速的反应。

雇员只要遵守少量的规章制度，监督较松，因为管理当局相信他们会努力工作，而且是值得依赖的。管理当局关心高生产率，但他们相信高生产率来自正确地对待员工。该公司因良好的工作氛围而享有盛誉，公司也为此感到自豪。

工作活动是围绕工作团队设计的，公司鼓励团队成员跨越职能领域和权力等级进行交流。雇员对团队间的竞争表现出积极的态度。个人和团队都有目标，因为发放红利的基础是取得的成就。此外，雇员在选择实现目标的手段时具有相当大的自主权。

4.2 组织结构设计

在俄克拉荷马州麦卡拉斯特南边 6 英里处，一个大型工厂的员工正在生产产品，这些产品要求相当精确。因为这些人"擅长这种工作，而且已经工作了很长时间，所以拥有 100%的市场份额。"他们生产什么？为美国军方生产炸弹。这种工作很琐碎，需要有一个结构严谨、有约束机制的工作环境，同时还伴有高风险，也容易造成情绪的激动。尽管如此，员工还是有效率、有效果地完成了工作。

在加拿大海关和税务局，工作同样被有效率、有效果地完成了。它们的工作人员分布更加广泛，他们借助共享的工作空间、流动的计算机运算和实际的个人网络完成了工作。这几个例子都反映了组织活动和组织结构对完成组织工作的重要性。

4.2.1 组织结构设计概述

组织是一个实体，必然有一个组织的框架体系。就像一个人有一副骨骼支撑形成特定的体型一样，组织由结构来决定其形状。组织结构设计是组织活动的基础和前提。组织结构设计的过程如图 4-1 所示。

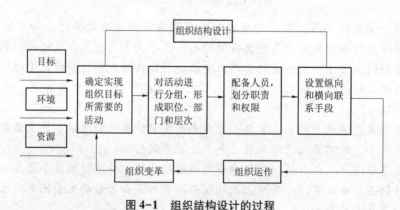

图 4-1 组织结构设计的过程

1. 组织结构

管理学中没有哪个论题像组织结构设计这样在过去的几年里经历了如此巨大的变化。传统组织结构设计方法受到了重新审视，需要找出那种能支持和促进员工有效地完成组织任务的结构设计方案，既要取得高效率，又能保持灵活性。那么，什么是组织结构？

所谓组织结构，就是组织内部对工作的正式安排，是组织内的全体成员为实现组织目标，在管理工作中进行分工协作，通过职务、职责、职权及相互关系构成的结构体系。管理者在发展或变革一个组织结构时，就是在开展组织设计工作，即提供组织系统图和编制职务说明书，形成组织手册。组织绩效在很大程度上取决于组织结构的合理性和适应性。

组织结构设计是一个涉及 6 个关键要素的过程，包括工作专门化、部门化、指挥链、管理跨度、集权与分权、正规化。

2. 组织结构设计的原则

1）目标责任原则

组织是因其特定的目标而存在的，目标表明组织的发展方向及所要进行的工作。组织中部门、职位及职权关系的设定要以目标为依据，而不能因人设事、因人设职，导致机构臃肿、人浮于事。同时，要根据目标实现的要求，明确每个职位所承担的责任，确保岗位工作的顺利完成，实现组织目标。

2）精简效能原则

力求以最少的人员，高效地完成管理和业务工作，实现既定目标。精简一方面是尽量减少管理层次，另一方面是各部门的人员配备要合理。效能是指组织中的每个成员都要负荷饱满，具有高质量完成工作的能力。同时，由于管理层的减少，必然要求提高协调的效率。

3）分工协作原则

所谓分工，就是根据工作效率的要求，将组织的工作划分为各种专业化的工作。通过分工，可以缩小工作范围，使员工充分发挥自己的聪明才智，成为某方面的专业人才，从而提高工作效率。组织内的分工可以表现为各种形式，如不同的岗位、不同的部门和不同的管理层次等。

分工是协作的基础。所谓协作是指部门之间的整体配合，没有部门之间的配合，就无法发挥管理的整体效率，实现组织的总目标。

4）统一指挥原则

统一指挥的含义，是指下级只能接受一个上级的命令和指挥，只有这样，才能使上级的指挥得到有效的执行。如果一个人同时接受两个或两个以上领导的指令，必然会出现多个领导的混乱局面。这个原则要求组织从最高领导层到最底层的上下级之间形成一条等级链或指挥链，每一个领导不允许越级指挥，每一个下级也只能向直接上级请示工作，不可越级请示。

5）责权利相对应的原则

职权是每一个管理人员在一定职位上拥有的权力，职责是所在职位应该完成某项工作的责任。责权利对应的含义是职位的责任、权力和利益应该是对等的，有权无责或权大责小，就会产生乱用权力和瞎指挥的官僚主义现象；有责无权或责大权小，就会影响职责承担者的积极性，甚至难于履行职责。同时，应根据责任的大小来确定相应的经济利益，利益分配不合理，必然会影响员工的积极性，影响组织的有效运转。

4.2.2　组织结构设计的程序

组织结构的设计，实质就是把为实现组织目标而要完成的工作，划分为若干性质不同的业务工作，然后再把这些工作"组合"形成若干部门，并确定各部门的职责与职权。总之，组织结构的设计就是对组织内的层次、部门和职权进行合理的划分。具体程序如下方面。

① 确定组织结构设计的方针和原则。
② 进行职能分析和职能设计。
③ 设计组织结构框架，即设计承担这些管理职能和业务的各个管理层次、部门、岗位及权责。
④ 设计联系方式，即设计纵向管理层次之间、横向管理部门之间的协调方式和控制手段。
⑤ 设计管理规范，即确定各项管理业务的管理工作程序、管理工作应达到的要求和管理人员应采取的方法等。
⑥ 人员配备和管理训练，即为组织结构运行配备相应的管理人员和工作人员，并训练他们适应组织结构的各要素运作方式，使他们了解组织内的管理制度或掌握所需技术等。
⑦ 设计运行制度，如部门和人员的考评制度、激励制度和培训制度等。
⑧ 反馈与修正，即要在组织运行过程中，根据出现的新问题、新情况，对原有组织结构设计适时进行修正，使其不断完善。

4.2.3　组织结构设计的内容

进行组织结构设计，第一，要考虑外部环境特点和组织自身情况，分析制约组织结构设计的因素；第二，根据组织目标的要求，确定工作任务，将各类工作按其特点分类组合，即进行职能的分解与设计；第三，在上述基础上，考虑完成各类工作的组织单元，设置部门及相互之间的分工协作关系，进行横向的协调，同时，设计纵向的等级链，明确管理层次及各层次间的指挥关系，规定各个职位的权力责任和相应的利益；第四，按要求提供组织结构运行的保障，设计管理规范并进行人员的配备与训练，并监控组织的运转情况，做出必要的反馈和修正。

1. 分析制约组织结构设计的因素

在组织结构设计时必须考虑影响组织结构的因素，主要有以下几方面。

1）企业战略

艾尔弗雷德·钱德勒指出："公司战略的变化先行于并且导致了组织结构的变化"，即"战略决定组织结构"。

企业通常起始于单一产品或产品线生产，此时，企业战略只要求一种简单、松散的结构形式来配合。当企业发展壮大以后，企业战略倾向于纵向一体化发展，因而使组织之间相互依赖性增强，产生了更高的协调要求，这就需要重新设计组织结构，按职能来建立专业化的组织单位。当企业进一步成长以后，很可能进入多元化发展阶段，为了对各个行业做出迅速的反应，要求企业进一步变革组织结构，通常实行事业部制来适应此时的企业战略需要。

2) 外部环境

外部环境，是指组织之外的一切因素，也是一种不确定性的因素。外部环境对组织结构的影响表现在组织必须随着外部环境的变化而变革自己的组织结构。一般而言，稳定的外部环境采用机械式组织结构最为有效；而动态的、变化较大的外部环境则适合于采取有机式组织。

2001年美国遭受"9·11"恐怖袭击后，对于分权制是如何帮助公司来应对当时的巨大变化和不确定性方面，UPS公司的卡车队是一个极好的例子。该卡车队每天承担了全国7%的国内产品的运输任务，它之所以在大难临头之际仍然保持了及时和准确的营运工作，就得益于它采取了允许当地经理做出关键决策的分权制。

企业可以增设部门及专人去处理外部环境带来的挑战及要求，如审视环境、研究预测、公共关系等工作；可以安排一个较为灵活的结构，包括权力下放和较少的制度性束缚；也可以鼓励团队工作，加强不同部门之间的联系和合作，以应对外部压力。

自从中国加入世界贸易组织以来，由于参与了全球经济竞争，像鞍山钢铁公司这样一些企业经历了越来越大的环境不确定性。鞍山钢铁公司是中国最大、也是最享有盛誉的钢铁加工企业之一。通过工作重组，鞍山钢铁公司从它的165 000名员工中削减了将近30 000人，使它的员工队伍更加精干、效率更高，企业的灵活性也因此得到提高。

3) 技术

技术，是指企业在生产过程中所使用的机械工具、技术知识及操作程序，技术有高低、复杂和简单之分，从而对组织结构产生不同的影响。

4) 组织规模

大型组织（通常雇用2 000名雇员以上）比小型组织具有更高程度的专业化、横向及纵向的分化，规则条例也更多。但这种关系并不是线性的，即组织规模到达一定程度，对组织结构的影响程度就会下降。现代大型组织的特征是组织内的一般人员更少；结构相对扁平，团队结构取代金字塔式的层级结构；组织设计上更倾向于顾客或经营过程导向，而不是职能。

5) 权力控制的影响

以斯蒂芬·罗宾斯为代表的学者认为权力控制对组织结构的影响表现在以下方面。

① 组织的权力控制者在选择组织规模、组织战略、组织的技术和如何对环境做出反应方面有最终的决策权，因而对组织结构模式选择也有最后的决策权。

② 任何组织都是由各种利益的代表团体所组成的，权力控制集团中各成员都在不同程度上代表着某一利益。一个组织的组织结构必然反映出最强利益集团的利益，或是多个较强利益集团之间利益的妥协。

③ 权力控制者总是不愿意轻易放弃自己的权力，他们总是追求权力控制，即使分权，亦以不失去控制为最低限度。

④ 权力控制者会采用合理的方式，即在组织利益的范围内，寻找组织利益与个人利益的结合点，既公私兼顾，又合理合法。

2. 职能的分解与设计

职能设计是对企业的管理业务进行总体设计，确定企业的各项经营管理职能及其结构，并层层分解为各个管理层次、管理部门、管理职务和岗位的业务工作。它使企业的战略目标和战略任务得到管理组织上的落实，并为管理组织的框架结构设计提供科学的依据。

1）基本职能的设计

进行基本职能设计时，首先找出国内外比较先进的同类企业作为参考系；其次根据组织设计的有关变量因素，如环境、战略、技术、规模、人员素质、企业生命周期等特点加以调整，考虑是否有必要简化、增加或细化某些职能，确定本企业应具备的基本职能；最后，按外部环境的特点，根据企业规模及组织形式调整企业基本职能的其他因素。

2）关键职能的设计

确定企业的关键职能需要考虑以下问题。什么是企业的关键职能？为了达到企业的战略目标，什么职能必须得到出色的履行，取得优异的成绩？什么职能履行得不佳，会使企业遭受严重损失，甚至危及企业的生存？企业的经营宗旨是什么？对体现这一宗旨具有重要价值的活动是什么？

3）职能的分解

职能的分解，是指将已确定的基本职能和关键职能逐步分解，细化为独立的、可操作的具体业务活动。职能分解时要求注意业务活动的独立性、可操作性，避免重复和脱节。

职能分解的逐级分解法，如图4-2所示。

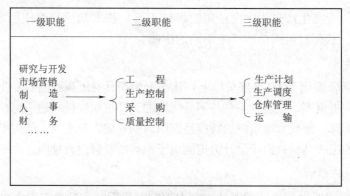

图4-2 职能分解的逐级分解法

3. 横向协调设计

横向协调设计，是指部门化的设计，是对完成组织目标所必须开展的各项活动，按照一定的方式加以归并组合，以形成便于管理的单位或部门。部门划分是横向分工的结果，目的是促进协作和提高效率，可按职能、产品、地区、顾客、销售渠道及项目划分部门。以上几种划分部门的方式可以混合使用。对于不同组织层次及同一组织层次不同系统内部的部门划分，都可以采用不同的部门划分方式，人们称之为混合部门化。

部门划分应遵循的总原则是分工与协作原则，即力求维持最少的部门，组织结构应具有灵活性，能够协调各部门的工作确保目标的实现。同时各部门任务的分配应平衡，避免忙闲不均，并且应注意检查职务和业务部门分设，即检查人不应隶属于受检查的业务部门。

20 世纪 80 年代，李·亚科卡在克莱斯勒公司濒临倒闭之时临危受命，挽救了这艘没落之舟。他说："当我来到克莱斯勒公司的时候，我发现公司里竟然有 35 个副总裁，每个人都有自己的一片领地……例如，令我难以置信的是，那个负责设计工作的伙计居然和负责制造部门的同事老死不相往来。但情况就是如此，每个人都天马行空，独来独往。我对这种情况深感震惊。这时我知道，我遇到大麻烦了。"

"我把设计部的人找来，当我向他解释设计上出了问题，或者设计部门和制造部门之间的关系上有了障碍时，他站在那里惊讶得发呆。他或许有能力发明一种新设计，能让我们节约大笔的金钱，他或许能提出一种全新的设计方案，但是只有一个问题——他不知道制造部门的人无法将它造出来。为什么？因为他从来就没有和制造部门的人说起过这些新设计。在克莱斯勒公司，似乎没有人了解这样一个基本的事实，即公司内不同部门的人相互沟通和交流是绝对不能没有的。设计部门的人和制造部门的人几乎就睡在一起，但这些家伙居然从来也不打个招呼。"

而李·亚科卡改善了克莱斯勒公司的协调工作。例如设计、制造和营销部门之间的协作，加快了克莱斯勒公司 PT 漫游者汽车的设计和生产。

4. 组织结构的框架结构设计

框架结构设计，是指确定企业应设计多少管理层次及这些层次之间的相互关系，包括管理幅度的设计方法、管理层次的设计方法、集权与分权的设计。

5. 组织结构运行保障设计

在组织结构运行的过程中，需要各种各样的资源支持，作为组织运行的保障。为此，管理者应该确立组织的宗旨、使命及战略，构建适宜的文化氛围，制定相应的规章制度和行为规范，做好人员配备与训练设计。

6. 反馈与修正

组织结构设计完成后，通过组织的运行来检验组织设计的合理性，及时发现运行过程中的不足并进行反馈，可以及时发现问题并进行必要的修正。

4.2.4 管理幅度和管理层次的设计

《圣经》中记载着摩西（约公元前 1300 年，曾被俘虏到埃及，他汲取埃及的管理经验，成为希伯来人的领导者）率领希伯来人为摆脱埃及人的奴役而出走。开始，每个人都直接向摩西汇报，遇到大事小情，摩西都要亲自处理。不久，摩西便筋疲力尽。摩西的岳父杰西罗随队前行，他建议摩西建立"千民之侯，百民之侯，半百民之侯和十民之侯"制度，对一些小的事情，让下面的人自己处理，重大的事情由摩西解决。摩西采纳了岳父的建议，顺利地完成了出走的任务。这被称之为第一次有文献记载的管理层级制度。

资料来源:《圣经旧约》第二章"出埃及记"。

在生产力十分低下时,社会分工极其简单,基本的生产劳动可能都是由一个人来完成的。随着生产力的发展,人们的活动也复杂起来,劳动的方式逐渐由个体向群体发展,一项工作往往需要几个人分工协作,共同完成,这就出现了组织中人与人之间的工作配合关系,出现了管理者与被管理者。一开始,管理者与被管理者关系非常简单,但科技的进步及经济的增长,促进了生产力的进一步发展,使组织规模逐渐扩大,管理者与被管理者之间的关系随之复杂化。由于时间和精力有限,主管人员不可能直接地安排和指导所有下属的工作。因此,组织结构的设计需要根据具体情况,确定管理者能够直接管辖的下属人数,即管理幅度。换句话说,为了保证管理的有效性,超过了管理幅度时,就必须增加一个管理层次,通过委派工作给下一级管理者而减轻上层管理者的负担,如此便形成了有层次的结构。

1. 管理幅度

管理幅度也叫控制幅度,或者管理跨度、管理宽度,指一个管理者能有效地直接管理的下属人数。换句话说,管理幅度指的是有多少人共同向同一上级汇报工作。人的知识、经验、能力和精力等都是有限的,最高管理者不可能无限制地直接管理组织的所有员工使他们协调配合实现目标。任何一个管理者能直接管辖的下属人数必定有个限额,超出了这个限额,就要委托他人分担管理工作,并在工作中协调与受托人的关系。因此,在进行组织结构设计时,应衡量每位管理人员的工作权责,考虑哪些工作可以委托给他人,被委托人的数目及需要具备的能力,他们在工作中的关系及与委托者的关系等,确定管理职务的类型和组合方法,规定他们的工作任务和相互关系,保证组织结构的有效运转。

在进行结构设计时,需要设定每个管理人员直接管辖的下属人数。然而,并不存在一个普遍适用于各种情况的具体人数,即使在同样获得成功的组织中,每位主管直接管辖的下属数量也不一定相同。有效管理幅度的大小受到工作环境、管理者本身的素质与被管理者的工作内容、能力等诸多因素的影响。组织结构设计首先要找出这些因素,并根据其影响强度及自身的特点具体确定特定企业各级各类管理者的管理幅度。

影响管理幅度大小的因素主要有以下方面。

1) 工作能力

工作能力包括主管与下属的素质和能力。如果主管的综合能力、理解及表达能力强,则可以迅速地把握重点,给下属恰当的指示和建议并使其正确理解,从而提高工作效率,增加可以直接管辖的下属数目。同样,如果下属能力符合任职要求,受到过良好的系统培训,则可以在权力范围内自主工作,处理问题,减少向上级请示、占用其时间的频率。这样,管理的幅度便可适当放宽些。

2) 主管所处的管理层次

刘邦因怀疑韩信谋反而捕获韩信之后,君臣有一段对话。

刘邦问:"你看我能领兵多少?"

韩信答:"陛下可领兵十万。"
刘邦问:"你可领兵多少?"
韩信答:"多多益善。"
刘邦不悦,问道:"既如此,为何你始终为我效劳又为我所擒?"
韩信答:"那是因为我们两人不一样呀,陛下善于将将,而我则善于将兵。"

管理者的主要工作在于决策和用人,不同层次的管理者对于决策与用人的比例是有所不同的。决策的工作量越大,管理者能够用于指导、协调下属的时间就越少。所以,在组织结构中所处层次越高,决策职能越重要,其管理幅度就越小。

3) 下属工作的相似性

管理者管理的下属从事的工作内容和性质相近,则对每个工作的指导和建议也大体相同。这种情况下,同一主管可以指挥和监督较多的下属。

4) 计划的完善程度

如果组织计划制订得详尽周到,各项工作的目的和要求十分清楚,那么下属只要按计划工作即可,很少需要主管指导。反之,如果计划不够完善具体,下属不仅要执行,而且要进一步分解计划来明确自己的工作目标和任务,其需要上级指导、解释的工作量就会相应增加,此时有效管理幅度就小得多。

5) 助手的配备情况

如果下属遇到的所有问题都需要主管去亲自处理,必然会占去主管大量的时间,此时主管所能直接领导的下属数量就会受到一定限制。如果给主管配备了必要的助手,由助手去和下属进行一般的联络,并直接处理一些明显的次要问题,则可以大大减少主管的工作量,增加其管理幅度。

6) 信息手段的先进性

管理工作必须掌握充分的信息。利用先进的技术去收集、处理、传输信息,不仅可帮助主管更早、更全面地了解下属的工作情况,及时地提出忠告和建议,而且可使下属更多地了解与自己工作有关的信息,更好地自主做好分内的工作。这显然有利于扩大主管的管理幅度。

7) 工作地点的相近性

不同下属的工作岗位在地理上的分散,会增加主管与下属及下属与下属之间的沟通困难,从而影响每个主管所能管理的直属部下的数量。

8) 环境的稳定性

组织环境的稳定性会影响组织活动内容和政策的调整频度与幅度。环境变化越快,变化程度越大,组织中遇到的新问题越多,下属向主管的请示就越有必要、越经常;而此时主管能用于指导下属工作的时间和精力却越少,因为他必须花更多时间去关注环境的变化,考虑应变的措施。因此,环境越不稳定,各层次主管人员的管理幅度就越受限制。

2. 管理层次

由于管理幅度的限制,当组织的人员规模达到一定程度时,即当组织的人员规模突破管理幅度的限度时，就需要而且必须划分出不同的管理层次。这样，组织就由有阶层的单位组织构成，即形成了组织的纵向层次结构。

管理层次也称组织层次，它是描述组织纵向结构特征的一个概念，指一个组织内所设的行政指挥机构所分的层面，即最高决策层下达一道命令传递到最低层，需要几级传送。管理层次是以人类劳动的垂直分工和权力的等级属性为基础的，一个企业的管理层次的多少表明其组织结构的纵向复杂程度。

管理幅度与管理层次是组织结构的基本范畴，是影响组织结构的两个决定性因素。幅度构成组织的横向结构，层次构成组织的纵向结构，横向与纵向相结合构成组织的整体结构。一个组织的管理层次，受到组织规模和管理幅度的影响。在组织条件不变的情况下，管理幅度与管理层次通常成反比例关系，即管理幅度宽，则管理层次少，反之亦然。

4.2.5　高层型与扁平型组织结构

组织结构的设计要正确处理好管理幅度与组织层次之间的关系。有的企业用扩大管理幅度和减少组织层次的方法构成扁平型组织结构，有的企业则采用缩小管理幅度和增加组织层次的方法形成高层型组织结构。

1. 高层型组织结构

高层型组织结构是指管理幅度较小，而在最高管理层与作业层之间具有较多管理层次的组织结构，其外形特征是高而瘦。相对来说，高层型组织结构属于集权型，具有高度的权威性和统一性，决策和行动都比较迅速。

1）高层型组织结构的优点

因为管理幅度较小，管理人员直接管辖的下属人数少，从而有时间和精力对下属进行深入的指导，对工作进行更严密的监督。另外，组织结构设计得严谨、周密，使得控制工作更加有效，提高了组织的稳定性。由于层级较多，所以形成了森严的等级制度，领导权威性较高，垂直的纵向关系十分明确，有利于统一命令指挥。高层型组织结构工作制度严密，对员工的工作内容有明确界定，员工职责分明，分工明确。组织的层次多，意味着各级主管职务设置较多，给下属人员提供了较多的晋升机会。

2）高层型组织结构的缺点

由于组织的层次增多，带来的问题也较多。这是因为组织的层次越多，需要从事管理的人员迅速增加，彼此之间的协调工作也急剧增加，互相扯皮的事会层出不穷。管理层次增多之后，所花费的设备和开支，浪费的精力和时间也随之增加。同时，会使上下级的意见沟通和交流受阻，最高管理层要求实现的目标，制订的政策和计划，不是下级不完全了解，就是传达到基层之后产生了误解。由于管理严密，下级人员在决策中参与程度较低，基本处于服从地位，工作中往往缺乏主动性和创造性。

2. 扁平型组织结构

扁平型组织结构是指管理幅度较大，而管理层次较少的组织结构。相对来说，扁平型组织结构属于分权型。现代企业越来越倾向于使用此类组织结构。

1) 扁平型组织结构的优点

扁平型组织结构层次少，便于上下信息交流，能够缩短上下级距离，密切上下级关系，信息纵向交流快，管理费用低，有利于组织的精简和管理效率的提高。由于管理幅度较大，被管理者有较大的自主性、积极性、满足感，同时也有利于更好地选择和培训下层人员。

2) 扁平型组织结构的缺点

管理幅度较大使各基层部门的业务范围扩大，横向协作增多，职能权限相对扩大，管理工作更为复杂，这对各层次管理人员提出了更高的要求。层次少意味着晋升机会的减少，而且由于不能严密监督下级，上下级协调控制较差，同时管理幅度大，同级间相互沟通联络也比较困难。

选择合适的管理幅度是至关重要的。首先，它会对一个部门的工作关系产生影响，较宽的管理幅度意味着管理者异常繁忙，结果组织成员得到较少的指导和控制；与此相反，过窄的管理幅度意味着中基层管理者权力有限而难以充分发挥工作的能动性。其次，对组织决策活动产生影响，如果组织层次过多，将减缓决策速度，这在环境迅速变化的今天是一个致命的弱点。总之，高层型和扁平型是相对的，组织结构设计要尽可能综合这两种结构形态的优势，究竟选择何种组织结构，要视组织的具体情况而定。

1992年，沃尔玛公司超过希尔斯公司成为美国的第一号零售商。管理大师Tom Peters早在几年前就预见到这一结果。他说："希尔斯不会有机会的，一个12个层次的公司无法与一个3个层次的公司抗争。"Tom Peters也许有点夸大其词，但这个结论清楚地反映了组织结构扁平化的发展趋势。

4.3 组织结构的基本类型与运行

成功的演出，不仅需要每位演员的精彩表演，而且需要优秀的剧本。同样，组织的高效率运行，首先要设计合理的组织结构。虽然高明的管理者能使任何一个组织发挥作用，但合理的组织结构设计会增加管理人员成功的机会。

4.3.1 组织结构的基本类型

福特、东芝、宝洁等公司采用什么样的组织结构？在进行组织结构设计时，有一些通用的设计方案为管理者提供参考。

1. 直线制组织结构

直线制组织结构也叫单线制组织结构，指从最高管理层到最低层实行直线垂直领导。它是组织发展初期简单的组织结构模式，其结构如图4-3所示。

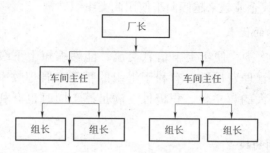

图 4-3 直线制组织结构示意图

直线制组织结构的特点是组织的各管理职位均按垂直系统直线排列,各级行政主管对其下属拥有和行使全部管理职权,要亲自处理各层次的生产、销售、技术、开发、财务、人事等各项业务工作,没有专设的职能机构和参谋人员来协助,是高层的一元化领导组织结构。

直线制组织结构的优点是结构简单、权责明确、指挥统一、联系方便、决策迅速、管理费用低。直线制组织结构的缺点是容易产生专制,妨碍下属发挥主动性和创造性;主管容易陷入日常行政事务之中,无暇研究与思考组织生存与发展中的重大问题;没有专业化分工,不利于管理水平的提高;当组织活动涉及专业领域较多时,全能型主管会力不从心,影响组织进一步发展。

因此,直线制组织结构只适用于技术较为简单、业务单纯、人员数量少、规模较小的组织,也可适用于中型组织现场作业管理。

2. 职能制组织结构

职能制组织结构也叫多线制组织结构,是科学管理之父泰勒首先提出的,其特点是在直线制组织结构的基础上,再按专业分工设置职能管理部门,且各部门有权在其业务分工范围内向下级发布命令,下属既要服从上级直线主管的指挥,又要服从上级各职能部门的指挥,其结构如图 4-4 所示。

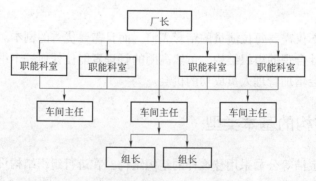

图 4-4 职能制组织结构示意图

职能制组织结构的优点是按专业设置职能部门,能充分发挥职能部门的专业管理作用,减轻了直线主管的工作负担。职能制组织结构的缺点是多头领导,破坏了统一领导的原则。一名下属往往要接受几个上级的命令,有时这些命令还相互矛盾,弄得下级无所适从;直线主管和职能部门职责权限难以划分清楚,双方易产生分歧,互相争权夺利,还容易相互推卸责任;职能部门之间协调困难;管理人员和费用增加。

这种组织结构适用于规模不大但任务较复杂需要专业化职能管理的组织。

3. 直线职能制组织结构

直线职能制组织结构也叫直线参谋制组织结构,是受到军队参谋部门作用的启发,为了发挥直线制组织结构和职能制组织结构的优点,克服两者的缺点而提出的一种组织结构形式,其结构如图 4-5 所示。其主要特点是在组织中设置两套管理系统,一套是按命令统一原则建立的直线指挥系统,另一套是按专业分工原则建立的职能管理系统。组织活动由直线主管统一领导和指挥,并负全面的责任。职能部门则设置在各级直线主管之下,分别从事专业管理,是各级直线主管的参谋部门。职能部门所拟订的计划、方案及有关建议,均应由直线主管批准后下达执行,职能部门对下级主管和下级职能部门无权下达命令并进行指挥,他们只起提供建议、咨询及业务指导的作用。

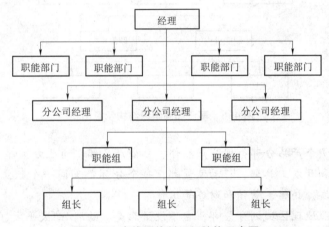

图 4-5 直线职能制组织结构示意图

直线职能制组织结构的优点是既保持了直线制组织结构统一指挥的优点,又避免了直线制组织结构管理粗放的弊端,使管理水平大幅提高。直线职能制组织结构的缺点是权力高度集中,体制较僵化,下级积极性和创造性受到压抑;各职能部门之间联系较弱,很难从全局考虑问题;职能部门和人员没有明确的要求和责权,其作用发挥因人而异,其意见常常得不到应有的重视;随着组织规模的扩大,直线主管(特别是高层)仍有可能陷入日常事务,而疏于考虑组织长远的发展战略;另外,管理人员较多,管理费用上升。

这种组织结构适用于业务种类比较单一,环境比较稳定的中小型组织。

4. 事业部制组织结构

事业部制组织结构又叫分权制组织结构。这种组织结构是美国管理学家艾尔弗雷德·斯隆(当时担任美国通用汽车公司副总裁)在 20 世纪 20 年代,针对企业实行多样化经营所带来的复杂管理问题而提出来的,后来被美、日等国大型企业广泛采用。事业部制组织结构是在企业总部下面按产品或地区等划分许多事业部,各事业部实行相对的自主经营,独立核算。它的主要特点是企业总部与中间管理层间实行分权，不同的管理层承担不同的企业功能，为实现企业目标而协调工作，如图 4-6 所示。每个事业部作为利润中心，拥有自己广泛的经营自主权，统一进行产品的设计、采购、生产和销售，就像一个小型企业一样自主经营。在各事业部之上的总部负责与企业长远发展有关的战略问题、事业部的经理人选及事业部经营的监督和控制。对于各事业部有共性的功能或资源，可由总部设置职能部门来负责，各事业部共享。例如，各事业部共性的技术由总部技术中心负责；各事业部共同需要的原材料可由总部原材料采购部门负责，从而降低采购成本。

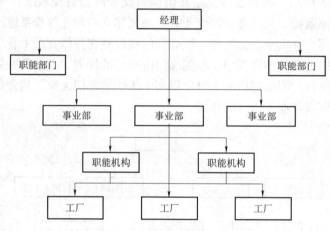

图 4-6　事业部制组织结构示意图

微软公司下设 7 个产品分部：视窗产品部、办公产品部、商业方案部、家庭娱乐部、微软网络部、服务器和开发工具部、移动装置部，每个分部都如同一个独立的公司那样运作，进行自己的产品开发、销售、营销和财务等工作。

高露洁公司按照地理区域划分分部，它下设了北美、欧洲/南太平洋、拉丁美洲、亚洲、非洲/欧亚大陆 5 个分部。这种组织结构很适合高露洁公司，因为它所生产的个人卫生产品常常需要根据不同的文化价值观和当地的习惯加以定做。

事业部制组织结构的优点是企业能把统一管理、多种经营和专业分工很好地结合起来，总部与事业部的责、权、利关系明确；权力高度下放，使最高管理层从日常行政事务中彻底解脱出来，而专注于企业的整体和长远发展，从而既加宽了高层主管所驾驭的范围，又增强了重大决策的科学性和预见性；每个事业部实行相对的自主经营、独立核算有利于对各事业部的绩效进行考评，也能更好地发挥中下层部门的积极性和创造性，因为事业部有了自我发展的动力、压力和能力；每个事业部的运作相当于一个小的独立企业，这有利于培养、锻炼高级管理人才。事业部制组织结构的缺点是总部、事业部、工厂各级均设职能机构，容易造成机构重叠，管理人员膨胀，管理费用较高；每个事业部独立性较强，考虑问题往往只顾及本部门的利益而忽视整体利益；事业部之间的竞争也使相互协调变得困难，等等。

事业部制组织结构主要适用于实行多元化经营的大型企业，以及面临环境比较复杂多样、地理分布分散的大型企业。

5. 矩阵制组织结构

矩阵制组织结构由美国航天航空部门的一些大公司于20世纪50年代创立。它是由按照职能部门化建立的结构和按照产品（或项目）部门化建立的结构重合而成的一个双重结构（如图4-7所示）。矩阵制组织结构的特点是组织中的每一个成员既隶属于纵向的职能部门，又同时隶属于一个或几个横向的项目小组。也就是说，矩阵中的成员要接受双重领导：一方面接受项目小组主管的领导，另一方面接受原属职能部门主管的领导。职能部门是固定的组织，而项目小组一般是临时性组织，项目任务完成后，各成员仍回原属职能部门，直到再参加下一个项目小组。

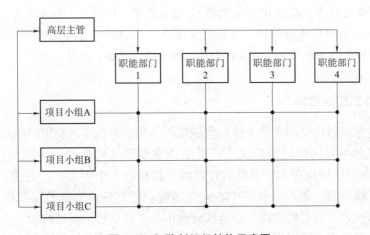

图4-7 矩阵制组织结构示意图

矩阵制组织结构的优点是灵活应变能力强，这是因为横向的项目小组可以根据需要随时设立、调整或撤销；小组成员来自各职能部门，在项目小组工作中作为某方面专家参与决策的程度较高，从而有利于提高积极性，同时他们有机会学习新知识和技能；有利于人力资源的充分利用；有利于加强部门间的横向联系；有利于最高主管实施分权管理，并将注意力集中于重大战略性问题。矩阵制组织结构的缺点是由于实行纵向和横向的双重领导，故一旦处理不当，极易引发项目小组主管和职能部门主管之间的权力争夺，产生互相推诿扯皮、下属人员左右为难的现象；项目小组是临时性组织，易使成员产生短期行为。

矩阵制组织结构的特点决定了这种形式主要适用于某些业务需要集中各方面人员参加的企业。像航天大型企业，为了生存和发展，一方面必须大力发展新技术、新材料、开发新的产品；另一方面又要千方百计争取用户，拿到项目。矩阵制组织结构就可以将两者较好地结合起来。此外，工程建设企业、大学等组织也可以采用此种组织形式。

通用汽车公司的信息系统和服务部

1996年，当通用汽车公司雇用拉尔夫·斯正达作为公司首任首席信息官（CIO）时，该公司甚至连信息办公室都没有。在20世纪90年代初期，整个信息技术职能被委托给了EDS公司，因此通用汽车公司没有自己的IT（互联网技术）员工。拉尔夫·斯正达从零开始，他决定创建一个独树一帜的IT系统——一种矩阵式系统。拉尔夫·斯正达坚信，要满足像通用汽车公司这样的巨型公司的IT系统需要,创建包含几个高度自主管理的分部在内的矩阵式组织结构是最好的方法。

拉尔夫·斯正达雇用了5位分部的CIO,由他们分别负责5个分部的信息技术和服务部门的工作。与此同时,他又聘用了5位过程信息官(PIO)来进行横向跨分部的沟通,他们分别负责5个过程信息办公室:产品开发办公室、供应链管理办公室、生产办公室、顾客服务办公室和企业服务办公室。许多从事信息系统和服务的员工必须同时向分部的首席信息官,以及过程信息官(矩阵老板)报告工作,而拉尔夫·斯正达就是最高领导人,负责整个矩阵的工作。

这个矩阵式的组织结构并非没有问题,但是员工学会了如何平衡他们相互重叠的责任。通用汽车公司在7年间节约了高达10亿美元的IT预算费用,拉尔夫·斯正达将此归功于这个矩阵结构的IT系统。通用汽车公司的首席执行官里克·瓦格纳对此矩阵结构的成功印象深刻,于是决定在公司的其他企业里也设立这种全球工作领导人职务,以帮助公司提高生产率。

6. 多维立体制组织结构

多维立体制组织结构又称多维立体矩阵制组织结构,它是矩阵制组织结构与事业部制组织结构结合形成的一种组织结构形式,是系统论在组织结构中的具体应用(如图4-8所示)。多维立体制组织结构有3类主要的管理组织机构或3个中心:一是按产品(或服务、项目等)划分的事业部,是产品利润中心;二是按职能划分的专业参谋机构,是专业成本中心;三是按地区划分的管理机构,是地区利润中心。在这种组织结构中,事业部与专业参谋机构、地区管理机构共同组成产品指导机构(产品事业委员会),对各类产品的产销活动进行指导。

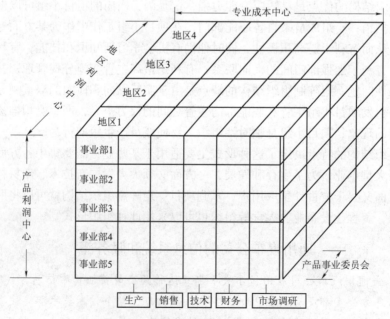

图4-8 多维立体制组织结构示意图

多维立体制组织结构的优点是事业部、地区管理机构与专业参谋机构任何一方都不能单独做出决定，而必须通过共同的协商才能采取统一的行动。这有利于形成集思广益、信息共享、共同决策的协作关系，有利于提高经营管理效率。多维立体制组织结构的缺点是结构形式复杂，对各机构的职责、权限划分要求更严格，没有较高的管理水平和组织水平，难以取得实效。

多维立体制组织结构适于规模巨大的跨国公司或跨地区公司。

上面介绍的是几种典型的组织结构，是对现实中存在的千姿百态的组织形态所做的抽象概括。现实中的组织一般很少一成不变地按上述典型形式构造组织结构，而是在一种典型结构的基础上，根据自身条件、战略和环境特点进行改造，形成自己独特的组织结构。另外，并没有哪种组织结构是最好的、普遍适用的，组织结构的形式也在不断地创新、发展着。

无边界组织

现代组织结构设计还有一种方式，是采用"无边界组织"思想。所谓无边界组织，是指其横向、纵向或外部的边界不由某种预先设定的组织结构所限定或定义的一种组织结构设计。通用电气公司的前董事会主席杰克·韦尔奇首先使用了这一术语。杰克·韦尔奇力图取消通用电气公司内部的纵向和横向的边界，并打破公司与客户单位和供应商之间存在的外部边界障碍。这个理念乍听起来也许很奇怪，但绝大多数成功的组织都已发现，在如今的环境中要能最有效地运营，就必须保持灵活性和非结构化。对这些组织而言，理想的组织结构已不是那种刻板的、预先设定的结构。

虚拟组织

1992年，William Davidow 和 Michaels Malone 给出了虚拟组织的定义：是由一些独立的厂商、顾客，甚至同行的竞争对手，通过信息技术连成临时的网络组织，以达到共享技术、分摊费用及满足市场需求的目的。虚拟组织没有中央办公室，也没有正式的组织图，更不像传统组织那样具有多层次的组织结构。由此可见，虚拟组织是由几个有共同目标和合作协议的企业组成，成员之间可以是合作伙伴，也可以是竞争对手。这就改变了过去企业之间完全你死我活的输赢（win-lose）关系，而形成一种共赢（win-win）关系。虚拟组织集合各成员的核心能力和资源，在管理、技术、资源等方面拥有得天独厚的竞争优势，通过分享市场机会和顾客，实现共赢的目的。虚拟组织由少量核心专职员工组成，此外还会根据项目工作的需要临时雇用外部专家。StrawberryFrog 就是一个虚拟组织，这是一家位于阿姆斯特丹和纽约的国际性广告公司。公司的管理人员很少，两个主要的办事处也不过有100名员工。但是，它拥有一个可以为顾客服务的由100名左右自由职业者组成的全球网络。通过全球的自由职业者网络，公司可以获得一大批人才，而且不存在不必要且复杂的管理和结构问题。这种结构方法的灵感来自电影业，该行业的人们是"自由行动的人"，他们根据工作需要从一个项目转移到另一个项目，对影片进行指导，搜寻演员，负责服装、化妆，进行舞台设计等。

网络组织

网络组织通过自身员工的工作活动和外部供应商网络为他人提供所需要的产品部件和工

作流程，这种组织有时也被称为"模块组织"，特别是在生产型的组织当中。这种组织结构设计使组织把精力集中在自己做得最好的业务上，而把其他业务活动外包给做得最好的公司，许多组织都在使用这种方法开展一定的组织活动。例如，耐克公司实际上是一家产品开发和营销公司，它把运动鞋的生产外包给了其他外部组织。

4.3.2 组织结构的运行

权力是社会关系的产物，它反映人与人之间的关系，代表着权力行使者的意志和利益，它不仅具有强制的力量、支配的力量，还具有影响的力量。组织的不同部门拥有的权力范围不同，会导致部门之间、部门与最高指挥者之间及部门与下属单位之间的关系不同，从而决定了组织结构的不同。因此，组织权力是组织结构设计和运行的基本问题。

组织的纵向管理层次的形成，其实就是组织结构上的横断面的分割，使各个管理职务有所区别，由此形成组织的权力阶层结构。因此，在明确了管理幅度和组织层次之后，下一个任务就是科学地授权。为此，管理者必须识别哪些任务可以授权，其中一个非常有效的方法就是管理者首先对其如何分配进行分析，从而进一步确定哪些职能和责任可以授权他人来完成，由哪些下属来完成，然后授予下属完成任务所必需的权力和资源。最后，在明确下属责任的基础上对授权进行监督和控制。

1. 职权

职权是管理者在管理职位上能够做出决定、发布命令并期待下属服从其命令的正式的、合法的权力。

职权的主要特征是与职位联系在一起的，没有职位，也就没有职权。职权同担任该职位的管理者个人特征无关，无论是谁，只要在该职位上，就拥有该职位所应有的一切权力。同样，无论是谁，只要离开该职位，他的一切职权便不复存在。

2. 授权

子贱放权

孔子的学生子贱有一次奉命担任某地方的官吏。当他到任以后，却时常弹琴自娱，不管政事，可是他所管辖的地方却被治理得井井有条，民兴业旺。这使那位卸任的官员百思不得其解，因为他每天即使起早摸黑，从早忙到晚，也没有把管辖的地方治理好。于是他请教子贱："为什么你能治理得这么好？"子贱回答说："你只靠自己的力量去治理，所以十分辛苦，而我却是借助别人的力量来完成的。"

【管理启示】一个聪明的领导人，应该学习子贱，要善于授权，正确地利用部属的力量，发挥团队协作精神。授权不仅能激发下属的工作积极性，使团队很快成熟起来，也能减轻管理者的负担。授权的前提是建立了一个高效灵活的组织结构。

所谓授权，就是指上级委授给下属一定的权力，使下属在一定的监督之下，有相当的自主权和行动权。授权者对于被授权者有指挥和监督的权力，被授权者对于授权者负有报告及完成任务的责任。

授权是一个过程,包括确定预期的成果、委派任务、授予实现这些任务所需的职权,以及行使职责使下属实现这些任务。授权并不意味着授责,授权只是把一部分权力分散给下属,而不是把与权同时存在的责分散下去。换言之,当一级主管把某几种决策权委授给二级管理人员时,虽然二级管理人员因而获得这些决策权,但一级主管仍然负有相应的责任。

惠而浦公司为了发展全球战略,将经营分散开来,赋予那些发展中国家(如巴西)的设计师和工程师团队以更大的自主权和责任,并且与中国和印度的制造商建立了外包加工的合作关系。

3. 集权与分权

强生公司在研发和销售自己的产品方面,赋予了它的100多个分公司几乎绝对的自主决策权。这种分权的做法与它授权给每个分公司的战略是一致的,其目的就是使得每个公司都更加接近顾客,从而能迅速地满足客户的需要。

甲骨文公司的首席执行官拉里·艾利森通过互联网技术来进行集中经营、削减成本,并且使得每个人都干好自己的工作。拉里·艾利森要求员工利用互联网进行工作,从而他可以仔细地跟踪、分析和控制全球范围的每个单位、每个经理和每名员工的行为。拉里·艾利森首先统一了公司的电子邮件系统,以便让经理们看到这对于做生意来说更加简便、效率更高,并且也更加省钱,随后,他逐步推行了其他全球一体化的互联网应用方法。拉里·艾利森认为,利用互联网来进行集权式管理和控制会更加"科学",这也是甲骨文公司提高管理档次的最好方法。

1)集权与分权的概念

集权,是指将决策权集中在上级部门,下级部门只能依据上级的决定和指示行事;分权,是指上级部门将决策权分配给下级部门,使其能够自主解决一些问题。

集权与分权是相对的概念,不存在绝对的集权和分权。绝对的集权,意味着没有下级被管理者,而职权的绝对分散意味着没有上级的管理者,实际上这两种组织结构都是不存在的。有层次的组织的建立,就已经存在着某种程度的分权。为使组织结构有效地运转,还必须确定分权的程度。

2)影响集权与分权程度的因素

集权与分权的程度,是随条件变化而变化的。对一个组织来说,其集权或分权的程度,应综合考虑以下各种因素。

(1)决策的代价

一般来说,决策失误的代价越高,越不适宜交给下级人员处理。

(2)政策的一致性

如果高层管理者希望保持政策的一致性,则趋向于集权化;如果高层管理者希望政策不一致,则会放松对职权的控制程度。

(3) 组织的规模

组织规模较小时，一般倾向于集权，当组织规模扩大后，组织的层次和部门会不断增加，从而造成信息延误和失真。因此，为了加快决策速度、减少失误，最高管理者就要考虑适当的分权。

(4) 组织的成长

组织成立初期绝大多数都采取和维持高度集权的管理方式。随着组织的逐渐成长，规模日益扩大，则由集权的管理方式逐渐转向分权的管理方式。

(5) 管理哲学

有些组织采用高度集权制，有些组织采用高度分权制，原因往往是高层管理者的个性和管理哲学不同。

(6) 管理人员的数量与素质

管理人员的不足或素质不高可能会限制组织实行分权。即使高层管理者有意分权，但没有下属可以胜任，分权很难实施；相反，如果管理人员数量充足、经验丰富、训练有素、管理能力强，则分权较容易实施。

(7) 控制的可能性

分权不可失去有效的控制。高层管理者在将决策权下放时，必须同时保持对下属的工作和绩效的控制。一般来说，控制技术与手段比较完善，管理者对下属的工作和绩效控制能力强时，可较多地分权。

(8) 职能领域

组织的分权程度也因职能领域而异，有些职能领域需要更大的分权程度，有些则相反。

(9) 组织的动态特性

如果一个组织正处于迅速地成长过程中，并面临着复杂的扩充问题，组织的高层管理者可能不得不做出为数很多的决策。高层管理者在无法应付的情况下会被迫分权。

4.4　组织变革

组织结构的设计，以及在此基础上的人员配备是在特定情境下根据决策者的认识而完成的。由于企业的经营环境在不断变化，人们对环境特点的认识了解不断完善，因此企业的任务、目标及与此相关的岗位和机构设置和这些机构之间的关系也应随之而不断调整，组织及其机构必须顺势变革。

4.4.1　组织变革的动因

1. 组织变革的必要性

哈默和钱皮曾在《公司再造》一书中把"3C"力量，即顾客（customer）、竞争（competition）、变革（change）看成是影响市场竞争最重要的3种力量，并认为3种力量中尤以变革最为重要，"变革不仅无所不在，而且还持续不断，这已成了常态"。

组织变革，是指运用行为科学和相关管理方法，对组织的权利结构、组织规模、沟通渠道、角色设定、组织与其他组织之间的关系，以及组织成员的观念、态度和行为，成员之间的合作精神等进行有目的的、系统的调整和革新，以适应组织所处的内外环境、技术特征和组织任务等方面的变化，提高组织效能。企业的发展离不开组织变革。内外部环境的变化，企业资源的不断整合与变动，都给企业带来了机遇与挑战，这就要求企业关注组织变革。

任何一个组织，无论过去如何成功，都必须随着环境的变化而不断地调整自我并与之相适应。组织变革的根本目的就是提高组织的效能，特别是在动荡不定的环境条件下，要想使组织顺利地成长和发展，就必须自觉地研究组织变革的内容、阻力及其一般规律，研究有效管理变革的具体措施及方法。

2. 组织变革的动因

在变化不定的环境中，每个组织都可能面临需要迅速和大规模改革的情况。这种改革有时候是由于外部因素引起的。例如，当零售商巨头沃尔玛每年都要求你降低价格时，或者当一个关键的供应商退出了市场时；在中国，许多公司都感受到了政府要求提高工人工资，帮助工人应对食品价格上涨的压力；同时，钢材和其他原材料的成本也在急剧上升。这些外部压力迫使管理者设法提高经营效率和进行其他的改革，以使组织能够继续保持盈利。有时候，是组织内部管理者希望发动重大改革，如推行无纸化财务系统、组建员工参加管理小组或者实施新的行政管理制度，以及不断更新员工的工作技能。像宝马公司、3M 公司和戴尔计算机公司等这样一些大型企业，都在这些方面进行了改革。

推动组织变革的因素可以分为外部环境因素和内部环境因素。

1) 外部环境因素

（1）社会经济环境的变化

社会经济环境的变化包括国民经济增长速度的变化、产业结构的调整、政府经济政策的调整及市场需求的变化等。企业组织结构是实现企业战略目标的手段，社会经济环境的变化必然要求企业组织结构做出适应性的调整。

（2）技术条件的变化

现代社会科技发展日新月异，引起产品和工艺的变革，需要企业实行技术改造，引进新的设备、技术、生产、营销等部门就要进行相应的调整。

（3）资源的变化

组织发展所依赖的环境资源对组织具有重要的支持作用，如原材料、资金、能源、人力资源、专利使用权等。组织必须能克服对环境资源的过度依赖，同时要及时根据资源的变化顺势变革组织。

（4）竞争观念的转变

基于全球化的市场竞争将会越来越激烈，竞争方式也将会多种多样，组织若要想适应未来竞争的要求，就必须在竞争观念上顺势调整，争得主动，才能在竞争中立于不败之地。

2) 内部环境因素

（1）组织结构适时调整的要求

组织结构的设置必须与组织的阶段性战略目标、业务流程需求相一致，组织一旦需要根据环境的变化调整上述目标和流程,组织结构必须进行相应的调整。

(2) 保障信息畅通的要求

随着外部不确定性因素的增多,组织决策对信息的依赖性增强,为了提高决策的效率,必须通过组织变革来保障信息沟通渠道的畅通。

(3) 克服组织低效率的要求

组织长期一贯运行极可能会出现低效率现象,其原因既可能是机构重叠、权责不明,也有可能是人浮于事、目标分歧。组织只有及时变革才能进一步阻止组织效率的下降。

(4) 快速决策的要求

决策的形成如果过于缓慢,组织常常会因决策的滞后或执行中的偏差而坐失良机。为了提高决策效率,组织必须通过变革来对决策过程中的各个环节进行梳理,以保证决策信息的真实、完整和迅速。

(5) 提高组织整体管理水平的要求

组织整体管理水平的高低是竞争力的重要体现。组织在成长的每一个阶段都会出现新的发展矛盾,为了达到新的战略目标,组织必须在人员的素质、技术水平、价值观念、人际关系等方面都做出进一步的改善和提高。

(6) 企业本身成长的要求

企业处于不同的生命周期时对组织结构的要求也各不相同,如小型企业成长为中型或大型企业,单一品种企业成长为多品种企业,单厂企业成为企业集团等。

4.4.2　组织变革的征兆

一般来说,企业中的组织变革是一项"软任务",即有时候组织结构不改变,企业也能运转下去,但如果要等到企业无法运转时再进行组织变革就为时已晚了。因此,企业管理者必须抓住组织变革的征兆,及时进行组织变革。组织需要变革的征兆有以下方面。

① 企业经营成绩的下降,如市场占有率下降、产品质量下降、消耗和浪费严重,企业资金周转不灵等。

② 企业生产经营缺乏创新,如企业缺乏新的战略和适应性措施,缺乏新的产品和技术更新,没有新的管理办法或新的管理办法推行起来困难等。

③ 组织机构本身"病症"的显露,如决策迟缓、指挥不灵、信息交流不畅、机构臃肿、职责重叠、管理幅度过大、扯皮增多、人事纠纷增多、管理效率下降等。

④ 员工士气低落,不满情绪增加,如管理人员离职率增加,员工旷工率,病、事假率增加等。

当一个企业出现以上征兆时,应及时进行组织诊断,用以判定企业结构是否有进行变革的必要。

4.4.3　组织变革的阻力

经济全球化和技术的进步,使当今企业处于迅速变化的环境中。为了获得长期的生存和发展,取得持续的竞争优势,企业必须不断调整自身,推动技术变革、组织变革和人员变革以适应不断变化的内外环境。然而变革就意味着破坏，意味着打破传统，变革的这一特性，使得变革具有不同程度的风险性。员工对组织变革的接受与否，组织变革的方向是否适应不断变化的外部环境，都直接影响企业变革的成败。正是由于组织变革所具有的破坏性和风险性，使组织变革会招致来自组织内外各方面的阻力，认识这些阻力的来源，探究阻力的产生原因，将为人们解决组织变革中所遇到的问题提供重要的指导和依据。

1. 组织变革阻力的来源

组织变革就是要改变那些不能适应企业的内外环境、阻碍企业可持续发展的各种因素，如企业的管理制度、企业文化、员工的工作方式、工作习惯等。这种变革必然会涉及企业的各个层面，引起企业内部个人和部门利益的重新分配，可能会使某些员工失去既得利益。因此，必然会遭到来自各方面的阻力。

1) 个人层面

（1）个性的影响

人们对待组织变革的态度与其个性有十分密切的关系。那些敢于接受挑战，乐于创新，具有全局观念和有较强适应能力的人通常变革的意识较为强烈。而那些有高度成就欲望的人，或是一些因循守旧、心胸狭窄、崇尚稳定的人对变革的容忍度较低，变革的抵触情绪较大。一些依赖性较强，没有主见的员工常常在变革中不知所措而依附于组织中群体的态度倾向。

（2）利益的影响

当联邦快递公司打算扩大地面运输，以使自己比 UPS 公司更加具有竞争力时，经理们就意识到，本公司那些从事空中服务的员工会感受到威胁。类似地，联邦快递公司收购了金科公司，而联邦快递公司的经理们就应当考虑到，金科公司员工的个人利益可能会引发对该收购的抵制。

变革会打破现状，破坏已有的均衡，必然会损害一部分人的既得利益，这类人常常是组织变革的最大抵触者，他们常常散布谣言，制造混乱，甚至采取强硬措施抵制组织变革。

（3）心理的影响

组织变革后会要求员工调整已经习惯了的工作方式，而且意味着要承担一定的风险。对未来不确定性的担忧、对失败风险的惧怕、对绩效差距拉大的恐慌及对公平竞争环境的担忧，都可能造成人们心理上的倾斜，进而产生心理上的变革阻力。另外，平均主义思想、厌恶风险的保守心理、因循守旧的习惯性心理等也都会阻碍或抵制组织变革。

2) 组织层面

在组织层面上产生组织变革阻力的因素有很多，既包括了组织结构、规章制度等显性阻力，还包括了组织文化、氛围及员工的工作习惯等隐性阻力。由于组织变革会对组织内部各部门、各群体的利益进行重新分配，那些原本在组织中权力较大、地位较高的部门和群体必然会将组织变革视为一种威胁，所以为了保护自身利益常常会抵制变革。另外，企业的业务流程再造必然会重组企业的组织结构，对某些部门、机构予以合并、撤减，以及重新进行权责界定，一些处于不利地位的部门和机构就会反对组织变革。相对于组织内的显性阻力而言,组织内的隐性阻力就更加隐蔽,而且一时难以克服。在长期的工作中,员工与员工之间、员工与领导之间、员工与组织之间已经形成了某种默契或契约,组织内的文化、员工的工作方式已经成为一种习惯。一旦实行组织变革,就意味着改变员工业已形成的工作关系和工作方式,必然会引起员工的不满。

2. 组织变革阻力产生的原因

1)员工在个人利益和整体利益上难以取舍

一般而言,组织变革的目标就是要追求组织整体利益的最大化,这与组织内各利益主体的根本利益是一致的,但是,组织利益最大化的实现需要各利益主体的有效组合,这样就必然会对组织内的各主体的权利和利益进行重新分配。因此,一些群体和个人的既得利益就会有所损失。这就要求员工要有一种舍小家、顾大家的全局意识,从组织的整体利益和全局利益去看待变革的意义。然而,在现实社会中,一些领导和员工只顾自己的个人利益和短期利益,盲目地抵制组织变革使得变革难以实施。

2)员工对组织变革的发动者缺乏信心

在组织变革的过程中,一些员工对组织变革的紧迫性认识不足,认为组织变革没有必要,并且会对自己的利益造成损害。还有一些员工认为组织变革很有必要,但对组织变革发动者的动机和能力产生怀疑,他们中有的认为组织变革是发动者为了获得私利的伎俩,有的认为发动者的知识和能力不足以实现既定的目标。

3)员工对组织变革的后果不确定

通用汽车公司转向机构分部的工会领导人抵制员工参与管理的计划,因为他们不确定该计划是否会对他们的地位产生影响,因此就鼓动反对这项计划。

在实施组织变革的过程中,一些员工虽然认识到了组织变革的迫切性,但却不能准确地把握变革实施的后果,他们常常会对组织变革产生各种猜疑,认为组织变革有可能达不到预期的效果,很可能会对组织、个人的利益产生损害。这类人常常认为组织变革是在冒风险。因此在组织变革的过程中,他们常常依附于群体的态度倾向,有的甚至公开抵制组织变革。

4)员工对自己的能力缺乏信心

组织变革常常伴随着技术变革、人员变革。每一次组织变革的实施都对员工提出了更高的要求。先进生产线的引进,办公自动化的建立,新技术的应用都要求员工不断地提高自己的知识和能力,以适应组织变革的需要。而一些员工担心自己的技术已经过时,一旦发生组织变革,自己就会被淘汰或是地位遭到挑战,因此,他们宁愿维持现状。这些人,通常是那些墨守成规、进取心较弱的员工或是高龄员工。

3. 组织变革阻力的克服

为了确保组织变革的顺利进行,必须要事先针对组织变革中的种种阻力,进行充分的研究,并采取一些具体的对策。

1）力场分析

勒温曾提出运用力场分析的方法研究组织变革的阻力，其要点是：把支持组织变革和反对组织变革的所有因素分为推力和阻力两种力量，前者发动并维持组织变革，后者反对并阻碍组织变革。当两力均衡时，组织维持原状，当推力大于阻力时，组织变革向前发展，反之组织变革受到阻碍，如图4-9所示。管理层应当分析推力和阻力的强弱，采取有效措施，增强支持因素，削弱反对因素，进而推动变革的深入进行。

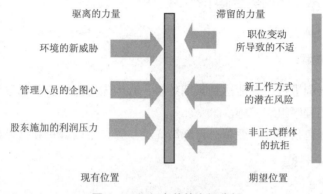

图4-9　组织变革的力场分析

2）人力资源要为组织变革服务

员工的个性与其对待组织变革的态度有着密切的关系。首先，组织在招聘的过程中，就应该引入心理测评，通过测评招聘一些有较强适应能力，敢于接受挑战的员工。其次在组织变革的过程中，要加强对员工的培训，提高员工的知识水平和技能水平，使得组织的人力资源素质和组织变革同步推进。最后，在组织的日常经营过程中，应该树立一种团体主义的文化，培养员工对组织的归属感，形成一种愿意与组织同甘共苦的组织文化。

3）加强与员工的沟通

通过沟通让员工明白组织变革的意义。在变革实施之前，企业决策者应该营造一种危机感，让员工认识到组织变革的紧迫，让他们了解组织变革对集体和个人的好处，并适时地提供有关组织变革的信息，澄清组织变革的各种谣言，为组织变革营造良好的氛围。在组织变革的实施过程中，要让员工理解组织变革的实施方案，并且要尽可能地听取员工的意见和建议，让员工参与到组织变革中来。与此同时，组织还应该时刻关注员工的心理变化，及时与员工交流，在适当的时候可以做出某种承诺，以消除员工的心理顾虑。

4）适当地运用激励手段

在组织变革的过程中适当地运用激励手段，将达到意想不到的效果。一方面，组织可以在实施组织变革的过程中，提高员工的工资和福利待遇，使员工感受到组织变革的好处和希望。另一方面，组织可以对一些员工予以重用，以稳住关键员工，消除他们的顾虑，使他们安心工作。

5）引入组织变革代言人

组织变革代言人即通常所谓的咨询顾问。由以上分析可知，在组织变革的过程中，一些员工认为组织变革的动机带有主观性质，认为组织变革是为了当权者能更好地谋取私利。还有一些员工认为组织变革发动者的能力有限，不能有效地实施组织变革。而引入组织变革代言人就能很好地解决上述问题。一方面，咨询顾问通常都是由一些外部专家所组成的，他们的知识和能力不容置疑；另一方面，由于组织变革代言人来自第三方，通常能较为客观地认识企业所面临的问题，且较为正确地找到解决的办法。

4.4.4 组织变革的过程与程序

1. 组织变革的过程

为使组织变革顺利进行，并能达到预期效果，必须先对组织变革的过程有一个全面的认识，然后按照科学的程序组织实施。

组织变革的过程包括解冻—变革—再冻结 3 个步骤，用以解释和指导如何发动、管理和稳定变革过程。

1) 解冻

解冻是组织变革前的心理准备阶段。这一步骤的关键在于创设组织变革的动机，鼓励员工改变原有的行为模式和工作态度，采取新的适应组织战略发展的行为与态度。为了做到这一点，一方面，需要对旧的行为与态度加以否定；另一方面，要使管理者和员工认识到变革的紧迫性。在这一阶段可以采用比较、评估的方法，把本单位的总体情况、经营指标和业绩水平与其他优秀单位或竞争对手加以一一比较，找出差距和解冻的依据，帮助员工"解冻"现有的态度和行为，使他们迫切要求变革，愿意接受新的工作模式。此外，应注意创造一种开放的氛围和心理上的安全感，减少组织变革的心理障碍，提高组织变革成功的信心。

2) 变革

变革是组织变革过程中的行为转换阶段。变革是一个学习过程，需要给员工提供新的信息、新的行为模式和新的视角，指明变革方向，实施变革，进而形成新的行为和态度。在这一步骤中，应该注意为新的工作态度和行为树立榜样，可以采用角色模范、导师指导、专家演讲、群体培训等多种途径。变革是一个认知的过程，它通过获得新的概念和信息得以完成。

3) 再冻结

再冻结是变革后的行为强化阶段。在再冻结阶段，利用必要的强化手段使新的态度与行为固定下来，使组织变革处于稳定状态。由于人们的传统习惯、价值观念、行为模式、心理特征等都是在长期的社会生活中逐渐形成的，并非是一次变革能够彻底改变的。为了确保组织变革的稳定性，需要注意使员工有机会尝试和检验新的态度与行为，并及时给予正面的强化；同时，加强群体变革行为的稳定性，促使形成稳定持久的群体行为规范。

2. 组织变革的程序

组织变革的程序可以分为以下几个步骤。

1) 通过组织诊断，发现组织变革征兆

组织变革的第一步就是要对现有的组织进行全面的诊断。这种诊断必须要有针对性，要通过收集资料的方法，对组织的职能系统、工作流程系统、决策系统及内在关系等进行全面的诊断。组织除了要从外部信息中发现对自己有利或不利的因素之外，更重要的是能够从各种内在征兆中找出导致组织或部门绩效差的具体原因，并确立需要进行整改的具体部门和人员。

2) 分析组织变革因素，制订改革方案

组织诊断任务完成之后，就要对组织变革的具体因素进行分析，如职能设置是否合理、决策中的分权制度如何、员工参与改革的积极性怎样、流程中的业务衔接是否紧密、各管理层之间或职能机构之间的关系是否易于协调等。在此基础上制订几个可行的改革方案，以供选择。

3) 选择正确方案，实施变革计划

制订改革方案的任务完成之后，组织需要选择正确的改革方案，然后制订具体的改革计划并贯彻实施。推进改革的方式有很多种，组织在选择具体方案时要充分考虑到改革的深度和难度、改革的影响程度、变革速度及员工的可接受和参与程度等，做到有计划、有步骤、有控制地进行改革。当改革出现某些偏差时，要有备用的纠偏措施及时纠正。

4) 评价组织变革效果，及时进行反馈

组织变革是一个包括众多复杂变量的转换过程，再好的改革计划也不能保证完全取得理想的效果。因此，组织变革结束之后，管理者必须对改革的成果进行总结和评价，及时反馈新的信息。对于没有取得理想效果的改革计划，应当给予必要的分析和评价，然后再做取舍。

4.4.5 组织变革的趋势

随着社会的发展和时代的变迁，传统的组织结构已不能适应当代变化快速的经营环境，组织变革已成为大势所趋。传统金字塔形的"命令—支配"模式，将被更具有动态性和灵活性、创造力和快速敏捷应变能力的"网络模式"所替代。现代组织变革的趋势有以下方面。

1. 扁平化

组织结构的扁平化，就是通过减少管理层次、裁减冗余人员来建立一种紧凑的扁平组织结构，使组织变得灵活、敏捷，组织效率得以提高。未来的组织结构将会逐步向扁平化演变。

2. 网络化

相对于官僚制组织而言，网络化组织最本质的特征在于强调通过全方位的交流与合作实现创新和双赢。全方位的交流与合作既包括了企业之间超越市场交易关系的密切合作，也包括了企业内部各部门之间、员工之间广泛的交流与合作，而且这些交流与合作是以信息技术为支撑的，并将随着信息技术的发展而不断地强化。当然，网络关系不能完全取代组织中权威原则的作用，否则组织就会出现混乱，所以组织中的层级结构是始终要保持的，只不过是层级更少的扁平化结构。

3. 无边界化

无边界化，是指企业各部门间的界限模糊化，目的在于使各种边界更易于渗透，打破部门之间的沟通障碍，有利于信息的传送。在具体的模式上，现在比较有代表性的无边界模式是团队组织。团队指的是职工打破原有的部门边界，绕开中间各管理层，组合起来直接面对顾客和对公司总体目标负责的、以群体协作优势赢得竞争优势的企业组织形式。这种形式成为组织结构创新的典型模式。

团队一般可分为两类。一类是"专案团队"，成员主要来自各部门的专业人员，其使命是为解决某一特定问题而组织起来，问题解决后即宣告解散。例如，在美国航空公司，为了计划和设计新的低票价航线，就成立了由机械员、飞行员、订票代理商、行李服务商和飞机保洁员等组成的跨职能团队。另一类是"工作团队"，可以进一步把它分为高效团队和自我管理团队。工作团队一般是长期性的从事日常性的公司业务工作，如为一家汽车制造厂提供零件供应或后勤服务。

无边界思想是一种非常具有新意的企业组织结构创新思想，它完全是超国界、超制度、超阶级、超阶层的。组织作为一个整体的功能得以提高，已经远远超过各组成部门的功能。

4. 多元化

多元化，是指组织不再只有一种合适的组织结构，企业内部不同部门、不同地域的组织结构不再是统一的模式，而是根据具体环境及组织目标来构建不同的组织结构。管理者要学会利用每一种组织工具，了解并有能力根据某项任务的业绩要求，选择合适的组织工具，从一种组织转向另一种组织。

5. 柔性化

柔性化，是指根据环境的变化调整组织结构，建立临时的以任务为导向的团队式组织。柔性化的本质是保持变化与稳定之间的平衡，它需要管理者具有很强的管理控制力。

6. 虚拟化

斯特利达公司

仅仅靠两个人，他们是如何做到经营整个公司，并且在全世界销售几千辆高技术折叠自行车的？斯迪特曼·巴斯和比尔·本奈特之所以做到了这一点，就是通过虚拟网络，将设计、制造、顾客服务、财务等几乎所有的事情外包给其他的机构去完成。

斯迪特曼·巴斯是一个自行车迷，当他和朋友比尔·本奈特买下了不景气的英国斯特利达公司后，开始着手经营自行车业务。当时，斯特利达公司的麻烦在于，每单的订货数量很少，但质量要求却很高。两个人很快就明白了症结所在。折叠自行车是一种很聪明的设想，但是对于制造商来说却是一场噩梦。期迪特曼·巴斯和比尔·本奈特立即将产品设计和新产品开发交给美国的一家自行车设计公司，而打算将自行车的制造仍然放在英国伯明翰的一家自行车制造工厂里进行。但是来自意大利的一个大订单迫使他们改变了做法。最终他们将所有的制造工作都交给了中国台湾的明环公司，而明环公司所需要的原材料来自于本地制造。

最后，这个谜底的最后一部分是：将剩下的工作，从营销到分销承包给英国伯明翰的一家销售公司去完成，而斯迪特曼·巴斯和比尔·本奈特则集中精力来管理这个协作网络，让它运转得灵活顺畅。

虚拟化，是指用技术把人、资金、知识或构想网络在一个无形（指无实物形态的办公大厦、固定资产和固定的人员等）的组织内，以实现一定的组织目标的过程。

虚拟化的企业不具备常规企业所具有的各种部门或组织结构，而是通过网络技术把组织目标所需要的知识、信息、人才等要素联系在一起，组成一个动态的资源利用综合体。虚拟组织的典型应用是创造虚拟化的办公空间和虚拟化的研究机构。前者是指同一企业的员工可以置身于不同的地点，但通过信息和网络技术进行联系，就像在同一办公大楼内同步共享和交流信息一样；后者是指企业借助于通信网络技术，建立一个跨越时空的合作联盟，把位于各地的属于或不属于本企业的研究开发人员、专家或其他协作人员联系在一起，实现一定的目标。

加拿大的庞巴迪公司生产的新型大陆牌商用喷气式客机，是由世界各地提供的10多个模块拼装起来的。它的发动机来自于美国，机头和驾驶舱来自于加拿大，中间机身来自于北爱尔兰，尾翼来自于中国台湾，机翼则由日本制造，等等。

◇ **阅读资料**

雀巢公司：让电子商务成为我们的经营方式

美国雀巢公司的领导正在试图通过使用互联网来改变这个巨大公司经营工作的方方面面，从购买原材料时处理各种采购订单，到销售它的2 000多种产品，这些产品包括雀巢公司的嘎吱棒、钟楼饼干及瘦身冷冻食品等。该公司的规模及以往的辉煌，使得许多人不愿意进行这种改革。但是，高管层已经决心实施管理和组织结构方面的改革，以实现首席执行官乔伊·威勒"让电子商务成为我们经营方式"的目标。

美国雀巢公司是雀巢公司最大的1个子公司，其改革的确是开始于该公司的最高层——加利福尼亚州格兰达尔市21层钢化玻璃结构总部大楼的顶层。高层经理们卷起了他们办公室里的东方式地毯，搬到了下面几层，以便与那些坐在一个个小隔间里的员工更加密切接触，腾出来的办公室让给通信和虚拟工程师们工作。为了使公司员工变得更加精干和反应迅速，乔伊·威勒还实施了一系列自上而下的改革，其中之一是规定"星期五上午10点后不开会"。乔伊·威勒认为，如果人们在开会上花的时间过多，那么他们将没有时间来考虑战略和长远发展的大问题。另外一个是他的"成功蓝图"文件，这是一张两面打印的文件，上面有公司的使命宣言，以及将美国雀巢公司变成一个反应更加迅速，更加具有进取心的公司的指导原则。

然而，最大的改革是互联网本身。高管层的决定，不是另外单独建立一个电子商务部门，而是将公司的每个部门和事业部都成为一体化电子商务的组成部分。每个经营分部都要指定一个"电子商务促进员"，他的任务是帮助经理开发企业对顾客（B2C）和企业对企业（B2B）的业务。公司关于B2C战略的总方针是建立几个网站，这些网站的重点在于帮助顾客，向他们提供信息，而不是推销公司的产品，如www.very best baking.com 网站提供菜谱和烹饪技巧。建立这些网站的目的是强化顾客与雀巢公司产品的"密切关系"。至于B2B，公司建立了NestleEZOrder网站，它将使公司每年所接到的10万份电话或传真订货减少到最少，从而将大大降低处理这些订单的费用支出。

在员工是否能全盘接受这些改革的问题上，美国雀巢公司的高层经理们将仍然面临着挑战，但是他们相信，通过深入仔细的实施，这些改革将生根发芽，必将成为公司日常经营的常规方法。

【本章小结】

在本章中介绍了组织的相关内容。所谓组织，是指按照一定目的和程序而组成的一种权责角色结构，是为了实现组织目标对组织的资源进行有效的配置的过程。它包括有形要素和无形要素，这是组织存在的必要条件。

在管理学中对组织职能的研究主要包括对组织结构的研究、对组织结构中权责角色的研究及对组织的变革方式的研究等。首先，对组织结构的研究就是要了解组织结构设计的基本程序、基本原则、特点，以及组织结构的基本类型和运行方式。对于一个组织来说，这是非常重要的，就如同人们要建造一座牢固而实用的大厦就必须对它的结构进行严谨而科学的设计，因此这也是本章的重点内容。当然，组织的职能远不是通过了解组织的结构问题就能够掌握的。其次，组织中的结构就是一种权责关系形态，这种权责关系直接体现组织的形态和制约组织的运行，因此在本章中也详细介绍了有关集权与分权的关系。最后，对于组织变革的问题进行研究，组织的结构并不是一成不变的，它需要在特殊的情况下通过改变自身的结构和权责关系形态来解决一定的问题。但是，组织的变革会涉及组织的稳定性等诸多问题，因此学习时应注意这些问题的存在。

组织的职能和其他所有的管理职能一样，是管理工作中不可缺少并且至关重要的一个环节。学习和掌握这些内容更有助于人们在实践中搞好管理工作。

【复习题】

一、判断题

1. 组织变革的阻力是直接的、公开的。　　　　　　　　　　　　　　　　　　（　　）
2. 直线制组织结构是一种古老的形式，对任何企业来说，它都劣于矩阵制组织结构。
　　　　　　　　　　　　　　　　　　　　　　　　　　　　　　　　　　　（　　）
3. 综合管理者的管理幅度大于专业管理者的管理幅度。　　　　　　　　　　　（　　）
4. 组织层次过多，不利于组织内部的沟通。　　　　　　　　　　　　　　　　（　　）
5. 组织就是两个或两个以上的人组合成的人群集合体。　　　　　　　　　　　（　　）

6. 非正式组织的存在对正式组织的发展不利。（   ）
7. 分工是社会化大生产的要求，所以分工越细，效率就越高。（   ）
8. 规模越小的企业其管理幅度也就越小。（   ）
9. "三个和尚没水吃"的典故，反映了要素组合的低效方式，使得整体的力量反而削减。（   ）
10. "理解，执行；不理解，执行中理解。"这是在管理活动中具有分权化倾向的管理者的表述。（   ）
11. 信息手段越先进，配备越完善，主管人员的管理幅度就越大。（   ）

二、单项选择题

1. 公司总经理把产品销售的责任和权力委派给一位副总经理 M，但同时又要求各地经销部的经理直接向公司总会计师 K 汇报当天的销售指标，K 可以直接向各地经销部经理下达指令。总经理的这种做法违反了管理中的（   ）。
   A. 责权对等原则　　　　　　　　B. 统一指挥原则
   C. 分权管理原则　　　　　　　　D. 专业管理原则

2. 某公司总经理要求下属人员都按他的要求工作，而副总经理也是这样要求下属，结果下属不知如何是好，问题出在（   ）。
   A. 总经理与副总经理不信任下属
   B. 总经理与副总经理不知道这种做法的坏处
   C. 总经理与副总经理违背统一指挥原则
   D. 总经理与副总经理有矛盾

3. 企业员工冗余繁杂，这违背了组织设计中的（   ）。
   A. 因事设人原则　　B. 按产品设人原则　　C. 命令统一原则　　D. 协调原则

4. 如果你是公司的总经理，你将授予（   ）以决策和行动的权力。
   A. 参谋人员　　　　B. 直线人员　　　　C. 咨询人员　　　　D. 一线员工

5. 一个企业中处于较低管理层的管理人员所做的决策数量很多且很重要，在决策时受到的限制很少，则该企业可能（   ）。
   A. 管理人员的素质较高　　　　　　B. 高层主管比较开明
   C. 组织集权程度较高　　　　　　　D. 组织分权程度较高

6. 过去企业内部各分厂（车间）之间是"无偿"提供零部件或半成品，现在企业内部管理体制改革，各分厂实行独立核算，各分厂（车间）之间零部件半成品的转移按内部结转价格核算，这体现的组织管理思想是（   ）。
   A. 集权管理　　　　B. 分权管理　　　　C. 按劳分配　　　　D. 经济责任制

7. 支持组织集权的正当理由是（   ）。
   A. 维护政策的统一性与提高行政效率　　B. 提高组织决策质量
   C. 提高组织的适应能力　　　　　　　　D. 提高组织成员的工作热情

8. 某公司的一位人事经理把他的范围扩大到了包括直线部门的人事问题上和对下属的管理监督问题上，直线经理非常不满意，这说明在该公司（   ）。
   A. 参谋责任制的欠缺　　　　　　　B. 直线经理忌妒心强
   C. 参谋的活动削弱了直线职权　　　D. 参谋的意见不可采纳

9. 某公司随着经营规模的扩大，由原来的七八个人增加到七八十个人。原来的七八个人均由公司经理直接指挥，大事小事均由经理说了算。现在人数增多，经理发现自己经常忙得不可开交，顾了这头，忘了那头；而且公司员工工作有点松散，对经理的一些做法也不满。从管理的角度分析，出现这种情况的主要原因可能在于（　　）。

   A. 公司员工增加过多，产生了鱼龙混杂的情况

   B. 公司经理的管理幅度太大，以至于无法对员工实行有效的管理

   C. 经理管理能力有限，致使员工对其不服

   D. 公司的管理层次太多，致使经理无法与员工进行有效的沟通

10. 管理层次的存在是由于（　　）。

    A. 管理幅度的存在　　　　　　　B. 提升管理效率的要求

    C. 可使组织更加灵活　　　　　　D. 有利于有效沟通

11. 当领导的管理能力较强，下属的工作能力也较高时，则（　　）。

    A. 管理幅度应该大些　　　　　　B. 管理幅度应该小些

    C. 管理层次应该多些　　　　　　D. 管理组织应该松散些

12. 某企业在成立之时根据业务活动的相似性设立了生产、营销、财务等各个管理部门，近年来，随着企业的发展壮大，产品由原来的单一品种发展成3个品种，它们的制造工艺和用户特点有很大不同，因此各部门的主管都感觉到管理上有诸多不便。在这种情况下，企业应当（　　）。

    A. 按职能划分部门　　　　　　　B. 按产品划分部门

    C. 按地区划分部门　　　　　　　D. 设立矩阵组织

13. 某一车间主任抱怨自己的工作不能顺利进行，总是受到各方面的牵制，据此可以推测该企业的组织结构是（　　）。

    A. 直线制　　　B. 职能制　　　C. 矩阵制　　　D. 事业部

14. 事业部制组织结构的主要不足在于（　　）。

    A. 不利于调动下层的积极性　　　B. 不利于灵活调整经营策略

    C. 易造成事业部之间无效的内部竞争　　D. 不利于企业发展壮大

15. 职能职权的运用最可能造成（　　）。

    A. 加强直线职权　　　　　　　　B. 弱化直线职权

    C. 多头领导　　　　　　　　　　D. 无人负责

16. 关于扁平型组织结构，下列说法中正确的是（　　）。

    A. 它是指管理层次多而管理幅度小的一种组织结构形态

    B. 它有利于缩短上下级距离、密切上下级关系、降低管理费用

    C. 它更有可能使信息在传递过程中失真

    D. 它不适合于现代企业组织

17. 随着计算机等信息技术和手段在组织中的广泛运用，组织结构最有可能的发展趋势是（　　）。

    A. 扁平化　　　B. 高耸化　　　C. 高度集权化　　　D. 不能定论

18. 一位新上任的领导，面对经营状况严重恶化和管理的无效率状态，用大刀阔斧的方

式对组织结构和人员进行调整，这属于组织的（　　）。
   A. 渐进式变革　　B. 革命式变革　　C. 计划式变革

19. 面对动态变化、竞争加剧的世界经济，管理者必须注意考虑环境因素的作用，以便充分理解与熟悉环境，从而能有效地适应环境并（　　）。
   A. 进行组织变革　　　　　　　B. 保持组织稳定
   C. 减少环境变化　　　　　　　D. 推动环境变革

20. 许多从小到大发展起来的企业，在其发展的初期通常采用的是直线制组织结构，这种组织结构所具有的最大优点是（　　）。
   A. 能够充分发挥专家的作用，提高企业的经营效益
   B. 加强了横向联系，能够提高专业人才与专用设备的利用率
   C. 每个下级能够得到多个上级的工作指导，管理工作深入细致
   D. 命令统一，指挥灵活，决策迅速，管理效率较高

21. 某公司总经理安排其助手去洽谈一个重要的工程项目，结果由于助手工作中考虑欠周全，致使工程项目洽谈失败。由于此工程项目对公司经营关系重大，董事会讨论其中失误的责任时，存在以下几种说法，你认为哪一种说法最为合理？（　　）
   A. 总经理至少应该承担领导用人不当与督促检查失职的责任
   B. 总经理的助手既然承接了洽谈的任务，就应对洽谈承担完全的责任
   C. 若总经理助手又进一步将任务委托给其下属，则也可不必承担的责任
   D. 公司总经理已将此事委托给助手，所以对洽谈的失败完全没有责任

22. 在一定条件下组织规模的管理宽度和管理层次（　　）。
   A. 成正比　　B. 成反比　　C. 呈相关关系　　D. 没有关系

23. "集中决策，分散经营的组织结构"属于（　　）。
   A. 直线型组织结构　　　　　　B. 职能制组织结构
   C. 事业部制组织结构　　　　　D. 矩阵制组织结构

24. 下列哪种组织结构又称为斯隆模型？（　　）
   A. 多维立体制组织结构　　　　B. 矩阵制组织结构
   C. 职能制组织结构　　　　　　D. 事业部制组织结构

25. 职能制组织结构的优点是（　　）。
   A. 实行高度集权　　　　　　　B. 充分发挥职能机构的专业管理作用
   C. 三维立体组织　　　　　　　D. 适合大型或跨国公司

26. 张教授到某企业进行管理咨询，该企业总经理热情地接待了张教授，并介绍公司的具体情况，才说了15分钟，就被人叫了出去，10分钟后回来继续，不到15分钟，又被叫出去。这样，整个下午3个小时总经理一共被叫出去10次之多，使得企业情况介绍时断时续，这说明（　　）。
   A. 总经理不重视管理咨询　　　B. 该企业可能这几天遇到了紧急情况
   C. 总经理可能过度集权　　　　D. 总经理重视民主管理

27. 在进行组织设计时要遵循目标至上，职能领先原则、管理幅度原则、统一指挥原则、权责对等原则、因事设职与因人设职相结合的原则。据此，以下情况哪一项是合理的？（　　）

A. 根据每人的具体情况来安排工作，目的是使人人有事做

B. 某单位因李华有工作经验，机构改革前是一个处的处长；但现在那个处撤销了，为了安排李华，所以专门成立新的行政处，而这个处并无实际的事可做

C. 王达在两个单位分别干过新产品开发和工艺管理工作，到现在单位工作后，企业将设计科和工艺科合并为技术科由王达领导

D. 某厂厂长想将其老同学龙武安排在领导岗位上，其他的人都安排好了，只有龙武的安排使他为难，龙武是体育专业毕业，而工会主席已为文体部安排了一名部长，所以龙武当了运输部部长

28. 佛光广告公司是一家大型广告公司，业务包括广告策划、制作和发行。考虑到一个电视广告设计至少要经过创意、文案、导演、美工、音乐合成、制作等工作才能完成，下列何种组织结构能最好地支撑佛光公司的业务要求？（　　）
   A. 直线制　　　　B. 职能制　　　　C. 矩阵制　　　　D. 事业部制

29. 在下述哪种情况下管理幅度可以适当加大？（　　）
   A. 所处管理层次较高的主管人员　　　B. 工作环境不稳定
   C. 计划完善　　　　　　　　　　　　D. 不同下属工作岗位的分布比较分散

30. 某小型企业采取直线制组织结构，厂长下辖5个车间，每个车间设正副车间主任各1名；每个车间由6个作业组构成，每个作业组配有1名组长、7名工人。对于这样的企业，其厂长的管理幅度为（　　）。
   A. 5人　　　　B. 10人　　　　C. 40人　　　　D. 82人

三、简答题

1. 组织的概念、构成要素、功能是什么？
2. 影响管理幅度的因素有哪些？
3. 管理幅度的确定方法有哪些？
4. 组织结构的类型有哪些？分析常见组织结构类型的优缺点及适用情况。
5. 组织变革的动因与阻力是什么？
6. 组织变革的趋势是什么？

四、讨论题

1. 有些专家认为，由于全球经济环境的迅速变化，机构内部的相互依赖程度要比15年前大得多。如果真的如此，与15年前相比，这种组织结构意味着什么？
2. 有些人认为，矩阵制组织结构只是一种不得已而采用的手段，因为双重命令链所造成的问题要比它解决的问题还要多。你是同意还是不同意这个看法？为什么？
3. 为什么大型公司常常采用事业部制组织结构？它对那些仍然采用职能制组织结构的巨人公司（如美国航空公司），有什么意义？

五、案例分析

◈ 案例1

浪涛公司

浪涛公司是一家成立于2005年的生产经营日用清洁用品的公司，由于其新颖的产品，

别具一格的销售方式和优质的服务，其产品备受消费者的青睐。浪涛公司在总裁董刚的带领下发展迅速。然而，随着公司的发展，董刚逐步发现，一向运行良好的组织结构，现在已经不能适应该公司内外环境变化的需要。

公司原先是根据职能来设计组织结构的，财务、营销、生产、人事、采购、研究与开发等构成了公司的各个职能部门。随着公司的壮大发展，产品已从洗发水扩展到护发素、沐浴露、乳液、防晒霜、护手霜、洗手液等诸多日化用品。产品的多样性对公司的组织结构提出了新的要求。旧的组织结构严重阻碍了公司的发展，职能部门之间矛盾重重，在这种情况下，董刚总是亲自做出主要决策。

2015年董刚做出决定，根据产品种类将公司分成8个独立经营的分公司，每一个分公司对各自经营的产品负有全部责任，在盈利的前提下，分公司的具体运作自行决定，总公司不再干涉。但是没过多久，重组后的公司又出现了许多新的问题。各分公司经理常常不顾总公司的方针、政策，各自为政；而且分公司在采购、人事等职能方面也出现了大量重复。董刚意识到，公司正在瓦解成一些独立部门，公司在分权的道路上走得太远了。

于是，董刚又下令收回分公司经理的一些职权，强调以后总裁拥有下列决策权：超过10万元的资本支出，新产品的研发，发展战略的制订，关键人员的任命等。然而，职权被收回后，分公司经理纷纷抱怨公司的方针摇摆不定，甚至有人提出辞职。董刚意识到了这一举措大大地打击了分公司经理的积极性和工作热情，但他感到十分无奈，因为他实在想不出更好的办法。

【问题】
1. 浪涛公司调整前的组织结构是（　　）。
   A. 直线制　　　　B. 职能制　　　　C. 矩阵制　　　　D. 事业部制
2. 浪涛公司由于产品多样性需求而重组后的组织结构是（　　）。
   A. 直线制　　　　B. 事业部制　　　C. 职能制　　　　D. 矩阵制
3. 事业部制组织结构的特点是（　　）。
   A. 统一决策、分散经营　　　　　　B. 事业部制适合超大型企业
   C. 各事业部通常是独立核算的利润中心　　D. 以上三者都是
4. 对于公司总裁董刚从分权到集权的做法，你认为最合理的评价是（　　）。
   A. 他在一开始分权是对的，公司发展到一定程度后，通常都会要求组织结构进行调整
   B. 他在一开始就不应该分权，分权通常都会导致失控
   C. 他的分权和组织结构调整的思路是正确的，但是在具体操作上有些急躁
   D. 他后来撤回分公司经理的某些职权的做法是对的，避免了一场重大危机
5. 根据公司的发展，你认为该公司最可能采用的部门化方式是（　　）。
   A. 产品部门化　　　　　　　　　　B. 地区部门化
   C. 顾客部门化　　　　　　　　　　D. 业务部门化
6. 董刚在设立8个独立的分公司时，你认为其最大的失误是（　　）。
   A. 没有考虑矩阵制等组织结构
   B. 没有周密地考虑总公司和分公司的职权职责划分问题
   C. 根本就不应该设立独立的分公司
   D. 既没有找顾问咨询，也没有和分公司经理进行广泛的沟通

7. 当董刚意识到自己在分权的道路上走得太远时，他撤回了分公司经理的某些职权，这是行使了（　　）。
   A. 直线职权　　　　B. 参谋职权　　　　C. 职能职权　　　　D. 个人职权
8. 你认为本案例最能说明的管理原则是（　　）。
   A. 管理幅度原则　　　　　　　　　B. 统一指挥原则
   C. 集权与分权相结合的原则　　　　D. 权责对等原则
9. 董刚决定收回分公司经理的一些职权，强调以后总裁拥有下列决策权：超过10万元的资本支出，新产品的研发，发展战略的制订，关键人员的任命等。这些事项的决策最可能属于（　　）。
   A. 程序性决策　　　　　　　　　　B. 非程序性决策
   C. 战术决策　　　　　　　　　　　D. 业务决策
10. 如果你是董刚的助理，请就如何处理好集权与分权的关系向他提出你的建议。

◇ 案例2

惠普公司的结构挑战

1999年，卡莉·费奥里纳被任命为惠普公司的首席执行官，她延续了该公司通过兼并其他公司获得增长的战略。这个事件上了新闻的头版头条，因为在美国的大型企业中，卡莉·费奥里纳是第一位女性领导。她进行的最受争议的兼并活动是出资250亿美元对其竞争对手康柏计算机的收购，这一决策也是卡莉·费奥里纳终结的开始。合并后的公司存在很多问题，包括财务、文化和结构等方面，这也导致了不良绩效。她与董事会在惠普公司发展方向上的分歧最终导致她于2005年2月初被解雇。2005年3月底，NCR公司的首席执行官马克·赫德被惠普公司的董事会挑选为新任的首席执行官。

加入惠普公司数周后，马克·赫德开始听到客户对公司销售人员的抱怨。在休息室中，马克·赫德与公司前25位重要顾客进行了交谈，他们告诉马克·赫德，由于惠普公司混乱的管理层级，他们不知道应该打电话给谁。他也在组织内部听到了同样的抱怨，公司技术负责人告诉马克·赫德："他曾花了3个月时间获得批准雇用100名销售专员。"另一名管理人员说："他的700名销售人员的团队一般在顾客身上花费工作时间的33%~36%，而其他时间则用来与惠普公司的内部官僚进行谈判。"甚至销售代表也说，他们没有多少时间与顾客交流，因为他们担负着许多管理的任务。至此，为顾客提供报价和样品也成了一项费时的工作。不久后，马克·赫德就意识到了他必须解决的"基本问题"。

研究了惠普公司的销售结构之后，马克·赫德发现在他和顾客之间有11个管理层级，他觉得这太多了。而且，公司的销售结构缺乏效率。例如，在欧洲，来自公司不同部门的4名员工能完成一笔销售业务，但是，竞争对手一般3个人就能完成。"这意味着惠普公司完成业务的速度较慢，也因此失去了许多投标机会。"马克·赫德发现的最后一个问题是：在公司的17 000名销售人员中，只有不到60%的人员直接把产品出售给顾客，余下的都是提供技术支持的员工和管理人员。马克·赫德很清楚，如果惠普公司想重新成为行业领导者，必须改变这种状况。

首先，马克·赫德解雇了表现不佳的员工，去掉了销售管理的3个层级。然后，他撤销了一个销售团队,把这些人员并入其他销售团队中去。现在,许多销售代表都只为一个高级顾客服务,这样顾客就知道联系谁了。惠普公司的高层管理者说,现在由于新的销售结构,他们能更快地制订决策。而且,与一年前的33%~36%相比,现在销售人员花费在顾客身上的时间超过了40%。

【问题】
1. 描述惠普公司的组织结构存在的问题。
2. 马克·赫德决定如何解决公司的结构问题?你觉得他的改革怎么样?你认为公司的顾客对这些变化会做出怎样的反应?公司的管理人员和销售人员会做出怎样的反应?

◎ 案例3

宝马公司对米尼品牌的发展

20世纪90年代中期,当德国汽车制造商宝马公司接管了英国的罗弗集团时,它获得了著名的米尼(Mini)品牌,40多年来,该车型一共售出了550多万辆。不久,高管层就将罗弗集团拆散,并且一点一点地卖了出去,但保留了米尼品牌,打算用这个品牌对产品进行全面更新。但是位于英格兰牛津的考雷生产厂的新经理们发现,除了米尼品牌以外,他们还继承了其他一些东西,这就是由几十年的冷漠、劳资冲突及低生产率所造成的有害的企业文化。工人们似乎并不为他们的工作感到自豪,对工厂能否成功也漠不关心。事实上,当大多数工人每天走进工厂大门时,他们看起来心不在焉。他们剩下不多的一点热情,也都用在了抱怨管理层无能上了。宝马公司一向以高质量的产品、先进的工程制造和高业绩指标而著称,它的高管层对考雷生产厂寄予厚望,在更新考雷生产厂的设备,将它的生产工艺提升到世界先进水平,以及开发足以引起汽车制造业轰动的新型米尼车等方面,制订了明确的计划。但是考雷生产厂的管理层很清楚,除非首先改变工人中存在的"我们与他们"的这种对立态度,否则该计划是难逃失败厄运的。

【问题】
1. 组织变革的动因有哪些?该案例中的组织变革动因是什么?
2. 可以采取哪些方法克服组织变革阻力和实施所希望的改革?

◎ 案例4

一封辞职信

尊敬的钟院长:

您好!

我叫李玲,是医院内科的护士长,我当护士长已经有半年了,但我再也无法忍受这种工作,我实在干不下去了。我有两个上司,她们都有不同的要求,都要求优先处理自己布置的事情。然而我只是一个凡人,没有分身术,我已经尽了自己最大的努力来适应这样的工作要求,但看来我还是失败了,让我给您举个例子吧。

昨天早上8:00,我刚到办公室,医院的总护士长叫住我,告诉我她下午要在院领导大会上汇报工作，现急需一份床位利用情况报告，让我 10:00 前务必完成。而这样一份报告至少要花一个半小时才能写出来。30 分钟以后，我的直接主管，基层护士监督员王华走进来突然质问我为什么不见我的两名护士上班。我告诉她外科李主任因急诊外科手术正缺人手，从我这要走了她们两位借用一下，尽管我表示反对，但李主任坚持说只能这么办。王华听完我的解释，叫我立即让这两名护士回到内科来，并告诉我 1 个小时以后，他回来检查我是否把这件事办好了！像这样的事情举不胜举，每天都要发生好几次。

这样的工作我实在无法胜任，特向您辞职，请批准！

【问题】

1. 案例中李玲所在的这家医院在组织结构的运行上合理吗？为什么？
2. 如果要避免案例中的这种结局，谈谈你的建议。

◇ 案例 5

小张的实习经历

小张是某大学管理学院大四学生。为顺利找到工作，也为检验和运用所学管理学知识，他到某公司进行毕业实习，并仔细观察和思考公司管理活动。该公司为取得市场优势，计划引进高科技型生产线。公司领导为促使其早日投产，决定从生产、销售、技术等部门临时抽调人员，采取"大会战"的形式保证生产线的早日投产。小张被安排到"大会战"一线某工程小组。第一任组长老张喜欢召开全体组员大会，几乎每星期召开一次。在会上向大家通报情况，传达上级指示，鼓励大家艰苦奋斗，共创佳绩，但并没有取得理想效果。第二任组长老吴不喜欢召开全组会议，他喜欢找人个别交流，有针对性地进行鼓励，大家的积极性都比以前有了显著的提高。为进一步推进"大会战"，公司总裁决定进一步采取授权行动，最近公司下发文件规定，在文件所列举的 20 种紧急情况下，一线经理有权自主采取行动，但需要将进展情况和结果及时报告上级经理。受这些民主化管理氛围的激励，小张运用所学管理学知识，给组长老吴提出不少合理化建议，并在实习结束时领到了较丰厚的奖金。小张开始时很高兴，但随后不久，他无意之中看到了奖金一览表，脸色一下子就阴沉了下来。

【问题】

1. 可以推测该公司在"大会战"前最有可能采用的组织结构是（   ）。
   A. 直线制　　　　　B. 事业部制　　　　C. 直线职能制　　　　D. 矩阵制
2. 该公司采取从各部门抽调人员，采取"大会战"的形式实际上是一种（   ）。
   A. 事业部制组织结构　　　　　　　　B. 矩阵制组织结构
   C. 网络组织结构　　　　　　　　　　D. 临时性组织结构
3. 对于公司总裁进一步采取的授权行动安排，你认为下述描述中哪些（个）是合理的？
   （   ）
   A. 表明公司增加了一线经理的决策权
   B. 表明公司在尝试分权管理
   C. 只有无须报告上级经理，这种做法才是授权，可见公司没有采取授权行动
   D. 这不是真正意义上的授权而只是一种工作落实

4. 对于两位组长的做法，下面评述中哪些（个）是合理的？（　　）
   A. 老吴的权力比老张大，说话更有人听
   B. 老张、老吴的做法各有千秋，难分高低
   C. 老吴比老张更懂得沟通的艺术，说话更具鼓动性
   D. 老吴比老张更懂得需求层次理论，因而激励更有效
5. 小张领到奖金，开始时很高兴，但无意之中看到奖金一览表脸色就阴沉了下来。下列哪种理论可以较恰当地予以解释？（　　）
   A. 双因素理论　　　B. 期望理论　　　C. 公平理论　　　D. 需要层次理论

◎ 案例 6

后勤集团的发展与改革

某校后勤集团在多年的改革和发展中通过承包、自主经营、实行公司制等，现在已成为拥有多家子公司的企业集团，经营范围涉及餐饮、食品加工、机械、电子、房地产等多个领域，但在管理组织上还是沿用过去实行的集权的直线职能制组织结构，严重制约了公司的发展和员工积极性的提高。最近，公司领导认识到必须改变这一做法以促进公司的进一步发展。

【问题】
运用组织结构的有关理论，说明该集团应采取什么类型的组织结构。

◎ 案例 7

职权的确定

某学校的后勤部门与该学校的院系之间在办公用房问题上经常发生矛盾，院系认为后勤部门常常自己直接分配办公用房，超越了后勤部门的权限范围，并且分配存在不公正的问题，而后勤部门则认为，各院系不体谅学校后勤部门的困难，只是为自己争取利益。

【问题】
1. 就此案例来看，该学校实行的组织结构是（　　）。
   A. 直线制　　　　　　　　　　B. 部门直线制
   C. 职能制　　　　　　　　　　D. 直线职能制
2. 就此案例来看，你认为该学校组织结构方面存在的主要问题是（　　）。
   A. 职能参谋管理系统职权越位　　B. 院系权力过大
   C. 学校直线领导权力过大　　　　D. 学校管理层次太多
3. 你认为从组织结构角度解决以上案例中矛盾的方法是（　　）。
   A. 学校领导掌握办公用房的分配权
   B. 学校领导掌握办公用房分配的决策权
   C. 组建办公用房分配委员会，决定办公用房的分配
   D. 建立办公用房分配监督机构

【管理实务】

你的权力倾向如何？

	观　点	不赞同		两可	赞同	
		极不赞同	基本不赞同		基本赞同	极为赞同
1	与人打交道的最好方式是告诉他们想听的话	1	2	3	4	5
2	当你要某人为你做事时，最好说明这样要求的真实理由而不是似乎更好的理由	1	2	3	4	5
3	完全信任他人的人只会自找麻烦	1	2	3	4	5
4	不在一些地方走些捷径是很难直接走到前面的	1	2	3	4	5
5	可以万无一失地假定，所有的人都有邪恶的念头，只要有足够的诱惑就会暴露出来	1	2	3	4	5
6	一个人只能采取合乎道义的行动	1	2	3	4	5
7	大多数人本质上是好的、善良的	1	2	3	4	5
8	对撒谎绝不能原谅	1	2	3	4	5
9	大多数人对父亲的死亡比对个人财产的丧失更容易忘却	1	2	3	4	5
10	一般而言，人们不被强迫是不会卖力工作的	1	2	3	4	5

你的权力倾向如何？

　　这项测试是用来计算你的马基雅维主义分数（马氏测试分数）。为了计算出你的得分，将问题1，2，4，5，9，10的得分加起来，而对其他4个问题，将得分反转，即5变成1，4变成2，2变成4，1变成5，然后合计出你10个问题的全部分数。美国的国民意见研究中心采用此方法对美国成年人进行了测试，发现美国成年人的平均得分为25分。采用马氏测试的研究结果表明：女性比男性更具有马氏倾向；老年人的马氏测试分数低于年轻人；马氏测试分数高的职业多是那些强调控制和操纵的职业，如管理者、律师、精神病医生和行为科学家。

项目 5

领　　导

刘邦说过，运筹帷幄之中，决胜千里之外，他不如张良；管理国家，供应军需，他不如萧何；率领千万将士，百战百胜，他不如韩信。此三人皆人杰也，他能用之，所以得天下。而项羽只有一个谋士范增，还极不信任他，不能很好地任用，即项羽失败的原因。

【管理启示】领导者若善于发现贤能之士而授之以权柄，使其各负其责、各尽其职，心甘情愿地为我所用，就会成就事业。反之，对下级不信任，对其束手束脚，使下级丧失积极性，则不会产生组织所期望的行为，势必严重影响事业和目标的实现。

在整个管理过程中，领导这一职能，是计划工作、组织工作、人员配备及控制工作等各个管理职能的纽带，是实现组织目标的关键。领导职能的功效就是对组织中的全体成员辅以指导和领导，进行沟通联络，运用恰当的激励手段，对下属施加影响力，以统一组织成员的意志，从而保证组织目标的实现。

本章将介绍领导的有关理论和应用。首先通过案例讨论给出领导的概念，指出领导的作用及影响力构成；其次从影响领导行为有效性的因素入手，学习领导特质理论、领导行为理论和领导权变理论；最后探讨在当今社会对领导行为提出的新要求。

【学习目标】

1. 掌握领导的概念及作用。
2. 了解领导者与管理者之间的区别。
3. 理解并运用领导行为理论和领导权变理论。
4. 了解当代领导理论。

天下没有倒闭的企业，只有经营不善的企业。

——李·亚科卡

5.1　领导的性质

 案例

看球赛引起的风波

金工车间是该厂唯一进行倒班的车间。一个星期六晚上，车间主任去查岗，发现上二班的年轻人几乎都不在岗位。据了解，他们都去看电视上现场直播的足球比赛去了。车间主任气坏了，在星期一的车间大会上，他一口气点了十几个人的名。没想到他的话音刚落，人群中不约而同地站起几个被点名的青年，他们不服气地、异口同声地说："主任，你调查了没有，我们并没有影响生产任务，而且……"主任没等几个青年把话说完，便严厉地警告说："我不管你们有什么理由，如果下次再发现谁脱岗去看电视，扣发当月的奖金。"

谁知，就在宣布"禁令"的那个周末晚上，车间主任去查岗时又发现，上二班的人中竟有6名不在岗。主任气得直跺脚，质问班长是怎么回事，班长无可奈何地掏出3张病假条和3张调休条，说："昨天都好好的，今天一上班都送来了。"说着，凑到主任身边劝道："主任，说实话，其实我也是身在曹营心在汉，那球赛太精彩了，您只要灵活一下，看完了电视大家再补上时间，不是两全其美吗？上个星期上二班的年轻人，为了看电视，星期五就把活提前干完了，您也不……"车间主任没等班长把话说完，扔掉还燃着的半截香烟，一声不吭地向车间对面还亮着灯的厂长办公室走去……

【管理启示】案例中，员工由于想要看足球赛而旷工，车间主任提出通过负强化即扣发奖金的方式来解决问题。而在提出这一方案后，仍然出现了相同的情况，并且有员工开出虚假假条来逃避惩罚。案例当中出现的问题是，由于车间主任没有通过明确工作目标与任务来部署工作，也没有以命令、指示、辅导、指导等方式指挥下级完成工作任务。因此，该车间主任并未有效地发挥领导者在组织当中的作用。

管理的组织职能是对组织的资源进行配置。但如何让它们运作起来，需要通过管理的领导职能来完成。领导者能够高效地发挥领导的作用，选择高效的领导方式，建设企业文化，指导团队建设，对企业提高绩效起着至关重要的作用。

5.1.1　领导的概念

管理的各项职能从根本上是为了保证组织既定目标的实现，因此需要对组织的各种要素和资源开展计划、组织、控制等工作，其中，人力资源的运用在很大的程度上能够直接或间接地决定组织目标的实现及实现程度。所以，如何正确地领导组织成员，调动组织成员的积极性，有效实现组织领导与组织成员之间信息的沟通成为管理的核心问题。

1. 领导的概念

首先要弄清楚谁是领导者，什么是领导。

领导者定义为那些能够影响他人并拥有职权的人。领导是领导者所做的事情，更具体地说，他是一个影响群体实现目标的过程，其目的在于使个体和群体能够自觉自愿并有信心地为实现组织的既定目标而努力。

2. 领导与管理

领导与管理从表面上看没有什么差别，通常容易混淆。但实际上，两者是有本质区别的。在理想的情况下，所有的管理者都应是领导者，但是，并不等于所有的领导者必然具备完成管理职能的能力，因此，并不是所有的领导者都处于管理岗位上。

从理论上分析，管理者应当是一名领导者，不管他处在什么层次，都或多或少地肩负着指挥他人完成组织活动的任务；此外，一个人可能是领导者，却并非是管理者，这是因为除正式组织外，社会上还存在形形色色的非正式组织。作为非正式组织的领袖，并没有得到上级赋予的职位和职权，也没有义务发挥管理的职能，但他们却能对组织成员施加影响，起到激励员工的作用，因此他们也是领导者。

5.1.2 领导的作用

领导活动直接影响着组织绩效，而领导的作用就是引导下属以最大的努力去实现企业的目标。在指挥、带领、鼓励和影响组织中每个成员和全体成员为实现组织目标而努力的过程中，领导者要发挥指挥、协调和激励等方面的作用。

1. 指挥作用

有人将领导者比作乐队指挥。一个乐队指挥的作用是通过演奏家的共同努力形成一种和谐的声调和正确的节奏。在人们的集体活动中，需要有头脑清醒、胸怀全局、高瞻远瞩、运筹帷幄的领导者，帮助组织成员认清所处的环境、形势和组织的目标，指导和带领全体员工采用恰当的管理方法来实现组织的目标。

2. 协调作用

在组织实现其目标的过程中，人与人之间、部门与部门之间发生各种矛盾冲突，以及在行动上出现偏离目标的情况是不可避免的。为消除这种冲突，协调工作十分重要。一个善于协调的领导者，总能让自己的工作顺畅有序地进行，上级乐于支持，同级乐于配合，下级乐于拥护，也为自己的工作顺利展开营造了良好的环境。

3. 激励作用

领导者在组织和率领员工为实现企业目标而努力工作的过程中，激发员工的工作热情，引导不同的员工朝同一个目标努力,在不同的环境中做出贡献,激励员工是领导者必须发挥的作用。

激励,是指领导者主动为部下创造能力发展空间和职业发展空间,引导和强化部下为组织目标而努力的行为活动。要调动员工的积极性和创造性,领导者必须了解其下属的需要、欲望,并根据他们在工作与生活中的具体情况采取恰当的激励措施,激励下属的潜能,增强员工的工作积极性。

5.1.3 领导的影响力

影响力,是指一个人对其他人的态度、价值观、信念或行为的影响。领导的影响力分为权力影响力和非权力影响力。

1. 权力影响力

权力影响力是由社会赋予个人的职务、地位、权力等构成的,有很强的职位特性。这种影响力一般仅仅属于社会结构中处于管理者角色地位的人。这种权力与特定的个人没有必然联系,只同职务相联系,只要在一定的职位上,就拥有该职位赋予的权力,而离开了该职位,权力也会随之消失。权力影响力表现为以下几方面。

1)合法权

合法权是组织章程或规则所授予的,代表一个人在正式层级中占据的某一职位所相应得到的权力。

2)奖赏权

领导者具有对服从上司意愿的行为进行奖励、赞赏的职权。

3)强制权

领导者具有对不服从上司意愿的行为给予惩罚的职权,如批评、停职、减薪等措施。

2. 非权力影响力

非权力影响力是由领导者的能力、知识、品德、作风等个人因素所产生的影响力。非权力影响力是个人所特有的,与职位无关,不会随职务的变化而变化。

1)专家权

专家权是因为个人特殊技能或某些专业领域知识而产生的权力,是领导者依靠自身精湛的技术、丰富的经验与杰出的判断力来影响下属行为的能力。这种权力所产生的影响大小与领导专长及其被下属看重的程度有很大的关系。

2)表率权

管理者率先垂范,由其表率作用而形成的影响力。

拿破仑在一次与敌军作战时,遭遇顽强的抵抗,队伍损失惨重,形势非常危险。拿破仑也因一时不慎掉入泥潭中,被弄得满身泥巴,狼狈不堪。可此时的拿破仑浑然不顾,内心只有一个信念，那就是无论如何也要打赢这场战斗。只听他大吼一声，"冲啊！"他手下的士兵见到他那副滑稽模样，忍不住都哈哈大笑起来，但同时也被拿破仑的乐观自信所鼓舞。一时间，战士们群情激昂、奋勇当先，终于取得了战斗的最后胜利。

【管理启示】无论在任何危急的困境中，都要保持乐观积极的心态。尤其作为一个商界的领导人物，你的自信，可以感染到无数你接触到的人。有没有乐观自信的态度也直接影响到一场交易的成败与否。经理不是只告诉别人怎么干的家伙，而是要激发队伍产生一定抱负，并朝目标勇往直前。

3) 亲和权

管理者借助与部下的融洽、亲密关系而形成的影响力。

5.2 领导理论

在领导理论的研究过程中，主要经历了3个发展阶段：领导特质理论、领导行为理论、领导权变理论。领导特质理论是从领导者所具有的特质去研究领导行为，以领导者为中心，探讨领导者不同于其他人的特点，是人们研究领导理论的起点；领导行为理论则是从人际关系和情感因素的角度去研究领导行为，强调通过领导活动对组织成员施加影响、激发员工的工作热情来完成组织的任务；权变理论则从组织所处的环境去研究如何使领导行为与环境相适应，以达到最佳的领导效果。

5.2.1 领导特质理论

1910年秋，17岁的毛泽东离开韶山，报考湘乡县东山高等小学。入学考试时，他写了一首《咏蛙诗》。当时学校规定入学考试的作文题目为《言志》，学生们写的大都是些尊孔读经、追求成名成家的内容。而毛泽东满腔热情地抒发了一个青少年雄视万物的气概和胆略。校长李元甫及监考的国文教员读后惊呼："我们学校取了一名建国大才。"

《咏蛙诗》：独坐池塘如虎踞，绿荫树下养精神。春来我不先开口，哪个虫儿敢作声。

这首诗运用了托物言志的手法，通过对青蛙所处的环境和它的形象、心态的描述，表现了毛泽东在少年时代就有的抱负和胸怀，是一个胸怀大志的青少年的形象写照。

20世纪二三十年代有关领导的研究主要关注于领导特质理论，也就是那些能够把领导者从非领导者中区分出来的个性特点。这种研究目的在于能够分离出一种或几种领导者具备而非领导者不具备的特质。该理论的出发点在于能否成为一名成功的领导者很大程度上取决于是否具有领导特质。

研究人员通过对各种因素的研究，虽然没有找到一系列能够把领导者与非领导者区分开来的特质，但是找到了与领导力高度相关的特质。研究者发现6项特质与有效的领导者有关，它们是：进取心、领导愿望、诚实与正直、自信、智慧和工作相关知识。

(1) 进取心：领导者非常努力，表现出高度的工作积极性，有较高的成就愿望。他们有很强的进取心、精力充沛、对自己所从事的活动坚持不懈，并有高度的主动性精神。

（2）领导愿望：领导者有强烈的愿望去领导和影响别人，并在领导过程中获得满足和利益。

（3）诚实与正直：领导者言行一致、真诚无欺，并以此与下属之间建立相互信赖的关系。

（4）自信：领导者通过表现出高度的自信，让下属相信自己的目标和决策的正确性。

美国总统林肯，在他上任后不久，有一次将6个幕僚召集在一起开会。林肯提出了一个重要法案，而幕僚们的看法并不统一，于是7个人便热烈地争论起来。林肯在仔细听取其他6个人的意见后，仍感到自己是正确的。在最后决策的时候，6个幕僚一致反对林肯的意见，但林肯仍坚持己见，他说："虽然只有我一个人赞成但我仍要宣布，这个法案通过了。"

表面上看，林肯这种忽视多数人意见的做法似乎过于独断专行。其实，林肯已经仔细地了解了其他6个人的看法并经过深思熟虑，认定自己的方案最为合理。而其他6个人持反对意见，只是一个条件反射，有的人甚至是人云亦云，根本就没有认真考虑过这个方案。既然如此，自然应该力排众议，坚持己见。因为，所谓讨论，无非就是从各种不同的意见中选择出一个最合理的。既然自己是对的，那还有什么犹豫的呢？

（5）智慧：领导者必须有足够的智慧来收集、整理和解释大量的信息，并能确立正确的目标、解决问题并做出正确的决策。

（6）工作相关知识：一个有效的领导者对企业、行业等相关知识能清楚了解，广博的知识能够帮助他们具有远见，做出正确决策。

松下集团的创始人松下幸之助出身贫寒，年轻时到一家电器工厂去谋职，这家工厂人事主管看着面前的小伙子衣着肮脏，身体又瘦又小，觉得不理想，信口说："我们现在暂时不缺人，你一个月以后再来看看吧。"这本来是个推辞，没想到一个月后松下幸之助真的来了，那位负责人又推托说："有事，过几天再说吧。"隔了几天松下幸之助又来了，如此反复了多次，主管只好直接说出自己的态度："你这样脏兮兮的是进不了我们工厂的。"于是松下幸之助立即回去借钱买了一身整齐的衣服穿上再来面试。负责人看他如此实在，只好说："关于电器方面的知识，你知道得太少了，我们不能要你。"不料两个月后，松下幸之助再次出现在人事主管面前："我已经学会了不少有关电器方面的知识，您看我哪方面还有差距，我一项项来弥补。"这位人事主管紧盯着态度诚恳的松下幸之助看了半天才说："我干这一行几十年了，还是第一次遇到像你这样来找工作的。我真佩服你的耐心和韧性。"松下幸之助这种不轻言放弃的精神打动了主管，他得到了这份工作，并通过不断努力逐渐成为电器行业非凡的人物。

领导特质理论也存在一定的局限性，完全以特质去解释领导行为会忽略情境因素。具备领导者所需要的特质只能帮助个体更有可能成为领导者，但他还需要针对不同情境采取正确的行为以提高领导行为的有效性。

5.2.2 领导行为理论

领头羊和牧羊犬

领头羊,本身也是羊,说到底和它所带领的羊是同一种动物。群羊在领头羊之后,跟着它向前走,是充满信任、心甘情愿的。反观牧羊犬,它本身是狗不是羊,群羊在它的驱赶下,惧怕因落伍而受到猎逐,争先恐后地往前涌。

领头羊发挥它的领导作用主要是靠"道德、信任和声望"。它身先士卒,路上有陷阱,它会第一个掉下去,前面有岔路,它会凭经验做选择,由于它是最危险的,因而是最有威望的。牧羊犬发挥它的领导作用,主要是靠"法律、法规和规矩":它在后面不停地催,前面慢了,它赶到前面催;旁边散了,它追上去赶回来;方向错了,它拦在前面迫使羊群转向。

领头羊是靠"拉动"来带动羊群往前走的。它只管往前,后面的羊是否掉队它是不管的。领头羊跑多快,羊群就跑多快。牧羊犬是靠"推动"促使羊群往前走的,它不仅要管跑得快的,也要管跑得慢的,不能让一只羊掉队,否则无法向主人交代。羊群跑的速度和牧羊犬有关系,但又不完全取决于牧羊犬。

领头羊的诞生,是从羊群自身优胜劣汰、自我竞争中脱颖而出的,因而具有天然的崇高威望,"权"和"威"二者是自然合一的。领头羊一定是羊群中体格最健壮、速度最快、感官最为敏锐,而且能眼观六路、耳听八方的。牧羊犬的产生,是培训出来的,它的权威是树立起来的,是由羊群主人赋予的。如果主人不给它机会,它就没有了机会。因此,它一要忠诚,二要老实,三要听话,四要勤勉,五要对羊群凶。如此这般,方能胜任牧羊犬的角色。

领头羊侧重于战略:要去什么地方,该怎么走,自己想明白了,就赶紧起程,也不用和其他羊商量,也不用管羊群在奔跑过程中的状况。所以,领头羊一般可被称为"战略型"领导者。

牧羊犬侧重于过程:首先,羊群主人的意图要领会清楚了;然后,要保证每只羊都要到达目的地,奔跑过程中队形乱了要管,速度慢了也要管,方向错了更要管。所以,牧羊犬一般可被称为"运营型"领导者。

作为一个企业的领导者,要深刻了解自己应何时担当领头羊的角色,何时担当牧羊犬的角色,就必须认识到企业所处的不同发展阶段。

在企业的创业期,要做100%的领头羊,要和大家融为一体,要体格健壮,干得最多,视野和水平要属于群体中最高的,要有清晰的战略目标和战略方向,有群体的核心理念,要不顾一切地往前跑,生存下去,发展起来,早日达到目标,就是成功。

在企业的发展期,要迅速清醒地认识到角色的转换,做75%的领头羊和25%的牧羊犬。不仅要保持创业初期的那种"革命干劲",而且要开始注意在羊群中传播这种"革命干劲";不仅要自己在前面跑得快,而且要关注羊群的状况。但由于企业处于发展期,所以更多的是担任领头羊的角色。

在企业的成熟期,要做50%的领头羊和50%的牧羊犬。此时,既要有精神感召,又要有道德约束,更要有法制约束;要有牺牲精神、有务实态度。由于企业处于成熟期,所以不仅要拉,也要推;不仅要带,也要催。

在企业的转型期，领导者和管理者要做25%的领头羊和75%的牧羊犬。股东的目的要明了在胸，董事会的授权要善于运用；要晓之以理在先，促之以鞭在后；拉不动，就多推；带不动，就多催；方向偏了，就要往回生拉硬拽；实在因控制不住局面而着急，就大吼几声稳定局势：不想动，也得动，不想转型也得转型。

【管理启示】一个组织运营的绩效是由组织成员的各种行为决定的，而组织成员的工作和行为又受到领导者及其领导行为的引导、调节与控制。从这个意义上说，领导者的行为决定着组织的绩效。

领导行为理论认为，领导是集体中的一种现象。所谓领导，就是领导者推动和影响集体成员或下属，引导他们的行为按领导者预期方向发展，为共同的目标而努力。因此，它必须设计领导者与其下属成员之间的相互关系，这就要求研究者不仅要研究领导者的特质，还要研究领导者个人的行为对其下属产生的影响，找出领导行为中的哪些因素会对下属和集体的工作成效产生影响。因此，研究者们将该研究的重点由领导者的特质研究转向领导行为的研究。领导行为理论主要包括以下4种理论。

1. 三种领导方式理论

早期对领导行为的研究主要根据领导者个人的领导风格来进行分类。

艾奥瓦大学的研究者探索了三种领导维度：即专制型风格、民主型风格和放任型风格。

专制型风格的领导者的特点是倾向于集权管理，采用命令方式告知下属采用什么样的工作方法，限制员工参与决策。

民主型风格的领导者的特点是会考虑员工的利益，适当进行授权，并鼓励员工参与决策。

放任型风格的领导者的特点是会给群体充分的自由，让他们自己做出决策，并按照他们认为合适的做法完成工作。

究竟哪一种领导风格具有更高的管理效率，似乎民主型风格的领导更有利于良好的工作质量和工作数量。那么，是否可以说最有效的领导者这一问题已有了定论呢？或许问题并不那么简单。

采取不同的测量指标进行界定，会发现在不同的指标下不同的领导风格产生的管理效果是不同的。

以两家软件公司的两位领导者的领导风格为例。Siebel公司的首席执行官西贝尔以纪律严明、不带感情色彩而闻名，他喜欢对公司的每个方面都保持控制力。他制定了着装规范，设定了明确的目标和苛刻的标准，让每位员工都切实负起责任。西贝尔说："我们上班的目的是实现职业理想，而不是为了享受生活。"Peoplesoft公司的创始人、董事会主席和首席执行官达菲尔德的领导风格则与西贝尔截然不同。作为首席执行官，达菲尔德经常拥抱自己的员工，他允许员工带宠物上班，为员工免费提供小食品，并在电子邮件的末尾以达菲尔德来署名。虽然西贝尔和达菲尔德的领导风格大相径庭，但他们都是成功的领导者。

2. 领导连续统一体理论

美国学者坦南鲍姆与施密特在1958年发表的《如何选择领导模式》一文中提出领导方式多种多样,按照领导者授权下属的程度划分,从专制型到民主型之间存在多种形式。根据这种认识,他们提出了领导连续统一体理论,图5-1概括描述了他们的基本观点和理论。

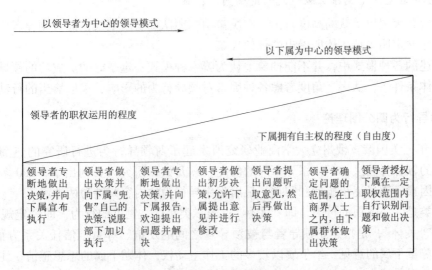

图 5-1 领导连续统一体理论

1) 领导者做出决策并宣布

在这种模式中,领导者确定问题,考虑各种可供选择的解决方案,从中选择一个,然后向下属宣布并执行,不给下属参与决策的机会。

2) 领导者"兜售"其决策

在这种模式中,领导者仍然承担确定问题和做出决策的责任。但他不是简单地宣布实施哪个决策,而是说服下属支持他的决策。领导这样做的原因在于其意识到员工中可能存在反对意见,领导者需要说明该决策为员工带来的利益以获得员工支持。

3) 领导者提出想法并征询意见

在这种模式中,领导者做出了一个决策,并希望下属接受这个决策。他向下属做出一个有关他想法和意图的说明,并允许下属提出问题,这样,下属可以更清晰地了解他的意图。在这样的过程中,能够增强下属与领导者之间的沟通,同时让下属更深刻地了解该决策的意义和作用。

4) 领导者提出初步方案,征求意见后修改

在这种模式中,下属可以对决策发挥某些作用,但最终做出决策仍然由领导者负责。领导者先提出一些可供修改的方案,并把这些方案交给相关的人员征询意见。

5) 领导者提出问题,接受建议再做决策

在这种模式中,领导者先提出自己的解决方案,再通过征询下属的意见最终做出决策。与上一个的模式不同,在这种模式中,下属有机会在决策做出前提出自己的建议。领导者的

作用在于确定问题,而下属的主动性则表现在可以参与决策。

6) 领导者提出限制条件由集体决策

在这种模式中,领导者大量授权于下属。领导者的任务是确定问题,提出解决问题的限制条件和要求。

7) 领导者允许下属在上级规定的范围内做决策

这种模式表现出团队的高度自由。在决策中,团队拥有决策权,同时领导者应尊重团队成员的看法并声明支持团体所做出的任何决策。

在上述的各种模式中,并不能抽象地认为哪一种模式一定是好的。成功的领导者应该在一定的具体条件下,从多个角度考虑各种因素对领导行为的影响,采取恰当的行动。

3. 领导行为四分图理论

1945年,美国俄亥俄州立大学商业研究所发起了对领导行为进行研究的热潮。他们对大型组织的领导行为进行了一系列深入的研究,一开始,研究人员列出了1 000多种描述领导行为的因素,通过逐步概括和归类,最后将领导行为的内容归纳为两类。

第一类是关心下属的行为,即"关怀";第二类是建立制度的行为,即"定规"。

所谓"关怀",是指建立领导者与被领导者之间的友谊、尊重、信任关系方面的行为,具体包括尊重下属的意见,给下属以较多的工作主动权,体贴下属的思想感情,注意满足下属的需要,平易近人、平等待人、关心下属、作风民主。

所谓"定规",是指领导者创立为完成任务所需要的结构,即规定他与工作群体的关系,建立明确的组织模式、意见交流渠道和工作程序的行为,具体包括设计组织机构,明确职责、权力、相互关系和沟通办法,确定工作目标与要求,制定工作程序、工作方法与制度。

两种领导行为在一个领导者身上可以是两个方面的任意组合。研究者把两维坐标平面分为四个象限,每个象限代表一种组合,如图5-2所示。

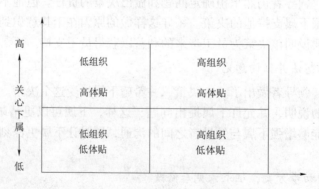

图5-2 领导行为四分图理论

建立组织,指的是为了达到组织目标,领导者界定和构造自己与下属的角色的倾向程度。关心下属,指的是领导对下属信任、尊重他们的想法并与之建立相互信任的程度。高—

高型领导更能使下属达到高绩效和高满意度,但是这一理论仍需要加入其他的情境因素。

几乎与俄亥俄州立大学进行研究的同时,密歇根大学调查研究中心也进行着相似性质的研究,即确定领导者行为的特点及他们与工作绩效的关系。他们也把领导行为划分为两个维度,称之为员工导向和生产导向。

员工导向的领导者重视人际关系,他们总会考虑下属的需要,并承认人与人之间的差别。相反,生产导向的领导者倾向于强调工作的技术或任务事项,主要关心的是群体任务的完成情况,并把群体成员视为达到目标的工具。领导者的不同导向会产生不同的领导结果,即员工导向的领导与高群体生产率和高工作满意度呈正相关,而生产导向的领导与低群体生产率和低工作满意度联系在一起。

De La Salle Spartans 凭借灵魂取得胜利

1991年12月7日是 De La Salle Spartans 球队最后一次在比赛中失利。从那时开始,一年又一年,教练拉多萨带领着队员们取得了一个又一个胜利,而这些队员中有很多都由于"身材不够强壮"和没有天分而受到过嘲笑。尽管对手经常是更著名的学校和更强悍的球员,De La Salle Spartans 球队仍然一路披荆斩棘。

De La Salle 是位于加利福尼亚州康科特的一家规模很小的私立地方院校。很多年以前,拉多萨组建了一支由数量有限的、士气并不高昂的球员组成的球队,并下决心要教会这些人如何赢得比赛并使之成为日常的一个过程。拉多萨专注于为实现赢得比赛这一目标所需完成的任务。他让球员们接受了为期1年的体能训练。每一次训练有完善的体系,拉多萨不断对球员们说,每一次训练结束时都要比开始时进步一点点。他教会球员们如何用智慧和头脑来弥补身材和天分上的不足。

不过,教练所做的并不仅是将训练、锻炼和练习制度化,而且把在球员间建立纽带和亲密关系的过程制度化。拉多萨说:"如果一个球队没有灵魂,那么就只是在浪费时间。"任务是很重要的,但是对拉多萨来说,人永远更重要。他说:"重要的不是我们变得更强壮,而是我们作为人如何变得更出色。"在赛季结束后,球员们会一起去露营和乘木筏游玩,并且会主动为社区服务。当赛季开始以后,球队会一起到教堂朗诵和唱圣歌。每次练习以后,大家都会在一位球员家里聚餐。

接下来就是拉多萨心目中最核心的任务及他为球队设定的主要目标了。随着赛季中球员的压力逐渐增大,他会鼓励球员们说出自己的心声,坦诚自己的恐惧和不足,并谈论自己对下一场比赛所做的努力和期盼。在周五比赛前的周四晚上,拉多萨在更衣室里对球员们的讲话与大多数教练并不一样。他会谈到"爱"。他问球员们:"爱,为什么这个字那么难以说出口?"然后他会等着,无论等多久,直到球员克服自己的尴尬,说出这个字为止。

4. 管理方格理论

在俄亥俄州立大学提出的领导行为四分图理论的基础上,美国德克萨斯大学教授布莱克和莫顿在他们的《管理方格》一书中提出了管理方格图。管理方格图使用横向坐标表示领导者对生产的关心程度，用纵坐标表示领导者对人的关心程度，纵横交叉将代表两类行为的坐标划分为 9 等份，形成了 81 个方格，每个方格代表一种对"生产"和"人"的关心程度不同而组成的领导行为，如图 5-3 所示。

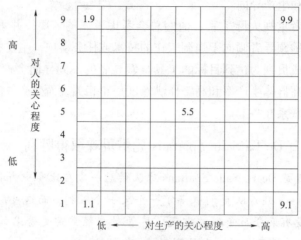

图 5-3 管理方格图

布莱克和莫顿主要阐述了管理方格中列出的 5 种最具代表性的领导行为。

1.1 贫乏型管理，领导者以最低限度的努力完成工作，对职工和生产都不关心，领导效果最差。

1.9 乡村俱乐部型管理，领导者充分注意搞好人际关系，对员工的需要关怀备至，创造了一个舒适、友好的组织氛围和工作基调，但对任务、效率、规章制度、指挥监督很少关心。

9.1 任务型管理，领导者只注重生产效率而不关心人的因素，对下属的士气及人际关系很少注意。

9.9 团队型管理，领导者对生产和人都极为关心，通过协调综合与工作相关的活动而提高工作效率和员工士气；生产任务完成得好，职工关系协调，士气旺盛，职工个人目标与企业目标相结合，形成一种团队协作的管理方式。

5.5 中庸之道型管理，领导者对人和生产都有适度的关心，在必须完成的工作与维持令人满意的士气水平之间保持平衡，倾向于维持现状。

布莱克和莫顿认为，9.9 型管理风格管理效率是最高的，是管理者努力的方向，它会使员工共同努力，精诚合作。但是这种状态是非常难达到的，因此，研究者提出应该对管理者进行培训，并提出了相应的培训计划，以推动管理者向 9.9 型管理发展。

5.2.3 领导权变理论

所谓权变，是指行为主体根据情境因素的变化而做了适当的调整。领导权变理论认为，并没有固定的有效领导类型，领导行为的有效性不仅仅取决于领导者个人的行为，还会受到很多因素的影响。所以应当根据具体情境和场合的不同，而采取不同的领导方式。这个观点可用公式表示为：
$$领导行为 = f(领导者, 被领导者, 客观环境)$$

因此，没有一种"普遍适用"的领导行为，一切要以时间、地点、条件为转移，这便是领导权变理论的实质。

最具代表性的领导权变理论有以下几种。

1. 菲德勒模型

菲德勒是领导权变理论的创始人，他认为，领导的有效性与领导者的领导风格及所处的环境有关。

1）领导风格

菲德勒假设个人的领导风格会影响领导的有效性。他指出，领导风格包括任务取向型和关系取向型。

2）环境特征

根据菲德勒的理论，领导者的领导风格是一种永久性的特征，无法改变，在不同的环境中他们也不能采取不同的领导风格。

基于这样的认识，菲德勒提出了3种影响领导有效性的环境因素：即领导者-成员关系、任务结构和职位权力。

领导者-成员关系，是指下属对领导者喜爱、尊敬、信任和忠诚的程度。当领导者与下属的关系良好时，环境就会对领导者有利；反之，当领导者与下属的关系较差时，领导者就处于不利的环境中。

任务结构，是指组织工作的程序化、明确化的程度，如工作的目标、方法、步骤是否明确，有无含糊不清之处等。当下属人员对所担任的任务的性质清晰明确并且程序化程度较高时，则领导者对工作质量较容易控制；反之，领导者便会处于被动的位置，这样的环境对领导是不利的。

职位权力，是指领导者所处的职位所拥有的正式权力。权力是否正确，是否充分，在上级和整个组织中所得到的支持是否有力，直接影响到领导的有效性。领导者对下属的雇用、工作分配、报酬、晋升等的直接决定性权力越大，其职位权力越强，对下属的影响力也就越大，这时环境是对领导有利的。

3）领导风格和环境特征的组合

菲德勒认为，影响领导成功的关键因素之一是领导的基本风格。他设计了一种问卷来测定领导者的领导风格。该问卷的主要内容是询问领导者对最不与自己配合的同事（LPC）的评价。如果领导者对这种同事的评价大多用敌意的词语，则该领导者趋向于工作任务型的领导方式（低LPC型）；如果评价大多用善意的词语，则该领导趋向于人际关系型的领导方式（高LPC型）。

菲德勒根据上述3种因素组合成8种情况，对1 200个团体进行了抽样调查，得出了在各种不同的情况下的有效领导方式。环境决定了领导方式，在环境较好的Ⅰ、Ⅱ、Ⅲ和环境较差的Ⅶ、Ⅷ情况下，采取低LPC领导方式，即工作任务型的领导方式比较有效。在环境中等的Ⅳ、Ⅴ、Ⅵ情况下，采用高LPC领导方式比较有效，如图5-4所示。

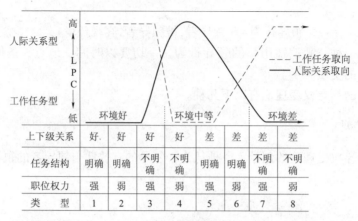

图 5-4 菲德勒模型

菲德勒主张，要提高领导的有效性，应从两方面着手：一是先确定在某种工作环境中哪种领导方式更有效，然后选择具有这种领导风格的管理者担任领导工作，或通过培训使其具备工作环境要求的领导风格；二是先确定某些领导者习惯的领导风格，然后改变他所处的工作环境，使新的环境能更适应其领导风格，从而提高领导的有效性。

美林公司

奥尼尔在美林公司历史上最灰暗的时期接任首席执行官一职。美林公司的很多员工都不喜欢他。他们抱怨说奥尼尔冷漠、不爱搭理人而且冷酷无情。奥尼尔对此并不在意。他承认说："人们会这样说我，但是，我也没有办法，我有工作要完成，而这与担心人们怎么看我毫无关系。"

奥尼尔要完成的工作是挽救美林公司，就在几年前美林公司逐渐陷入衰败。没有几个人认为它能从巨大的困境中挣脱出来，有小道消息说美林公司将被一家大银行吞并。美林公司的财务状况很差，成本已经到了失去控制的地步。此外，美林公司和另外 9 家大型证券公司还要支付政府对于其违反投资规范而裁定的 14 亿美元巨额罚款。公众信任的丧失，再加上下滑的股市及总体经济的不确定性，对于这个已经举步维艰的企业来说都是沉重的打击。

奥尼尔从一开始就采取了削减成本的严厉措施。他冻结了每一个人的工资，削减了奖金并且取消了给高级管理人员提供的免费餐点。他与直接向自己汇报工作的每一个人见面，告诉他们每一个人都要为公司的盈利和绩效负责。他制定了过于严苛的成本削减和利润率目标，并解雇了所有不愿为实现这些目标而付出努力的人。

到 2004 年年初，奥尼尔总共砍掉了 2.4 万个职位，关闭了 300 多个营业部，还将数十名资深管理人员降职或者解聘。同时，他实现了企业近代史上最著名的一次扭转乾坤的事件，将美林公司从倒闭的边缘拉了回来。美林公司零售证券部门的一位主管说："奥尼尔是在公司最危急的时刻出任首席执行官的。我们的世界正在崩溃，而他有勇气做出艰难的决策。"

奥尼尔是在不利环境下采用工作任务型的领导方式。

菲德勒 LPC 模型

回想一下你自己最难共事的一个同事（同学），他（她）可以是现在和你共事的，也可以是过去与你共事的。他（她）不一定是你最不喜欢的人，只不过是你在工作中最难相处的人，用下面16组形容词来描述他（她），在你认为最准确描述他（她）的等级上打钩。不要空下任何一组形容词。

快乐——8 7 6 5 4 3 2 1——不快乐
友善——8 7 6 5 4 3 2 1——不友善
拒绝——1 2 3 4 5 6 7 8——接纳
有益——8 7 6 5 4 3 2 1——无益
不热情——1 2 3 4 5 6 7 8——热情
紧张——1 2 3 4 5 6 7 8——轻松
疏远——1 2 3 4 5 6 7 8——亲密
冷漠——1 2 3 4 5 6 7 8——热心
合作——8 7 6 5 4 3 2 1——不合作
助人——8 7 6 5 4 3 2 1——敌意
无聊——1 2 3 4 5 6 7 8——有趣
好争——1 2 3 4 5 6 7 8——融洽
自信——8 7 6 5 4 3 2 1——犹豫
高效——8 7 6 5 4 3 2 1——低效
郁闷——1 2 3 4 5 6 7 8——开朗
开放——8 7 6 5 4 3 2 1——防备

算算你得了多少分？
LPC>64 为人际关系型领导方式，LPC<57 为工作任务型领导方式。

2. 领导生命周期理论

领导生命周期理论是由科曼首先提出，后由保罗·赫赛和肯尼斯·布兰查德予以发展。领导生命周期理论，也称情境领导理论，这是一个重视下属的权变理论。保罗·赫赛和肯尼斯·布兰查德认为，依据下属的成熟度，选择合适的领导风格，就会提高领导的有效性。

所谓成熟度，是指人们对自己的行为承担责任的能力和意愿的大小，它取决于两个方面：工作成熟度和心理成熟度。工作成熟度，是指人们完成工作具有的知识和能力。工作成熟度高的个体拥有足够的知识和能力完成他们的工作任务而不需要外部的指导。心理成熟度，是指人们做事的意愿和动机。心理成熟度高的员工不需要太多的外部鼓励或督促，他们主要依靠内部的驱动力。

每个人都要经历从不成熟到成熟的发展过程。研究者把成熟度分成4个等级，即不成熟、初步成熟、比较成熟、成熟，分别用 M1、M2、M3、M4 来表示。

M1：缺乏接受和承担任务的能力和意愿，他们既不能胜任又缺乏自信。
M2：愿意承担工作任务但同时缺乏足够的能力，他们有积极性，却没有完成任务所需的技能。
M3：具有完成领导者所交给任务的能力，但又没有足够的积极性。
M4：能够而且愿意去做领导要他们做的事。

领导生命周期理论提出工作行为和关系行为这两种领导维度，并且将每种维度进行了细化，从而组合成4种领导风格：① 命令型（高工作-低关系），领导者定义角色，告诉下属应该做什么、怎样做及在何时何地做；② 说服型（高工作-高关系），领导者同时提供指导行为与支持行为；③ 参与型（低工作-高关系），领导者与下属共同决策，领导者的主要角色是提供便利条件和沟通；④ 授权型（低工作-低关系），领导者提供不多的指导或支持。领导生命周期理论如图5-5所示。

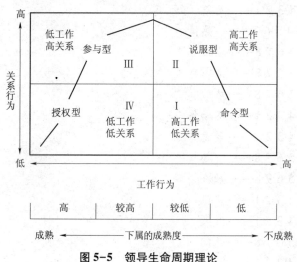

图5-5　领导生命周期理论

研究者认为，随着下属从不成熟走向成熟，领导者不仅可以逐渐减少对工作的控制，而且还可以逐渐减少关系行为。当下属不成熟（M1）时，领导者必须给予下属明确而具体的指导及严格的控制，需要采取高工作、低关系的行为，即命令型领导方式。当下属稍微成熟（M2）时，领导者要为下属提供指导，同时适当交予下属一些工作，保持其积极性，采用高工作、高关系的行为，即说服型领导方式。当下属比较成熟（M3）时，由于下属具备胜任工作的能力，但是缺乏动机，领导者应减少对他们工作上的过问和指导，加强与他们的双向沟通，鼓励他们对问题的参与和决策采用低工作、高关系的行为，即参与型领导方式。当下属成熟（M4）时，由于下属既具备完成工作的能力又有工作动机，领导者只需要向下属表明目标，给出要求，让员工进行自我管理，采取低工作、低关系的行为，即授权型领导方式。

领导生命周期理论告诉人们，领导的有效性在于把组织内的工作行为、关系行为和员工的成熟度结合起来考虑，随着下属从不成熟走向成熟，领导方式也要随着情境变化而调整才能提高领导的有效性。

3. 路径-目标理论

路径-目标理论是由罗伯特·豪斯提出的，这一领导权变理论从激励的期望理论中吸取了关键要素。"路径-目标"的概念来自于相信成功的领导者通过指明道路与途径可以帮助下属实现他们的工作目标这样的信念。该理论认为，领导者是使下属获得更好的激励、更高的满意程度和工作成效的关键人物，提出领导者的主要职能是为下属提供在工作中获得满足需要的机会,并使下属清楚哪些行为能导致目标的实现并获得价值和奖励,即领导者应该为下属指明达到目标的路径。

与菲德勒理论不同的是,路径-目标理论认为领导者的风格和行为是可以改变的,同一领导者可以根据不同的环境使用不同的领导风格。

路径-目标理论把领导行为分为4种。

① 指示型:让下属明确工作任务的具体要求,安排好工作日程,通过奖惩控制下属行为,下属不参与决策。

② 支持型:对下属非常友善,领导平易近人,并且关心下属的福利,公平待人。

③ 参与型:允许下属参与目标任务的决策和解决问题。

④ 成就导向型:为下属设置具有挑战性的任务目标,期望下属有高水平的表现,对下属的能力表现出充分的信心。

情境因素和领导行为的关系如图5-6所示。

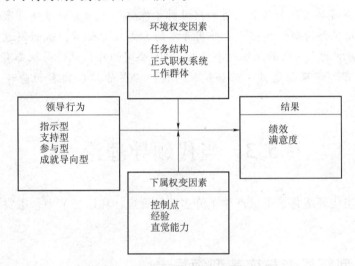

图5-6 情境因素和领导行为的关系

下属权变因素包括控制点、经验和直觉能力。

① 控制点是下属的个性特征,即下属在界定自身工作成绩时归因于内部控制点还是外部控制点。内部控制点类型的下属,认为一切的结果都是通过自身的努力和进取而获得的;外部控制点类型的下属,认为一切的结果是由于运气、命运、公司环境、制度等外在因素导致的。前者喜欢的是参与型的领导行为,而后者更喜欢指示型的领导行为。

② 经验。对于高智力或经验丰富的下属来说,比较反感的是指示型的领导行为,更倾向于成就导向型的领导行为。

③ 直觉能力。如果自视具有较高能力的下属,有时会对指示型的领导行为不满;如果自视工作能力不强的下属,会更喜欢指示型的领导行为。

环境权变因素包括任务结构、正式职权系统和工作群体的情况。当任务结构不明或下属压力过大时,指示型的领导行为会获得更高的满意度,同时任务导向型的领导行为会提高下属的预期水平,并使下属相信通过努力可以提高绩效水平;当任务结构程度较高,任务明确并设计规范时,支持型的领导行为会带来高工作绩效和高员工满意度。

PSS 世界医药公司

凯利致力于聘用有事业心的、工作努力的专业人员，这些人追求的是挑战、责任和认同。凯利通过制订宏伟的目标并确保人们具有实现目标所需要的技能和资源来让员工始终保持高绩效。凯利认识到要激发员工的活力，光是实现某个新的经济目标是不够的，关键是要有取得成功的想法。因此，凯利竭尽全力地满足员工为了取得成功所需的资源，并对其出色的表现给予丰厚的奖励。PSS 公司每年花在培训上面的资金占公司预算的 5%。因此员工拥有了取得成功所需要的知识和技能。PSS 公司还很重视内部流动制度，让员工从一个部门转换到另一个部门，从一个角色转换到另一个角色使得他们有机会学习和提高。如果一名员工在某一个岗位上做得不好，PSS 公司将帮助他寻找另一个能够成功的岗位。

沟通在凯利的领导风格中发挥着重要的作用。为了实现较高的目标，员工必须知道自己能做出什么贡献及自己的位置在哪里。资讯共享管理是企业文化的基石，因为凯利相信只有当每个人都知道公司要做什么及自己该如何做时才能取得成功。通过制订宏伟的目标，给员工提供取得成功所需要的知识和技能，并用开发的方式经营公司，凯利创造了一个由所思所想都像个首席执行官的人组成的组织。事实上，PSS 公司的每位运输司机都有一张印着自己名字和"首席执行官"字样的名片。正如凯利所说："当你站在顾客面前时，你就是首席执行官。"

5.3 当代领导理论

领导理论在当代环境背景下又产生了许多新的观点，在这一节中，主要讲述当代领导理论的 3 种观点。

5.3.1 交易型领导者与变革型领导者

早期的领导理论都认为领导者是交易型领导者，他们主要是通过交易来进行领导。他们根据下属工作绩效进行奖励，以此鼓励下属。但是，还有另外一种领导者，他们通过激励和鼓舞使下属提高工作绩效取得辉煌的成就，即变革型领导者。

交易型领导者与变革型领导者不是对立的两种类型，变革型领导者是基于交易型领导者形成的。变革型领导者比交易型领导者更能带来下属高水平的努力和绩效，同时，变革型领导者也更具有领袖魅力，这是因为，变革型领导者会更多地给下属灌输新观点，而不是用已有的旧观点来解决问题。

通过一系列的研究可以得出结论，变革型领导者显著优于交易型领导者。

5.3.2 领导归因理论

领导归因理论是由米契尔首先提出的一种领导理论。这种理论指出，领导者对下属的判断会受到领导者对其下属行为归因的影响。但领导者对下属行为的归因可能有偏见，这将影响领导者对待下属的方式。同样，领导者对下属行为归因的公正和准确也将影响下属对领导者遵从、合作和执行领导者指示的意愿。领导者典型的归因偏见是把组织中的成功归因于自己，把组织中的失败归因于外部条件；把工作的失败归因于下属，把工作的成功归因于自己。因此，克服领导者的归因偏见是有效领导的重要条件之一。领导归因理论的主要贡献在于提醒领导者要对下属的行为做出准确"诊断"，并"对症下药"，才能达到有效管理的目的。

领导归因理论主要包括以下观点。

1) 先期领导归因理论的主要工作和观点

先期领导归因理论的主要工作是观察下属对领导者的反应，观察下属在什么情况下才对领导者进行归因。

运用归因理论的框架，研究者们发现人们倾向于把领导者描述成具备如下一些特质：智慧、随和的个性，很强的语言表达能力，进取心，理解力，勤奋。并且，人们发现高-高领导者（结构与关怀双高）与人们对好领导的归因一致。不管情境如何，人们都倾向于将高-高领导者视为最佳。他们认为那些在任务安排、工作分配方面被下属信服，与下属关系和谐、关心下属、善于协调与下属的关系的领导，即那些既关心人又关心事情的领导者被认为是好的领导者。

2) 后期领导归因理论的主要工作和观点

在组织层面上，归因理论的框架说明了人们在哪些条件下把组织结果归因为领导者。当公司正常运营、业绩平稳时，人们并不习惯于把公司的结果归结为领导者。而当企业做得特别好、在业界声名远扬时，下属会把这个成就归因为领导者。还有，当公司绩效非常差、一文不名的时候，下属也倾向于将这种失败归因于领导者。也就是说，当组织绩效极高或者极低时，下属都倾向于将结果归因于领导者。

5.3.3 领导魅力理论

20世纪初，德国社会学家韦伯提出"charisma"，即"魅力"这一概念，意指领导者对下属的一种天然的吸引力、感染力和影响力。但从20世纪70年代后期开始，一些学者对这一概念做了重新解释和定义，进行了深入的研究，充实了新的内容。豪斯于1977年指出，魅力型领导者有3种个人特征，即高度自信、支配他人的倾向和对自己的信念坚定不移。随后，本尼斯在研究了90名美国最有成就的领导者之后，发现魅力型领导者有4种共同的能力：有远大目标和理想；明确地对下级讲清楚这种目标和理想，并使之认同；对理想的贯彻始终执着追求；知道自己的力量并善于利用这种力量。

魅力型领导者具有这样的一些特点，比如精力充沛、远见卓识、反传统、具有模范性。

【本章小结】

本章介绍了领导职能的相关内容。领导的实质是一种影响力，领导对他人产生影响力的基础是权力，这种权力分为职位权力和个人权力两类，领导者主要发挥指挥、协调和激励等作用。

在领导理论的研究中，主要研究了领导理论发展的 3 个阶段：领导特质理论、领导行为理论和领导权变理论。领导特质理论研究的是领导者素质和特质对领导效能的影响。领导行为理论包括三种领导方式理论、领导连续统一体理论、领导行为四分图理论和管理方格理论，主要研究的是不同风格的领导行为的有效性。领导权变理论包括菲德勒模型、领导生命周期理论和路径-目标理论，主要研究的是领导情境对领导行为的影响。

当代领导理论谈到了交易型领导者与变革型领导者，领导归因理论和领导魅力理论。

【复习题】

一、判断题

1. 领导工作是组织结构中一种特殊的人与人的关系，其实质是影响力。（　　）
2. 在紧急情况下，专制式的领导是必要的。（　　）
3. 分权式的领导总比独裁式的领导更有效。（　　）
4. 有效的领导方式与环境和个性无关。（　　）
5. 在领导生命周期理论中，不能主观确定哪一种领导方式最好。（　　）

二、选择题

1. 领导者采用何种领导风格，应当视其下属的"成熟"程度而定。当某一下属既不愿意也不能负担工作责任，学识和经验较少时，领导对于这种下属应采取如下哪种领导方式？（　　）
   A. 命令型　　　B. 说服型　　　C. 参与型　　　D. 授权型
2. 一个企业中的管理者为了提高自己对下属的领导效果，他应当（　　）。
   A. 提高在下属中的影响力
   B. 尽量升到更高的位置
   C. 采取严厉的惩罚措施
   D. 增加对下属的物质刺激，因为每个员工都是"经济人"
3. 依据领导生命周期理论，适合于下属低成熟度情况的领导方式是（　　）。
   A. 授权型　　　B. 参与型　　　C. 说服型　　　D. 命令型
4. "士为知己者死"这一古训反映了有效的领导始于（　　）。
   A. 上下级之间的友情　　　　　B. 为下属设定崇高的目标
   C. 为下属的利益不惜牺牲自己　D. 了解下属的欲望和需要
5. 属于领导者个人影响力的是（　　）。
   A. 强制权　　　B. 奖励权　　　C. 专长权　　　D. 法定权
6. 部门主管将注意力几乎都放在了对任务的完成上，而对下属的心理因素、士气和发展很少关心。根据管理方格理论，该主管的领导作风属于（　　）。
   A. 贫乏型　　　B. 任务型　　　C. 中庸型　　　D. 战斗集体型
7. 根据领导权变理论，领导是否有效取决于（　　）。
   A. 稳定的领导行为
   B. 领导者的品质权威

C. 领导者能否适应其所处的具体环境
D. 是专制型领导还是民主型领导

8. 俱乐部型的领导在工作中主要表现出（　　）。
   A. 更多地关心职工的工作与生活和较少地注意管理效率的提高
   B. 在更多地关心职工的工作与生活的同时，也非常注意管理效率的提高
   C. 虽不注意关心职工的工作与生活，但却非常注意管理效率的提高
   D. 既不注意关心职工的工作与生活，也不注意组织管理效率的提高
9. 领导工作的实质就是对个体或群体施加（　　）。
   A. 作用　　　　B. 影响力　　　　C. 能量　　　　D. 压力
10. 领导特质理论认为，识别有效领导者的主要因素是（　　）。
    A. 领导者个人的作风　　　　B. 领导者个人的素质
    C. 领导者个人的领导艺术　　　　D. 领导者个人的性格特征
11. 利克特的管理模式认为，极有成就的领导人采取的管理方式一般都是（　　）。
    A. 商议式　　　B. 集体参与式　　C. 利用-命令式　　D. 温和-命令式
12. "乡村俱乐部型的管理"指的是（　　）。
    A. 9.9型管理　　B. 9.1型管理　　C. 1.1型管理　　D. 1.9型管理
13. 领导行为四分图的纵轴与横轴分别代表（　　）。
    A. 主管人员的权力与非主管人员的权利
    B. 职位权力与任务结构
    C. 定规和关怀
    D. 民主领导与专制领导
14. 为使个体和群体能够自觉自愿而有信心地实现组织的既定目标而努力，从而对组织内部每个成员和全体成员的行为进行引导和施加影响的活动过程属于（　　）。
    A. 计划工作　　B. 组织工作　　C. 控制工作　　D. 领导工作
15. 某企业多年来任务完成得都比较好，职工经济收入也很高，但领导和职工的关系却很差，该领导很可能是管理方格中所说的（　　）。
    A. 贫乏型　　　B. 乡村俱乐部型　　C. 任务型　　D. 中庸之道型
16. 某公司总裁老张军人出身，崇尚以严治军，注重强化规章制度和完善组织结构，尽管有些技术人员反映老张的做法过于生硬，但几年下来企业还是得到了很大的发展。根据管理方格论观点，老张的作风最接近于（　　）。
    A. 1.1型　　　B. 1.9型　　　C. 9.1型　　　D. 9.9型
17. "有的人拥有磨盘大的权力，还捡不起一粒芝麻，而有的人拥有芝麻大的权力，却能推动磨盘"，这说明（　　）。
    A. 个人权力影响力大于职位权力影响力
    B. 个人权力影响力小于职位权力影响力
    C. 个人权力影响力有时大于职位权力影响力
    D. 个人权力影响力等同于职位权力影响力
18. 有些领导从某一职位退下来以后，常常抱怨"人走茶凉"，这反映了他们过去在单位拥有的职权是一种（　　）。

A. 法定权力　　　B. 强制权力　　　C. 奖赏权力　　　D. 专家权力

19. 王先生是某公司的一名年轻技术人员，一年前被调到公司企划部任经理，考虑到自己的资历、经验等，他采取了较为宽松的管理方式，试分析下列哪一种情况下，王先生的领导风格最有助于产生较好的管理效果。（　　）
   A. 企划部任务明确，王先生与下属关系好但职位权力弱
   B. 企划部任务明确，王先生与下属关系差但职位权力弱
   C. 企划部任务不明确，王先生与下属关系差且职位权力弱
   D. 企划部任务不明确，王先生与下属关系好且职位权力强

20. 以下是实际所观察到的某些领导者的行为表现：① 自行做出并宣布决策；② 强行推销自己所做的决策；③ 做出决定并允许提出问题；④ 提出可修改的讨论计划；⑤ 提出问题、征求意见并做出决策；⑥ 规定界限但由集体做出决策；⑦ 允许下属在上级规定的界限内行使决策权。对这7种领导行为的最适当分类是（　　）。
   A. ①②属于专制式，③④⑤属于参与式，⑥⑦属于民主式
   B. ①属于专制式，②③④⑤属于民主式，⑥⑦属于放任式
   C. ①②属于专制式，③④⑤属于民主式，⑥⑦属于放任式
   D. ①②属于专制式，③⑤属于民主式，④⑥⑦属于放任式

21. 许总与下属的关系非常融洽，下属工作任务的常规化、明确化程度很高，而且许总的职位权力也很强，并赢得了下属对他的信任。而曾总则与此相反，他处在极为不利的领导环境中。根据领导权变理论，为取得较高的领导效率，许总和曾总宜采用的领导方式应是（　　）。
   A. 许总采用以任务为中心的领导方式，曾总采取以人际关系为中心的领导方式
   B. 许总采用以人际关系为中心的领导方式，曾总采用以任务为中心的领导方式
   C. 许总和曾总都采用以人际关系为中心的领导方式
   D. 许总和曾总都采用以任务为中心的领导方式

22. 某公司销售部经理被批评为"控制得太多，而领导得太少"，据此你认为该经理在工作中存在的主要问题可能是什么？（　　）
   A. 对销售人员的疾苦没有给予足够的关心
   B. 对销售任务的完成没有给予充分的关注
   C. 事无巨细，过分亲力亲为，没有做好授权工作
   D. 没有为下属销售人员制定明确的奋斗目标

23. 根据菲得勒对领导方式的研究，下列哪个因素不是影响领导行为的主要因素？（　　）
   A. 领导者-成员关系　　　　　　B. 任务结构
   C. 下属的成熟程度　　　　　　D. 职位权力

24. 老李原为公司的总工程师，曾参与过公司许多新产品的研发工作，现已退休；现公司研发部王经理在许多产品研发中仍然经常向老李请教，老李的这种权力属于（　　）。
   A. 法定权力　　　B. 强制权力　　　C. 奖赏权力　　　D. 专家权力

25. 布莱克和莫顿根据管理人员对下属的关心程度和对生产的关心程度，设计了一个管理方格图，用来表示81种不同组合的领导方式。根据他们的研究，效率最高的领

导方式是（　　）。

A. 对生产和人都高度关心的领导方式

B. 仅对生产高度关心的领导方式

C. 仅对人高度关心的生产方式

D. 对生产和人都极不关心的领导方式

26. 彼得·德鲁克认为，"领导者的唯一定义就是其后面有追随者。一些人是思想家，一些人是预言家，这些人都很重要，而且也急需，但是，没有追随者，就不会有领导者。"这句话说明（　　）。

A. 领导的实质是组织成员的追随与服从

B. 领导者需要权力

C. 追随者比领导者更重要

D. 领导只有一个定义，其余的定义是错误的

三、简答题

1. 领导的本质和作用是什么？
2. 领导和管理是一回事吗？
4. 领导行为理论的模式有几种类型？
5. 领导行为四分图理论和管理方格理论的要点分别是什么？它们对于现代管理工作有什么指导作用？
6. 简述领导行为和环境因素的关系。

四、讨论题

1. 你能从本书所列举的有关领导者特质理论中学到什么？人能否通过学习成为有效的领导者？
2. 如果你问别人为什么某人是一名领导者，他们可能会从这个人的能力、坚持性、自信、激发人们追求共同的远景目标等方面来描述这个人。这些描述符合哪些领导理论？
3. 是否存在一种最佳的领导"风格"，为什么？

五、案例分析

◇ 案例 1

谁的方式更有效

高明是一位空调销售公司的总经理。他刚接到有关公司销售状况的最新报告：销售额比去年同期下降了25%、利润下降了10%，而且顾客投诉数量上升。更为糟糕的是，公司内部员工纷纷跳槽，甚至还有几名销售分店的经理提出辞呈。他召集各主管部门的负责人开会讨论如何解决上述问题。会上，高明说："我认为，公司的销售额之所以下降都是因为你们领导不得力。公司现在简直成了俱乐部。每次我从卖场走过时，看到员工都在各处站着，聊天的、煲电话粥的无处不有，而对顾客却视而不见。他们关心的是多拿钱少干活。要知道，我们经营公司是为了赚钱，赚不到钱，想多拿钱，门儿都没有。你们必须记住，现在我们迫切需要的是对员工进行严密监督和控制。我认为现在有必要安装监控装置，当员工没有履行

职责时，你们要警告他们一次，如果不听的话，马上请他们走人……"

主管部门的负责人对高明的指示都表示赞同，唯有销售部经理李燕提出反对意见。她认为问题的关键不在于控制不够，而在于公司没有提供良好的机会让员工真正发挥潜力。她认为每个人都有一种希望展示自己的才干，为公司努力工作并做出贡献的愿望。所以解决问题的方式应该从和员工的沟通入手，真正了解他们的需求，使工作安排富有挑战性，促使员工以从事这一工作而引以为豪；同时在业务上给予指导，花大力气对员工进行专门培训。

然而，高明并没有采纳李燕的意见，而是责令所有主管部门负责人在下星期的例会上汇报要采取的具体措施。

【问题】
1. 高明是一位（　　）领导者。
   A. 专制型　　　　B. 民主型　　　　C. 放任型　　　　D. 中间型
2. 高明对员工的看法是基于（　　）。
   A. X理论　　　　B. 人际关系学说　　C. Y理论　　　　D. 超Y理论
3. 李燕对员工的看法属于（　　）假设。
   A. 经济人　　　　B. 社会人　　　　C. 自我实现人　　D. 复杂人
4. 根据领导生命周期理论，可以判断高明的领导类型基本属于（　　）。
   A. 高关系、低工作　　　　　　　　B. 低关系、高工作
   C. 高关系、高工作　　　　　　　　D. 低关系、低工作
5. 当员工没有履行职责时，高明要主管部门负责人警告他们一次，如果他们不听的话，马上请他们走人。这种强化手段属于（　　）。
   A. 正强化　　　　B. 负强化　　　　C. 惩罚　　　　D. 自然消退
6. 高明与各主管部门负责人通过开会方式进行信息沟通，属于（　　）。
   A. 非正式沟通　　B. 环式沟通　　　C. 平行沟通　　　D. 口头沟通
7. 根据卡特兹的三大技能理论，你认为高明最需要加强的是（　　）。
   A. 人际技能　　　B. 技术技能　　　C. 概念技能　　　D. 领导技能
8. 销售部经理李燕在该公司中属于（　　）管理人员。
   A. 基层　　　　　B. 中层　　　　　C. 高层　　　　　D. 专业
9. 你认为对高明的方案和李燕的方案进行怎样的评价最合适？（　　）
   A. 高明的方案和李燕的方案都不会产生效果
   B. 高明的方案和李燕的方案都会奏效
   C. 高明的方案更可行，没有严格的规章制度，工人的工作效率不会有保证
   D. 李燕的方案更可行，再严格的规章制度，如果工人不接受和服从也是无效的
10. 针对该公司已成了"俱乐部"，根据菲得勒的领导权变理论，请结合案例分析说明高明应该采取怎样的领导方式才有效？

◇ 案例2

欧阳健的领导风格

蓝天技术开发公司由于在一开始就瞄准成长的国际市场，在国内率先开发出某高技术含

量的产品,其销售额得到了超常规的增长,公司的发展速度十分惊人。然而,在竞争对手如林的今天,该公司和许多高科技公司一样,也面临着来自国内外大公司的激烈竞争。当公司经济上出现了困境时,公司董事会聘请了一位新的常务经理欧阳健负责公司的全面工作。而原先的那个自由派风格的董事长仍然留任。欧阳健来自一家办事古板的老牌企业,他照章办事,十分古板,与蓝天技术开发公司的风格相去甚远。公司管理人员对他的态度是:看看这家伙能待多久!看来,一场潜在的"危机"迟早会爆发。

第一次"危机"发生在常务经理欧阳健首次召开的高层管理会议上。会议定于上午9点开始,可有一个人姗姗来迟,直到9点半才进来。欧阳健厉声道:"我再重申一次,本公司所有的日常例会要准时开始,谁做不到,我就请他走人。从现在开始一切事情由我负责。你们应该忘掉老一套,从今以后,就是我和你们一起干了。"到下午4点,竟然有两名高层主管提出辞职。

然而,此后蓝天公司发生了一系列重大变化。由于公司各部门没有明确的工作职责、目标和工作程序,欧阳健首先颁布了几项指令性规定,使已有的工作有章可循。他还三番五次地告诫公司副经理徐钢,公司一切重大事务向下传达之前必须先由他审批,他抱怨下面的研究、设计、生产和销售等部门之间互相扯皮,结果使公司一直没能形成统一的战略。

欧阳健在详细审查了公司人员工资制度后,决定将全体高层主管的工资削减10%,这引起公司一些高层主管向他辞职。

研究部主任这样认为:"我不喜欢这里的一切,但我不想马上走,因为这里的工作对我来说太有挑战性了。"

生产部经理也是个不满欧阳健做法的人,可他的一番话颇令人惊讶:"我不能说我很喜欢欧阳健,不过至少他给我那个部门设立的目标我能够达到。当我们圆满完成任务时,欧阳健是第一个感谢我们干得棒的人。"

采购部经理牢骚满腹。他说:"欧阳健要我把原料成本削减20%,他一方面拿着一根胡萝卜来引诱我,说假如我能做到的话就给我油水丰厚的奖励。另一方面则威胁说如果我做不到,他将另请高就。但干这个活简直就不可能,欧阳健这种'大棒加胡萝卜'的做法是没有市场的。从现在起,我另谋出路。"

但欧阳健对被人称为"爱哭的孩子"销售部胡经理的态度则让人刮目相看。以前,销售部胡经理每天都到欧阳健的办公室去抱怨和指责其他部门。欧阳健对付他很有一套,让他在门外静等半小时,见了他对其抱怨也充耳不闻,而是一针见血地谈公司在销售上存在的问题。过不了多久,大家惊奇地发现胡经理开始更多地跑基层而不是欧阳健的办公室了。

随着时间的流逝,蓝天技术开发公司在欧阳健的领导下恢复了元气。欧阳健也渐渐地放松控制,开始让设计部门和研究部门更放手地去干事。然而,对生产部门和采购部门,他仍然勒紧缰绳。蓝天技术开发公司内再也听不到关于欧阳健去留的流言蜚语了。大家这样评价他:欧阳健不是那种对这里情况很了解的人,但他对各项业务的决策无懈可击,而且确实使我们走出了低谷,公司也开始走向辉煌。

【问题】

1. 欧阳健进入蓝天技术开发公司时采取了何种领导方式?这种领导方式与留任的董事长的领导方式有何不同?他对设计部门、研究部门和生产部门、采购部门各自采取了何种领导方式?当蓝天技术开发公司各方面的工作走向正轨后,为适应新的形势,欧阳健的领导方式将做何改变？为什么？

2. 蓝天技术开发公司一些高层管理人员因为工资被削减而提出辞职。按照双因素理论，工资属于保健因素还是激励因素？研究部主任的话反映他当前的需要属于哪一种？

3. 生产部经理愿意留下跟着欧阳健干，而采购部经理却想离职，对其原因请用期望理论进行分析。

4. 有人认为，对下属人员采取敬而远之的态度对一个经理来说是最好的行为方式，所谓的"亲密无间"会松懈纪律。你如何看待这种观点？你认为欧阳健属于这种领导吗？

5. 试用强化理论说明欧阳健对销售部经理采取了何种激励方式？为什么？

6. 你认为蓝天技术开发公司最终没有出现"青春期综合征"的主要原因是什么？

◇ 案例3

三种不同的领导方式

布莱克和莫顿发展了领导风格的二维观点，在"关心人"和"关心工作"的基础上，提出了管理方格理论。他们认为：有效的领导者，应该既关心人，又关心工作，二者必须兼顾。

请根据管理方格理论中提出的领导行为方式类型来分析以下三种领导方式。

A. 任厂长

某汽车公司装配厂的任厂长，从上任一开始，就不同意公司裁员的做法，他给厂里每个人机会以充分证明自己的价值。在他任期内，全厂5 000名职工中只有极少数人被解雇。他首先为职工建造了餐厅。午餐时，他会去餐厅和职工交流，听取他们的建议。通过"一日厂长制"等活动，创造一切可能的机会让职工参与全厂的长远规划。任厂长不仅坚持每天2小时在现场走动办公，而且还为管理人员和一线工人安排了不断解决问题的对话，通过对话，他希望管理人员知道他们为一线职工提供的服务是怎样的"不到位"，从而激发职工对企业的忠诚。

他对下属关怀备至，下属遇到什么难处都愿意和他说，只要厂里该办的，他总是很痛快地给予解决。职工私下说他特别会笼络人。

当然，任厂长也承认装配厂生产率暂时不如其他同类企业，但他坚信只要他的职工有高昂的士气，定会取得高的绩效。

B. 严厂长

某钢厂严厂长认为对下属人员采取敬而远之的态度对一个厂长来说是最好的领导方式，所谓的"亲密无间"只会松懈纪律。他一天到晚绷着脸，下属人员从未见他和他们谈过任何工作以外的事情，更不用说和下属人员开玩笑了。他到哪个部门谈工作，一进门大家的神情都变得严肃起来，犹如"一鸟入林，百鸟压音"，大家都不愿和他接近。所以他总是强调对生产过程、产量控制的重要性，坚持下级必须很好地理解生产任务目标，并且保质保量地完成。他经常直接找下属布置工作，中层管理人员常常抱怨其越级指挥，使他们无所适从。严厂长手下的几员"大将"被"架空"已成家常便饭。职工有困难想找厂里帮助时，严厂长一般不予过问，职工说他"缺少人情味。"久而久之，严厂长感到在管理中最大的问题就是下属不愿意承担责任，他们对工作并非很努力地去做，全厂的工作也只是推推动动，维持现有局面而已。

C. 赵厂长

赵厂长是一位经验丰富的企业家。当某市齿轮厂严重亏损、濒临倒闭时，他开始出任该厂的厂长。他的管理哲学是："管理既是无情的，又是有情的。对工人既要把'螺丝'拧得紧紧的，又要给予其温暖。"赵厂长对下属完全信赖，倾听下情并酌情采用。通过职工参与制，让下属参与生产与决策并给予物质奖赏。所形成的全厂长远规划，请职工"评头论足"，厂里上下级信息沟通快。鼓励下级自己做出相应决定。他认为，生产率的提高，不在于什么奥秘，而在于职工及其领导人之间的那种充满人情味的关系。同时他为职工做出了表率，赵厂长深有感触地说："走得正，行得端，领导才有威信，说话才有影响，群众才能信服，才能对我行使权力颁发'通行证'。"

他到该厂上任后不久采取了一系列措施，如树立效益、以人为本的观念；推行融效率与人于一体的目标管理法，通过每名管理人员和职工为各自的部门和个人设置目标，并负责完成，想方设法提高工厂的生产率；遵循系统管理和专业化分工的原则，综合考虑管理幅度和层次的合理划分，以及职权划分，建立了责权明确、分工合理的组织结构体系；突出了产品质量和降低成本两个重点。

在赵厂长上任后的一年里，齿轮厂的生产绩效有了显著提高。

【问题】

1. 任厂长的领导风格属于（　　）。
   A. 9.1 任务型管理　　　　　　　　B. 1.9 乡村俱乐部型管理
   C. 9.9 团队型管理　　　　　　　　D. 5.5 中庸之道型管理
2. 严厂长的领导风格属于（　　）。
   A. 9.1 任务型管理　　　　　　　　B. 1.9 乡村俱乐部型管理
   C. 9.9 团队型管理　　　　　　　　D. 5.5 中庸之道型管理
3. 赵厂长的领导风格属于（　　）。
   A. 9.1 任务型管理　　　　　　　　B. 1.9 乡村俱乐部型管理
   C. 9.9 团队型管理　　　　　　　　D. 5.5 中庸之道型管理
4. 根据管理方格理论，下面哪位厂长的领导方式最有效？（　　）
   A. 任厂长　　　　B. 严厂长　　　　C. 赵厂长
5. 严厂长经常直接找下属布置工作，中层管理人员常常抱怨其越级指挥，他违背了（　　）。
   A. 集权与分权相结合的原则　　　　B. 统一指挥原则
   C. 例外原则
6. 作为一厂之主，任厂长、严厂长和赵厂长拥有（　　）。
   A. 直线职权　　　　B. 参谋职权　　　　C. 职能职权
7. 任厂长很少解雇职工，因为解雇是一种（　　）手段。
   A. 正强化　　　　B. 负强化　　　　C. 惩罚
8. 赵厂长深有感触地说："走得正，行得端，领导才有威信，说话才有影响，群众才能信服，才能对我行使权力颁发'通行证'。"赵厂长强调的领导影响力来源于（　　）。

A. 法定权　　　B. 奖惩权　　　C. 模范权

9. 有些厂长通过赋予工人更多的工作和责任，并且用表扬和表示赏识来激励下属。但不幸的是，这些方法并没有取得预期的效果。以下哪个理论可以最好地揭示其原因？（　　）

A. 双因素理论　　B. 需求层次理论　　C. 强化理论

【管理实务】

测试你的领导作风

请阅读下列各个句子，对于"a."句最能形容你时，请在"a."上打"〇"；若"b."句对你来说，最不正确时，请在"b."上打"〇"。

1. a. 你是个大多数人都会向你求助的人。
   b. 你很激进，而且最注意自己的利益。
2. a. 你很能干，且比大多数人更能激发他人。
   b. 你会努力去争取一项职位，因为你可以应对大多数人和所有的财务工作，掌握更大的职权。
3. a. 你会试着努力去影响所有事件的结果。
   b. 你会急着降低所有达成目标的障碍。
4. a. 很少人像你那么有自信。
   b. 你想取得世上有关你想要的任何东西时，你不会有疑惧。
5. a. 你有能力激发他人跟随你的领导。
   b. 你喜欢有人听从你的命令行动；若必要的话，你不反对使用威胁的手段。
6. a. 你会尽力去影响所有事件的结果。
   b. 你会做全部重要的决策，并期望别人去实现它。
7. a. 你有吸引人的特殊魅力。
   b. 你喜欢处理必须面对的各种情况。
8. a. 你喜欢面对公司的管理者，咨询复杂问题。
   b. 你喜欢计划、指挥和控制一个部门的人员，以确保最佳的福利。
9. a. 你会向企业群体和公司咨询，以改进效率。
   b. 你会对他人的生活和财务进行决策。
10. a. 你会干涉官僚的推拖拉作风，并施压以改善其绩效。
    b. 你会在金钱和福利重于人情利益的地方工作。
11. a. 你每天在太阳升起前，就开始了一天的工作，一直到夜晚6点整。
    b. 为了达成所建立的目标，你会定期而权宜地解雇无生产力的员工。
12. a. 你会对他人的工作绩效负责，也就是说，你会判断他们的绩效，而不是你的绩效。
    b. 为求成功，你有废寝忘食的习性。
13. a. 你是一位真正自我开创的人，对所做的每件事充满着热忱。

  b. 无论做什么，你都会做得比别人好。
14. a. 无论做什么，你都会努力求最好、最高和第一。
  b. 你具有驱动力、积极性人格和奋斗精神，并能坚定地求得有价值的任何事情。
15. a. 你总是参与各项竞争活动，包括运动，并因有突出的表现而获得多项奖牌。
  b. 赢取和成功对你来说，比参与的享受更感重要。
16. a. 假如你能及时有所收获，你会更加坚持。
  b. 你对所从事的事情，会很快就厌倦。
17. a. 本质上，你都因内在驱动力而行事，并以实现从未做过的事为使命。
  b. 作为一个自我要求的完美主义者，你常强迫自己有限地去实现理想。
18. a. 你实际上的目标感和方向感，远大于自己的设想。
  b. 追求工作上的成功，对你来说，是最重要的。
19. a. 你会喜欢需要努力和快速决策的职位。
  b. 你是坚守利润、成长和扩展概念的。
20. a. 在工作上，你比较喜欢独立和自由，远甚于高薪和职位安全。
  b. 你喜欢控制、权威的职位。
21. a. 你坚信凡是对自身分内的事最能冒险的人，会赢得金钱上的最大报偿。
  b. 有少数人判断你应比你本身更有自信些。
22. a. 你被公认为是有勇气的、生气蓬勃的和乐观的。
  b. 作为一个有志向的人，你能很快地把握住机会。
23. a. 你善于赞美他人，而且若是合宜的，你会信赖他。
  b. 你喜欢他人，但对他们以正确方法行事的能力缺乏信心。
24. a. 你通常宁可给人不明确的利益，也不愿与他人公开争辩。
  b. 当你面对着"说出那像什么时"，你的作风是间接的。
25. a. 假如他人偏离正道，由于你是正直的，所以你仍会无情地纠正他。
  b. 你是在强调适者生存的环境中长大的，故常自我设限。

你的得分：计算一下你圈"a."的数目，然后乘以4，就是你领导特质的分数。同样的，圈"b."的数目，然后乘以4，就是你管理特质的分数。

项目 6

激　　励

俄克拉何马州的土地下发现了石油，该地的所有权属于一位年老的印第安人。这位老印第安人一直都生活在贫穷之中，但发现石油以后，顿时变成了有钱人。于是他买了一辆凯迪拉克豪华旅行车，头戴一顶林肯式礼帽，系了领结，并且抽一根黑色大雪茄，这就是他出门时的装备。每天他都开车到附近的俄克拉何马城。他想看每一个人，也希望被每个人看到。他是一个友善的老人，当他开车经过城镇时，会把车一下子开到左边，一下子开到右边，来跟他所遇见的每个人说话。有趣的是，他从未撞过人，也从未伤害过人。理由很简单，在他的大汽车正前方，有两匹马拉着。

当地的技师说那辆汽车一点毛病也没有，这位老印第安人永远学不会插入钥匙去开动引擎。汽车本身有 73 500 瓦的功率，而许多人都误以为那辆汽车只有 1 470 瓦的功率。

【管理启示】研究表明，一个人的一生所开发使用的能力是其本身所拥有能力的 2%～8%。问题的关键不是人们笨，而是没有学会"插入钥匙去开动引擎"，从而去调动内在的能力去创造一个更美好的未来。人类最大的悲剧是人力资源的浪费。

人是组织中最为核心的资源要素，所有的工作都要依靠人来完成，员工的工作状态对组织绩效起着决定性的作用。一旦员工失去了工作的动力和积极性，组织的目标将无法实现。因此，组织取得成功的关键之一就是拥有受到充分激励且具有工作热情的员工，这就要求管理者通过各种手段调查了解员工的需求，分析构建具有刺激性的组织环境，研究确立恰当的目标体系，使员工的激励水平与组织目标相一致，确保员工受到充分激励，从而产生能带来高绩效的行为。

本章将介绍激励的有关理论和应用。首先通过案例讨论给出激励的概念，指出激励的要素及过程；其次从激励的因素、过程和结果等方面分别讨论内容型激励理论、过程型激励理论和行为改造型激励理论；最后探讨在当前环境下，管理者如何通过授权和工作丰富化等方法构建企业激励系统使员工实现更高的绩效。

【学习目标】

1. 掌握激励的概念、要素。
2. 理解并描述内容型激励理论、过程型激励理论和行为改造型激励理论，以及如何利用这些理论激励员工；掌握不同的"人性"假设理论对应的管理措施。

3. 了解激励的作用。

一个能激起热情的平凡主张比一个不能激起热情的非凡高见好得多。因此，经理必须能激起部下的热情。要实现这一目标，经理本人必须首先要有热情。

——玛丽·阿什

6.1 激励概述

 案例

猎狗的故事

一条猎狗将兔子赶出了窝，一直追赶它，追了很久仍没有追到。牧羊犬看到此种情景，讥笑猎狗说："你们两个之间小的反而跑得快很多。"猎狗回答说："你不知道我们两个的跑是完全不同的！我仅仅为了一顿饭而跑，它却是为了性命而跑呀！"

这话被猎人听到了，猎人想：猎狗说的对啊，那我要想得到更多的猎物，得想个好法子。于是，猎人又买来几条猎狗，凡是能够在打猎中捉到兔子的，就可以得到几根骨头，捉不到的就没有骨头吃。这一招果然有用，猎狗们纷纷去努力追兔子，因为谁都不愿意看着别的狗有骨头吃，自己没有骨头吃。

就这样过了一段时间，问题又出现了。大兔子非常难捉到，小兔子容易捉到。但捉到大兔子得到的骨头和捉到小兔子得到的骨头差不多，猎狗们善于观察发现了这个窍门，专门去捉小兔子。慢慢地，猎人觉察到了这个现象。猎人对猎狗说："最近你们捉的兔子越来越小了，为什么？"猎狗们说："反正没有什么大的区别，为什么费那么大的劲去捉大兔子呢？"

猎人经过思考后，决定不再将分得骨头的数量与是否捉到兔子挂钩，而是采用每过一段时间，就统计一次猎狗捉到兔子的总重量，按照重量来评价猎狗，决定一段时间内的待遇。于是猎狗们捉到兔子的数量和重量都增加了，猎人很开心。

但是过了一段时间，猎人发现，猎狗捉兔子的数量又少了，而且越有经验的猎狗，捉兔子的数量下降得就越多。于是猎人又去问猎狗。猎狗说："我们把最好的时间都奉献给了您，主人，但是随着时间的推移我们会老，当我们捉不到兔子的时候，您还会给我们骨头吃吗？"

猎人做了论功行赏的新决定——分析与汇总了所有猎狗捉到兔子的数量与重量，规定如果捉到的兔子超过了一定的数量后，即使捉不到兔子，每顿饭也可以得到一定数量的骨头。猎狗们都很高兴，大家都努力去达到猎人规定的数量。

一段时间过后，终于有一些猎狗达到了猎人规定的数量。这时，其中有一只猎狗说："我们这么努力，只得到几根骨头，而我们捉的兔子远远超过了这几根骨头。我们为什么不能给自己捉兔子呢？"于是，有些猎狗离开了猎人，自己捉兔子去了……

【管理启示】案例中，猎人通过猎狗来实现捉兔子的目标，猎狗的努力程度决定了捉到兔子的数量，也影响了猎狗的工作绩效。而猎狗捉到兔子后获得的待遇即其需求被满足的状态决定了它的努力程度。同时，随着时间的推移，猎狗的需求情况是不断变化、提升的，猎人需要随时了解猎狗的需求，创设相应的环境，使猎狗确信只要它完成目标，需求就能够得以满足，从而最大化地激发猎狗的工作热情，高绩效地实现组织目标。对管理者而言也是如此。

大多数人按既定的方式工作、生活和学习，对周围的环境做出反应，却较少考虑原因。为什么学习某些课程，为什么努力做某件工作，或者为什么喜欢某项娱乐。其实，人们做这些事情，是因为有各种各样的需求，为了使需求得以满足而受到了相关因素的激励，从而使人们采取了相应的行动。

6.1.1 激励的概念

激励是心理学的一个重要术语，指的是激发人的动机的心理过程，也就是在某种内部或外部条件刺激的影响下，使人产生或维持一种兴奋的精神状态。

从企业管理的角度来看，所谓激励，是指管理者运用各种管理手段，刺激被管理者的需求，激发其动机，使其朝着所期望的目标前进的心理过程。

员工受激励的水平会影响组织绩效，管理者的重要工作之一就是通过各种手段激发员工的动力，使之为组织目标的实现而努力工作。管理者需要对组织环境进行研究，充分了解员工，即了解哪些因素促使员工采取行动，哪些因素对员工的选择产生影响，以及导致员工持续或终止某种状态的原因。

图6-1给出了一个简单的激励模型。人们在任何时候都有一定的需求，如食物、金钱、友谊及成就感等，这些因素会转化为内在压力，驱使人们采取某些行动来满足这些需求。行动取得成功后，人们会通过得到奖励的方式满足需求。而能否得到奖励，得到奖励带来的需求满足程度，会告诉人们行为是否适当，是否应该重复以前的行为。

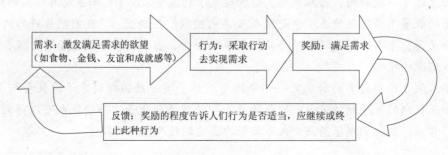

图 6-1　激励模型

6.1.2 激励的构成要素

激励的构成要素主要包括以下几个方面。

1. 需求

需求表现为人们对某种东西的渴求和想要得到的欲望，是激励的基础。在外部环境的刺激下，人产生强烈的内在需求，激发动机的产生。人的需求是不断发展的，即人的需求不是一次满足就永远满足的，而是随着时间、环境的不断变化而反复出现的，同时需求的标准也在不断提高。

2. 外部刺激

外部刺激指管理者为实现组织目标而创设的组织环境，是激励的诱因。

3. 动机

动机是推动人进行某项行为的驱动力，是激励的核心要素。人的行为是受动机驱使的，有什么样的动机，就会产生什么样的行为。需求是产生动机的基础，但如果没有满足需求的外在目标，也不能产生激励，只有外界具有满足需求的目标和条件时，需求才能转化成动机。激励的关键在于使被激励者产生所希望的动机，驱动有助于组织目标实现的行为。

4. 行为

行为是人在被刺激的状态下，受动机驱使而采取的使需求得以满足的行动，是激励的目的。实施激励就是为了通过恰当的措施和手段，使被激励者产生实现组织目标的行为。

6.1.3 激励的作用

美国通用食品公司总裁弗朗克斯说过，你可以买到一个人的时间，你可以雇用一个人到指定的岗位工作，你甚至可以买到按时或按日计算的技术操作，但你买不到热情，你买不到主动性，你买不到全身心的投入，而你又不得不设法争取这些。

李嘉诚的创业格言：如果没有那么多人替我办事，我就算有三头六臂，也没有办法应付那么多的事情，所以成就事业最为关键的是要有人能够帮助你，乐意跟你工作，这就是我的哲学。

激励是必不可少的管理手段，其作用表现为以下几个方面。

1. 激励是实现组织目标的需要

组织目标的实现程度取决于员工绩效，员工给组织带来的价值受到自身能力和努力程度的双重影响。员工的努力程度取决于目标对他的吸引力，即目标的实现能使需求得到多大程度的满足。管理者需要通过激励手段让员工产生内在动力，调动员工的工作积极性，使其在满足自身需求的同时，高绩效地实现组织目标。

2. 激励可以开发人的潜能

美国哈佛大学的詹姆士教授在对员工激励的研究中发现，按时计酬的分配制度仅能让员工发挥 20%～30% 的能力，如果能受到充分激励，员工可以发挥出 80%～90% 的能力，两种情况之间 60% 的差距就是有效激励的结果。管理者可以通过创设竞争性的组织环境，使员工的潜力得到最大限度的发挥。

3. 激励能够带来高绩效的行为

通过动机的激发，调动被管理者工作的积极性和创造性，自觉自愿地为实现组织目标而努力，其核心作用是调动了人的积极性。研究发现，有效的员工激励与组织的出色业绩和丰厚利润是相伴而生的，管理者应思考将激励技巧和奖励结合在一起的方法，运用激励来满足员工的需求，保证员工在任何组织环境下都能愉快地工作并保持较高的生产率。

韩国某大型公司的一个清洁工，本来是一个最被人忽视的角色，但就是这样一个人，却在一天晚上公司保险箱被窃时，与小偷进行了殊死搏斗。事后，有人为他庆功并问他的动机时，答案却出人意料。他说："当公司的总经理从他身旁经过时，总会不时地赞美他'你扫的地真干净'。"就这么一句简简单单的话，使这个员工受到了感动，心甘情愿为公司奉献。这也正合了中国的一句老话"士为知己者死"。

6.1.4 激励的过程

激励的过程分为 4 个阶段：① 员工在各种管理手段与环境因素等诱因的刺激下，未被满足的需求被强化，形成驱动力；② 造成心理与生理紧张，寻找能满足需求的目标，并产生要实现这种目标的动机；③ 在动机驱使下，被管理者采取努力实现上述目标的行为；④ 目标实现，需求满足，心理与生理紧张消除，激励过程完结。当一种需求得到满足后，人们会随之产生新的需求，作为未被满足的需求，又开始了新的激励过程。激励的过程如图 6-2 所示。

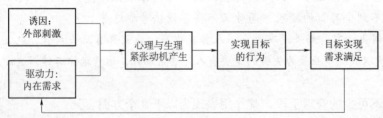

图 6-2 激励的过程

因此，激励的实质过程就是在外界刺激变量（各种管理手段与环境因素）的作用下，使内在变量（需求、动机）产生持续不断的兴奋，从而引起被管理者积极的行为反应（实现目标的努力）。人的激励是一个周而复始、不断升华的循环。但人们在满足需求的过程中,并非每次都能实现目标,此时会产生挫折感——有人会积极进取,动机更强;有人会消极对待,动机削弱,放弃目标。

6.2 "人性"假设理论

 案例

尽力而为还不够

在美国西雅图的一所著名教堂里,有一位德高望重的牧师——泰勒。有一天,他向教会学校一个班的学生们讲了下面这个故事。

那年冬天,猎人带着猎狗去打猎。猎人一枪击中了一只兔子的后腿,受伤的兔子拼命地逃生,猎狗在其后穷追不舍。可是追了一阵子,兔子跑得越来越远了。猎狗知道实在是追不上了,只好悻悻地回到猎人身边。猎人气急败坏地说:"你真没用,连一只受伤的兔子都追不到!"猎狗听了很不服气地辩解道:"我已经尽力而为了呀!"

再说兔子带着枪伤成功地逃生回家了,兄弟们都围过来惊讶地问它:"那只猎狗很凶呀,你又带了伤,是怎么甩掉它的呢?"兔子说:"它是尽力而为,我是竭尽全力呀!它没追上我,最多挨一顿骂,而我若不竭尽全力地跑,可就没命了呀!"

泰勒讲完故事之后,又向全班郑重其事地承诺:谁要是能背出《圣经·马太福音》中第五章到第七章的全部内容,他就邀请谁去西雅图的"太空针"高塔餐厅参加免费聚餐会。《圣经·马太福音》中第五章到第七章的全部内容有几万字,而且不押韵,要背诵其全文无疑有相当大的难度。尽管参加免费聚餐会是许多学生梦寐以求的事情,但是几乎所有的人都浅尝辄止,望而却步了。

几天后,班中一个11岁的男孩,胸有成竹地站在泰勒的面前,从头到尾地按要求背诵下来,竟然一字不漏,没出一点差错,而且到了最后,简直成了声情并茂的朗诵。泰勒比别人更清楚,就是在成年的信徒中,能背诵这些内容的人也是罕见的,何况是一个孩子。泰勒在赞叹男孩惊人记忆力的同时,不禁好奇地问:"你为什么能背下这么长的文字呢?"

这个男孩不假思索地回答道:"我竭尽全力。"

16年后,这个男孩成了世界著名软件公司的老板,他就是比尔·盖茨。

【管理启示】泰勒讲的故事和比尔·盖茨的成功背诵对人们很有启示:每个人都有极大的潜能。正如心理学家所指出的,一般人的潜能只开发了2%~8%,像爱因斯坦那样伟大的科学家,也只开发了12%左右。一个人如果开发了50%的潜能,就可以背诵400本教科书,可以学完十几所大学的课程,还可以掌握20多种不同国家的语言。这就是说,我们还有90%左右的潜能处于沉睡状态。谁要想出类拔萃、创造奇迹,仅仅做到尽力而为还远远不够,必须竭尽全力才行。

员工在工作中究竟是尽力而为还是竭尽全力，取决于管理者的激励程度。实施激励，首先要正确地认识被激励者，了解其需求。管理者需要对人性和人所处的环境有充分的认识，确定员工需要、追求的是什么，从而使他们竭尽全力投入工作，成就高绩效的组织行为。本节介绍"人性"假设，研究被激励者的需求定位。

6.2.1 "人性"假设的含义

1957 年，美国行为科学家麦格雷戈提出"人性"假设，指出在每一个管理决策或每一项管理措施的背后，都必有某些关于人性本质及人性行为的假设。

麦格雷戈认为管理的理论与管理者的观念是第一位的，而管理的政策与具体措施是第二位的。他强调在管理中要着重开发人力资源，发掘人的潜在力量，而管理人员采取哪种理论假设要看具体情况，但是所持的理论观点要旗帜鲜明。

管理心理学家莱波蔓进一步将"人性的基本宗旨"划分为 6 个方面。

① 我们相信人是可以信赖的或是不值得信赖的程度。
② 我们相信人是利他的或是利己的、自私的程度。
③ 我们相信人是独立的和自力更生的，或是依赖并顺从于群体或权威人物的程度。
④ 我们相信人是有意志和理性的力量的，或是相信人是由非理性的内部或外部因素控制的程度。
⑤ 我们相信人是有不同的思想、直觉和价值观的，或是相信人的直觉与价值观是基本一样的程度。
⑥ 我们对人是简单或是十分复杂的生物这一点的相信程度。

西方管理心理学家薛恩在其著名的《组织心理学》中，阐述了 4 种人性假设，就是"经济人"假设、"社会人"假设、"自我实现人"假设和"复杂人"假设。

6.2.2 "经济人"假设

"经济人"也叫唯利人或实利人，这种假设认为人的一切动机行为源于经济诱因，在于追求自身利益最大化，为此，需要用金钱与权力、组织机构的操纵和控制，使员工服从并维持生产效率。这种假设起源于享乐主义哲学和亚当·斯密的关于劳动交换的经济理论。

1. 主要观点

"经济人"假设理论的主要观点有以下方面。
① 人类多数趋于天生懒惰，不愿多做工作。
② 人类多数缺乏雄心，希望依赖他人，而不喜欢担负责任。
③ 人们多数希望以自我为中心而忽视组织目标。
④ 多数人安于现状，习惯于抵抗变革。
⑤ 人们易受欺骗，常有盲从举动。

薛恩对"经济人"假设的概括：人是由经济诱因引发工作动机的，并谋求最大的经济利益。组织可通过经济诱因操纵、激发和控制员工的工作，必须设法控制个人的情感和无法预料的品质，善于干涉他所追求的私利。

2. X 理论

1957 年，麦格雷戈同时提出了 X 理论和 Y 理论，他于 1960 年出版了《企业中人的方面》一书，进一步阐明了自己提出的理论。他以两个极端的观点描述了专制与民主的管理者所做出的两种对于人性的假设。

X 理论，是在"经济人"假设的基础上提出来的管理理论，主要观点有以下方面。

① 一般人均对工作具有天生的厌恶，只要有可能就会逃避工作。

② 大多数人必须予以强制、控制、督导，给予惩罚的威胁，才能促使他们朝向达成组织的目标而努力。

③ 一般人大都愿受人监督，性喜逃避责任，志向不大，但追求生活的安定。

3. 基于"经济人"假设的管理方式

这种管理方式包括以下方面。

① 采取"胡萝卜加大棒"的政策，管理重点是强调以工作任务为中心，从经济利益的角度出发来使用组织中的资源，更好地实现目标。

② 认为人必须在强迫与控制之下才能工作，管理的主要职能是计划、组织、经营、指导、控制、监督，管理者的任务在于指导与激发职工，并时常控制与修正职工的行为，使其符合组织需要。

③ 采取专制式的领导方式，管理者必须使用说明、奖赏、处罚与控制等方法管制其下属，在奖惩制度上，以金钱来刺激工人的生产积极性，用惩罚来对付工人消极怠工的行为。

"经济人"假设的管理是以金钱为主的机械的管理模式，认为工人只是被动地在严格控制下工作，反对工人参与管理，其假设的工人观是完全错误的。但"经济人"假设也含有科学管理的成分，泰勒制就是此种观点的典型代表。

6.2.3 "社会人"假设

"社会人"也叫社交人，这种假设认为人们在工作中得到的物质利益对于调动生产积极性来说只是次要因素，人们最重视的是工作中与周围人的友好关系，良好的人际关系是调动职工生产积极性的决定因素。这种假设起源于人际关系学说，梅奥的霍桑试验指出，人对社交和归属方面的需求往往超出了经济上的需求。梅奥把重视社交需求和自我尊重的需求，而轻视物质需求与经济利益的人称为"社会人"。

1. 主要观点

"社会人"假设理论的主要观点有以下方面。

① 人是社会人，由社会需求引发工作动机，渴望通过组织中和谐的人际关系获得认同感和归属感。

② 社会心理因素对调动人的积极性有很大的影响，生产效率的高低主要取决于职工的士气。

③ 组织中还存在非正式群体，它们有着特殊的规范，影响着组织成员的行为。

④ 提出了新型领导的必要性，这种领导善于倾听员工的意见，善于与员工沟通交流。

薛恩对"社会人"假设的概括：工业革命与工业合理化造成分工过细；使工作本身变得单调乏味，因此必须从工作的社会关系中寻求意义。人类的工作是以满足社会需求为主的，希望管理人员能满足自己的社会需求。

2. 基于"社会人"假设的管理方式

这种管理方式包括以下方面。

① "社会人"强调以人为中心的管理，提倡参与式管理，让职工参与企业决策的研究和讨论。

② 提出管理的重点除了注意生产任务，还应注意关心人，注重对人的社会需求的满足，重视组织内的人际关系，在奖励时提倡集体奖励，不主张个人奖励。

"社会人"假设使人的地位及需求得到了重视和提升，注重员工之间的关系和员工归属感的培养，如提倡集体奖励制度，对组织管理和各项管理制度的制定很有意义。从"经济人"假设到"社会人"假设是管理思想与管理方法上的一个进步，但它过于否定了"经济人"假设的管理作用，完全忽视了职工的经济需求，偏重非正式组织的作用，对正式组织有放松研究的倾向。

6.2.4 "自我实现人"假设

"自我实现人"也叫自动人，这种假设认为人并无好逸恶劳的天性，人们力求最大限度地将自身的潜能充分发挥出来，从而获得最大的满足，而工作是满足人的需求最基本的社会活动和手段。这种假设是 20 世纪 50 年代末，由马斯洛、阿吉里斯、麦格雷戈提出来的，认为人最大的需求就是实现自我的价值。前面说到的 Y 理论是在"自我实现人"的基础上提出来的。

1. 主要观点

"自我实现人"假设理论的主要观点有以下方面。

① 一般人并非天生厌恶工作，工作究竟是不是人们满足需求的来源，视人为的情况而定。

② 人为了达成其本身已经承诺的目标，将自我督导和自我控制自身的行为。

③ 人对于目标的承诺是由于达成目标后得到的一种报酬。

④ 只要情况适当，一般人不但能承担责任，而且能勇于承担责任。

⑤ 以高度的想象力、智力和创造力来解决组织上各项问题的能力，乃是大多数人拥有的能力，而不是少数人独具的能力。

⑥ 在现代产业生活的情况下，常人的智慧潜能仅有一部分发挥出来。

2. 基于"自我实现人"假设的管理方式

这种管理方式包括以下方面。

① 管理重点是重视工作环境的构建，管理者成为生产环境与条件的设计者，重视内部激励，即通过员工获得知识、施展才能，以及自尊、自重、自主、利他、创造等自我价值的实现来调动员工的积极性。

② 管理制度方面主张下放管理权限，建立较为健全的决策参与制度，满足自我实现的需要。

"自我实现人"是资本主义高度发展的产物，是资本主义管理者为了克服职工由于分工过细、重复劳动所产生的士气低落、劳动生产效率逐渐下降的问题而提出的，但有许多理论比较片面。

6.2.5 "复杂人"假设

"复杂人"假设认为上述 3 种人性假设，有其合理性的一面，但并不能适用于一切情况。因为人是很复杂的，不能用单一的模式去管理。"复杂人"假设就是以这样的事实为基础，以求合理解释人的需求与工作动机关系的理论。根据"复杂人"的假设，可以说没有万能不变的管理模式，要根据不同类型的人采用不同的管理模式。

1. 主要观点

"复杂人"假设理论的观点有以下方面。

① 同一个组织的成员是有差异的，不同的人有不同的需求，且人的需求是多种多样并在不断变化的。

② 人在同一时期内有各种需求和动机，它们会相互作用并结合为一个统一的整体，形成错综复杂的动机模式。

③ 动机模式的形成是内部需求与外界环境相互作用的结果。

④ 一个人在不同的组织中或在一个组织的不同部门工作，会产生不同的需求。由于人们的需求不同，对同一管理方式会有不同的反应。

薛恩对"复杂人"假设的概括：人不仅是复杂的，而且也是多变的；人从他的组织经验上能够不断地获得新的动机；在不同的组织，或在同一组织的不同部门中的人，动机可能也不相同；人对于各种不同的管理策略都能有所反应。

2. 超 Y 理论

超 Y 理论是在"社会人"假设和"复杂人"假设的基础上提出来的。摩斯和洛希提出了"全面管理"理论，也叫"应变管理理论"，"应变"是根据具体情况而采取相应的管理措施。这种理论的实质是要求工作、组织、个人进行最佳配合。在超 Y 理论的基础上提出了应变管理理论或权变理论，就是不否定 X 理论和 Y 理论，但要超越它们。

超 Y 理论的主要观点有以下方面。

① X 理论并非一无是处，Y 理论也不是普遍适用的。

② 不存在一种普遍适用的、最好的或最不好的管理方式，它强调权益应变，要求根据变化了的环境采取与之相适应的做法，一切以时间、地点、条件为转移。

③ 人的需求和动机多种多样、各不相同，但主要是获得胜任感，这是基本相似的，所

以可以用不同的方式来满足不同人的胜任感。

④ 组织结构、管理层次、职工培训、工作分配、工资报酬及控制水平等，只有随着工作性质、工作目标和员工的素质来确定，才能使人创造最佳绩效，实现胜任感。

⑤ 一个目标达到以后，一个新的目标会产生，又需要重新组合。

3. Z 理论

Z 理论，是在"复杂人"假设的基础上提出来的。

Z 理论是由美国日裔学者威廉·大内在 1981 年出版的《Z 理论》一书中提出来的，其研究的内容是人与企业、人与工作的关系。威廉·大内的研究表明，日本的经营管理方式一般比美国的效率更高，这与 20 世纪 70 年代后期开始日本经济咄咄逼人的气势是吻合的。因此作者提出，美国的企业应该结合本国的特点，学习日本企业管理方式，形成自己的管理方式。他把这种管理方式归结为 Z 型管理方式，并对这种方式进行了理论上的概括，称为 Z 理论。

Z 理论认为，一切企业的成功都离不开信任、敏感与亲密，因此主张以坦白、开放、沟通作为基本原则来实行"民主管理"。他认为美国大部分企业是 A 型组织，而日本的企业是 J 型组织。

1）A 型组织的特点

威廉·大内把由领导者个人决策、员工处于被动服从地位的企业称为 A 型组织，他认为当时研究的大部分美国企业都是 A 型组织。它的特点是：短期雇用；迅速的评价和升级，即绩效考核期短，员工得到回报快；专业化的经历道路，造成员工过分局限于自己的专业，但对整个企业并不了解很多；明确的控制；个人决策过程不利于诱发员工的聪明才智和创造精神；个人负责，任何事情都有明确的负责人。

2）J 型组织的特点

J 型组织的特点是：实行长期或终身雇用制度，使员工与企业同甘苦；对员工实行长期考核和逐步提升制度；非专业化的经历道路，培养适应各种工作环境的多专多能人才；管理过程既要运用统计报表、数字信息等控制手段，又注重对人的经验和潜能进行细致而积极的启发诱导；采取集体研究的决策过程；对一件工作集体负责；人们树立牢固的整体观念，员工之间平等相待，每个人对事物均可做出判断，并能独立工作，以自我指挥代替等级指挥。

3）Z 型组织的提出

威廉·大内不仅指出了 A 型和 J 型组织的各种特点，而且还分析了美国和日本各自不同的文化传统导致它们的典型组织分别为 A 型和 J 型，这样，就明确了日本的管理经验不能简单地照搬到美国去。为此，他提出了 Z 型组织的观念，认为美国公司借鉴日本经验就要向 Z 型组织转化，Z 型组织符合美国文化，又可学习日本管理方式的长处。

Z 理论的特点：终身雇用制；缓慢地评价和晋升；分散与集中决策；含蓄地控制，但检测手段明确正规；融洽的管理人员与职工关系；让职工得到多方面的锻炼。

Z 理论强调组织管理的文化因素，认为组织应考虑软性因素，如信任、人与人之间的密切关系和微妙性等，强调在组织管理中加入东方的人性化因素，是东西方文化和管理哲学的碰撞与融合。

《Z理论》一书在出版后立即得到了广泛重视，成为20世纪80年代初研究管理问题的名著之一。它与《成功之路》《日本的管理艺术》《公司文化》一起被称为美国管理"四重奏"。

4. 基于"复杂人"假设的管理方式

这种管理方式应根据具体情况采用不同的组织形式，采取弹性、应变的领导方法，以提高管理效率。管理者应善于发现职工在需求、动机、能力、个性上的个别差异，因人、因时、因事、因地制宜地采取灵活多变的管理方式。

"复杂人"假设体现了权变管理思想的精髓，主张根据情况采用灵活的管理方式，对组织管理有一定的启发作用。但是人不仅有个性也有共性，而这种假设在强调个性的同时忽视了共性，不利于组织规章制度的建立和相对问题的处理，也否认了管理的一般规律。

各假设间关系不仅是互相否定、向前发展的关系，也是互相补充的关系，随着人性假设理论研究的不断深入，人们对人本性的认识也在不断深入。从X理论、Y理论、超Y理论和Z理论全面考察人性理论发展的过程中，可以得到很多有价值的借鉴。

6.2.6 "人性"假设与理论的对应

"人性"假设与理论的对应如图6-3所示。

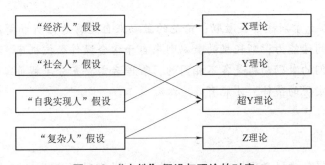

图6-3 "人性"假设与理论的对应

6.3 激 励 理 论

当代学者对激励理论的研究主要集中在以下方面：第一种是内容型激励理论，研究激励因素，强调分析员工的潜在需求，使管理者了解需求的基本构成情况，掌握满足需求的方法；第二种是过程型激励理论，研究影响行为的思维过程，分析员工从被激励到思考产生动机直至行动的过程，有助于管理者理解员工如何通过工作满足需求；第三种是行为改造型激励理论，研究员工行为与结果的关系，使管理者能够掌握相应的激励手段，来制止不希望的行为，并使期望的行为持续、反复发生。

6.3.1 内容型激励理论

内容型激励理论研究对人有激励作用的需求因素，人在任何时候都会有各种各样的需求，如食物、金钱、友谊、尊重和成就等，并希望通过努力来实现这些需求。因此，管理者应全面了解员工的需求，据此设计奖励体系，将满足员工的相应需求作为其完成工作任务的奖励，从而使需求转化为内在动力，激发员工为满足自身需求而采取组织期望的行为，促进组织目标的实现。

激励员工对于管理者而言是一个挑战，因为需求产生于员工的内心深处，而且不同的人需求各异，激励的结果也会各不相同。例如，伦尼在多伦多销售住宅，一年能有35万美元的可观收入，她成功的秘诀在于仔细倾听客户的需求，然后寻找符合他们要求的房产。斯托里是名熟练的技师，他面临的挑战是编写数控机床的程序。从大学退学后，斯托里在机器车间擦地板，并在此受到激励开始学习操作机床。布莱斯是一名出色的销售人员，负责推销教育类书籍和软件。然而她对于5万多美元的佣金收入并不看重。她说："我在销售图书时，压根儿没考虑过钱的问题。我真的是投身于帮助孩子们提高阅读能力这样一个高尚的事业中。"与布莱斯相反，迈克尔斯每次上班前都会感到胃不舒服。迈克尔斯是位电话推销员，每天的工作就是给别人打电话，兜售一些人家根本不需要的东西，而拒绝是让人痛苦的，只有金钱能够刺激他。在上一年，他赚了12万美元。如果他从事别的职业，恐怕根本赚不了这么多钱。

【管理启示】迈克尔斯被金钱激励；伦尼的激励来自她喜欢倾听和解决问题；布莱斯希望帮助孩子们提高阅读能力；斯托里的激励则来自于学会操作数控机床。每个人都受到努力工作的激励。但他们的激励动机是各不相同的，管理者需要充分了解员工的需求，通过环境建设为其创设需求实现的条件，才能有效地激励员工。

1. 需求层次理论

需求层次理论是行为科学理论之一，由美国心理学家马斯洛于1943年在《人类激励理论》中提出，是一种提出最早、影响最大的激励理论。该理论将需求分为5种，像阶梯一样从低到高，按层次逐级递升，分别为生理需求、安全需求、社交需求、尊重需求和自我实现需求，如图6-4所示。

1) 各层次需求的基本含义

（1）生理需求

生理需求是人类自身生存得以维持的最基本要求，包括对呼吸、食物、睡眠、保暖、住房及性等方面的需求。这些需求表现为对足够的食物、空气和基本工资的要求，以维持人的生存。如果得不到满足，人的生存就会受到威胁。因此，生理需求是推动人们行动的最主要、最强大的动力。马斯洛认为，只有这些最基本的需求满足到维持生存所必需的程度后，其他的需求才能成为新的激励因素，而已相对满足的需求也就不再成为激励因素了。

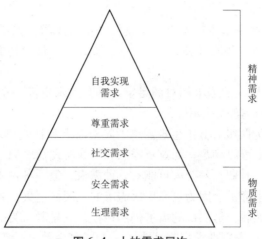

图 6-4　人的需求层次

(2) 安全需求

安全需求是人类保障自身安全，避免各种危险和威胁的需求，包括人身安全、健康保障、资源及财产的所有权、工作职位保障和家庭安全等。在组织环境中，安全需求体现为人们对工作的安全性、额外福利和工作保障等的需求。马斯洛认为，有机体的运转是一个追求安全的机制，人的感受器官、效应器官、智能和其他能力主要是寻求安全的工具，当然，这种需求一旦相对满足后，也就不再成为激励因素了。

(3) 社交需求

社交需求是人们渴望被同事接受，拥有友谊、归属于某个团体、被人所爱的需求。它包括两个方面：一是友爱的需求，即需要朋友、同事之间关系融洽，保持友谊和忠诚，希望得到爱情；二是归属的需求，即属于某个团体，成为团体中的一员，相互关心和帮助。社交需求比生理需求更细致，它和人的生理特性、经历、教育、宗教信仰等都有关系。

(4) 尊重需求

尊重需求是人们需要树立良好的自我形象，获得他人的关注、认可及尊重。它包括社会地位的获得及自身的能力得到认可等。尊重需求分为内部尊重和外部尊重。内部尊重是人的自尊，指一个人希望自己在任何情况下充满信心、有实力、能胜任、能独立自主；外部尊重是一个人希望有地位、有威信，得到别人的尊重、信赖和高度评价。马斯洛认为，尊重需求得到满足，能使人对自己充满信心，对社会满腔热情，体验到自己活着的用处和价值。

(5) 自我实现需求

自我实现需求是最高层次的需求，包括最大限度地发挥人的潜能，实现个人理想、抱负，成为更加优秀的人才，完成与自己的能力相称的一切事情。组织只有为员工安排适当的工作，提供成长的机会，使其发挥自身创造力，并提供培训使员工能承担更有挑战性的任务和适应晋升后的职位，才会使他们感到最大的快乐。马斯洛提出，为满足自我实现需求所采取的途径是因人而异的。自我实现需求是在努力实现自己的潜力，使自己越来越成为自己所期望的人物。

2) 对需求层次理论的理解

① 5 种需求像阶梯一样从低到高，按层次逐级递升，但次序并不是完全固定的，可以

变化，也有例外情况。

② 需求层次理论有两个基本出发点：一是人人都有需求，低层次需求得到满足后，高一层次需求才出现；二是在多种需求未获满足前，首先满足最迫切的需求，然后其他的需求才显示出其激励作用。

③ 一般来说，某一层次的需求相对满足了，就会追求更高一层次的需求。相应地，获得基本满足的需求就不再有激励作用。

④ 5种需求可以分为两级。其中生理需求、安全需求和社交需求都属于低层次的需求，这些需求通过外部条件就可以满足；而尊重需求和自我实现需求属于高层次需求，只有通过内部因素才能满足。同一时期，一个人可能有几种需求，但一种占支配地位，对行为起主要决定作用。任何一种需求都不会因为更高层次需求的发展而消失。各层次的需求相互依赖和重叠，高层次的需求发展后，低层次的需求仍然存在，只是对行为的影响程度大大减弱。

⑤ 马斯洛和其他的行为心理学家都认为，一个国家多数人的需求层次结构，是同这个国家的经济发展水平、科技发展水平、文化和人民受教育的程度直接相关的。在不发达国家，生理需求和安全需求占主导的人数比例较大，而高级需求占主导的人数比例较小；在发达国家，则恰好相反。

3）需求层次与管理对策

需求层次与管理对策的联系见表6-1。

表6-1 需求层次与管理对策的联系

需求层次	激励因素	管　理　对　策
生理需求	工资和奖金，各种福利，工作环境	工资和奖金制度，贷款制度，医疗保健，工作时间，创造健康的工作环境，住房与福利设施等
安全需求	职业保障，意外事故的防止	雇用保证，退休养老金制度，意外保险制度，安全生产措施，危险工种的营养福利制度
社交需求	友谊，团体的接纳，组织的认同	建立和谐的工作团队，建立协商和对话制度，互助金制度，团体活动计划，教育培训制度
尊重需求	名誉和地位，权利与责任，他人的认可	人事考核制度，职务职称晋升制度，表彰制度，责任制度，授权
自我实现需求	能发挥个人特长的环境，具有挑战性的工作	决策参与制度，培训，提案制度，破格晋升制度，目标管理，建立攻关小组提倡创造性工作

4）需求层次理论的贡献

① 马斯洛将人的需求划分为5种，并指出人的需求是从低层次向高层次发展的，这基本符合人的心理发展过程。

② 提出人们在不同的时期内可能会有不同的起主要作用的需求。因此，管理者必须注意目前对员工起主要作用的需求，以便有效地激励他们。

③ 需求层次理论揭示了人的需求包括物质需求和精神需求两个方面。而且在物质需求得到一定程度的满足后，精神需求才能起到更持久的激励作用。

5）需求层次理论的不足

① 带有一定的机械主义色彩。提出了人类需求发展的一般规律，但把需求层次看成是固定的程序，看成一种机械的上升运动，忽视了人的主观能动性，没有意识到人与人之间需求的先后次序是不尽相同的。

② 只注意了个体各种需求之间存在的纵向联系，忽视了个体在同一时间内往往存在多种需求，而这些需求又会相互矛盾，进而导致动机的斗争。

了解员工的需求是应用需求层次论对员工进行激励的一个重要前提。在不同组织中、不同时期的员工及组织中不同的员工的需求充满差异性，而且经常变化。因此，管理者应该经常性地用各种方式进行调研，弄清员工未得到满足的需求是什么，然后有针对性地进行激励。

【管理启示】管理者要正确认识被管理者需求的多层次性，片面看待下属需求是不正确的，应进行科学分析，并区别对待；要努力将本组织的管理手段、管理条件同被管理者的各层次需求联系起来，不失时机地、最大限度地满足被管理者的需求；在科学分析的基础上，找出受时代、环境及个人条件差异影响的需求，有针对性地进行激励。

2. ERG 理论

ERG 理论是由美国耶鲁大学的心理学家奥尔德弗提出来的。奥尔德弗在马斯洛需求层次理论的基础上，进行了更接近实际经验的研究，指出人们共存在 3 种核心的需求，即生存（existence）的需求、相互（relatedness）关系的需求和成长（growth）发展的需求，因而这一理论被称为 ERG 理论。生存的需求对应马斯洛提出的生理需求和安全需求，指人们基本的物质生存需求；相互关系的需求对应马斯洛的社交需求和尊重需求分类中的外在部分，指人们保持重要人际关系的要求，这种需求的满足是在与其他的需求相互作用中实现的；奥尔德弗把成长发展的需求独立出来，对应马斯洛的尊重需求分类中的内在部分和自我实现需求中所包含的特征，它表示个人谋求发展，实现自身价值的内在愿望。

马斯洛的需求层次理论是一种刚性的阶梯式上升结构，即认为只有较低层次的需求得到满足后，较高层次的需求才会起到激励的作用，二者具有不可逆性。而 ERG 理论认为人在同一时间可能有不止一种需求起作用。如果较高层次需求的满足受到抑制的话，那么人们对较低层次需求的渴望会变得更加强烈，比如说，即使一个人的生存的需求和相互关系的需求尚未得到完全满足，他仍然可以为成长发展的需求工作，而且这 3 种需求可以同时起作用。

ERG 理论不仅提出了需求层次的"满足-上升"趋势，而且也提出了"挫折-倒退"的趋势。马斯洛认为当一个人的某一层次需求尚未得到满足时，他可能会停留在这一需求层次上，直到获得满足才会追求更高层次的需求。而 ERG 理论则指出，当一个人在某一较高层次的需求遭受挫折，得不到满足，他会重新追求某一较低层次的需求。例如，如果一个人社交需求得不到满足，可能会增强他对得到更多金钱或更好的工作条件的愿望。与马斯洛需求层次理论相类似的是，ERG 理论认为较低层次的需求满足之后，会引发出对更高层次需求的渴望。不同于需求层次理论的是，ERG 理论认为多种需求可以同时作为激励因素起作用，并且当满足较高层次需求的企图受挫时，会导致人们向较低层次需求的回归。因此，管理措施应该随着人需求结构的变化而做出相应的改变，并根据每个人不同的需求制定出相应的管理策略。

组织总是寻求赏识员工并鼓励他们参与决策的途径。有着105年历史的盛美家公司最知名的产品是果酱和果冻。该公司对于参加志愿者活动的员工给予带薪假期，这样做能帮助员工满足更高层次的需求，从而得到更高的员工满意度和激励效果。总部位于得克萨斯州休斯敦的斯特林银行如今已经不设立银行柜员岗位了。在类似岗位上工作的人如今被称为前台经理，他们可以自己做决策并为业务的发展献计献策。

3. 双因素理论

双因素理论是1959年由美国心理学家赫兹伯格提出的，又称为"激励因素-保健因素"理论。该理论是赫兹伯格和匹兹堡的心理学研究所的研究人员通过调查分析得出的。他们访问了匹兹堡地区的11个工商事业机构的200多位工程师和会计人员，请他们列举在工作中使他们愉快的项目和不愉快的项目。经过对资料的分析发现，受访人员觉得未能满足的项目，多数与他们的工作环境有关，而他们觉得满意的项目，多数与工作本身有关。由此进一步分析推导得出：一方面是诸如本组织的政策和管理、监督、工作条件、人际关系、薪金、地位、职业安定及个人所需等，这类因素如果得到改善，就能消除员工的不满情绪，但不能调动他们的工作积极性，赫兹伯格把这类因素称为保健因素；另一方面是诸如成就、赏识、艰巨的工作、晋升和工作中的成长、责任感等，如果此类因素处理得当，就会使人们产生满意的情绪，激发工作的积极性，处理不当，只是没有满意而不会引起不满，他把这类因素称为激励因素，见表6-2。

表6-2 双因素理论

激励因素		保健因素	
成就		监督	
认可		公司政策	
工作本身		工作条件	
责任		报酬	
晋升		人际关系	
成长		地位	
		稳定与保障	
满意	没有满意	没有不满意	不满意

1）双因素理论的主要内容

① 导致工作满意的因素与导致工作不满意的因素是不同的。

② 保健因素与工作环境条件或外部因素有关，而激励因素则与工作本身的特点和工作内容或内在因素有关。

③ 管理者应通过保健因素的满足避免员工产生不满情绪，而利用激励因素充分调动员工的积极性。

2) 传统模型与双因素模型的区别

赫兹伯格指出,与传统的看法不同,满意的对立面不是不满意。他将满意与不满意分别进行了拆解,提出二位连续体的存在,即满意的对立面是没有满意,不满意的对立面是没有不满意,而传统的观点认为满意的对立面是不满意,如图6-5所示。

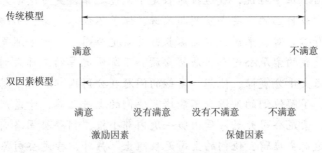

图6-5 满意-不满意观点的对比

3) 双因素理论的贡献

赫兹伯格认为,导致员工满意的因素和不满意的因素是相互独立的,员工对工作满意时,倾向于把满意的因素归于自己;感到不满意时,则倾向于把不满意的因素归于外部环境。因此,根据该理论管理者应做到如下几点。

① 善于区分管理实践中存在的两类因素,对保健因素给予基本的满足,以消除员工的不满情绪。

② 管理者应正确识别并挑选激励因素,利用各种手段进行有针对性的激励,例如,调整工作的分工、宣传工作的意义、增加工作的挑战性、实行工作内容丰富化等来增加员工对工作的兴趣,千方百计地使员工满意自己的工作。

③ 在不同国家、不同地区、不同时期、不同阶层、不同组织,乃至每个人,最敏感的激励因素是各不相同的,应灵活地加以确定。

双因素理论告诉人们,要调动职工的积极性,不仅要有必要的物质利益和合适的工作环境等,更要注意对人进行精神鼓励,对职工的工作成绩及时给予表扬和认可,尽量使职工的工作具有一定的挑战性,为职工的成长、发展和提升提供机会。

4) 双因素理论的不足

① 赫兹伯格所调查的对象代表性不够。

② 不同阶层的人,对于激励因素和保健因素的反应是不一样的。即使在同一阶层,一个人认为是激励因素的东西,另一个人会认为是保健因素。

③ 满意与不满意都不是绝对的,赫兹伯格未能提供衡量满意与不满意程度的标准。

④ 满意与生产率之间没有必然的联系。

4. 成就激励理论

有一天晚上,索尼公司董事长盛田昭夫按照惯例走进职工餐厅与职工一起就餐、聊天。他多年来一直保持着这个习惯,以培养员工的合作意识和保持与他们的良好关系。这天,盛田昭夫忽然发现一位年轻职工郁郁寡欢，满腹心事，闷头吃饭，谁也不理。于是，盛田昭夫就主动坐在这名员工对面与他攀谈。几杯酒下肚之后，这个员工终于开口了："我毕业于东京大学，曾经有一份待遇十分优厚的工作。进入索尼公司之前，对索尼公司崇拜得发狂，当时，我认为进入索尼公司，是我一生的最佳选择。但是现在才发现，我不是在为索尼公司工作，而是为课长干活。坦率地说，我这位课长是个无能之辈，更可悲的是，我所有的行动与建议都得课长批准。我自己的一些小发明与改进，课长不仅不支持，不解释，还挖苦我癞蛤蟆想吃天鹅肉，有野心。对我来说，这名课长就是索尼公司。我十分泄气，心灰意冷。这就是索尼公司？这就是我的索尼公司？我居然要放弃了那份优厚的工作来到这种地方！"

这番话令盛田昭夫十分震惊，他想，类似的问题在公司内部职工中恐怕不少，管理者应该关心他们的苦恼，了解他们的处境，不能堵塞他们的上进之路，于是产生了改革人事管理制度的想法。之后，索尼公司开始每周出版一次内部小报，刊登公司各部门的"求人"，职工可以自由而秘密地前去应聘，他们的上司无权阻止。另外，索尼公司原则上每隔两年就让职工调换一次工作，特别是对于那些精力旺盛、干劲十足的人才，不是让他们被动地等待工作，而是主动地给他们施展才能的机会。在索尼公司实行内部招聘制度以后，有能力的人才大多能找到自己较中意的岗位，而且人力资源部门可以发现那些"流出"人才的上司所存在的问题。

成就激励理论是20世纪50年代美国管理学家麦克莱兰提出的。他认为人与环境间存在某种关系，从而产生需求，即这些需求并不是与生俱来的，而是一个人在其所生存的环境中逐渐学会的。麦克莱兰指出，在生存需求基本得到满足的前提下，人有3种主要需求，即归属需求、权力需求和成就需求。

第一，归属需求，是指注重保持融洽的社会关系，与周围的人亲密无间并相互谅解和帮助，希望能被他人喜欢并接纳，从友爱中得到快乐，尽力避免被团体拒之门外的痛苦。高归属需求者渴望友谊，喜欢合作而不是竞争的环境，期望彼此沟通与理解。

第二，权力需求，是指影响和控制他人，对他人行使职权的强烈愿望和驱动力。高权力需求者极力追求领导者的地位，表现出健谈、好争辩、直率、头脑冷静、善于提出要求、喜欢演讲，并且爱教训别人；喜欢承担责任；喜欢具有竞争性和地位取向的工作环境。权力需求是管理者取得成功的重要因素。

第三，成就需求，是指有强烈的驱动力要将事情做得更完美、工作更有效率，从而获得高度的成功，追求由此带来的成就感。高成就需求者对成功有强烈的欲望，同时也强烈地害怕失败，喜欢给自己设立适当的有挑战性的目标，对风险采取现实主义态度，愿意承担工作责任，喜欢表现自己，渴望能独立处理问题的工作环境，把事情做得更完善，希望得到关于工作绩效的及时明确的反馈信息，从而了解自己是否取得了进步。成就需求是该理论的核心内容。

人的生活经历决定了其会具有哪些需求。如果一个人从小就被鼓励去做自己力所能及的事情，他就会追求成就需求；如果从小建立和谐关系的努力被强化，就会形成归属需求；而如果从小就从控制他人的过程中体会到了满足感，就会形成权力需求。

麦克莱兰用20多年的时间研究人类需求及其对管理的意义。那些成就需求水平高的人往往是企业家，他们喜欢超越竞争对手和冒很大的商业风险。那些归属需求水平高的人往往是成功的人际关系调节者，他们可以很好地协调组织中不同部门的工作，使人们团结在一起；他们往往担任品牌经理或项目经理的职务，通过高超的人际交往技巧，与他人建立和谐、融洽的关系。那些权力需求水平高的人总是期待在组织中获得更高的地位。

麦克莱兰对 AT&T 公司的经理们进行了长达 16 年的持续研究，发现随着时间的推移，权力需求强的人更有可能获得不断的提升，在高层管理者中有超过一半的人对权力有强烈的欲望；而成就需求高、权力需求低的管理者，通常在自己职业生涯的早期就达到了事业的巅峰，但其所处的管理层次往往较低。原因在于，成就需求可以通过工作任务本身得到满足，而权力需求只能通过晋升到高层、享有指挥他人的权力才能得到满足。

研究表明，最有效的管理者是成就需求很高而归属需求很低的人，员工的成就需求可以通过训练得到激发。

第一，以成功人士为楷模，有意识地宣传取得成就的人的事迹。如果某人周围的人都取得了成功，就会激发他取得成功的动机。

第二，有意识地安排一些成功反馈。每过一个阶段，对已取得的成绩和进步加以肯定，对取得的成功给予奖励。

第三，改变自我观感。通过增强人的自信，促使人们相信自身经过努力可以取得成功，从而改变自身形象，成为具有高度事业心和责任感的人。

第四，经常用正面的思想鼓励自己。当人处于紧张状态时，可采用不断和自己对话的方式来克服消极的意识。

总之，内容型需求理论强调的是人的潜在需求，要找出对人的行为具有激励作用的特定需求。这些理论有助于管理者了解对人的行为产生激励作用的因素，在此基础上进行工作设计和组织环境构建，以满足员工的需求，激发员工适当的、能够实现组织目标的工作行为。

6.3.2 过程型激励理论

过程型激励理论着重研究动机的形成和行为目标的选择，即员工如何选择其行为方式以满足自己的需求，并判断其选择是否成功。

用洋葱替代胡萝卜的尴尬

一家制药行业的"巨无霸"公司刚刚获得了一项评审极其严格的质量产品奖。广大的员工废寝忘食，牺牲了个人的正常的生活，通过半年多的努力，最终赢得了这个奖项。当宣读获得这个奖项的人员及公司的名称的时候，大家都兴奋不已。公司领导很快就召集全体员工开庆祝会。这之前他们先召开了会议，会议并没有宣布嘉奖事宜。然后，他们把员工召集到自助餐厅开庆祝会，由总裁表达对每位员工的感谢，宣布这个奖项对公司的意义。他总结性地说道："为了庆祝这次巨大的成功，大家都会得到一份很有意义的礼物。"

此时，从后面传来一句："现在就发吧！"大家都笑了，那时大家的心情就像过节一样。

总裁点了点头，示意公关部经理揭开了罩在神秘礼物上的帷幕。啊！竟是由无数个塑料杯子搭建起的金字塔造型。会场上先是死一般的寂静，接着爆发出震耳欲聋的喊声，员工们几乎被这个场面所"震晕"，就像他们看到的是一个巨大的发了霉的圣诞水果蛋糕一样。

后来，大家排着队，陆续领走自己的杯子。在员工摇着头，苦笑着领走奖品时，可怜的总裁好像只剩下最后一点呼吸了，员工的表情也让他心凉。随后的几个星期里，杯子就成了公司里新的（令人嘲讽和挖苦的）质量的象征物品了。

思考题

1. 这次庆功会"开砸了"的原因何在？涉及物质奖励与精神奖励的关系吗？
2. 如何评价用杯子搭成金字塔这种既有纪念意义又省钱的创意？
3. "纪念品价值低就会适得其反"与"千里送鹅毛，礼轻情义重"是何关系？

点评

必须承认，及时公开地召开庆功仪式的创意是好的，通过演讲来赏识和激励员工的努力也是成功的，准备具有纪念意义的奖品的初衷也是无可厚非的。但比起几个月中员工们的投入、尽心和卓越的工作表现及取得的佳绩而言，最终实施的结果确实令人遗憾。

【**管理启示**】要想达到预期的效果，奖品的价值要和员工的努力及所带来的效益成正比，要能够成为真正体现出员工价值的激励象征。记住：这份回报应该是有形的和实在的，并且具有纪念意义。胡萝卜的管理文化，必须有着表彰、鼓励、个性需求的内涵。用洋葱类的替代品掩饰没有胡萝卜的尴尬，只会给员工留下食之无味的不良口感，使所谓的奖励变得没有意义，甚至起到适得其反的作用。

1. 期望理论

期望理论主要是由美国心理学家费鲁姆在20世纪60年代中期提出并形成的。该理论认为，只有人们预期他们的某些行动将带来既定的结果，而该结果能够满足个人需求时，才会被激励起来做某件事以实现目标。期望理论关注的并非需求的类型，而是人们用来获取报酬的思维方式。

根据期望理论，员工对工作的态度取决于以下3个要素。

① 努力-绩效的联系，这是指为一项工作付出努力能否带来出色的绩效。人们希望通过努力达到目标，如果个人感觉通过一定程度的努力而达到目标的可能性比较大，就会激发出很强的工作动力；反之，如果感觉目标太高，即使尽最大的努力也无法达到时，就会失去工作的动力，消极对待。也就是说，人们总是在判断必须付出多大的努力才能达到某一绩效水平？付出努力就一定能达到吗？概率有多大？

② 绩效-奖赏的联系，这是指出色的绩效能否带来预期的回报。人们总是期望达到目标后能够得到一定的认可和奖赏，如提高工资、发放奖金等物质奖励，或给予表扬、个人威望的提高及自我成就感的获得等。人们也总会对达到一定工作绩效后可获得的奖赏进行判断。

③ 奖赏-满足个人需求的联系，这是指回报的价值或吸引力。人们会对工作绩效实现所得到的潜在结果或奖赏对自身的重要程度做出判断，如这一奖赏是否满足需要？吸引力有多大？如果员工重视努力工作和出色绩效所带来的回报，激励水平会比较高，反之则低。

期望理论是基于个人的努力、绩效及与高绩效相关联的预期回报之间的关系，如图6-6所示，即期望理论的关键在于对于努力、绩效与回报之间关系的预期及该回报给个人带来的价值。

期望理论并不是界定各种需求和回报，而是说明这些需求和回报是客观存在并因人而异的。一个人可能希望得到职位的上升，而另一个人可能更注重与同事保持良好的人际关系。

因此，一个人在信念的激励下努力工作来获得提升，而另一个人则为能够更好地融入某个团队而努力。

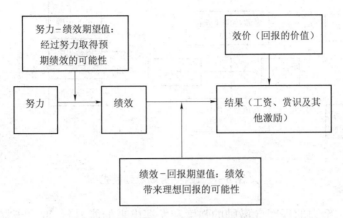

图 6-6 期望理论的构成要素及关系

费鲁姆在分析了期望理论的构成要素及其关系后，进一步建立了激励模型，引入了激励力、效价和期望值 3 个参数。激励力指一个人所受激励的程度；效价是指一个人对实现绩效后能给自己带来满足程度的评价，即对工作目标价值的预期；期望值是人们对自己顺利完成工作的可能性的估计，即实现目标的期望概率。

费鲁姆认为，人的某项行为的激励力，即人们在工作中的努力程度和积极性取决于对效价与期望值的乘积的判断：

$$激励力=期望值 \times 效价$$

用 M 表示激励力，V 表示效价，E 表示期望值，则有：

$$M = V \times E$$

效价和期望值的不同结合会产生不同的激励力量：

$$E_{高} \times V_{高} = M_{高}$$
$$E_{中} \times V_{中} = M_{中}$$
$$E_{高} \times V_{低} = M_{低}$$
$$E_{低} \times V_{高} = M_{低}$$
$$E_{低} \times V_{低} = M_{低}$$

这表明组织管理要收到预期的激励效果，要以激励手段的效价和激励对象获得这种满足的期望值为前提，只要效价和期望值中有一个较低，都难以使员工的工作达到足够的积极性。管理者的职责是帮助员工在满足自我需求的同时实现组织目标，必须尽力使员工的技能和努力与工作要求相匹配，设计一套符合员工能力与需求的体系，一方面选择员工感兴趣的手段，提高员工对成果的偏好程度，另一方面帮助员工实现其期望值。可通过了解员工的需求，使组织提供的回报满足相应的需求，并确保每一位员工都具有实现预期成果所需要的能力和支持，使组织整体的激励水平得以提升。

2. 波特-劳勒激励模式

美国心理学家、管理学家波特和劳勒在期望理论的基础上引申出了一个更为完善的激励模式，如图 6-7 所示，并把它主要用于对主管人员的研究。

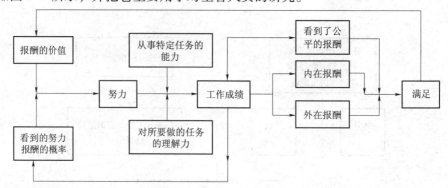

图 6-7　波特-劳勒激励模式

在图 6-7 中，努力的程度（激励的强度和发挥出来的能力），取决于报酬的价值及人们认为付出努力后能得到该报酬的可能性。这种看到的努力和得到的报酬可能性又受到实际工作成绩的影响。如果人们知道做某件工作或已经做过某件工作，就能更好地评价所需付出的努力，更好地知道获得相应报酬的可能性。工作的成绩主要取决于个人的努力，但同时也在很大程度上受到一个人的工作能力（知识和技能）及他对所做工作的理解力（对目标、所要求的活动和任务及其他要素的理解程度）的影响。工作成绩又导致了内在的报酬（成就感和自我实现感）和外在的报酬（工作条件和身份地位）。这些又将个人对其自身获得的报酬是否公平的理解糅合在一起，使人们得以满足。但工作成绩也会影响个人所看到的公平的报酬，所以，一个看得到的对所做努力的公平报酬，必然会影响得到满足的程度，同样，报酬的价值也会受到满足的影响。

从这个模式中可以看出，激励不是一种简单的因果关系。管理者应仔细地评价他们的报酬结构，并通过周密的计划、目标管理和借助良好的组织结构所明确的职责，把努力—报酬—满足这一连锁关系结合到整个管理系统中。

3. 公平理论

王原胜对这次薪资的调整非常不满意。因为他认为自己与刘少华相比，实际上并没有得到应有的鼓励。王原胜来到这家公司已 10 多年，比刘少华多了 5 年的年资。这次公司薪资的调整，王原胜只比刘少华多出几百块钱。然而，论年资、职级、工作表现，王原胜从未迟到早退，工作态度也甚为积极。至于刘少华，在工作表现上成绩平平，只是能言善道、虚浮不实、善于做表面事情。

最近，部门主管发现王原胜工作态度消沉了许多，找他来面谈。

部门主管："王原胜，你最近怎么了？你的工作绩效似乎退步了！有什么问题吗？"

王原胜："没什么啦！只是我觉得这次调薪好像不太公平！"

部门主管："怎么说？"

王原胜："论年资、工作表现，我都不该只比刘少华多出几百块钱。我认为加薪除了应以底薪的比率调整外，还要考虑个人的努力程度、绩效和对公司的贡献等。按理说，我应该可以调整得更多。我感觉到这不是一次公平合理的调薪。"

部门主管:"好的!我去查查看,然后给你答复。不过,我的建议是做人不必太计较,而且工作的目的,并不完全在于薪资的高低;有时候得到一些成就感,也是蛮好的,你认为呢?"

由于这次的谈话并没有满意的结果,且似乎有被责怪的意味,王原胜并没有改善他的工作态度。

公平理论又称社会比较理论,是由美国心理学家亚当斯于1965年提出的,该理论侧重于研究利益分配的公平性、合理性及其对员工工作状态的影响。亚当斯认为,职工的工作态度和积极性不仅受其所得的绝对报酬即自己实际收入的影响,还受其所得的相对报酬的影响。即将自己付出的劳动代价及获得的报酬与他人进行比较,并做出公平与否的判断,公平感会直接影响职工的工作动机和行为。因此,动机的激发过程实际上是人与人进行比较,做出公平与否的判断,并据以指导行为的过程。

1) 公平理论的内容

职工的积极性受他所感受的公平程度的影响,而公平感来自于社会比较或历史比较。社会比较,是指职工对他所获得的报酬(包括物质上的金钱、福利和精神上的受重视程度、表彰奖励等),与自己工作的投入(包括自己受教育的程度、经验、用于工作的时间、精力和其他消耗等)的比值(收支比率)与他人的这个比值进行比较。历史比较,是指职工对他所获得的报酬与自己工作的投入的比值同自己在历史上某一时期内的这个比值进行比较。

员工通过社会比较或历史比较,如果表明收支比率相等,便会感到受到了公平待遇,因而心理平衡,心情舒畅,工作努力;如果表明收支比率不相等,便会感到自己受到了不公平的待遇,因而产生怨恨情绪,影响工作积极性。当一位受过高等教育、经验丰富的员工与另一位受教育程度低于他的新员工获得同样的报酬时,会产生报酬不足的不公平感,收支比率差距越大,这种感觉越强烈。这时职工就会产生挫折感、义愤感、仇恨心理,甚至产生破坏心理。从另一个角度而言,如果一位员工发现自己获得的报酬比其他在工作投入方面与自己相同的员工高,也会因认为自己的收支比率过高,从而产生不安的感觉或感激心理,他会通过更勤奋地工作、千方百计地提升自身的能力等方式增加投入,来改变不公平的感觉。被感知到的不公平会使人内心出现紧张情绪,进而激发他们采取行动重新回到公平状态。

2) 感知到不公平后的行动

① 改变投入。这是指增加或减少自己对组织的投入。认为自己获得的报酬偏低的人会减少自己的努力程度或增加缺勤次数;认为自己获得的报酬偏高的人会加倍努力地工作。

② 改变产出。认为自己获得的报酬偏低的人会要求增加报酬或改善工作环境和其他待遇。

③ 扭曲认知。如果人们无法改变投入或产出,就会扭曲自己对公平的看法。他们会人为地增加自己工作的重要性或扭曲他人可看到的奖励以求得心理平衡。

④ 离职。某些受到不公平对待的人会选择回避,即离开公司,到新的岗位寻求公平对待。

3) 不公平的原因

公平理论提出的基本观点是客观存在的,但公平本身却是一个相当复杂的问题,对不公平的感知会受诸多因素的影响。一般人总是对自己的投入估计过高,对别人的投入估计过低。公司主张按绩效支付报酬,并且各人之间应相对均衡。但如何评定绩效,以工作成果的数量和质量,还是按工作中的努力程度和付出的劳动量?是按工作的复杂、困难程度,还是按工作能力、技能、资历和学历?不同的评定办法会得到不同的结果。最好是按工作成果的数量和质量,用明确、客观、易于核实的标准来度量,但这在实际工作中往往难以做到,有时不得不采用其他的方法;而且绩效由谁来评定,是领导者评定还是群众评定或自我评定,不同的人评定会得出不同的结果。由于同一组织内往往不是由同一个人评定,因此会标准不一或受个人主观判断的影响。

4)公平理论的启示

公平理论为组织管理者公平对待每一位员工提供了一种分析处理问题的方法,对于组织管理有较大的启示意义。怎样才能做到客观上的公平?又如何使人们在主观上感到公平?这有赖于建立"三个体系,一个机制",即目标体系、分配体系、评价体系和竞争机制。

(1)管理者要引导员工形成正确的公平观

员工的比较会受个人主观感觉的影响,一般人会高估自己的贡献和作用,压低他人的绩效和付出,总认为自己报酬偏低,从而产生不公平心理的现象。管理者应引导员工形成正确的公平观,多看到他人的长处,认识自己的短处,客观公正地选择比较标准。

(2)员工的公平感将影响整个组织的积极性

员工的公平感会通过个体行为影响整个组织的积极性。在组织管理中,管理者要着力营造一种公平的氛围,提升组织的凝聚力。

(3)领导者的管理行为必须遵循公正原则

领导行为的公正性将直接影响职工对比较对象的正确选择,如领导处事不公,员工必将选择被领导"照顾者"作为比较基准,以致增大比较结果的反差而产生不公平心理。因此,组织管理者要平等地对待每一位员工,公正地处理每一件事情,依法行事,避免因情感因素导致管理行为不公正。

(4)报酬的分配要有利于建立科学的激励机制

对员工报酬的分配要体现"多劳多得,质优多得,责重多得"的原则,坚持精神激励与物质激励相结合的办法。在物质报酬的分配上,应正确运用竞争机制的激励作用,通过合理拉开分配差距体现公平;在精神上,要采用关心、鼓励、表扬等方式,使员工体会到自己受到了重视,品尝到成功的欣慰与自我实现的快乐,自觉地将个人目标与组织目标整合一致,形成无私奉献的职业责任感。

6.3.3 行为改造型激励理论

行为改造型激励理论研究激励的目的,即改造、修正行为。它主要分析行为与其结果之间的关系,不仅考虑积极行为的引发和保持,更着眼于消极行为的改造转化,强调通过适当运用及时奖励和惩罚来改变或修正员工的工作行为。人的行为作用于一定的环境,企业外部环境对人的行为有着重要的影响,充分认识环境对塑造人的行为的关键作用,正确理解、掌握行为改造理论的基本原理,有助于提高管理水平。

1. 强化理论

强化理论是由美国的心理学家和行为科学家斯金纳提出的，斯金纳认为人是没有尊严和自由的，人们做出某种行为，不做出某种行为，只取决于行为的后果。他提出了一种"操作条件反射"理论，认为人或动物为了达到某种目的，会采取一定的行为作用于环境。当这种行为的后果对他有利时，这种行为就会在以后重复出现；当这种行为的后果对他不利时，这种行为就减弱或消失。人们可以用这种正强化或负强化的办法来影响行为的后果，从而修正其行为。

强化理论认为，人的行为是对外部环境刺激做出的反应，只要通过改变外部环境刺激，就可达到改变行为的目的。人们倾向于重复那些得到了正强化的行为，而避免重复那些没有得到正强化的行为。强化，是指使某一行为得以重复发生或者被禁止发生的一切措施。

1）最早的强化概念

强化的概念最早是由生理学家巴甫洛夫在研究条件反射时提出的。在巴甫洛夫经典条件反射理论中，强化指伴随于条件刺激物之后的无条件刺激的呈现，是一个行为前的、自然的、被动的、特定的过程。而在斯金纳的操作条件反射理论中，强化是一种人为操纵，是指伴随于行为之后以有助于该行为重复出现而进行的奖罚过程。这种理论主张对行为进行针对性的刺激，只考虑员工的行为和结果之间的关系，而不是突出激励的内容和过程。该理论认为人的行为是其所获刺激的函数，如果这种刺激对他有利，则这种行为就会重复出现；若对他无利，这种行为就会减弱直至消逝。

2）强化的类型

常用的4种强化类型有正强化、负强化、惩罚和废止。每一种强化类型都是某种令人愉快或不愉快行为的产物，如图6-8所示。

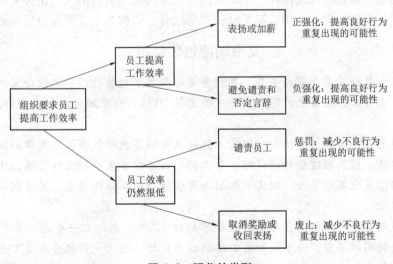

图6-8 强化的类型

（1）正强化

正强化，是指在合意的行为发生之后，立即用物质的或精神的奖励来肯定这种行为。正强化通常包括增加工资、发给奖金和奖品、表扬、赞赏、社会认同、关注和让某人做更有意义的工作等，能够帮助员工提高绩效水平。例如，员工准时上班或加班，管理者立即给予表扬，就是正强化，这种令人愉快的结果会增加这一良好的工作行为重复发生的可能性。

（2）负强化

负强化也称逃避性学习，是指一个人为避免不愉快的后果而避免产生不良行为。员工工作时难免出现一些不正确的行为，当员工停止这些行为时，管理者应立即停止对员工的批评或谴责，从而构成了逃避性学习，即为避免受到指责而不做组织不希望的行为。例如，学生上课迟到要受到老师的批评，不想受到批评的学生会努力做到不迟到。由此可见，负强化不仅能使一些不良行为减少或结束，而且还能使积极行为得到强化。

（3）惩罚

惩罚，是指对不良行为给予批评或处分，把令人不愉快的结果强加给员工。例如，员工因为工作方式不正确受到管理者的批评，管理者希望消极的结果能作为惩罚措施降低该行为再次出现的可能性。惩罚在组织中是有一定争议的，因为惩罚可以减少或阻止不良行为的重复出现，但却不能直接鼓励良好行为的产生，并且可能会引起怨恨和敌意，导致工作关系的紧张。

（4）废止

废止，是指撤回积极的奖励，通过不提供个人所愿望的结果来减弱某种行为，如训斥及取消加薪、表扬等。废止的理由是，如果某种行为得不到正强化，则其再次出现的可能性会减小。例如，某位经常迟到的员工总是得不到表扬和加薪，他就会开始意识到自己的行为不能带来令人愉快的结果，如果该行为始终得不到强化，就会逐渐消失。

3）强化的原则

管理者在采用强化的方式改造员工行为时，要遵循强化的原则，让员工知道怎样做才能获得期望的奖励；强化应因人而异，不能以同样的方式奖励所有的人；精神奖励与物质奖励相结合，多用不定期奖励，少用定期奖励；奖惩结合，以奖为主，要及时反馈和及时强化。

艾墨瑞德包装公司

艾墨瑞德包装公司是个家族企业，其业务是印刷用于包装沙拉和其他蔬菜的塑料袋。公司大约有100名员工，在当地的制造企业中排名第10位，位于旧金山市东南部大约30英里的地方。

艾墨瑞德包装公司的首席执行官凯文·凯利在积极寻找降低事故发生率和提高公司安全生产记录的方法。然而经过种种尝试后，员工仍然改不掉不安全的工作习惯，由此导致的事故使得员工赔偿支出不断攀升。凯文·凯利决定尝试一种正强化措施，对达到安全生产目标的员工给予奖励。

凯文·凯利定下的目标是当年事故次数不超过12次，这是上一年的一半，而且每次事故都不能造成时间的浪费。为了激励员工实现这个目标，凯文·凯利告诉员工如果他们能够做到每季度受伤次数不超过3次，他会请大家吃饭，发放公司的T恤衫及举行1 000美元的抽奖活动。如果全年事故次数不超过12次而且均为小事故，公司将给全体员工发放丰厚的奖金。

这一正强化措施奏效了。截至当年年底，艾墨瑞德包装公司只发生了11起事故，而且没有一起造成无法工作的伤害。整整一年，没有员工因为工伤而缺勤。员工开始互相监督，对某位不戴安全手套擦拭机器而反复受伤的员工进行指责。

公司向员工发放了总数为 5 万美元的奖金。奖励他们在降低工伤、减少工人赔偿并使得公司实现有史以来最好的安全生产记录方面所做的贡献。

2. 归因理论

归因理论是美国心理学家凯利等人提出来的。目前归因理论研究着重两个方面：一方面是把行为归结为外部原因还是内部原因，另一方面是人们获得成功或遭受到失败的归因倾向。不同的归因会直接影响人们的工作态度和积极性，进而影响行为和工作绩效；对过去成功或失败的归因，会影响将来的期望和坚持努力的行为。

一般人可做出 4 种归因：一是努力程度，二是能力大小，三是任务难度，四是运气与机会。归因理论所研究的基本问题有下列 3 个方面。

第一，内因或外因：努力和能力属于内因，任务难度和机遇属于外因。

第二，稳定性：能力和任务难度属于稳定因素，努力和机遇属于不稳定因素。

第三，可控性：努力是可控制因素，能力在一定条件下是不可控因素，但人们可以提高自己的能力，从这种意义上，能力又是可控的，任务难度和机遇是不可控的。

把成功和失败归于何种因素与今后能否坚持行为有密切联系，所以，把以往的成功与失败的原因，归于内因、外因中的稳定性因素还是不稳定因素，是影响今后行为的关键。例如，把成功归于内部因素，会使人感到满意和自豪，归因于外部因素会使人感到幸运和感激；把失败的原因归因于能力低、任务难等稳定因素，会降低随后的成功期望，失去信心，并不再坚持努力行为，归因于自己努力不够或粗枝大叶等不稳定因素，就会保持旺盛的热情和信心，克服自暴自弃而奋发向上，增强取得成功的动机，进一步增强信心，坚持努力行为。

运用归因理论来增强人们行为的持续性，对取得成就的行为有一定激励作用，这也说明通过改变人的思想认识可以达到改变人的行为的目的。归因理论有助于主管人员了解下属的归因倾向，以便正确指导和训练正确的归因倾向，调动下属的积极性。

【本章小结】

本章介绍了激励的相关内容。从企业管理的角度来看，所谓激励，是指管理者运用各种管理手段，刺激被管理者的需求，激发其动机，使其朝着所期望的目标前进的心理过程。激励的要素有需求、动机、外部刺激和行动。管理者要根据员工的情况采取相应的激励措施，因此首先要对被激励者进行定位，即"人性"假设，包括"经济人"假设、"社会人"假设、"自我实现人"假设和"复杂人"假设。

激励理论主要研究人动机激发的因素、机制与途径等问题。其中，内容型激励理论强调员工潜在需求的本质，马斯洛的需求层次理论、奥尔德弗的 ERG 理论、赫兹伯格的双因素理论及麦克莱兰的成就激励理论都认为人们是在一定激励因素的作用之下，为满足特定需求而行动。过程型激励理论讨论了人们如何选择不同的奖励来满足不同的需求。行为改造型激励理论认为员工的不同行为会得到不同的强化，从而让员工了解到哪些行为是组织所允许、期望的，而哪些行为是组织所禁止的。

【复习题】

一、判断题

1. 马斯洛认为，任何人对各层次的需求满足都是相对的，如自我实现的需求只要满足40%就算相对满足了。（   ）
2. 每个人都有一些基本的需求，但不同的人，其基本需求的内容不同。（   ）
3. 双因素理论认为，消除了人们工作中的不满意因素，就会使工作结果令人满意。（   ）
4. 保健因素同工作内容有关，激励因素与工作环境有关。（   ）
5. 挑战性工作属于双因素理论中的保健因素。（   ）

二、单项选择题

1. 需要层次理论认为人的需求分为5个层次，它们从低到高的顺序是（   ）。
   A. 生理的、安全的、社交的、尊重的和自我实现的需求
   B. 安全的、生理的、社交的、尊重的和自我实现的需求
   C. 自我实现的、尊重的、社交的、安全的和生理的需求
   D. 生理的、尊重的、安全的、社交的和自我实现的需求

2. 在一次管理知识和技能培训班上，就如何调动企业员工积极性的问题展开讨论时，学员们众说纷纭，最终归纳为4种不同的方法，假如这4种方法都能切切实实做好，你认为（   ）应成为首选的方法。
   A. 成立员工之家，开展文体活动，增强凝聚力
   B. 从关心员工需要出发，激发员工的主人翁责任感，从而努力做好本职工作
   C. 表扬先进员工，树立学习榜样
   D. 批评后进员工，促使其增强工作责任心

3. 根据赫兹伯格的双因素理论，工作条件属于（   ）。
   A. 正强化因素   B. 激励因素   C. 负强化因素   D. 保健因素

4. 比较马斯洛的需求层次理论和赫兹伯格的双因素理论，属于激励因素的是（   ）。
   A. 自我实现需求与尊重需求   B. 社交需求与安全需求
   C. 生理需求与安全需求   D. 尊重需求与社交需求

5. 可以使组织成员的行为得到改善的办法是（   ）。
   A. 认可、奖励或劝告等   B. 批评、降薪或开除等
   C. 对不合理的行为不予理睬   D. 上述三者均可

6. 从期望理论中，人们得到的最重要的启示是（   ）。
   A. 效价的高低是激励是否有效的关键
   B. 期望值的高低是激励是否有效的关键
   C. 存在的低效价或低期望值，应引起领导者注意
   D. 应把效价和期望值进行优化组合

7. 促使人们去做某件事的激励力的大小，取决于（　　）。
   A. 目标价值　　　　　　　　　　B. 实现目标的可能性
   C. A 和 B 的乘积　　　　　　　　D. A 和 B 的和
8. 工作丰富化的管理措施是根据（　　）提出来的。
   A. 双因素理论　　B. 期望理论　　C. 公平理论　　D. 需求层次论
9. 某公司的一位年轻人工作非常突出，同时也取得了高于同行业平均水平的薪资，但他仍未感到满意，这种现象可用（　　）来解释。
   A. 期望理论　　B. 公平理论　　C. 需求层次理论　　D. 强化理论
10. 某企业规定，员工上班迟到一次，扣发当月 50% 的奖金，自此规定出台之后，员工迟到现象基本消除，这属于哪一种强化类型？（　　）
    A. 正强化　　B. 负强化　　C. 惩罚　　D. 废止
11. 张宁在某大学计算机系毕业以后，到一家计算机软件公司工作。3 年来，他工作积极，取得了一定的成绩。最近他作为某项目小组的成员，与组内其他人一道奋战了 3 个月，成功地开发了一个系统，公司领导对此十分满意。这天张宁领到领导亲手交给他的红包，较丰厚的奖金令张宁十分高兴，但当他随后在项目小组奖金表上签字时，目光在表上注视了一会儿后，脸便很快阴沉了下来。对于这种情况，下列哪种理论可以较恰当地给予解释？（　　）
    A. 双因素理论　　B. 期望理论　　C. 公平理论　　D. 强化理论
12. （　　）在其所著的《企业中人的方面》中提出了 X 理论和 Y 理论。
    A. 麦格雷戈　　B. 弗鲁姆　　C. 薛恩　　D. 巴纳德
13. 管理活动采用"胡萝卜加大棒"的政策，源于（　　）。
    A. "社会人"假设　　　　　　　　B. "经济人"假设
    C. "复杂人"假设　　　　　　　　D. "自我实现人"假设
14. 提出需求层次理论的是（　　）。
    A. 梅奥　　B. 赫兹伯格　　C. 马斯洛　　D. 泰勒
15. 双因素理论中的双因素指的是（　　）。
    A. 人的因素与物的因素　　　　　B. 信息因素与环境因素
    C. 保健因素与激励因素　　　　　D. 自然因素与社会因素
16. 赫兹伯格认为（　　）。
    A. 保健因素能直接起到激励员工的作用
    B. 保健因素改善后会导致积极的后果
    C. 保健因素能防止职工产生不满的情绪
    D. 激励因素不能产生使职工满足的积极效果
17. 根据期望理论，为了激励职工，管理者应当（　　）。
    A. 一方面提高职工对某一成果的偏好程度，另一方面降低期望值的概率
    B. 一方面降低职工对某一成果的偏好程度，另一方面提高期望值的概率
    C. 同时提高职工对某一成果的偏好程度和期望值的概率
    D. 同时降低职工对某一成果的偏好程度和期望值的概率
18. 当一个人的消极行为发生后，使之受到经济上或名誉上的损失，从而减少这种行

为，这是强化类型中的（　　）。
A. 正强化　　　B. 负强化　　　C. 惩罚　　　D. 废止

19. 在一定时期撤销对原来可以接受的行为的强化，将会逐步降低行为出现的频率，以至最终消失，这是强化类型中的（　　）。
A. 正强化　　　B. 负强化　　　C. 惩罚　　　D. 废止

20. 从归因理论来看，努力属于（　　）。
A. 外因、稳定的、可控的　　　B. 内因、不稳定的、可控的
C. 外因、不稳定的、可控的　　　D. 内因、不稳定的、不可控的

21. 双因素理论的提出者是（　　）。
A. 马斯洛　　　B. 赫兹伯格　　　C. 麦克莱兰　　　D. 弗鲁姆

22. 曹雪芹虽食不果腹，仍然坚持《红楼梦》的创作是出于其（　　）。
A. 安全的需求　　　B. 社交的需求
C. 自尊的需求　　　D. 自我实现的需求

23. 根据麦克莱兰的成就激励理论，如果一个人希望控制向上和向下的信息渠道以便对他人施加影响，那就表明他是一个（　　）。
A. 成就需求强的人　　　B. 社会交往需求强的人
C. 权力需求强的人　　　D. 激励需求强的人

24. 某市足球俱乐部同意大幅度提高运动员的薪金，前提是运动队在下个赛季里所有场次的胜率为80%，这个俱乐部激励运动员的方法可归类为对（　　）的运用。
A. 公平理论　　　B. 期望理论　　　C. 双因素理论　　　D. ERG理论

25. 现有很多公司实行了弹性工作制，员工可以自行安排工作时间，甚至可以利用公司提供的互联网等资源在家里办公，当然也有一些人是必须每天去公司上班的。你认为这些公司的管理者所持有的对人的认识主要是倾向于哪一种？（　　）
A. X理论　　　B. Y理论　　　C. Z理论　　　D. 社会人

26. 双因素理论中的保健因素是指（　　）。
A. 能影响和促进职工工作满意度的因素
B. 能保护职工心理健康的因素
C. 能影响和预防职工不满意感发生的因素
D. 能预防职工心理疾病的因素

27. 推动人的行为的原动力是生理需求，这是人类赖以生存和发展的基本条件，以下属于生理需求的是（　　）。
A. 阳光、空气、水　　　B. 衣、食、工作交往
C. 吃饱与喜欢炫耀　　　D. 穿暖与崇尚名牌

28. 青草食品公司的人力资源部经理决定采取措施提高全体员工的工作积极性。经过调查发现，同行业的公司中平均工资水平都高于本公司15%左右。为此，他认为应该通过这一问题的解决来实现对员工的激励。你认为这个举措会产生什么影响？（　　）
A. 可以实现对员工的激励作用
B. 只能降低员工的不满，不可能起到太大的激励作用

C. 可能会产生的影响，取决于综合分析
D. 根据上述信息，无法做出有效判断

29. 近年来，许多高等学校为了提高教学质量，对学生考试作弊都采取了严厉的措施，规定凡考试违纪者，一旦发现，成绩将记零分，并不准再参加重修。这项规定发布后，作弊现象大大减少。从强化理论分析，它是属于（　　）。
    A. 负强化　　　　　　　　　　　B. 惩罚
    C. 废止　　　　　　　　　　　　D. 正强化与惩罚相结合

30. 企业中，常常见到员工之间在贡献和报酬上会相互参照攀比，你认为员工最可能将下列哪一类人作为自己的攀比对象？（　　）
    A. 企业的高层管理人员　　　　　B. 自己的主管领导
    C. 企业中其他部门的领导　　　　D. 与自己处于相近层次的人

31. 下列因素属于激励因素的是（　　）。
    A. 责任和晋升　　B. 人际关系　　C. 工资水平　　D. 工作环境

32. 在会议进行时，管理者不希望下属不断地提出各种问题干扰会议的进程，于是有人在举手要发言时便无视他们，只顾自己把话讲完，这种影响下属的类型是（　　）。
    A. 负强化　　　B. 正强化　　　C. 废止　　　D. 惩罚

33. 依据公平理论，公平不公平，要（　　）。
    A. 由员工个人的主观判断来确定
    B. 看员工个人的主观判断是建立在什么样的公平标准上
    C. 由综合绩效的评定是否实事求是来确定
    D. 考虑上述三者的共同影响

34. 一位父亲为了鼓励孩子用功学习，向孩子提出：如果在下学期每门功课都考试95分以上，就给予物质奖励。在下述什么情况下，小孩会受到激励而用功学习？（　　）
    A. 平时成绩较好，有可能各门功课都考95分以上
    B. 奖励的东西是小孩最想要的
    C. 父亲说话向来都是算数的
    D. 上述三种情况同时存在

35. 公司4名年轻大学毕业生在讨论明年报考MBA的事情。大家最关心的是英语考试的难度，据说明年难度将会有很大提高。请根据激励理论中的期望理论，判断以下4个人中谁向公司提出报考的可能性最大？（　　）
    A. 小郑大学学的是日语，两年前来公司后，才开始跟着电视台初级班学了些英语
    B. 小齐英语不错，本科学的管理专业，但他妻子年底要分娩，家中无老人可依靠
    C. 小吴被公认为"高才生"，英语棒、数学强、知识面广，渴望深造，又无家庭负担
    D. 小冯素来冷静多思，不做没把握的事。她自信MBA联考每门过关绝对没问题，但认为公司里想报考的人太多，领导最多只能批准1人，而自己与领导关系平平，肯定没希望获得领导批准

36. （　　）是建立在对努力-绩效-奖酬的研究基础之上的。

A. 强化理论　　　B. 公平理论　　　C. 期望理论　　　D. 双因素理论

37. 马斯洛的需求层次理论、赫兹伯格的双因素理论、麦克莱兰的成就激励理论等激励理论属于（　　）。
    A. 过程型激励理论　　　　　　　B. 行为改造型激励理论
    C. 复杂型激励理论　　　　　　　D. 内容型激励理论

38. 在年终奖金分配中，员工小张认为自己受到了不公平的待遇，下列做法中，哪一种最不利于小张消除不公平感？（　　）
    A. 经理向小张介绍其他同事的工作表现，使其了解自己的差距
    B. 小张自己减少工作投入
    C. 经理跟小张谈话，使他明白绝对的公平是不存在的
    D. 了解小张不满的原因，视情况给他一些补偿

39. 高级工程师老王在一家研究所工作，该所拥有一流的研究设备，根据双因素理论，你认为下列哪一种措施最能对老王的工作起到激励作用？（　　）
    A. 调整设计工作流程，使老王能完成完整的产品设计而不是总重复做局部设计
    B. 调整工资水平和福利措施
    C. 给老王配备性能更为先进的个人计算机
    D. 以上各项都起不到激励作用

40. 除A机械厂外，某城市内所有其他企业都有较好的工作条件。发现这一点后，A机械厂决定消除车间内的粉尘污染，改善职工的工作条件，按照赫兹伯格的双因素理论的观点，这一举措（　　）。
    A. 可以对职工起到很好的激励作用
    B. 只是改善了职工基本工作条件，没有太大的激励作用
    C. 由于改善了工作条件，一定能够提高生产效率
    D. A和C都对

41. 根据马斯洛的需求层次理论，下列哪项是按照需求层次从低到高的顺序排列的？（　　）
    ① 就业保障　　② 上司对自己工作的赞扬　　③ 工作的挑战性
    ④ 同乡联谊会　　⑤ 满足标准热量摄入量的食品
    A. ⑤①④②③　　B. ⑤④①③②　　C. ⑤④①②③　　D. ⑤①③④②

42. "有心杀贼，无力回天，死得其所，快哉快哉！"一百多年前为了中国的进步，谭嗣同在刑场就义前喊出的这句话，表现出他在为追求自己的（　　）而奋斗的气概。
    A. 安全需求　　　　　　　　　　B. 归属需求
    C. 自我实现需求　　　　　　　　D. 尊重需求

三、简答题

1. 什么是激励？激励的要素包括哪些？
2. 简述激励的过程。
3. 简述4种"人性"假设理论的基本观点、对应的管理理论及管理对策。
4. 简述需求层次理论的基本内容、贡献及不足。
5. 简述双因素理论的基本内容、贡献及不足。

6. 简述公平理论的基本内容及管理启示。

四、论述题

1. 对于很多公司来说，在基层服务人员中间都存在一定程度的激励问题，例如，负责在飞机上检测武器的人员，没有受到激励的X射线设备操作人员。这些人怎样才能受到激励，减轻工作的枯燥乏味，并增强他们的活力？

2. 如果一位有经验的秘书发现自己的收入居然低于新来的门卫，她的反应将会怎样？在进行这种比较时，她会考虑哪些投入和产出因素？

3. 有部分教师认为自己的工资和福利待遇都很差，但他们仍然认真地从事教育工作，请用赫兹伯格的双因素理论解释这一现象。

五、案例分析

◇ **案例 1**

研究所的管理方法

甲研究所设备先进，人才济济，但却一直没有很高水平的科研成果。该所负责人王所长采用"重金悬赏"的方法。他坚信"重赏之下必有勇夫"，但收效甚微。为了更好地管理研究人员，他制定了严格的考勤制度：迟到3分钟要罚款100元。为此，员工有时为准时到达，不惜打出租车上班。该所员工的出勤率一直保持较高水平。在一次行业研讨会上，规模相近的乙研究所发布了几项重要科研成果，并介绍了经验。他们认为每个员工都希望做好工作，为此推行了"弹性工作制"及研究人员自我组合、自主管理的方法。尽管乙研究所取得了这样的成绩，但王所长仍然认为采用这种方法会失去控制，这种方法不宜推广。

【问题】
1. 请结合"人性"假设理论，判断这两家研究所对"人性"的假设分别是什么？
2. 简述以上两种假设的基本观点及二者相应的管理方式。

◇ **案例 2**

友谊卡片公司

迪娜创立了友谊卡片公司，利用自己的商品设计专长制造和销售贺卡。公司现有12名员工，人均年利润超过10万美元。迪娜决定让员工共享公司的成功，她宣布，在即将到来的6、7、8三个月，公司每星期五也成为休息日。这样，所有员工将有3天的周末时间，仍能得到与5天工作日一样的工资。在实行3天周末制一个月后，一位她最信赖的员工向她坦白，他宁愿得到加薪而不是额外的休息时间，他说，另外有几位员工与他的想法相同。迪娜十分惊讶。

她的大多数员工不到30岁，而年均收入3.5万美元，比本镇从事相似工作的员工收入高20%。对她自己来说，如果年收入已达到3.5万美元，在钱和休闲之间进行选择的话，她将毫不犹豫地选择后者，她以为她的员工也是如此。迪娜十分开明，她召集所有员工开会，问他们:"你们是希望得到夏季的 3 天周末呢,还是希望得到 4 000 美元的奖金?谁赞成继续 4 天工作制?"6 只手举了起来。"谁愿意得到奖金?"另外 6 只手举了起来。这件事使迪娜明白了该如何激励和奖励她的员工。

【问题】
1. 迪娜的激励措施为什么遭到了部分员工的抵制?
2. 成功的管理者应该如何激励自己的员工呢?

◇ 案例 3

油漆厂工人为什么闹事

钱兵是某名牌大学企业管理专业毕业的大学生,应聘到宜昌某集团公司人力资源部。前不久,因总公司下属的油漆厂出现工人集体闹事问题,钱兵被总公司委派下去调查了解情况,并协助油漆厂高厂长理顺管理工作。

到油漆厂上班的第一周,钱兵就深入"民间",体察"民情",了解"民怨"。一周后,他不仅清楚地了解到油漆厂的生产流程,同时也发现工厂的生产效率极其低下,工人们怨声载道,他们认为工作场所又脏又吵,条件极其恶劣,冬天的车间内气温只有-8℃,比外面还冷,而夏天最高气温可达 40℃。而且他们的报酬也少得可怜。工人们曾不止一次地向厂领导提过要改善工作条件,提高工资待遇,但厂里一直未引起重视。

钱兵还了解了工人的年龄、学历等情况,工厂以男性工人为主,约占 92%。年龄在 25~35 岁的占 50%,25 岁以下的占 36%,35 岁以上的占 14%。工人们的文化程度普遍较低,初、高中毕业的占 32%,大专及其以上毕业的仅占 2%,其余的全是小学毕业。钱兵在调查中还发现,工人的流动率非常高,50%的工人仅在厂里工作 1 年或更短的时间,能工作 5 年以上的不到 20%,这对生产效率的提高和产品的质量非常不利。

于是,钱兵决定将连日来的调查结果与高厂长进行沟通,他提出了自己的一些看法:"高厂长,经过调查,我发现工人的某些起码的需要没有得到满足,我们厂要想把生产效率提上去,要想提高产品的质量,首先得想办法解决工人们提出的一些最基本的要求。"可是高厂长却不这么认为,他恨铁不成钢地说:"他们有什么需要?他们关心的就是能拿多少工资,得多少奖金,除此之外,他们什么也不关心,更别说想办法去提高自我。你也看到了,他们很懒,逃避责任,不好好合作,工作是好是坏他们一点也不在乎。"

但钱兵不认同高厂长对工人的这种评价,他认为工人们不像高厂长所说的这样。为进一步弄清情况,钱兵采取发放调查问卷的方式,确定工人们到底有什么样的需要,并找到哪些需要还未得到满足。他也希望通过调查结果来说服高厂长,重新找到提高工人士气的办法。于是他设计了包括 15 个因素在内的调查问卷,当然每个因素都与工人的工作有关,包括:报酬、员工之间的关系、上下级之间的关系、工作环境、工作的安全性、工厂制度、监督体系、工作的挑战性、工作的成就感、个人发展的空间、工作得到认可情况、升职机会等。

调查问卷结果表明,工人并不认为自己懒惰,也不在乎多做额外的工作,他们希望工作能丰富多样化一点,能让他们多动动脑筋,能有较合理的报酬。他们还希望工作多一点挑战性,能有机会发挥自身的潜能。此外,他们还表达了希望多一点与其他人交流感情的机会,他们希望能在友好的氛围中工作,也希望领导经常告诉他们怎样才能把工作做得更好。

基于此,钱兵认为,导致油漆厂生产效率低下和工人有不满情绪的主要原因是报酬太低,工作环境不到位,人与人之间关系的冷淡。

【问题】

1. 高厂长对工人的看法属于 X 理论吗?钱兵的调查问卷结果又说明了对人的何种假设?
2. 根据钱兵的调查问卷结果,请你为该油漆厂出点主意,来满足工人们的一些需求。

沟 通

《圣经·旧约》上说,最初人类的祖先讲的是同一种语言。他们在底格里斯河和幼发拉底河之间,发现了一块异常肥沃的土地,于是就在那里定居下来,修起城池,建造起了繁华的巴比伦城。后来,他们的日子越过越好,人们为自己的业绩感到骄傲,他们决定在巴比伦城修一座通天塔,来传颂自己的赫赫威名,并作为集合全天下弟兄的标记,以免分散。因为大家语言相通,同心协力,阶梯式的通天塔修建得非常顺利,很快就高耸入云。上帝耶和华得知此事,立即从天国下凡视察。耶和华一看,又惊又怒,因为上帝是不允许凡人达到自己的高度的。他看到人们这样统一强大,心想,人们都讲同样的语言,就能建起这样的通天塔,日后还有什么办不成的事情呢?于是,耶和华决定让人世间的语言发生混乱,使人们互相语言不通。

于是,人们各自讲起不同的语言,感情无法交流,思想很难统一,就难免出现互相猜疑,各执己见,争吵斗殴。这就是人类之间误解的开始。修造工程因语言纷争而停止,人类的力量消失了,通天塔最终半途而废。

【管理启示】团队没有默契,就不能发挥团队绩效,而团队没有交流沟通,也不可能达成共识。身为管理者,要能善用任何沟通的机会,甚至创造出更多的沟通途径,与成员充分交流。唯有领导者从自身做起,秉持对话的精神,有方法、有层次地激发员工发表意见与讨论,汇集经验与知识,才能达到团队共识。团队有共识,才能激发成员的力量,让成员心甘情愿地倾力打造企业的通天塔。

一个人在生命的路途上前进时,若不随时与同伴交流沟通,便会很快落伍。

技术的进步和竞争的加剧,使社会分工日益细化,而消费者迅速变化且不断提升的服务需求,使组织不得不千方百计地提高自己的柔性化和快速反应能力。在这种环境下,组织的分工和协作显得尤为重要,而有效的沟通是组织内外部共同协作从而实现目标的基础。因此,管理者需要通过各种方式收集必要的信息,经过分析加工后,选择恰当的渠道传递给组织成员,并运用一定的技巧避免沟通障碍,确保接收者理解并认同沟通的内容,按照期望的方向行动,从而实现组织目标。

本章将介绍有关沟通的理论和应用。首先,通过案例讨论给出沟通的概念,分析沟通的实质并解释沟通的过程;其次,从沟通的渠道、方向和组织系统等角度介绍沟通的方式;最后,探讨沟通过程中可能存在的障碍及如何消除这些障碍实现有效沟通。

【学习目标】

1. 掌握沟通的概念、实质及过程。
2. 理解各种沟通方式的特点及其对组织管理的重要性，并能够根据情况的不同选择适当的沟通方法。
3. 能够描述沟通过程中存在的障碍，并结合实际提出避免或克服这些障碍的方法。
4. 了解沟通的作用。

企业管理过去是沟通，现在是沟通，未来还是沟通。

——松下幸之助

7.1 沟通概述

 案例

捷蓝航空公司首席执行官在飞机过道上边走边谈

在捷蓝航空公司最近一次的航班上，乘客们获得了不同寻常的体验——享受到了公司首席执行官尼勒曼提供的服务。尼勒曼兴高采烈地与其他空服人员一起派发小食品，不过他花了几个小时才从机头走到机尾，因为只要有人想和他聊天，他就会停下来奉陪。

乘客们后来得知，这其实没有什么不同寻常。尼勒曼每月至少有一次会登上飞机，与乘客谈心，他说他在飞机上得到了捷蓝航空公司发展的最好的点子。随着捷蓝航空公司的逐渐发展，尼勒曼有意识地努力确保自己不会与那些帮助公司获得成功的人断了联系。尼勒曼在缓慢地穿过飞机过道的过程中，倾听人们的抱怨、回答各种问题，甚至会帮助飞机上兴趣相投的人建立联系。

尼勒曼在飞机上充当空服人员也加强了他与员工的沟通，他们说自己在工作时经常能碰上尼勒曼。尼勒曼的行动有着象征意义，这是对员工的非言语沟通，说明了服务乘客的重要性。员工看到他竭尽全力帮助乘客，自己也受到激励愿意效仿。员工看到他本来可以待在办公室里按时下班回家，却宁愿加班加点，因此将他视为团队的一分子。结果，在捷蓝航空公司，员工和管理者之间及公司与乘客之间形成了高度的信任、尊敬和友好的氛围。

尼勒曼所做的努力的另一个好处是促进并加强了上行沟通。不仅员工喜欢有机会与尼勒曼非正式地交流，尼勒曼作为首席执行官也有机会亲自了解员工的表现及管理层的决策对他们有何影响。员工觉得尼勒曼能够理解一线发生的事情，因为他自己就在那里。

> 【管理启示】尼勒曼经常搭乘飞机，与乘客和员工交谈，说明了他对沟通的重视。管理者所做的每项工作中都包含着沟通。在今天这种充满不确定性和变化的环境下，管理者必须有意识地提高自己的沟通技能，努力构建信任、尊敬和友好的氛围，通过各种方式与组织内部和外部的相关者进行沟通，以获取运营管理所必需的信息，并将组织和自身的价值观、理念及想法与对方分享，从而得到他们的理解和认同。

在工作和生活中，人们需要表达自身的思想和感受，了解他人的态度及意愿，并希望在必要的时候说服和影响他人。事实上，人们每天都在沟通，为了有效地实现沟通的目标，人们努力探讨如何表达、传递信息并使之能够被正确理解。

7.1.1　沟通的概念

沟通，是指为达到一定的目的，将信息、思想和情感在个人或群体间进行传递和理解的过程，其目的是激励或影响他人的行为。

哈佛大学的一位教授曾经要求全班同学用画图的方式解释什么是沟通，大多数同学画的都是管理者正在讲话或者在敲击计算机键盘。有些同学在画中配上了"对话框"，还有的同学在画中加上了激光打印机向外打印出的纸张。"不，"教授对全班同学说，"你们中没有一个人抓住沟通的实质。"他接下来解释说，沟通的意思是"分享"，而不是"说"和"写"。

① 沟通是双方的行为，必须有信息的发送者和接收者，其中发送者和接收者可以是个人，也可以是群体或组织。

② 沟通是一个传递和理解的过程，沟通是双方的分享而不仅仅是传达信息，例如，一位二手车推销员宣称"我试着卖汽车了，可人们就是不买"，并不是真正意义上的沟通。沟通的内容要顺利传达到接收者，并且被其正确理解，只有接收者感知到的内容与发送者发出的内容完全一致并受其影响时才达到了沟通的目的。

③ 沟通有一定的内容。沟通要有信息、思想和情感内容，这些内容通过一些符号来表述并使用恰当的渠道传递，力求使被接收者更好地理解。

沟通包括 4 个基本要素：信息的发送者（信源）、信息的内容、信息的传递渠道和信息的接收者（信宿）。

7.1.2　沟通的作用

在当今这种不确定和充满竞争的环境下，人们通过沟通交换观点、意见、情感和态度，实现相互了解、信任和合作。管理者必须具备足够的沟通技能，与员工和顾客保持联系，获得和传递适当的信息影响他人的行为，实现目标。组织需要借助沟通实现内部协调和外部联系，并明确未来的发展方向。沟通，就是人与人之间的一滴"油"，犹如放在齿轮之间的润滑剂，能使大家在和谐中共生，在团结中进步。

1. 沟通是个人生活和事业的必要条件

哈佛大学调查结果显示，在 500 名被解雇的男女中，因人际沟通不良而导致工作不称职者占 82%。普林斯顿大学对 1 万份人事档案进行分析，结果是"智慧""专业技术""经验"只占成功因素的 25%，其余 75% 决定于良好的人际沟通。

在马斯洛的需求层次理论中，无论是哪一层次需求的满足，都离不开与外界的沟通和交流。而对个人的事业和成长而言，沟通的能力是决定其能否顺利完成工作任务和得到提升的关键。

2. 沟通是管理者履行职责的重要保证

管理者每个工作日至少要花 80% 的时间与他人直接沟通。换句话说，他们每个小时中有 48 分钟是花在开会、打电话、在线交流或者在走动过程中进行非正式沟通上。管理者的另外 20% 的时间通常用于文书工作，而该工作的大部分实际上仍然是以阅读或者写作的方式进行的沟通。

作为管理者，什么能力是最重要的呢？很多管理学家和大公司的负责人不约而同地给出了一个相同的答案：沟通能力。管理者在组织的信息网络中处于沟通中枢的关键地位，如图 7-1 所示。管理者从组织的内外部收集信息，然后根据沟通的目的，把适当的信息发送给需要的人，并帮助其正确理解信息。管理者的沟通是目的导向，它将人们的注意力引向组织的愿景、价值观或希望达成的目标，并且影响人们以某种方式来实现目标。

管理工作的各个方面都需要沟通，通过沟通，管理者可以得到他人的信任和支持，充分激励下属的积极性，获得良好的工作氛围和健康的人际关系，提高自身在组织内外的影响力，使自己成为受欢迎的管理者。

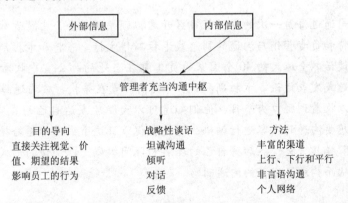

图 7-1　管理者充当沟通中枢

飞利浦公司总裁杰拉尔德提出了 4 个战略性的技术主题，他相信这些主题关系到飞利浦公司在行业中的未来发展，即显示、存储、连接和数字视频处理。上述主题是刻意地跨越技术界限的，这要求人们必须跨部门、跨领域沟通，以实现目标。

3. 沟通是组织存在和发展的基础

1）组织内部需要沟通

沟通能够协调各个体、各要素，整合组织的智力资源，实现整体优化。良好的沟通有利于组织中新技术的实施，也是质量改进的有效途径，员工可以就存在的问题进行沟通，促进目标的实现。同时，沟通也能提高顾客需求的响应速度，产生跨越职能团队的创新。

2）组织需要与其他组织、顾客及公众等相关群体进行沟通

首先，企业要搞好和政府及其他企业之间的关系，包括政府公关、组织谈判等内容。其次，顾客是企业的生命线，如果不注重与顾客和公众等相关群体的沟通，就会失去市场。另外，赫伯特·西蒙提出，管理者的主要工作是决策，决策是信息交流和处理的过程，而信息交流和处理就是沟通。

诚信沟通，赢得信任
——某传媒公司市场经理自述

如果不注重与顾客的沟通，就会失去对客户深层的想法的了解，工作效率就会降低，甚至失去客户。在一次传媒公司的活动中，我发现，合同签订的媒体发布时间与实际发布时间发生了偏差。当时发布费已收，我完全可以不通知客户，直接发布，那么后果可能是得到客户的谅解，但也可能是断绝以后的合作。我采取了另外的办法，马上通知客户说明情况，在得到客户的谅解和同意后，在另外的地方发布。这一次的发布很匆忙，而且由于临时改版，损失了不少费用，但却赢得了客户的谅解和尊重，使他们感觉到你是真心为他服务和着想的。沟通，增进了我们与客户之间的了解。

7.1.3 沟通的过程

北电网络公司通过每月一次的电视节目召开虚拟领导研讨会，由负责加勒比海与拉丁美洲业务的总裁亨特和负责营销与沟通的副总裁卡拉斯科主持。亨特和卡拉斯科用脱口秀的方式来让人们开口谈话。全球大约40个国家的员工都在当地的办公室中收看这个节目，并通过打电话提出问题或发表评论。卡拉斯科说："我们一直在寻找打破沟通障碍的方法。员工在每个国家都可以收看到脱口秀节目，他们知道可以大胆地表达自己的真实想法。"亨特和卡拉斯科将他们想要沟通的内容进行编码，通过电视节目这个渠道传递给接收者，员工对收到的信息解码并解释其含义，然后将自己的理解和疑问编码，以反馈的形式，通过电话这一渠道发送回去，从而构成了完整的沟通回路。

沟通由传递和理解两个主要阶段组成，传递是信息在双方之间的分享，理解是通过反馈实现的。所有的沟通过程都包括发送者和接收者这两个共同要素，其中，发送者是希望将其思想或观点传达给他人，从而寻求信息或表达思想感情的主体，接收者是信息要送达的对象。在传递阶段开始时，发送者首先决定要沟通的内容，将其进行编码成为语言或符号，形成一条消息；然后选择适当的渠道即沟通的载体，可以是面对面交流、电话、电子邮件或书

面报告和信件。接收者对收到的信息进行解码，了解信息的内涵，这一步是沟通的关键点。编码和解码是造成沟通错误的根源，因为知识、态度和背景都会成为沟通过程中的噪声，影响人们对信息的加工过程，导致沟通无法顺利进行。

反馈是接收者对发送者的信息做出的反应。反馈阶段由接收者开始，接收者将自己对收到信息的理解及存在的疑问作为反馈的内容，进行编码并选择适当的渠道传递给发送者。发送者通过解码了解接收者对沟通内容的领会程度，决定是否需要进一步的沟通。此过程可循环多次，确保双方理解一致。反馈能够让发送者判断接收者是否正确理解了沟通的内容，是有助于增强沟通效果的"强大"因素。

沟通的过程如图 7-2 所示。

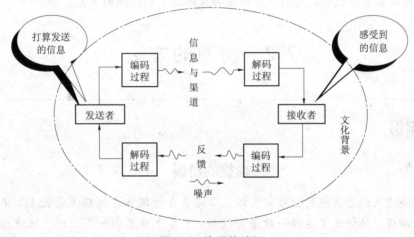

图 7-2　沟通的过程

① 发送者选择需要向接收者传递的内容或者需要接收者提供的内容，包括信息、观点、想法和情感等。

② 发送者将所要发送的信息译成接收者能够理解的一系列符号。为了有效地进行传递，这些符号必须适应渠道的需要。

③ 发送者选择适当的渠道将符号传递给接收者。

④ 接收者将收到的符号译成具有特定含义的信息。因为发送者编码和传递能力的差异及接收者接受和解码水平的不同，信息的内容和含义经常被曲解。

⑤ 接收者理解被解码的信息内容。

⑥ 发送者通过反馈了解他想传递的信息是否被对方准确地理解。由于沟通过程中存在着许多干扰和扭曲信息传递的因素，即噪声干扰，使得沟通的效率大大降低，发送者通过反馈了解信息被理解的程度是非常必要的。

秀才买柴

大唐末年，正值兵荒马乱之时，物资奇缺。隆冬时节，有一秀才去买柴。他对卖柴的人说："荷薪者过来！"卖柴的人虽然听不懂"荷薪者"（担柴的人）三个字，但是听得懂"过来"两个字，于是把柴担到秀才面前。

秀才开口便问："其价如何？"卖柴的人听不太懂这句话，但是听得懂"价"这个字，于是就告诉秀才价钱。秀才接着说:"外实而内虚,烟多而焰少,请损之。"(你的木材外头是干的,里头却是湿的,燃烧起来,会浓烟多而火焰小,请减些价钱吧。)

卖柴的人愣了半天,还是听不懂秀才的话,于是担着柴就走了。寒风中等柴烧的秀才也是好不郁闷啊。

思考题
1. 为什么卖柴人听不懂秀才的话?听不懂秀才的话是卖柴人一人的问题吗?
2. 沟通过程中需要注意哪些方面?

【管理启示】是不是一个高水平的沟通者,并不是看用的词有多华丽,说的话有多文雅,而是看其能否准确、快速地传达信息。管理者平时最好用简单易懂的语言,而且对于说话的对象、时机要有所把握,有时过分的修饰反而达不到预期的目的。

7.2 沟通的方法

 案例

珍妮的错误

作为圣迭戈纪念医院的护理部主任,珍妮负责管理9名值班主管及115名注册护士和护士助理。她讲述了这样一段亲身经历:7月9日星期一刚上班,她就意识到自己犯了一个极大的错误。

珍妮大约早上6:05来到医院,她看到一大群护士(要下夜班的护士和即将上早班的护士),正三三两两聚在一起激烈地讨论着。当她们看到珍妮走进来时,立即停止了交谈。这种突然的沉默和冰冷的注视,使珍妮明白自己正是谈论的主题,而且看来她们所说的不像是赞赏之词。

珍妮来到自己的办公室里,半分钟后她的一名值班主管——迪,走了进来。迪直言不讳地说:"珍妮,上周你寄出的那些信对人们的打击太大了,它使每个人都心烦意乱。""发生了什么事?"珍妮问道:"在主管会议上大家都一致同意向每个人通报我们单位财务预算的困难,以及裁员的可能性。我所做的只不过是执行这项决议。"

"可你都说了些什么?"迪显然很失望,"我们需要为护士们的生计着想。我们当主管的以为你会直接找护士们谈话,告诉她们目前的困难,谨慎地透露这个坏消息,并允许她们提出疑问。那样的话,可以在很大程度上减小打击。而你却寄给她们这种形式的信,并且寄到她们的家里,天哪!珍妮,周五她们收到信后,整个周末都处于极度焦虑之中。她们打电话告诉自己的朋友和同事,现在传言四起,我们处于一种近于骚乱的局势中,我从没见过员工的士气如此低沉。"

> 【管理启示】珍妮犯了两个错误。首先，她所寄出的信显然未能成功地向员工传达她的意图，语言表达不够准确清晰。其次，选择信作为媒介来传递她的这一信息是不合适的。她知道这一消息会使员工产生恐慌和不安定的感觉。在这种情况下，珍妮需要一种保证最大清晰度，并能使她和主管们迅速处理潜在危机的方法来传递信息。最好的做法是口头传达，而把这种未曾料到的坏消息以信的方式寄至员工家中的决定，无疑是个极大的错误。

沟通的方法指用什么样的方法进行交流与沟通，可按不同的标准对沟通的方法进行分类。

7.2.1 按沟通渠道分类

按沟通渠道的不同可以将沟通方法分为口头沟通、书面沟通、电子媒介沟通和非语言沟通等。不同渠道的信息传输能力是不同的，正如管道的"物理特性"决定了其能够输送的液体类型和数量，沟通渠道的"物理特性"也会决定传递信息的种类和数量。根据沟通内容的特点选择适当的沟通渠道，可提升沟通的有效性。

1. 口头沟通

口头沟通包括面对面交流（开会、正式面谈、聊天、讨论、演讲、辩论）、电话交流等形式。面对面交流是最丰富的媒介，沟通双方可以实现多信息交流和及时反馈，有助于对多种信号的接收及对沟通情境深层次、情绪化的理解。电话交流的丰富度仅次于面谈，尽管缺少眼神交流和身体语言暗示，但人的声音仍能传达大量的情感信息。

口头沟通的优点是用途广泛，信息传递迅速，可在最短的时间里直接得到对方的反馈，并有再直接阐述自己观点的机会；缺点是传递信息缺乏正式的渠道，易失真且核实困难。当信息经过多人传递时，由于每个人都以自己的方式来解释信息，到最后信息内容可能发生很大曲解。

在一次重大的收购行动中，收购方决定派高层管理人员前往被收购公司的所有工作场所，亲自与该公司75%的员工见面，向他们讲解公司未来的发展计划，并听取他们的意见。这些亲身的、面对面的接触所花费的时间和费用都是非常值得的，因为被收购公司的员工亲眼看到新的管理者是善解人意的、坦诚的和愿意倾听的。面对面沟通有关收购的非常规信息避免了破坏性的谣言和误解，面对面地与被收购公司的员工进行沟通的决定让员工知道，新的管理者们关心员工的个人利益。

【管理启示】俄亥俄州立大学的研究表明，大多数被访者喜欢用口头沟通的方式来传达坏消息、提出建议或表达感情。对于一些含糊不清、涉及刚刚发生的事件或容易引起误解的非常规信息，因其具有时间上的紧迫性和出人意料的特点，也适合使用口头沟通的方法。

2. 书面沟通

书面沟通包括报告、备忘录、信件、组织内发行的期刊、布告栏及其他任何传递书面文字或符号的手段。它的优点是严肃、准确，具有权威性，不易被歪曲、可反复阅读以增强理解；它的缺点是耗费时间较多，同样时间的交流，口头比书面所传达的信息要多得多，同时缺乏及时反馈。

常规的、例行公事的沟通可选择书面沟通的方式。常规信息包含的大多是数据或统计资料，或是简单地把管理者们已经达成共识或理解清楚的意思用文字表达出来，可满足受众广泛、正式的或者需要永久保存记录的沟通要求。

3. 电子媒介沟通

电子媒介沟通包括传真机、闭路电视、计算机和网络技术等。随着网络技术的发展，电子邮件和即时通信越来越多地被应用于沟通中。很多组织也在通过互联网召开交互式会议，有时还增加视频功能，使沟通信息更为丰富。此类沟通的优点是传递信息快、信息容量大、一份信息可以同时传递给多人；缺点是缺乏情感和丰富体态语言的表达。

英特尔公司的员工装备了笔记本计算机和手机，如今可以从世界上的任何一个地方就团队项目进行沟通和协调。实时通信、互联网等技术使得这些设备能够提供快速的反馈，从而增加了它们对组织沟通中的应用价值。

管理者需要理解每一种沟通方法的优缺点，并根据情况选择适当的沟通方法。

如果执法人员正在准备召开关于2016年秋天华盛顿哥伦比亚特区的狙击手枪击案的新闻发布会，立即做出反应是非常关键的。这种非常规的沟通需要充分的信息交换，整个团队面对面地交流每个人的想法，并迅速提供反馈以解决争议和正确传递信息。而与之相反，如果政府某部门的主管正在准备一个关于政策改动或培训等常规事务的新闻发布会，则可以通过备忘录或电子邮件的方式交换信息。

4. 非语言沟通

非语言沟通主要有体态语言、副语言和物体的操纵及环境的布置等。研究表明，面对面的沟通中有65%的信息是通过非语言形式传递的。在沟通过程中，人们的表情、动作和态度都具有象征意义，向对方传递自己的重视及期待。

体态语言主要指动态无声的手势、面部表情、目光或者是静态无声的身体姿势、空间距离及衣着打扮等。体态语言能够深刻地反映人的本意，可以从人的面部表情和眼神了解人的情绪状态，也可以从人的身体距离、姿势、手势等了解人的紧张状态。例如，笑表示欢喜，哭表示悲伤，大吼表示发怒，轻唱表示快乐，耳语表示神秘。各种不同的面部表情，如懒散地哈欠、震惊地张嘴、怀疑地皱眉等都是有效的交往方式。人们会借助面部表情、动作等身体姿态来传达诸如攻击、恐惧、腼腆、傲慢、愉快、愤怒等情绪或意图。

副语言沟通是通过声音的变化，如重音、哭、笑和停顿来实现的。语音表达方式的变化，尤其是语调的变化，可以使字面相同的一句话具有完全不同的含义。

研究发现，面对面的沟通过程中有3种沟通暗示的来源：言语，即实际说的话；声音，包括声音的高度、音调和音质；面部表情。根据这项研究，上述3个来源在信息解释过程中的重要性如下：言语的影响力为10%，声音的影响力为35%，面部表情的影响力为55%。人们在某种程度上都天生会阅读面部表情。管理者可以培养这方面的技能，学习主动读懂面部表情并提高与下属联系和影响下属的能力。这项研究充分证明了"重要的不是说什么而是怎么说"，非语言消息和身体语言通常比字斟句酌的言语更令人信服地传达人们的真实想法和感情。如果言语信息和非言语信息彼此矛盾，消息接收者通常倾向于相信行为动作。

人们也能通过物体的运用、环境的布置等手段进行非语言沟通。

管理者的办公室布局会发出强烈的非语言暗示。例如，下列座位安排表示了什么意思？① 主管坐在办公桌后面，让你坐在他对面的椅子上；② 你们两人都坐在远离他办公桌的椅子上；③ 你们两个坐在沙发或者舒适的座椅上。对于大多数人来说，第一种安排表示"我是这儿的老板"或"这里我说了算"；第二种安排表示"这个问题很严肃"；第三种安排表达了一种更加随意且友好的氛围——"让我们彼此了解一下吧"。

非语言沟通作为一种辅助的沟通方法，对信息的传递有着非常重要的作用。
表7-1给出了几种沟通方法的比较。

表7-1 几种沟通方法的比较

沟通方法	举例	优点	缺点
口头沟通	交谈 会议 电话 讨论	传递与反馈快 信息量大	层次愈多失真愈重 核实困难
书面沟通	文件 报告 信件 期刊	持久 有形 可核实	效率低 缺乏反馈
非语言沟通	仪态表情 语调 肢体语言	信息意义明确 内涵丰富 含义灵活	受距离限制 界限模糊 容易出现领会误差
电子媒介沟通	传真 电视 网络	速度快 容量大 可远程传播 传播范围广 廉价	缺乏体态语言的表达

7.2.2 按沟通中信息的传播方向分类

按沟通中信息的传播方向可以将沟通方法分为下行沟通、上行沟通、平行沟通和斜向沟通，如图7-3所示。

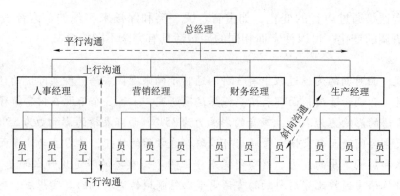

图 7-3 沟通方向图

1. 下行沟通

每天早上，UPS 公司的管理者都会召集员工召开短短 3 分钟的临时会议，有时一天中还会召开好几次。在这 180 秒中，管理者传达了公司的通告，并查看了交通状况和顾客抱怨等信息。每次会议都会以一个安全提示结束。这种 3 分钟的会议很有效，因此，公司办事处的很多人员都使用了这个方法。

下行沟通，是指在组织或群体中，从高层次向低层次进行的沟通活动，通常用于通知、命令、协调和评估下属。管理者通过下行沟通，可以与员工讨论组织的战略和发展，将目标和任务分配给员工，为其工作提供指南；可以向员工下达工作指令和基本原理，使员工明确如何完成某一特定的工作及该工作与组织其他活动的关系，如"采购部门现在必须订购砖了，以便建筑工人 2 周后可以开工"；可以给员工颁发职务说明书，通告组织的政策和程序，指出需要注意的问题，如"工作 90 天以后，你将有资格参加公司资助的储蓄计划"；可以评估员工的业绩，如"你对公司网络系统的改进大大提高了公司订货流程的效率"；可以通过一些有意义的活动，如公司庆典、拓展训练和晚宴等，促进员工接受并认同公司的使命和文化。最常用的下行沟通方式包括政策与流程手册、时事通信、公告牌、电子邮件、演讲和会议等。

下行沟通往往带有命令性和权威性，有利于增强组织成员的合作意识，有助于管理者实施决策和控制。但下行沟通过程中信息离散，如果从源头到最终接收者经过的层次较多，也容易被曲解和贻误。当信息从一个人传递到另一个人的时候，大约会丢失掉 25% 的内容，如图 7-4 所示。

一个历史上的悲惨事例：

一位记者来到了 1967 年被美国陆军第一骑兵师夷为平地的一个村庄前。调查显示，该师司令部发给该旅的命令是："在任何情况下都不得炸毁村庄。"

该旅致电下属营部："除非你们有足够的把握相信有越南士兵在里面，否则不得炸毁任何村庄。"

营部致电位于前线的步兵连："如果你们认为村庄里有越南士兵，就炸毁它。"

最后，步兵连连长下达命令："炸毁这个村庄。"

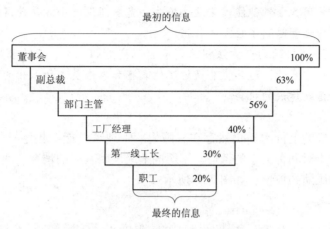

图 7-4 下行沟通信息损失实例

2. 上行沟通

联邦快递的首席执行官罗伯特·卡特每隔 6 个星期就与他的员工举行一次集会；每个月都会随机挑选几个员工，与他们讨论有关问题及他们认为重要的事情。他营造了一种员工愿意分享信息的氛围，并从中获得了大量有关员工近况的信息。

上行沟通，是指组织或群体中，从低层次向高层次进行的沟通活动，通常表现为下属人员向上级的工作汇报、合理化建议或他们对工作、同事及整个组织的看法。很多组织采取积极措施构建上行沟通渠道，鼓励上行沟通。通过上行沟通，员工可以报告组织经营中存在的严重问题和例外情况，使管理者了解员工遇到的困难，例如，"打印机已经坏了两天了，我们有重要文件急需打印"；可以向上级提出有关提高质量或效率的改进建议，例如，"我认为我们应取消审计流程中的第二步，它花费的时间太长而且没什么效果"；可以汇报某项工作的进展情况，例如，"我们按时完成了本月的生产任务"；可以沿层级向上反映员工的不满和冲突，使管理者了解到存在的问题并提出解决方案，例如，"我们的加班时间太长了"；可以提供一些财务和会计信息，使上级了解组织的运营状况，为其决策提供依据，例如，"本季度成本超过预算 2%，但是销售收入比预算高 10%，因此盈利前景不错"。常见的上行沟通方法有意见箱、建议制度及由组织举办的征求意见座谈会或态度调查等。

采取上行沟通的方式，管理者可以广泛地听取下级的意见，发现问题及时更正，并且通过给员工参与决策的机会来提高他们的满意度和积极性。

克罗斯的"5-15"沟通方法

与很多企业家一样，克罗斯手头往往有几项工程在同时进行，因此，他不得不花费很多时间在路上，从他位于费城的公司总部奔赴全国各地。

为了确保随时能够了解各处业务的进展情况，克罗斯采取了一项被他称为"5-15"的重要的沟通方法。每个星期五，所有员工和管理者都会用 15 分钟的时间写一份简短的进度报告并送给自己的顶头上司。几天之内，所有的信息就都会以"公司留言"的形式汇集到克罗斯那里。他只需用5分钟就能读完这些报告。克罗斯说这个方法使得他随时了解各种细节而这对于他的成功经营起到了巨大的作用。

员工普遍将"5-15"的沟通方法视为发表自己意见的机会，而克罗斯则将其视为了解每项业务进展的途径。此外，这些报告还给了他表扬和感谢员工所做出的贡献，以及对需要改进的地方提出问题或建议的机会。

然而，进行准确的上行沟通仍然存在着障碍。管理者可能会拒绝倾听员工的问题和牢骚，员工也可能出于对利害关系的考虑，不愿向上级反映真实的情况，使沟通信息发生与事实不符或被曲解和压缩的情形，如图7-5所示。

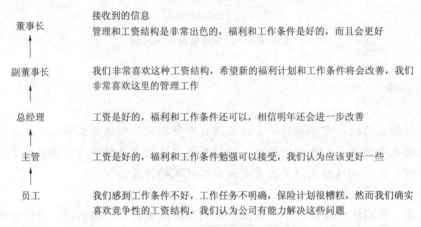

图7-5 上行沟通信息损失实例

3. 平行沟通

瓦拉西斯传播公司的"On the M.O.V.E"（发展中的）委员会负责调研和实施诸如弹性工作时间、工作分享和建议审核体系等项目，并负责一系列有助于提升员工士气和形成强烈的企业文化的"轻松"活动。瓦拉西斯传播公司组建该委员会是为了促进平行沟通并给整个组织带来积极的活力。这是该公司用来激励新想法，促进团队建设和鼓励持续沟通的众多办法中的一个。

平行沟通，是指组织结构中处于同一层次上的成员或群体之间的沟通。通常表现为部门内部或部门之间的信息传递和在同级员工中寻求理解支持或协作，常见的方式有委员会和举行会议等。平行沟通往往带有协商性，可以节省时间和促进协调，增进组织成员相互之间的了解，克服本位主义。但是如果员工不向管理者通报他们做出的决策或采取的行动，会造成冲突。

西北纪念医院

人们都曾听说过这样的事情：患者到医院进行例行检查，结果病情非但没有好转反而加重了。在医院传播的病毒每年大约会感染200万名患者，造成其中近10万人死亡，大量使用抗生素使细菌的抗药性增强了。传染病在世界各地日益猖獗,而美国西北纪念医院的一个任务小组通过打破沟通壁垒扭转了上述局面。

当一名患者成为该院第一例新发现的致命病菌的感染者时,传染病专家兰斯·彼得森和加里·诺斯金意识到要想击败这种病菌,必须得到来自各方的援助。随着这种病菌在医院不断扩散,他们每周一一早晨都召开例会研究对策。尽管有些医生和工作人员因为自己的工作流程受到怀疑而感到不悦,但是避免不必要的死亡的目标最终战胜了他们的这些私念。周一例会的原则是绝对坦诚,这不仅是对医生和护士的要求,实验室技术人员、药剂师、计算机技术人员和入院代表等也都要恪守。例如,一位药剂师发现抗生素会助长很多病菌的滋生,这个发现促使医生们减少对抗生素的使用,转而考虑其他治疗方案。计算机技术人员和入院代表则共同开发用于识别那些最有可能在复诊时将感染病菌带到医院的患者的软件。最后,当研究显示水槽短缺会影响洗手时,任务小组干脆将维修人员也吸纳了进来。

在西北纪念医院,平行沟通的增强带来了成果,医院每年节省了数百万美元的医疗支出,而且至少多挽救了好几条生命。3年来,西北纪念医院的感染率下降了22%。在最近的一个财政年度,每1 000名患者的感染率仅为5.1人,是美国平均水平的一半。

4. 斜向沟通

斜向沟通,是指非属于同一组织层次上的个人或群体之间的沟通,时常发生在职能部门和直线部门之间。斜向沟通可以加快信息的传递,增进理解,协调各方面的关系确保组织目标的实现。但如果员工不将决策或行为通报给其上级,也可能造成问题。

观察哈雷彗星的传话

据说,美军1910年的一次部队命令传递是这样的。营长对值班军官:明晚8点左右,哈雷彗星将可能在这个地区看到,这种彗星每隔76年才能看见一次。命令所有士兵着野战服在操场上集合,我将向他们解释这一罕见的现象。如果下雨的话,就在礼堂集合,我为他们放一部有关彗星的影片。值班军官对连长:根据营长的命令,明晚8点哈雷彗星将在操场上空出现。如果下雨的话,就让士兵穿着野战服列队前往礼堂,这一罕见的现象将在那里出现。连长对排长:根据营长的命令,明晚8点,非凡的哈雷彗星将身穿野战服在礼堂中出现。如果操场上下雨,营长将下达另一个命令,这种命令每隔76年才会出现一次。排长对班长:明晚8点,营长将带着哈雷彗星在礼堂中出现,这是每隔76年才有的事。如果下雨的话,营长将命令哈雷彗星穿上野战服到操场上去。班长对士兵:在明晚8点下雨的时候,著名的76岁的哈雷将军将在营长的陪同下身着野战服,开着他那彗星牌汽车,经过操场前往礼堂。

7.2.3 按沟通的组织系统分类

按沟通的组织系统,可以将沟通方法分为正式沟通和非正式沟通。这两种沟通几乎同时存在于组织系统之内,但它们有各自的特点和作用。

1. 正式沟通

美国陆军使用实时通信系统将诸如天气情况、有关敌军的最新情报等传送给前线阵地的指挥官；美国海军也利用实时通信系统保持各舰艇之间及海军各部门之间的联系，甚至是与美国国防部的联系。负责监管美国海军实时通信系统的麦克·休斯顿少校说："在实战中，人的生命时刻处于危险之中，我们的通信和备战状态正在升级到一个新的水平。"

正式沟通是以正规的组织程序，按权力等级链进行的沟通，或为了完成某项工作任务所必需的信息交流。正式沟通是组织内部明确的规章制度所规定的沟通方法，与组织结构紧密相连，主要包括组织正式颁布的规章制度、命令、通知、文件，召开的会议及组织内部员工之间因工作需要而进行的正式接触。任何发生于组织中既定的工作安排场合的沟通都可成为正式沟通，例如，当管理者命令员工完成某项任务时，他是在进行正式沟通，而员工将某一问题提交和上报给他的主管时，也是正式沟通。

正式沟通是组织管理中的主要沟通方式，大量的沟通工作依赖于正式沟通。正式沟通带有强制性，约束力强，比较规范，易于保密，可使信息沟通保持权威性，沟通效果好，一般的信息都要通过正式渠道下达及反馈。正式沟通的不足之处是传播路线固定、呆板、沟通速度慢，中间环节多，层层传递后信息易损耗和曲解。

2. 非正式沟通

花旗银行马来西亚办事处的管理者用"脉搏午餐"来处理顾客忠诚度下降、员工士气低下和员工离职率提升等迫在眉睫的问题。通过与员工交流并听取他们的意见，即掌握他们的"脉搏"，在餐厅这一非正式的环境下，管理者可以有所改变，从而提高一半以上的顾客忠诚度和员工的士气，并将员工离职率降至几乎为零。

非正式沟通包括非正式组织内部的沟通和正式组织内部不按照正式的组织程序规定而进行的沟通。常见的非正式沟通有"小道消息""铁哥们儿网络"等，用来传递和分享组织正式沟通之外的"非官方"信息。这主要是由组织成员的感情和动机上的需求而形成的，涉及组织内的各种社会关系，这种关系超越了部门、单位及层次。

非正式沟通几乎存在于所有的正式组织之中，一个组织的正式沟通渠道越是有限，小道消息越可能传播。非正式沟通不受管理层控制，且大多数在无意中进行，它可以发生于任何地方、任何时间，其内容也不受限定。这种信息传播通常是以口头方式进行，不留证据、不负责任，因此，信息传播速度快且范围广，而且由于人们所感兴趣的信息常常带有感情色彩，所以易受到重视。但是由于涉及的沟通主体较多，而且不受约束，常会造成说风是雨、以讹传讹等不良后果，导致传播的信息失真或不完整。

非正式沟通是自然发生又必不可少的，它一方面满足了员工的心理需求，另一方面也补充了正式沟通系统的不足，可以传递正式沟通所不愿传送的消息；它可将上级的正式命令变成基层人员较易了解的语言；也可以防止某些管理者滥用正式沟通，有效防止正式沟通中的信息"过滤"现象。

Jet公司作为福特汽车公司和通用汽车公司的供应商,受到了这两家公司要求其提高质量的巨大压力,公司管理层通过改革提高质量:学习统计过程控制、引进新的报酬体系,还从德国购买了一套新的螺旋器材。所有这些改革措施都以小道消息的方式先于正式宣布之前流传开来,而且基本上都很准确。

一组调查数据:有人曾对6家公司的30条小道消息做过分析研究,其中9条是真实的,16条完全没有根据,6条有些根据,但有些曲解。

非正式沟通具有两重性:一方面领导者通常可以从非正式沟通中了解正式沟通中所不能了解的情况,可通过其来了解下属的心态;另一方面非正式沟通带有明显的失真现象及浓厚的感情色彩,容易在组织中增加矛盾,影响群体的团结。正确地对待非正式沟通是非常必要的,管理者需要正视非正式沟通的存在,通过设法发现非正式沟通中的核心人物,了解其中传播的信息内容,或者利用这种沟通网络迅速传播对组织有利的信息;同时,对于非正式沟通中传播的谣言,应采取适当的措施减少和制止。

① 管理者应认识到,非正式沟通的产生和蔓延,主要是由于员工得不到他们所关心的消息。因此,管理者越故做神秘,封锁消息,则背后流传的谣言就会越猖獗。管理者应尽可能构建开放、畅通的沟通网络,正本清源,则种种不实的谣言会自然消失。

② 要想阻止已经产生的谣言,与其采取防卫性的驳斥或说明其不可能的道理,不如正面提出相反的事实更为有效。

③ 闲散和单调乃是造谣滋事的温床。为避免不实谣言扰乱人心士气,管理者应注意,不要使组织成员过于闲散或感觉过分单调枯燥。

④ 培养组织成员对组织管理当局的信任和好感,这样,他们比较愿意听取组织提供的消息,也愿意相信。

⑤ 在对于组织主管人员的训练中,应增加有关非正式沟通方面的知识,使他们有比较正确的观念和处理方法。

7.2.4 按沟通者的数目分类

按沟通者的数目,可以将沟通方法分为自我沟通、人际沟通和团队沟通。

1. 自我沟通

在自我沟通中,信息的发送者和接收者的行为是由一个人来完成的,比如通过各种方式进行的自我肯定、自我反省等。

自我沟通,良好心境

早年间,英国有位哲人,单身时和几个朋友一起住在一间只有七八平方米的小房子里,每天却总是乐呵呵的。别人问:"那么多人挤在一起,还有什么值得开心呢?"他说,朋友们住在一起,随时可以交流思想、交流感情,难道这不是值得高兴的事吗?

过了一段时间,朋友们都成了家,先后搬了出去,屋内只剩下他一个人,但他每天仍非常快乐,又有人问:"一个人孤孤单单,有什么好高兴的?"他说:"我有这么大的空间,还有那么多的书可以看,悠然闲适,怎不令人高兴?"

数年后,经济条件好了起来,他搬进了楼房,住一楼,仍是每天乐呵呵。有人说:"住一楼烦都不够烦的呢!"哲人却说:"一楼,进门就是家,还可以在空地上养花、种草。这些乐趣多好呀!"又过了一年,这位哲人把一楼让给一位家里有偏瘫老人的邻居,自己搬到顶楼。有人又问:"住顶楼有哪些好处?"他说:"好处多了!每天上下楼几次,有利于身体健康;看书、写文章光线好;没有人在头顶上干扰,白天黑夜都安静。"

正如柏拉图所说:"决定一个人心情的,不在于环境,而在于心境。"这位哲人能够不论在何种环境中,都乐观积极,保持良好的心境,就是跟自己保持良好自我沟通的结果。心里想的什么样子,看到的就是什么样子,这就是自我信息的传送。同时,正确的、积极的认识和信息的摄入又会通过自我反馈促进良好心境的形成,最终形成自我沟通的良性循环。

2. 人际沟通

人际沟通,是指组织中的个体成员为了将个体目标和组织目标联系起来而进行的信息和情感的传递。每个组织中都有很多成员,他们可能在不同的部门工作,所处的地位、工作环境、个人能力及追求的利益都有所不同,他们对组织目标的理解、所感受的信息也不相同。这就有可能使个人目标偏离组织目标。为了保证上下一心并且全心全意地完成组织的总目标,就需要相互交流意见,统一思想,协调个人的工作活动。因此,人际沟通是组织最基本的协调工作,也是组织沟通的基础。

3. 团队沟通

团队沟通,是指组织中以工作团队为基础进行的信息交流和传递的方式。团队是由两个或两个以上人员组成的,他们相互协作以便完成组织的某项特定目标。团队成员有规律地相互接触,彼此间有业务往来,共享绩效目标。

重视组织中的团队工作,是指重视团队沟通的重要性。团队成员在一起工作时,团队的沟通情况既影响团队绩效也影响员工的满意度。影响团队沟通效果的主要因素有团队集权程度和团队任务的性质。在集权程度较高的沟通网络中,团队成员必须通过一个人解决问题和做出决策。这种沟通结构在解决简单的、惯例性的问题时往往效率较高。在集权程度较低的沟通网络中,个人可以随意与团队中的其他成员沟通,团队成员平等地处理问题直至达成一致。这种分权的团队在解决复杂问题时能显示出它的优越性,由于所有的必需信息并不局限在一个人身上,通过广泛的沟通产生的信息汇总就为决策提供了更多的产出。因此对于复杂的、非常见的问题会解决得很好。

早期,管理学家 Coach 和 French 对男式服装生产企业 Harwood 公司做了关于团队沟通作用的调查。公司决定进行工艺流程改造和工艺重组,为了解决以往改革时工人反应强烈并产生敌对情绪等问题,采取了 3 种不同策略。

① 向第一组工人解释将要进行的改革的内容、意义、必要性等,然后待其反馈。

② 告诉第二组工人现在存在的各种问题，然后进行讨论并得出解决办法，最后派代表制定新的标准和流程。

③ 要求第三组工人每人都讨论并参与制定、实施新标准和流程，要求团队合作。

结果，第一组工人的任务最简单，但是生产效率没有任何提高，并且敌对态度明显，40天内有17%的工人离职；第二组工人在14天里恢复到原来的生产水平，并在以后的时间里生产效率进一步提高，无人离职；最后一组工人则在第二天就达到原来的生产水平，并在一个月里提高了17%的生产率。

可见，团队沟通对管理而言具有很重要的作用，员工的信息共享、参与程度和工作绩效等都会因充分而有效的团队沟通而得到改善。

7.3　沟通障碍及有效沟通

  案例

阿维安卡502航班的悲剧

1990年1月25日晚7:40，阿维安卡502航班飞行在南新泽西州上空，航班的油料能维持两个小时航程，在正常情况下到达纽约肯尼迪机场需要不到半小时的时间。晚上8:00，肯尼迪机场交通管理员通知航班飞行员：由于严重的交通问题，要他们在机场上空盘旋待命。8:45航班飞行员向机场报告燃油快用完了，交通管理员收到了这一信息，但在9:24之前飞机没有被批准降落。这段时间航班飞行员没有再向机场发送任何危急情况，但机组人员都相互紧张地通知说燃料供应出现了危机。9:24航班第一次试降失败。当机场方面指示航班第二次试降时，机组人员再次提到燃料快要用尽，但飞行员却告诉交通管理员新分配的飞行跑道可行。9:32飞机的两个引擎失灵，1分钟后另两个也停了，耗尽燃料的飞机于9:34坠落于长岛，机上73人全部遇难。

调查人员发现，导致这场事故的原因是沟通的障碍。

首先，飞行员一直说他的燃料不足，交通管理员告诉调查员这是飞行员经常说的一句话。当飞机被延误时，交通管理员认为每架飞机都存在燃料问题，但是如果飞行员发出燃料紧急的呼声，交通管理员有义务先为该航班导航并尽可能安排其迅速着陆。交通管理员表示说："如果飞行员表示情况非常危急，那么所有的规则程序都可以不顾，会尽可能以最快的速度安排该航班降落。"遗憾的是飞行员从未说过情况危急，所以交通管理员也一直未能理解他们所面对的危险。

其次，飞行员的语调也从未向交通管理员传递出有任何危险的信息。许多交通管理员都是经过专门训练的，可以在这种情况下捕捉到飞行员语调的细微变化。尽管航班的燃料问题存在极大的危险,但是飞行员在向机场方传达信息的时候,语调却是极其冷静和职业化的,听不出有丝毫的危险。

最后,就是飞行员的文化和传统及机场的规则使飞行员不愿意申明紧急情况。正式的紧急报告之后,飞行员需要写出大量的书面汇报。另外,如果发现飞行员在计算飞行需要用油方面疏忽大意,美国联邦航空局可能会吊销其飞行执照。这种消极因素极大地影响了飞行员发出紧急呼救的动机,所以说飞行员在最后关头出于荣誉和技术及前途发展的考虑而没有明确地申明自己处于危险之中。

【管理启示】这场悲剧是沟通障碍的经典案例。它告诉人们一些潜在的障碍确实对于有效沟通有巨大的影响,并且有时这种障碍的危险超出人们的想象。障碍往往是由一些更深层的原因引起的,为了确保有效沟通人们必须未雨绸缪,事先考虑到这些障碍并采取针对性的措施,以避免沟通悲剧的发生。

7.3.1 沟通障碍

很多人认为沟通很简单,因为人们每天都在进行各种各样的沟通。可是你是否曾经收到过内容看上去很清楚却令你不知所云的信息?你有多少次把时间浪费在了误解的指示上?实际上,沟通是个非常复杂的过程,会受到诸多因素的影响而形成一定的沟通障碍,导致人们发出或收到错误的信息。如果在日常生活中你听到了这些话:"如果您的意思正是这样,那又为何不这么说?""我实在没听明白。""我不是这个意思!"……那么,这就是沟通障碍出现了。而通常这些话人们可能不会说出口,只是以皱眉或叹息的形式表达出来。

1. 个人因素

1) 人与人之间的障碍

(1) 沟通双方的差异

信息的发送者和接收者受到空间距离、接触机会和社会文化背景及种族的影响,在文化、价值观等意识层面存在差异;信息沟通中双方由于教育层次、学识、地位的不同,在经验水平、知识结构上也存在差别;个人的性格、气质、态度、情绪、见解等也是因人而异的。这些差异的存在常常会导致沟通过程中双方语意曲解,造成表达和理解上的偏差。

语言差异:同样的词汇对不同的人来说含义是不一样的。年龄、教育和文化背景是3个最明显的因素。它们影响着一个人的语言风格及他对词汇的界定。例如,音乐家和数学家都说汉语,但两个人的用词和表达习惯是完全不同的。"效率"一词对于车间主管可能意味着高产量,而对于人力资源专业人员则意味着员工满意度,很多普通的词语平均有28个意思,组织中员工往往有不同的背景和言语习惯,甚至还会有各自的行话。如果发送者错误地认为自己所用的词汇和短语在接收者的心中也有同样的含义,则往往会形成沟通障碍。沟通者必须认真选择能够对信息进行准确编码的词语。

文化差异:美国是倡导个人主义的国家,沟通类型倾向于以个人为中心,而且语义明确。美国的管理者喜欢用备忘录、通报、职务报告及其他正式的沟通手段来阐明他对某一问题的看法。美国企业主管人员可能会隐瞒某些信息,为的是让自己看起来比别人懂得更多,而且将之作为说服员工接受其决策和计划的一种工具。为了保护自己,低层的员工也如法炮制,采取类似的行为。日本是强调集体主义的国家,有更多的相互间的互动关系,而且人际间的接触更倾向于非正式的。日本管理者在有关问题上更多的是先以口头协商方式与下属沟通,然后再起草一份正式的文件说明已达成的共识。日本人看重协商一致的决策,因而开放式的沟通是其工作环境氛围的一个内在构成要素,而且更多采用面对面的沟通。

(2) 沟通技巧的不同

不同的人在沟通技巧的运用上是不同的,这跟个人的能力与个性有关,有的人擅长口头表达,有的人擅长文字描述,还有的人擅长借助环境随机应变。

美国前总统麦金利就是一位沟通的高手。有一次一位劳工的领袖请求他的帮助,但遭到了麦金利的拒绝,于是那人就勃然大怒。这时麦金利和颜悦色地对他说:"我感到非常抱歉。"说着就握住他的手,问他说:"您是否已经成家了?"对方点点头说"是"。麦金利从西服上取下一朵荷兰石竹递给那个人说:"请把这朵花送给您的妻子,向她表示我的敬意和良好的祝愿。"这一举动使劳工领袖完全平静了下来,而且深受感动。于是一场将要发生的激烈沟通冲突被一朵荷兰石竹化解了。

这就是沟通的技巧。如果一个人的沟通技巧较差,作为信息发送者对信息的内容和含义表达得含糊不清、隐晦难懂,或者作为接收者不能正确理解信息的含义,则会造成沟通的障碍。此时需要有意识地学习和锻炼,形成自己的想法和创意,不断提升自身的沟通能力。

(3) 心理因素和情绪因素的影响

心理因素和情绪因素也会影响沟通的效果,好的情绪会让沟通变得更加流畅,而不佳的心理状态或情绪则会使沟通过程磕磕绊绊,变得低效、无效,甚至产生副作用,所以最好避免在沮丧的时候沟通,因为此时已经无法进行思考了。当人们感到自己正在受到威胁时,通常会以一种防御的方式做出反应,从而降低了取得相互理解的可能。这种防卫表现在对对方的言语进行攻击、讽刺挖苦、品头论足,以及怀疑对方的动机等行为上。当一方将另一方的意思理解为有威胁性时,他就会以有碍沟通的方式做出反应。

另外,人们拒绝接受他们不期待的东西,而片面地接受他们期待的东西。研究表明,人们往往能够听到或看到他们在情感上愿意听到或看到的东西,即"忠言逆耳"。很多正确的意见是与个人的认知或情感背离的,这时接收者就不愿意去听,或者在潜意识里拒绝。这说明初始的态度对沟通有很大的影响,一个好的沟通者应该在开始就保持良好的心态,即使听到与自己态度相反的意见和建议,也要认真地去分析,看它究竟有没有道理,才能达到良好的沟通,"兼听则明,偏信则暗"就是这个道理。

2) 渠道的选择

渠道的选择是影响沟通有效性的重要因素,选择了错误的渠道进行沟通也会产生问题。例如,如果某个信息是带有感情色彩的,最好采用面对面沟通而不是书面沟通。电子邮件在讨论困难的问题时尤其可能带来高风险。从另一个角度来说，电子邮件在传递常规消息时效率非常高，但对于复杂的消息则缺乏所需的迅速反馈和多重线索。沟通者应该根据信息内容和特点选择合适的沟通渠道。

3）语言沟通和非语言沟通的不一致

语言沟通和非语言沟通所流露的线索不一致会使信息接收者感到困惑。如果一个人的面部表情与其通过语言表述的意思不符，则该沟通就带有噪声和不确定性，所以声音的语调和身体语言应与语言表述一致，才能进行有效沟通。

2. 人际因素

人际因素指沟通双方因相互信任或情感上的关系不同，形成对沟通信息的不同接受程度，主要包括沟通双方的相互信任、信息来源的可靠性和发送者与接受者的相似程度。只有经过发送者的编码和接收者的译码以后，双方理解一致才是有效沟通。所以沟通双方的诚意和相互信任是至关重要的，猜疑会增加抵触情绪，造成译码过程中的信息失真，导致内容理解上的偏差，而坦诚会促进交流，增进了解，增加沟通的有效性。信息来源的可靠性取决于4个因素：是否诚实，是否具有相应的能力，沟通的态度是否积极，在沟通过程中能否做到客观真实。沟通双方的相似程度也是引起沟通变化的重要因素。研究认为，相似性影响沟通的难易和坦率，如果沟通双方有一方认为对方与自己很相似，他就比较容易接受对方的意见，达成共识；相反，如果沟通双方有一方认为对方与自己差异很大，沟通的效果就不会很好。

有人曾经做过一个有趣的试验，他到一个大学的校园里，分别找若干名学生，向他们说明自己有急事，要借5角钱打一个电话。他做了一个对照试验，第一次穿得比较正式，衣着和谈吐与大学生差异比较大，结果经过沟通只有几个人给了他5角钱；第二次他观察学生的衣着和言谈举止后，把自己打扮得和他们一样，穿得很休闲、很随意，用语也选择学生常用的，经过沟通，大多数学生都非常愉快地借给了他5角钱。这个试验很好地说明了相似性对沟通是非常重要的。

3. 组织因素

组织因素主要包括以下方面。

1）职位的差异问题

研究表明，职位的高低对沟通的方向和频率有很大的影响，职位悬殊越大，信息越是倾向于从职位高的地方向职位低的地方流动。而且，职位低的人可能不愿意向上级报告坏消息，从而给上级形成不好的印象；职位高的人则可能不会留意职位低的人，或者认为他们不会做出什么贡献。

2）组织结构或制度问题

在传递链方面，信息通过的层级越多，到达目的地的时间越长，失真的可能性就越大。这种信息联系从一个层级到另一个层级发生的变化被称为信息链传递现象。一项研究表明，董事会的决定经过 5 个层级的传递后,信息损失达 80%,即在高层管理者那里的正确性是 100% 的信息,到了最终接收者那里可能只剩下 20% 的正确性。这是因为,在沟通的过程中,各级管理者或部门都会把接收到的信息进行甄别,并且一层一层过滤,然后再将可能是被断章取义的信息发布至下一层级。而且,在甄选过程中,还掺杂了大量的主观因素,尤其是当发送的信息涉及传递者本身时,往往会由于心理方面的原因,造成信息失真。

过滤,是指故意操纵信息,使信息显得更易被接受。比如,当有人向上级管理者陈述的都是该管理者想听到的内容时,这个人就是在过滤信息。当沿着组织层次向上传递信息时,为避免高层人员信息超载,发送者需要对信息加以浓缩和综合,这个过程受到信息发送者个人兴趣和对哪些信息更重要的认识的影响,因而造成了信息沟通中的过滤现象。过滤的程度与组织的层级数目和文化有关。组织中纵向层次越多,过滤的可能性越大;若组织更强调合作,过滤的可能性越小。组织文化会通过奖励系统对过滤行为起到鼓励或抑制的作用,组织中的奖励越是注重形式,发送者就越会有意识地按对方的品位调整和改变信息。

3) 团体规模

团体规模越大,则沟通越困难。首先由于组织规模的增大,沟通的形式会越来越复杂;其次随着部门的增多,互相之间在需要与目标上的差异也会干扰沟通,每个部门都站在自己的角度看问题,生产部门关心生产效率,而营销部门更关注销售渠道的拓展和服务能力的提升;最后,部门太多,各个部门之间缺乏足够的沟通,会导致部门之间彼此孤立,既不知道也不理解其他部门在做什么,整个组织无法实现协调运转。

4) 空间距离

空间距离越短,人们交往的可能性越大,交流越紧密,沟通也就越容易。但空间的约束,也会使沟通局限在一个小圈子内,眼界不宽,无法从大的范围选择更好的沟通对象、方式和渠道。

5) 正式沟通渠道的缺乏

正式沟通渠道的缺乏会降低沟通效率。管理者必须通过员工调查、开放政策、备忘录、任务小组和人员联络等方式提供充分的沟通渠道。如果没有适当的沟通渠道,组织的整体沟通将无法进行。

6) 组织成员间相互不信任或缺乏尊重

有一项研究发现,在面对面的沟通中,有 65% 是以非语言信息如眼神、姿态等传递的,而这些非语言的信息恰恰代表了人的本能,可以反映一个人的真实想法。而在缺乏诚意的沟通中,管理者可能会出现语言信息与非语言信息不一致、说话的语气音调令人不安等现象。这些问题都会成为有效沟通的障碍。

组织沟通还存在其他常见问题,例如表达不清楚、顾虑太多及管理者的观念、思维方式等造成的沟通障碍。

7.3.2 有效沟通

扁鹊见蔡桓公

我国古代春秋战国时期,有一位著名的医生,他的名字叫扁鹊。有一次,扁鹊晋见蔡桓公,站了一会儿,他看看蔡桓公的脸色说:"国君,你的皮肤有病,不治怕要加重了。"蔡桓公笑着说:"我没有病。"扁鹊告辞以后,蔡桓公对他的臣下说:"医生就喜欢给没病的人治病,以便夸耀自己有本事。"过了十几天,扁鹊又前往拜见蔡桓公,他仔细看看蔡桓公的脸色说:"国君,你的病已到了皮肉之间,不治会加重的。"蔡桓公见他尽说些不着边际的话,气得没有理他,扁鹊走后,蔡桓公还闷闷不乐。

再过十几天,蔡桓公出巡,扁鹊远远地望见蔡桓公,转身就走。蔡桓公特意派人去问扁鹊为什么不肯再来晋见,扁鹊说:"皮肤上的病,用药物敷贴可以治好;在皮肉之间的病,用针灸可以治好;在肠胃之间的病,服用汤药可以治好;如果病入骨髓,那生命就掌握在司命之神的手里,医生是无法可想了。如今国君的病已深入骨髓,所以我不能再去晋见了。"蔡桓公还是不相信。5天之后,蔡桓公遍身疼痛,连忙派人去找扁鹊,扁鹊已经逃往秦国躲起来了。不久,蔡桓公便病死了。

蔡桓公贵为国君,又有名医扁鹊在侧,却因为小病送掉了性命,原因是什么?如果你是扁鹊你会如何沟通?

【管理启示】沟通障碍造成了蔡桓公的死亡。蔡桓公有心理上的障碍,双方缺乏信任;扁鹊所提供的信息不够清晰、准确与完整;扁鹊不善于营造良好的沟通氛围,不善于恰当选择沟通用语。

1. 有效沟通的含义

有效沟通,是指在一定的时间和场合,为了一定目的,借助某种方式传递信息,表达思想和感情,并能被人正确理解和执行,从而达到某种效果的过程。

首先,信息发送者发出的信息应完整、准确,能够清晰地表达沟通内容;其次,发送者根据信息的内容和特点选择适当的沟通渠道,监控信息传递过程,确保接收者能接收到完整信息并能正确理解这一信息;再次,信息发送者要重视信息接收者的反应并根据其反应及时修正信息的传递过程,免除不必要的误解;最后,接收者愿意以恰当的形式按传递过来的信息采取行动。

彼得·德鲁克提出有效沟通的原则:受众能感觉到沟通的信息内涵,沟通是一种受众期望的满足,沟通能激发受众的需求,所提供的信息必须是有价值的。

2. 有效沟通的实现

沟通障碍是客观存在的,但是可以采取适当的措施跨越沟通中的障碍,取得有效的沟通效果。改善沟通需要从个人和组织两个方面进行。

1) 个人技能

实施沟通之前，双方要通过各种方式形成必要的信任，彼此间达到充分了解，明确对方的文化、背景、兴趣爱好及需求特点，设身处地地理解对方的观点和立场，思考对方希望获得什么样的信息，以及采取何种沟通方式，如何表达能更容易被对方接受。这样做能够发现沟通的偏见、澄清语义、理解观点并保持客观，从而实现有效沟通。

(1) 调整心态

人的心态、情绪对沟通过程有着巨大的影响。兴奋、失望等情绪，会影响信息表述的清晰性和准确性，从而形成对信息的误解，使信息的传递严重受阻或者失真，也会导致过激的反应。人们在情绪沮丧时做出的决策与情绪正常时做出的决策差异很大。因此，情绪过激时，可暂停沟通，主动将心态调整到平和的状态，确保沟通能够客观、理智地进行。

(2) 确定沟通目标

信息发送者必须明确沟通的目标，使沟通更有针对性，提高沟通的效率。确定了目标，沟通就有了方向，可以根据要达到的结果准备信息。同时，充分了解信息接收者的地位、原有心理准备状态、对不同沟通方式的接收程度及其个性特点等，考虑接收者可能对沟通信息的反应与产生影响的程度，酝酿能被接收者正确理解的表达形式，并选择恰当的沟通渠道。

(3) 恰当表述

有效的沟通不仅需要信息被接收，更重要的是信息被理解。沟通时，不仅要简化语言，还要考虑信息接收者的情况和特点，使用其熟悉的语言，选择恰当的措辞，并注意表达的逻辑，使发送的信息清楚明确，易于接收者理解。例如，一家医院的医生在与患者沟通时应尽量使用清晰易懂的日常用语，而和医学专家或同事沟通时则会使用专业术语。在理解其含义的群体内使用专业语言，有助于增进理解，但在该群体之外使用专业语言则会形成诸多的沟通障碍。

现金流、收入分配、双位数的增长、杠杆作用、度量单位，这是金·威廉姆斯所说的行话。作为美国职业橄榄球大联盟（NFL）主管财务的高级副总裁，她不太可能在工作中使用假跑真传、横向传球、四分卫等术语，但NFL的32支球队使用的正是这些术语。现在，她想让他们理解她的用语，并用这些用语与他们进行交流，这就涉及了不同专业群体的沟通，相互理解、语言的选择和表述尤其重要。

(4) 选择沟通渠道

沟通要因地制宜，发送者必须根据沟通的目的、内容和特点，考虑接收者的心理特征及知识背景等情况，选择适当的沟通渠道，并调整自己的谈话方式、服饰、仪态及非语言信息。对于复杂信息应通过渠道丰富度高的途径发送，如面对面的交谈或电话。而常规信息和数据可以通过备忘录、信函或电子邮件发送，因为发生误解的概率较低。

(5) 注重非语言信息

非语言信息能够对语言信息起到补偿、调整、代替和加强的作用。沟通者要准确把握非语言信息并有意识地运用，配合沟通的内容，给予对方相应的表情、语调、动作和态度等非语言提示，从而可以跨越语言沟通本身的一些固有障碍，增进接收者对信息的理解，提高沟通效率。有效的沟通者要十分注意自己非语言形式的沟通，保证它们真的在传达你所期望的信息。

（6）积极倾听

一天，美国知名主持人林克莱特访问一名小朋友，问他说："你长大后想要做什么呀？"小朋友天真地回答："我要当飞机的驾驶员！"林克莱特接着问："如果有一天，你的飞机飞到太平洋上空所有引擎都熄火了，你会怎么办？"小朋友想了想说："我会先告诉坐在飞机上的人绑好安全带，然后我挂上我的降落伞跳出去。"

当在现场的观众笑得东倒西歪时，林克莱特继续注视这孩子，想看他是不是自作聪明的家伙。没想到，接着孩子的两行热泪夺眶而出，这才使林克莱特发觉这孩子的悲悯之情远非笔墨所能形容。于是林克莱特问他说："为什么要这么做？"小孩的答案透露出一个孩子真挚的想法："我要去拿燃料，我还要回来！"

【管理启示】 你真的听懂了手下的话了吗？你是不是也习惯性地用自己的权威打断手下的语言？我们经常犯这样的错误：在手下还没有来得及讲完自己的事情前，就按照我们的经验大加评论和指挥。反过头来想一下，如果你不是领导，你还会这么做吗？打断手下的语言，一方面容易做出片面的决策，另一方面使员工缺乏被尊重的感觉。时间久了，手下将再也没有兴趣向上级反馈真实的信息。反馈信息系统被切断，领导就成了"孤家寡人"，在决策上就成了"睁眼瞎"。与手下保持畅通的信息交流，将会使你的管理如鱼得水，以便及时纠正管理中的错误，制订更加切实可行的方案和制度。

倾听不仅仅是听，更重要的是对信息进行积极主动的搜寻。倾听的过程中应创设轻松的交流氛围，表现出浓厚的兴趣，并尽量保持沉默和冷静，少讲多听，不轻易打断对方；发送者表述完毕后，可根据沟通的内容提出问题，适时用自己的话重复对方的意思以确保自己理解准确，通过反馈形成完整的沟通回路；译码和理解的过程中，采用"换位思考"的方法，即暂停自己的想法与感觉，而从说话者的角度来调整自己的所观、所感，从移情的角度入手，把自己置于对方的立场运用对方的思维方式来思考问题，避免先入为主，努力去理解别人要表达的含义而不是你想理解的意思，从而进一步保证对所听到的信息的解释符合说话者的本意。通过倾听，人们可以感受对方的感情和想法，了解更多的重要信息，也可以激发对方的谈话欲望，从中发现说服对方的关键要素，还可以获得对方的友谊与信任，从而达到增强沟通效果的目的。

宝洁公司

宝洁公司是世界上在倾听顾客想法方面做得最好的公司之一。尽管如此，2000年当拉弗列接任首席执行官一职时，他发现宝洁公司的一半品牌所占的市场份额正在下滑，而且，营销人员的士气相当低落，以至于重新恢复顾客的忠诚度似乎是宝洁公司所面临问题中最微不足道的。

这种情况给宝洁公司的高层管理人员敲响了警钟：倾听始于内部。管理者们决定应用宝洁公司著名的市场调研技术来查找营销人员如此不快乐的原因及公司能够做些什么来改变这一现状。调研的第一阶段是在一整天的时间里跟踪10名营销人员的一举一动，这么做就是为了看看他们都面临哪些挑战；接下来调研人员与宝洁公司的营销主管、品牌经理和助理品牌经理进行了一对一的访谈；调研人员利用从中得到的反馈编制了一份员工调查问卷，员工可以通过匿名的方式将调查问卷提交到辛辛那提大学的一个安全服务器上。

管理者们被员工在回答调查问卷时和进行访谈时表现出来的开放程度和真诚震惊了。大多数员工因为终于有人询问自己的想法、感受和意见觉得很开心，所以坦诚地表达自己的想法，另外，管理层愿意倾听坏消息的决心对于这个项目的成功也是非常关键的。

倾听员工的心声给宝洁公司开辟了一条新的途径，士气提升了，市场部门的面貌焕然一新，市场份额开始稳步上升。最重要的是，这个项目在宝洁公司开始了一个新的倾听时代，管理者们不断强调倾听内部员工和外部顾客的重要性。宝洁公司全球营销主管詹姆斯说："赢得每一位员工的心，实在是个不小的挑战，而且是管理者为了成功每天都要为之努力的。我们一直这样倾听顾客的心声，如今我们正在确保也这样倾听我们自己员工的心声。"

(7) 运用反馈

很多沟通障碍是由于误解导致的，如果沟通的双方能充分运用反馈，就会减少这些问题的发生。反馈，就是在条件允许的情况下尽量运用双向沟通，从而避免相应的沟通障碍。发送者通过提问或者接收建议的方式来获得反馈信息，也可以通过仔细观察对方的神态或行动来获得反馈信息。例如，一位销售主管通过电子邮件向销售代表传发了销售报告填报新规定，要求所有的销售代表都要按时提交，如果到时有人没有提交或提交格式错误，这位销售主管无疑得到了反馈，表明销售主管对自己当初的指令应阐述得更清楚一些。同理，当你面对一群人演讲时，你在观察他们的眼神及其他非言语线索过程中，就会了解他们接收信息的程度。反馈是沟通过程中重要的一环，有助于发送者判断自己与他人的沟通是否成功，并在发生误解时及时纠正，确保沟通目标的实现。

(8) 走动式管理

管理者必须愿意走出办公室与他人进行沟通，通过与员工直接交谈以了解正在发生的事情。走动式管理可适用于各个层次的管理者，有利于管理者与员工打成一片，建立友好的关系，通过他们直接了解各部门的情况。走动式管理能够改善沟通的效果，管理者通过直接观察和面对面交谈，可以增进对组织的了解并且能够把自己的重要想法和价值观直接灌输给其他人，同时也能了解员工面临的问题。

美国联合航空公司的董事长格伦·蒂尔顿抓住一切机会将自己介绍给员工和乘客，并试着了解他们在想些什么。他在飞机上待的时间甚至比公司里很多飞行员都长。他会拜访客舱里的乘客，在广场上、厨房和候机厅与员工交谈。

2) 组织完善

首先，要创设一种信任和开放的组织氛围，鼓励员工真诚地与他人沟通。可以通过对员工授权、建立信任和归属感及加强团队合作的方式，打破有可能造成沟通障碍的传统层级界限，使组织成员跨越职能和层级，无所顾忌地沟通，共享所有的信息，使组织享受群策群力的好处。

其次，在全方位地开发使用正式沟通渠道的基础上，鼓励使用多重沟通渠道。通用汽车公司的派克电气工厂与员工分享包括财务信息、未来发展计划、质量及绩效在内的所有的相关信息；管理者们也运用多种媒体，包括月报、员工团队经常举行的会议及在自助餐厅举办的电子新闻展示等，与员工沟通。通过多种渠道发送信息能够增加信息被正确接收的概率。

再次，组织结构的设计应适合沟通的需要。组织可以根据需要利用团队、任务小组、项目经理或矩阵结构来促进信息的流动，达到协调和解决问题的目的。组织结构还应当反映信息的需要，当团队或部门任务艰巨时，应当采取分散式组织结构以鼓励讨论和参与。

最后，通过建立反馈机制来克服协调不足的问题。反馈是个人和组织从错误中学习，进而改进工作效率的一种重要方式。当管理者调动整个组织来评估各种活动的成果时，人们就能够迅速了解哪些方法有效，哪些方法无效，并利用这些信息来改进组织的工作。

美国陆军

在位于死亡谷南部的国家训练中心，美国陆军部队正在进行实战演习：敌军派出无人驾驶的飞机模型搜集目标数据。当部队向这些无人驾驶飞机模型开火时，就会暴露自己的目标，立即受到潜藏在附近的直升机的攻击。演习之后，参战部队的士兵及其长官会进行事后评估，对作战计划进行讨论，分析哪些方案起作用了，哪些失误了，并探讨今后可以如何改进。威廉·赫佐格将军认为造价低廉的作为诱饵的无人驾驶飞机模型有可能正是用来扰乱敌军迫使其暴露目标的武器。这种看法成为整个部队"通过实践得出的结论"，无人驾驶飞机模型也在伊拉克的战斗中找到了用武之地。

美国陆军部队得到的经验教训不仅是建立在实战演习的基础上，也建立在士兵们在战场上真枪实弹的经历的基础上。陆军培训中心派专家到战场上进行事后评估，对士兵们进行访谈，并编写报告。美国陆军部队所有部门的领导如今都在仔细分析从"伊拉克自由行动"和"持久自由行动"中得到的经验教训。这些经验教训将用于训练士兵及制订解决未来冲突的作战计划。例如，"沙漠风暴行动"中遇到的很多问题和状况在"伊拉克自由行动"时都得到了解决。目前各部门领导的一个关注焦点是加强从攻击性战争行动向人道主义和拯救行动转变的训练。

在上面的例子中，组织正是通过沟通关于作战行动和实战演习的反馈来学习的。把了解到的信息综合在一起并利用沟通来反馈可以极大地改进组织的形象。事后评估的方法在企业界也得到了应用。美国办公家具制造商 Steelcase 公司和英国石油公司都参考了美国陆军部队的反馈系统创造了持续学习和改进的过程。英国石油公司由于应用了该反馈系统节省了7亿美元的成本，还得到了其他方面的好处。

◇ **阅读资料**

让你的电子邮件发挥效用

尼尔是堪萨斯城一家健康护理软件开发公司的首席执行官，他对于员工们似乎没有花足够的时间来工作感到懊恼，他向公司大约 400 名管理者发送了一封愤怒激动的电子邮件，部分内容如下：

看看堪萨斯城总部的这么多员工，工作时间越来越不够 40 个小时。早晨 8:00 以前停车场上稀稀拉拉，到了下午5:00以后情况又是如此。身为管理者，你要不就是不知道你的员工在干什么，要不就是你不在乎这样的事情……是你们对工作的不努力造成公司内部发生了这种情况，营造了一种不良的氛围……不管怎么样，你们都存在问题，要么找出问题解决它，要么辞职，我不会轻易地放过你们。事情发展到这个地步，你们还有两周的时间弥补，好好干吧。

虽然这封电子邮件只是针对公司的管理者，但是它被泄露了出来并张贴在了雅虎的讨论版上。这封电子邮件的语气震惊了行业分析师和投资者，当然，还有公司的管理者和员工。公司的股票价格在接下来的3天中下跌了22%。尼尔向他的员工致歉并承认，"是我引发了这次事故，也使公司遭受了非议和损失"。

电子邮件沟通有很多优点，但是电子邮件快捷的特点也增加了错误沟通的可能性。管理者可以学习在享受电子邮件极高效率的同时，避免遇到附带的问题。下面是有效利用电子邮件的一些注意事项。

要

保持电子邮件简短、切中要害。利用主题行传达关键的、明确的信息。黑体字可以让消息更易于阅读。

注意礼貌。使用问候语和适宜的结束语。打开语法和拼写检查，及时发现可能的输入错误。

利用电子邮件筹备会议、归纳口头谈话的要点或者跟进已经讨论过的信息。

在旅行时利用"不在办公室"功能告知与你联系的人。

尽快回复电子邮件，最好是在当天回复。

在点击"发送"按钮之前花些时间再读几遍你写的邮件。

不要

通过电子邮件讥讽老板或者斥责同事。

漫不经心地对待电子邮件。如果有些东西你不希望发表在报纸或者在电视新闻节目中播出，那么也不要写在电子邮件里。

利用电子邮件招聘或解雇人。重要的、私人的消息和坏消息一定要面对面传递或者至少是通过电话传递。

使用亵渎的语言。这些语言落在字面上总是不雅的，而且总有很多其他方式来表达你的意思。

拷贝给很多人。聪明的管理者都会很小心地使用群发功能。

通过电子邮件挑起或继续争执。电子邮件绝不能用来传递愤怒的情绪。请用合理的方法，面对面地与那个人解决争议。

亚马逊公司了解员工的"脉搏"

亚马逊公司的管理者们是如何随时了解员工对于公司决策的观点和想法的？是通过每周两次测量整个组织的脉搏。

亚马逊公司与eePulse公司合作，以电子邮件的方式就员工对于公司内部各种发展的看法和态度进行民意调查。eePulse公司位于密歇根州安阿伯，是一家应用服务提供商。这种调查采用问卷的形式并让员工测量自己的"脉搏"，或者说是能量水平，回答从"没干什么，没什么意思"到"被工作累垮了，急需帮助"。员工还有机会公开评论自己的工作环境。这些快速的电子邮件调查只需花2分钟左右即可完成，但能够提供定期反馈，使管理者们可以收集信息并实时评估事情的进展情况。一位管理者说："在这里改变发生得很快。通过用这种电子邮件的方式对员工进行民意调查，能够持续地、快速地提供我们所需要的信息。"员工被鼓励同管理者谈论自己关心的任何问题，管理者们则接受了有效使用这种沟通方式及跟进潜在问题方面的培训。

虽然管理者们从一开始就爱上了这种新的沟通方式，员工则花了些时间才开始接受它。对于那些典型的管理层调查，在调查结果汇总并公布出来以后，员工很少看到有什么变化，因此亚马逊的员工以为这不过又是一个毫无用处的民意调查。然而，当亚马逊公司的管理者们连续很多个月不断将结果报告给员工并且做出真诚的努力来解决问题时，他们对于这种沟通方式的态度发生了转变。有些人甚至喜欢定期对调查结果进行统计，看看同事们对于自己的工作和公司有何想法。

【本章小结】

本章介绍了沟通的有关内容。沟通，是指为达到一定的目的，将信息、思想和情感在个人或群体间进行传递和理解的过程，其目的通常是激励或影响他人的行为。沟通在组织运营过程中具有重要的作用。沟通是信息发送者将要沟通的内容通过编码形成特定格式的信息，选择恰当的渠道传递给接收者，接收者对信息解码并理解，必要的时候进行反馈的过程。

沟通的分类方法很多，按沟通渠道的不同，可以分为口头沟通、非语言沟通、书面沟通和电子媒介沟通；按沟通中信息的传播方向可以分为上行沟通、下行沟通、平行沟通和斜向沟通；按沟通的组织系统不同可分以为正式沟通和非正式沟通。不同的沟通方法具有不同的特点，应根据具体情况选择适当的沟通方法。

由于个人因素、人际因素及组织因素导致沟通障碍的产生，沟通主体需要识别沟通障碍并分析障碍产生的原因，采取一定的手段克服沟通障碍，实现有效沟通的目标。

【复习题】

一、判断题

1. 非正式沟通是指通过正式组织途径以外的信息沟通，这类沟通经常会给组织带来负面影响，因此应杜绝非正式沟通。（   ）
2. 非正式沟通是正式沟通的重要补充形式。（   ）

二、选择题

1. 独裁主义气氛比较浓厚的组织中信息沟通的主要方法可能是（   ）。
   A. 自上而下　　　B. 自下而上　　　C. 横向交叉　　　D. 非正式沟通
2. 通常存在于民主的组织环境中的沟通方法是（   ）。
   A. 自上而下的信息沟通　　　　B. 自下而上的信息沟通
   C. 横向的信息沟通　　　　　　D. 交叉的信息沟通
3. 管理需要信息沟通，而信息沟通必须具备的4个关键要素是（   ）。

A. 发送者、接收者、沟通渠道、沟通内容
B. 发送者、传递者、信息内容、接收者
C. 发送者、接收者、信息内容、传递者
D. 发送者、传递者、接收者、沟通渠道

4. 有试验证明，在面对面沟通中，占有信息量最多的是（　　）。
 A. 语言　　　　B. 文字　　　　C. 声调　　　　D. 形体语言
5. 带有强制性意思的沟通方法是（　　）。
 A. 发布指示　　B. 会议形式　　C. 个别交谈　　D. 正式沟通
6. 将沟通方法分为口头沟通、书面沟通、电子媒介沟通和非语言沟通的划分依据是（　　）。
 A. 按沟通中信息的传播方向不同　　B. 按沟通渠道的不同
 C. 按沟通的组织系统不同　　　　　D. 按信息传递的范围不同
7. 从沟通媒介自身的丰富性程度看，排在第一位的应该是（　　）。
 A. 电话　　　　B. 电子邮件　　C. 面对面地交谈　　D. 文件
8. 著名管理学家巴纳德说过："高层管理人员的首要作用，就是发展并维持意见沟通系统。"在实践中，进行意见沟通需要一定的技巧，通常不能采用的技巧是（　　）。
 A. 告诉职工的全部告诉　　　　　　B. 让下级明白他在领导心目中的地位
 C. 不要经常称赞下级　　　　　　　D. 要明白上行沟通效率永远不会太高
9. "静默语"即不知不觉中向周围的人发出的信号，这也就是形象。"在你开口以前，你已经把什么都说了。"你认为这是一种沟通吗？（　　）
 A. 是，属于视觉沟通
 B. 不是，这属于视觉印象，是领导形象研究的问题
 C. 是，属于非语言沟通
 D. 不是，因为这是别人的看法，而沟通应是主动的
10. 以下哪一种不属于消除沟通障碍的行为方式？（　　）
 A. 尽可能多地使用专业术语　　　　B. 简练的信息表达
 C. 对信息发送者提出具体要求　　　D. 理解信息发送者表达的意思
11. 设置意见箱属于正式沟通中的（　　）。
 A. 下行沟通　　B. 上行沟通　　C. 平行沟通　　D. 斜向沟通

三、简答题
1. 简述沟通的概念、实质和作用。
2. 简述沟通的过程。
3. 分析不同沟通方法的特点和适用的情况。
4. 如何正确对待非正式沟通？
5. 沟通障碍有哪些？
6. 如何实现有效沟通？

四、讨论题
1. 有些管理者认为应该依靠书面信息进行沟通，因为这些比面对面沟通带来的信息准确，你同意这种说法吗？为什么？

2. 对于管理者来说，有效的沟通技巧包括哪些？
3. 描述沟通过程中的各个要素，并就课堂上老师与学生的沟通情况各举一例。

五、案例分析

◇ 案例1

一次战略方案制订引起的风波

　　天讯公司是一家生产电子类产品的高科技民营企业。近几年，公司发展迅猛，然而最近却在公司出现了一些传闻。公司总经理邓强为了提高企业的竞争力，在以人为本、创新变革的战略思想指导下，制订了两个战略方案：一是"引人换血"计划，年底从企业外部引进一批高素质的专业人才和管理人才，给公司输入新鲜血液；二是内部人员"大洗牌"计划，年底通过绩效考核调整现有人员配置，内部选拔人才。邓强向秘书小杨谈了自己的想法，让他撰文并打印。中午在公司附近的餐厅吃饭时，小杨碰到了副总经理张建波，小杨对他低声说："最新消息，公司内部人员将有一次大的变动，老员工可能要下岗，我们要有所准备啊。"这些话恰好又被财务处的会计小刘听到了。他又立即把这个消息告诉他的主管老王。老王听后，愤愤地说："我真不敢相信公司会做这样的事情，迎新人，辞旧人。"这个消息传来传去，2天后又传回邓强的耳朵里。公司上上下下员工都处于十分紧张的状态，唯恐自己被裁，根本无心工作，有的甚至还写了匿名信和恐吓信对这样的裁员决策表示极大的不满。

　　邓强经过全面了解，终于弄清了事情的真相。为了澄清传闻，他通过各部门的负责人把两个方案的内容发布给全体员工。他把所有员工召集在一起来讨论这两个方案，员工们各抒己见，但一半以上的员工赞同第二个方案。最后邓强说："由于我的工作失误引起了大家的担心和恐慌，很抱歉，希望大家能原谅我。我制订这两个方案的目的就是想让大家来参与决策，来一起为公司的人才战略出谋划策，其实前几天大家所说的裁员之类的消息完全是无稽之谈。大家的决心就是我的信心，我相信公司今后会发展得更好。谢谢！关于此次方案的具体内容，欢迎大家向我提问。"

　　通过民主决议，该公司最终采取了第二个方案，由此，公司的人员配置率得到了大幅度的提高，公司的运作效率和经营效益也因此大幅度的增长。

【问题】
1. 案例中的沟通方法有哪些？请分别指出，并说出各自的特点。
2. 案例中邓强的一次战略方案的制订为什么会引起如此大的风波？
3. 如果你是邓强，从中应吸取什么样的经验和教训？

◇ 案例2

良　言

　　小孙和小李精通法语，他们常用法语交谈，特别是在讲别人的隐私和批评领导的时候。他们的顶头上司王总经理就在隔壁，有时候能听到他们的交谈。

有一天，小孙和小李正在批评王总经理的一项计划。王总经理过来搭话说："你们外语讲得真好。"小王问："王总，你也懂法语？"王总经理笑一笑说："不懂。"小孙和小李欺负总经理不懂法语，当着他的面继续批评他的计划。

不久，王总经理修改了他的计划，有一些内容就是按照小孙和小李的批评修改的。小李吃惊地问小孙："王总会不会懂法语？"小孙说："那个老土鳖，连英语都不会讲，能懂法语？"小李说："那他修改的计划怎么与我们说的有点像？"小孙说："那是巧合。"小李说："明天让我试试他。"

第二天早上，小李躲在王总经理后面，用法语说："王总，早上好！"王总一直往前走，连头也不回一下，显然对法语一窍不通。

确认王总经理不懂法语后，小孙和小李就更放心地批评他了。王总经理每宣布一项计划，小孙和小李在会议上和别人一样表示赞同，说王总经理的决策高明，可会后立刻挑王总经理的毛病，而且批得痛快淋漓。王总经理在旁边搭话说："你们说得太好了。"小孙用法语说："你懂个屁。"还是小李心好，用中文说："王总，我们正在讨论是法国好还是美国好。"

在小孙和小李批评后，王总经理几乎都要修改计划，修改后的内容，有些跟小孙和小李的意见一致，有些比小孙和小李说的还好。连小孙这等挑剔的人都忍不住用法语说："这个老土鳖，还真有两下子。"

半年后，有一个法国专家来访，公司让小孙当翻译。这半年来，小孙除了批评王总经理外，他的法语几乎没什么用场，他准备在法国专家面前好好表现一番。可是，那个法国专家一下车就把王总经理抱住了，原来他们是同窗好友。王总经理用很流利的法语跟法国专家交谈，他的法语水平绝对不比小孙和小李差。当晚，小孙和小李带上礼物，登门向王总经理认错。王总经理说："你们不但没有错，还有功，我的许多计划都是听了你们的批评后，一步步修改完善的。你们还开拓了我的视野和思维，后生可畏啊！"小孙和小李都不相信王总经理的话。回来后，小孙说："这老家伙城府很深，在哄我们呢。你我等着倒霉吧。"此后，小孙和小李连法语都不敢讲了，更别说批评王总经理。不久，公司就因决策失误，损失800多万元。王总经理痛定思痛，干脆规定小孙和小李每个星期必须至少批评他一次。小孙和小李不得不重新批评王总经理。可每一次批评都是惶恐不安，没有一句说在要害上，几乎成了变相的赞扬。王总经理感叹说："良言难求啊！早知道这样，我还不如不跟老同学说法语。"

【问题】

1. 王总经理决策失误的原因是什么？
2. 这个案例对你有什么启示？
3. 你认为王总经理良言难求的原因是什么？

【管理实务】

倾听的自我评估

为下面每一道题选择一个答案，请根据你平时的做法进行选择，而不是根据你认为在这种情况下一个人应该怎么做来选择。

1. 当你与朋友共进午餐时，你会（　　）。
   A. 注意菜单和餐厅所提供的服务
   B. 询问朋友生活中发生的事情并注意倾听
   C. 在进餐的同时相互交流彼此发生的一些事情
2. 当某人说个不停的时候，你会（　　）。
   A. 适时提问以使对方将话题集中在你们讨论的问题上
   B. 找个借口结束谈话
   C. 努力保持耐心并试图理解对方的谈话内容
3. 如果团队中的某一位成员在抱怨另一位成员，而你也认为后者在败坏团队的名声，你会（　　）。
   A. 留意抱怨者的话但保留你的观点
   B. 谈一些你对被抱怨成员的看法和感受
   C. 认同抱怨者的情绪并询问他的建议
4. 如果某人对你百般挑剔，你会（　　）。
   A. 尽量不做反应，也不沮丧
   B. 不自觉地变得很好奇并想了解更多的情况
   C. 仔细倾听，然后为自己辩解
5. 你很忙，但是有人要你改变你的工作方式，你认为他的想法是错误的，因此你会（　　）。
   A. 对他表示感谢，但继续做你的事情，我行我素
   B. 试图找出他希望你改变的原因
   C. 承认也许他是对的，但告诉他你现在很忙，答应以后改正
6. 当你准备对别人做出回复时，你会（　　）。
   A. 如果有必要的话，有时会打断别人的谈话
   B. 几乎总是在别人结束谈话之前插话
   C. 几乎总是在确信别人已经讲完之后才做出回复
7. 当你与某位整天都要在一起工作的人发生激烈的争论后，你会（　　）。
   A. 平静下来，试图理解对方的立场，然后再重申自己的观点
   B. 让这一切都过去吧，该做什么还做什么
   C. 继续坚持你的立场
8. 一位同事打电话告诉你他因为被安排去做一项新工作而感到沮丧，你会（　　）。
   A. 问他能否想出解决问题的方法
   B. 向他保证他的表现很出色，他也能很好地完成这项新工作
   C. 告诉他你已经听说他很沮丧了
9. 如果一位朋友总是在向你抱怨他自己的问题却从不过问你的事情，你会（　　）。
   A. 试图找出你们双方都感兴趣的话题
   B. 即使你已经觉得很无聊，仍表示理解和关注
   C. 支持他的抱怨，然后告诉他你自己的烦心事
10. 在争论时保持冷静的最好的方式是（　　）。

A. 以平和而坚定的方式不断重申自己的立场
B. 重申你的信仰与对方的立场是相同的
C. 告诉对方你希望在双方都比较冷静的时候再探讨这个问题

你的倾听自我评估测试中每道题的得分为

1. A（0）   B（10）   C（5）
2. A（10）   B（0）   C（5）
3. A（5）   B（0）   C（5）
4. A（5）   B（10）   C（0）
5. A（0）   B（10）   C（5）
6. A（5）   B（0）   C（10）
7. A（10）   B（5）   C（0）
8. A（0）   B（5）   C（10）
9. A（0）   B（10）   C（5）
10. A（0）   B（10）   C（5）

你的总分：

80~100 分：你是一位积极、优秀的倾听者。你能够很好地平衡倾听与提问的关系，并努力理解他人。

50~75 分：你是一位良好的倾听者。你能比较好地倾听，尽管你可能有时候反应太快，在对方尚未讲完话时就插话。

25~45 分：你有一些倾听技巧，但有待提高。你可能在倾听他人谈话时经常会觉得不耐烦，希望他们能闭嘴让你来发表意见。

0~20 分：你很少倾听他人讲话。你可能希望自己主导所有谈话，在等待别人表达自己的看法时感到极其不耐烦。

控 制

在 2001 年宣告破产之前，安然公司拥有约 21 000 名员工，曾是世界上最大的电力、天然气及电信公司之一，2000 年披露的营业额达 1 010 亿美元之多。公司连续 6 年被《财富》杂志评选为"美国最具创新精神公司"，然而真正使安然公司在全世界声名大噪的，却是这个拥有巨额资产的公司在几周内破产和持续多年、精心策划，乃至制度化、系统化的财务造假丑闻。安然公司欧洲分部于 2001 年 11 月 30 日申请破产，安然公司美国本部于 2 日后同样申请破产保护。安然公司在其破产前的资产规模为 498 亿美元，并有 312 亿美元的沉重债务。许多原因导致了安然公司令人震惊的"崩溃"，其中包括管理者不讲道德，以及傲慢、放任自流的文化，但最根本的原因是缺乏控制，其结果是没有一个人了解如何确保将每个经理的行为限制在可以接受的道德和财务范围之内。尽管安然公司的主席肯尼迪·雷声称，他不知道公司在财务上玩鬼把戏，但是联邦政府的调查人员却不认可这种说法，并且指控他在财务方面犯有罪行。最起码，肯尼迪·雷和其他的高层管理人员负有懈怠管理的责任，没有建立和贯彻对这个庞大公司加以控制的整套制度。最终，美国法庭的陪审团做出判决，安然公司两位前高管，董事长肯尼斯·雷及前总裁杰弗瑞·斯基林多项罪名成立。从那时起，"安然"已经成为公司欺诈以及堕落的象征。

【管理启示】控制是每个组织内每个管理者都要面对的关键问题。缺乏有效的控制将会对组织的健康造成严重的危害，并危及组织的未来。对管理层而言，控制无止境。在美国这样成熟的证券市场上，也会出现这么大的造假案，的确令人震惊。管理层的控制必须"与时俱进"，在控制方法和能力上不断提高，才可能跟上环境的日益变化和创新的需要。

为了保证计划的实施、目标的完成，管理者需要采取各种措施确保他们的货物和服务具有优良的品质，将费用支出限制在一定的范围以内，使各种设备处于良好状态，保持工作高效率，将库存货物维持在最佳水平。管理者需要全方位考察组织所处的环境和计划的执行情况，获取实时、准确的信息，利用适当的工具加以分析，使之反映组织的运营状况。

本章将介绍控制的理论和应用。首先通过案例讨论给出控制的概念，指出控制的特点及控制的地位与作用，并按控制点的不同将控制分为前馈控制、现场控制和反馈控制，介绍不同控制类型的特点及应用；其次结合实例论述控制的过程、原则及要求。

【学习目标】

1. 掌握控制的概念、特点、地位与作用。
2. 理解并描述不同控制类型的特点。
3. 了解控制的过程、原则及要求。

8.1 控制概述

哈勃空间望远镜

经过长达15年的精心准备，耗资15亿美元的哈勃空间望远镜终于在1990年4月发射升空。但是，接下来美国国家航空和宇航局（NASA）发现该望远镜的主镜片存在缺陷。由于直径达2米多的主镜片的中心过于平坦，导致成像模糊。因此哈勃空间望远镜对遥远的星体无法像预期那样清晰地聚焦，结果造成一半以上的实验和许多观察项目无法进行。

更让人觉得可悲的是，如果能进行更好的控制，这些是完全可以避免的。镜片的生产商珀金斯-埃默公司，使用了一个有缺陷的光学模板生产如此精密的镜片。具体的原因是，在镜片生产过程中，进行检验的一种无反射校正装置没设置好。校正装置上的1.3毫米的误差导致镜片研磨、抛光出现缺陷。但是没有人发现这个错误。具有讽刺意义的是，与其他许多美国国家航空和宇航局项目所不同的是，这一次并没有时间上的压力，而是有足够的时间来发现上述错误。实际上，镜片的粗磨在1978年就开始了，直到1981年才抛光完毕，此后，由于"挑战者号"航天飞机的失事，完工后的哈勃空间望远镜又在地上待了两年。

美国国家航空和宇航局负责该项目的官员，对望远镜制造中的细节根本不关心。事后一个由6人组成的调查委员会的负责人指出，至少有3次明显的证据说明问题的存在，但这3次机会都失去了。

【管理启示】哈勃空间望远镜的例子说明了在一个组织中，如果没有控制将会有什么后果。一件事情，无论计划做得多么完善，如果没有令人满意的控制系统，在实施过程中仍然会出现问题。因此，对于管理者，必须设计良好的控制系统确保计划的顺利实施，高绩效地实现组织目标。

8.1.1 控制的概念及特点

1. 控制的概念

"控制"一词最初来源于希腊语"掌舵术",意指领航者通过发号施令将偏离航线的船只拉回到正常的轨道上。作为管理职能之一的控制,是指为了确保组织目标的实现,管理者按照计划标准衡量实际的完成情况,纠正执行过程中出现的偏差,也包括根据组织环境变化和组织自身发展的需要,适时修改计划标准或制订新的计划,使计划更适应实际。

控制的核心是按照预先确定的标准来采取行动对工作加以调整,其基础是管理者所掌握的信息,所有的控制都依赖于信息。想要有效地控制组织,就必须获取有关绩效标准和实际绩效方面的信息,发现标准和实际之间的偏差并进行纠正。为了有效地实施控制,管理者需要确定哪些信息是必不可少的,通过何种途径获取这些信息,以及应当如何对这些信息做出反应。

控制是所有管理者的职责,无论处于组织中哪一个层次的管理者,都要对整个计划的实施负责。相对而言,基层管理者控制的时效性要求较强,定量化程度较高;高层管理者控制的时效性要求较弱,综合性较强。

在理解控制的概念时,要注意控制与计划的关系。

控制要确保组织的所有活动与计划相一致,从而使组织活动更有效,控制和计划是"孪生兄弟""一把剪刀的两刃"。管理者首先要制订计划,将计划的目标、方针、政策等作为评定行动及其效果是否符合需要的标准,计划越明确、全面和完整,控制的效果也就越好。计划是控制的标准,没有计划就无法衡量实际行动是否有偏差,也就无法纠正。

控制是计划得以实现的保证,通过控制监督各项活动以保证其按计划进行并纠正产生的偏差,即控制是以计划为标准检查计划的执行情况,并对偏差进行纠正或调整行动以保证计划的执行,或调整计划使组织活动更适应环境。没有控制就不知道计划是否完成,计划也就毫无意义。

2. 控制的特点

1) 控制具有整体性

控制要把组织的各项活动作为一个整体来看待,使各方面的控制协调一致,达到整体优化。控制是组织全体成员的职责,需要对组织的各个方面进行有效的控制。

2) 控制具有动态性

控制是动态演化的控制,是在有机的组织中实施的,组织的外部环境和内部条件都在不断发生变化,控制必须具有动态性才能提高其有效性和适应性。

3) 控制具有目的性和反馈性

控制的意义就在于使组织活动朝着计划目标前进,具有明确的目的性。而控制的目的性要得以实现，就必须通过信息反馈，获得判断对错的对象和依据。

4）控制具有人本性

人是组织中最为核心的要素，组织中的各项活动都要靠人来完成。控制是对人的控制，又需要人来实施控制，人是控制的关键，要使控制符合人的特征。控制不仅仅是监督，更重要的是指导和帮助，使人理解控制的必要性，自觉地端正态度，提高工作能力。

5）控制具有创新性

控制不等于管、卡、压。控制不仅要保证计划完成，还要保证管理创新。实施过程要通过控制活动调动受控者的积极性，这是现代控制的特点，要通过不断地创新寻找适合当前环境的控制方法。

关于控制的一个新观点，是让基层的工人也参加管理和控制决策。在菲尼克斯城的哈尼维尔工业自动化和控制公司的工厂里，员工的质量控制决策将次品率降低了70%，库存减少了46%，顾客从订货到交货的等待时间缩短了75%。

8.1.2 控制的要点

1. 实行例外控制

有效的管理者要把控制力量集中在例外情况上，即只有实际工作脱离计划的重大偏差，或从未遇到过的特殊问题才由管理者处理，而一些较小偏差应用已经制定的有关管理规范去解决。

① 假定某些偏差的发生是预料之中的，那就可以将其看作是处于控制之中的。

② 只有重大偏差，而且没有处理它的既定规范，才应该由管理者处理。

③ 管理者要为下级明确提供能够用来处理较小偏差的既定原则、政策、程序、规范和措施，以保证他们有效、独立地解决那些例行问题。

④ 管理者必须根据情况的变化对过时的目标或规范加以修正。

2. 控制战略要点

一个高层管理者面临着一个庞大系统，对这一系统所有方面、所有问题全部进行集中的个人控制是不可能的，这就需要解决控制什么和在什么地方控制的问题。解决这个问题的方法就是在战略要点上控制，即根据战略要点出现的偏差去控制一般的工作因素。战略要点，是指与各种工作因素相互联系，并能综合、集中反映和统领制约这些工作因素的关键性环节。其中，利润是必须控制的战略要点。

3. 控制关键因素

要使控制有效，就必须抓住关键因素加以控制。关键因素主要有以下3种类型。

① 出现偏差可能性大的因素，如在生产中对事故发生概率大的环节，就必须重点控制。

② 直接决定工作成效的重点因素，如企业的新产品开发与市场开拓，是企业构建竞争优势，促进企业长期发展的关键环节，必须集中力量控制好。

③ 能使控制最有效又最经济的因素。一些因素对全局举足轻重，而又便于控制，花费较少，那么就把它们作为控制的关键因素，这样会大大提高控制的效率。当然这里讲的最有效与最经济是统一的，要两者兼顾。

4. 有计划地控制

有效的控制不是在行动中随机产生的，必须是预先安排、按计划行事的。由于控制中的信息反馈存在时滞问题，管理者要特别重视预先控制；即使在现场控制和反馈控制中，也要充分注意预见性问题，要尽可能早地获得信息，发现偏差，并尽快纠正。

8.1.3 控制的地位、目的与作用

1. 控制在管理工作中的地位

控制是管理四大职能之一，与计划、组织和领导职能密切配合，共同构成组织的管理循环；控制是贯穿于管理全过程的一项重要职能，是与计划职能孪生的；控制要以计划、组织和领导职能为基础，同时，又是计划、组织、领导职能有效开展的必要保证。

2. 控制的目的

在现代管理活动中，无论采用哪种方法来进行控制工作，要达到的第一个目的是要"维持现状"，即在变化的环境中，通过控制对出现的偏差及时纠正，以使组织的活动趋于相对稳定，实现组织的既定目标。控制工作要达到的第二个目的是要"打破现状"。在某些情况下，变化的内外部环境会对组织提出新的要求，管理者对现状不满，要开拓新局面，就需要打破现状，对原有的计划进行修改，制订新的目标和标准，使计划更合理。

在一个组织中，往往存在两类问题，一类是经常产生的可迅速地、直接地影响组织日常经营活动的"急性问题"，另一类是长期存在会影响组织素质的"慢性问题"。解决"急性问题"，多是为了维持现状，而要打破现状，就要解决"慢性问题"。组织中大量存在的是"慢性问题"，但由于这些问题都是在活动中逐渐形成的，很多人们都已经习以为常，所以很难被重视和解决。要使控制真正起作用，就要重点解决"慢性问题"，打破现状，使组织整体得以提升。

除此之外，控制的最佳目的是防止问题的发生，要求管理者向前看，把控制建立在前馈而不是信息反馈的基础上，在实际情况偏离标准之前就预测到可能出现的偏差并提前预防，从而避免损失。

3. 控制的作用

① 控制能保证计划与目标的实现，这是控制的最根本作用。

② 控制可以使复杂的组织活动协调一致、有序地运作，以增强组织活动的有效性。

③ 控制可以补充与完善初期制订的计划与目标，以有效减轻环境的不确定性对组织活动的影响。

④ 控制可以进行实时纠正，避免和减少管理失误造成的损失。

8.1.4 控制的类型

按照不同的标准，控制可以划分为多种类型，最基本的是按控制点的位置划分为3种类型，即前馈控制、现场控制和反馈控制（如图8-2所示）。

魏文侯问名医扁鹊说："你们家兄弟三人，都精于医术，到底哪一位医术最好呢？"扁鹊回答说："大哥最好，二哥次之，我最差。"魏文侯再问："那么为什么你最出名呢？"扁鹊答说："我大哥治病，是治病于病情发作之前。由于一般人不知道他事先能铲除病因，所以他的名气无法传出去，只有我们家里的人才知道。我二哥治病，是治病于病情刚刚发作之时。一般人以为他只能治轻微的小病，所以他只在我们的村子里才小有名气。而我扁鹊治病，是治病于病情严重之时。一般人看见的都是我在经脉上插针来放血、在皮肤上敷药等治病方法，所以他们以为我的医术最高明，因此名气响遍全国。"

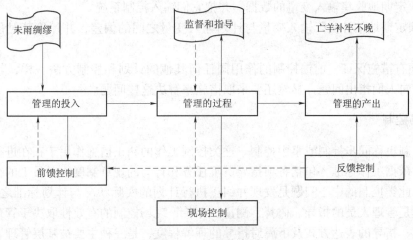

图 8-2　控制的类型

一个组织可以将控制点分别放在工作过程之前、工作过程之中或工作过程之后。例如，一个汽车销售商可以将控制重点放在一辆新车销售之前、销售过程之中或销售之后。要想在销售之前就确保销售工作的高质量，就必须对新车进行仔细的检查，注重挑选能干的销售人员。观察销售人员与客户的交流可以看作是销售过程之中的控制工作。而计算一定周期的汽车销售量，或者通过电话了解买主对销售工作的满意度，就构成了销售之后的控制工作。

1. 前馈控制

前馈控制也称为预先控制或事前控制，是指管理者在工作正式开始前，为保证未来实际与计划目标一致，对工作中可能产生的偏差进行预测和估计并采取预防措施的控制。控制的重点放在进入组织的人员、材料和财务资源等方面，中心问题是防止组织所使用的资源在数量与质量上可能产生的偏差，确保输入资源的质量，合理配置资源。

1）前馈控制的优点

① 相对于事后纠正来说，前馈控制的效果正是管理者追求的目标，能避免预期问题的出现，可以"防患于未然"，避免反馈控制对已造成的差错无能为力的弊端。

② 前馈控制是在工作开始之前，针对某项计划执行所依赖的条件进行控制，不针对具体人员，可以避免面对面的冲突，易于被员工接受并付诸实施。

2）前馈控制的实施条件

前馈控制是比较复杂的，不仅要输入各种影响计划执行的变量，还要输入影响这些变量的各种因素，同时还必须注意一些无法预计的意外因素。要进行切实可行的前馈控制，一般应满足以下几个必要条件。

① 必须对计划和控制系统进行透彻、仔细的分析，确定重要的输入变量。

② 建立前馈控制系统的模式。

③ 要注意保持前馈控制系统模式的动态特性，也就是说，应当经常检查前馈控制系统模式以了解所确定的输入变量及其相互关系是否仍然反映实际情况。

④ 必须定期地收集输入变量的数据，并把它们输入控制系统。

⑤ 必须定期地估计实际输入变量与计划输入变量之间的偏差，并评价其对预期的最终成果的影响。

⑥ 必须有措施保证。前馈控制的作用同任何其他的计划和控制方法一样，其所能完成的任务就是向人们指出问题，显然还要采取措施来解决这些问题。

2. 现场控制

现场控制也称同步控制或事中控制。这类控制工作的纠正措施作用于正在进行的计划执行过程中，依据工作标准，包括各项指导员工任务和行为的规章制度，对员工的行为进行测评的方法。此类控制的中心问题是发现并纠正执行计划的实际状况与计划标准之间的偏差，其基本形式是管理人员的指导、监督、测量、评价，现场控制的有效性取决于管理者的个人素质、作风、指导的表达方式及下属对指导的理解程度，是一种主要被基层管理者所采用的控制方法。

现场控制的内容包括向下级指示恰当的工作方法和工作过程，监督下级的工作以保证计划目标的实现，以及发现不符合标准的偏差时，立即采取纠正措施。在计划的实施过程中，大量的管理控制工作，尤其是基层的管理控制工作都属于这种类型，因此，它是控制工作的基础。

在进行现场控制时，管理者要加强自身的学习和提高，亲临第一线进行认真的观察和监督，以计划标准为依据，以服从组织为原则，遵守正式指挥系统的统一指挥，逐级实施控制，避免主观臆断造成的错误。

3. 反馈控制

反馈控制又称为事后控制或产出控制，是一种最主要的控制方式，是指在工作结束后或行为发生之后进行的控制,是把行动最终结果的考核分析作为纠正未来行为依据的一种控制方法。反馈控制是在计划执行后进行的,其目的不是对既成事实的纠正,而是为即将开始的下一过程提供控制的依据。其控制的中心问题是执行计划的最终结果与计划目标的偏差,基本形式是通过对最终结果的分析,吸取经验教训,调整与改进下一阶段的资源配置、过程指导和监督。反馈控制是用过去的情况指导现在和未来。

反馈控制既可用来控制系统的最终成果,如产量、销售收入、利润、利润率等,也可用来控制系统的中间结果,如新产品样机、生产计划、生产过程、工序质量、在制品库存量等。前者称为端部反馈,后者称为局部反馈。

1) 反馈控制的优点

① 在周期性重复工作活动中,可以避免下一次活动发生类似的问题。
② 可以消除偏差对后续活动过程的影响。
③ 可以总结经验教训,了解工作失误的原因,为下一步工作的正确开展提供依据。
④ 反馈控制可以提供员工奖惩的依据。

因此,反馈控制在实际工作中得到了相当广泛的应用。

2) 反馈控制的缺点

反馈控制具有"时滞"性,只能在事后发挥作用,对已发生的危害无能为力,类似于"亡羊补牢"。偏差发生和被发现并纠正之间存在一定的时间差,会对偏差的纠正效果产生很大的影响,既定的损失已经形成。因此,虽然在日常管理活动中反馈控制是管理者采用较多的控制形式,但由于上述缺点的存在,管理者应优先采取另外两种控制类型。

8.1.5 控制的循环

前馈控制是建立在测量资源的属性与特征的信息基础上的,其纠正行动的核心是调整与配置即将投入的资源,以求影响未来的行动,避免损失的发生;现场控制的信息来源于执行计划的过程,其纠正的对象也正是这一活动过程;反馈控制是建立在表明计划执行最终结果的信息的基础上,其所要纠正的不是测定出的各种结果,而是执行计划的下一个过程的资源配置与活动过程。3种控制类型互为前提、互为补充。在现实中,组织应综合使用3种控制类型,对各种资源的输入、转换和输出进行全面的和全过程的控制,以提高组织的效率和产出,如图8-3所示。

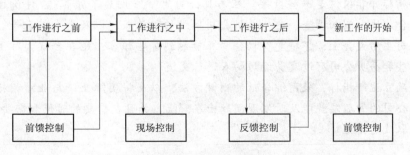

图8-3 控制的循环

有位客人到某人家里做客，看见主人家灶上的烟囱是直的，旁边又有很多木材。客人告诉主人说，烟囱要改曲，木材须移去，否则将来可能会有火灾，主人听了没有做任何表示。不久主人家里果然失火，四周的邻居赶紧跑来救火，最后火被扑灭了，于是主人烹羊宰牛，宴请四邻，以酬谢他们救火的功劳，但并没有请当初建议他将木材移走，烟囱改曲的人。

有人对主人说："如果当初听了那位先生的话，今天也不用准备筵席，而且也没有火灾的损失，现在论功行赏，原先给你建议的人没有被感恩，而救火的人却是座上客，真是很奇怪的事啊！"主人顿时省悟，赶紧去邀请当初给予建议的那个客人来吃酒。

【管理启示】一般人认为，能够解决企业经营过程中的各种棘手问题的人，就是优秀的管理者，其实这是有待商榷的，俗话说："预防重于治疗"，能防患于未然，更胜于治乱于已成之后，由此观之，企业问题的预防者，其实是优于企业问题的解决者。

8.2 控制的过程

案例

易贝公司

怀特曼的指导原则之一是：如果你不能度量它，你就不能控制它。作为易贝公司的首席执行官，怀特曼所管理的是一个迷恋于测评用户业绩指标的公司。她亲自监督一系列业绩指标，例如，网站的访问量，新用户的数目，用户在网站上停留的时间，以及易贝公司的收入与网站交易额的比值等。最近，她聘请了一位标杆咨询师，请她将易贝公司与同行公司进行比较，看看公司对网站的更新有多快。比较的结果让怀特曼明白了，在某些方面公司确实存在需要改进之处。

全公司的经理和员工也几乎对测评业绩指标着了魔。例如，分类经理对于所拍卖的货物（例如运动纪念品、珠宝和钟表、保健用品等）都有明确的业绩指标。他们孜孜不倦地度量、推荐和促销他们的商品，以实现或超过预定的业绩指标。

怀特曼相信，一个公司如果想要知道应当将钱花在什么地方，应当向哪里派出更多的人力，以及应当推进或放弃哪些项目，关键就在于要紧紧抓住业绩指标不放。然而，业绩指标并非仅仅是一些数字。在易贝公司里"一切为了顾客"，评价顾客满意度采用综合方法，例如调查、分析易贝公司网站的讨论版，以及个人接触等。在每年的易贝公司生活大会上，怀特曼有机会真正接触到那些顾客，她在会议大厅里四处走动，与那些和易贝公司有过交易经历的人进行交谈。

通过确立业绩指标，采用综合性的测评方法，以及将实际业绩与业绩指标加以比较，易贝公司的管理层就能及时发现问题出在哪里，并且在需要的时候和需要的地方，迅速地采取改进措施。

控制的过程由4个关键步骤组成：制定标准、衡量工作绩效、鉴别并分析偏差、纠正偏差或修改标准，如图8-4所示。

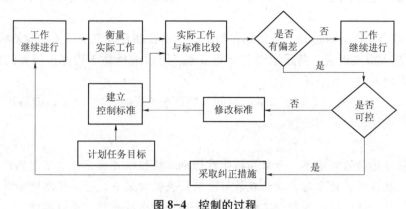

图8-4 控制的过程

8.2.1 制定标准

在组织整体战略计划的基础上，管理者要确定各部门具体的组织目标，包括业绩评价标准，并以此来协调组织的全面经营工作。标准可能是"将废品率从5%降到3%""将本公司的市场份额提高2%"或者是"将生产率提高5%"等。在制定标准的过程中，管理者必须根据组织目标的要求，仔细考虑保障组织目标实现的行为，确定要测评的内容，据此制定清晰、精确的标准，使员工了解他们需要做什么，并能确定他们的工作是否符合具体的组织目标。管理者根据工作标准的实现情况，有效地评价和奖励员工。

1. 标准的定义

标准是一种作为模式或规范而建立起来的测量单位或测量尺度，是从整个计划方案中选出的对工作成效进行评价的关键指标。标准是控制的基础，标准的制定是控制能否有效实施的关键，标准的设立应具有权威性。最理想的情况是直接将可考核的组织目标作为标准，但组织目标一般涵盖的范围更大，而标准要求得更为具体，所以往往需要将某个组织目标分解为一系列的标准，例如，将利润目标分解为产量、销售额、制造成本和销售费用等标准。

2. 标准的制定

执行控制职能，第一步是订立明确、科学的标准，以便确定控制的目标和依据。

1）确定控制对象

进行控制首先要确定控制什么，明确应对哪些类别的活动或哪几个领域的活动制定标准，没有对象的控制是盲目的，也不会有成效。为了保障组织目标的实现，管理者需要对所有影响因素进行控制，但这种全面控制往往不现实。管理者应从组织有限资源的合理使用及自身工作能力实际情况出发，选择对组织目标的实现有重大影响的因素进行重点控制。因此，必须对影响目标实现的各种因素进行科学的分析，从中选出主要因素作为控制对象。

2) 选择关键控制点

控制对象确定后,还需要选择关键控制点,才能制定标准,关键控制点的选择一般应考虑以下 3 个方面。

① 影响整个工作运行过程的重要操作与事项,是管理者应该予以关注的领域。

② 能在重大损失出现之前显示出差异的事项,通过选择易于检测出偏差的环节进行控制,对问题做出及时、灵敏的反应。

③ 若干能反映组织主要绩效水平的时间与空间分布均衡的控制点,能够使管理者对组织总体情况形成比较全面的把握。

关键控制点选择检验清单:什么指标能最好地反映组织目标,什么信息能最快、最准确地了解工作进展情况,什么信息能让我最好地确定关键的偏差,什么信息能告诉我谁对成功和失败负责,什么样的标准在控制工作中成本最低,什么样的标准最好操作。

3) 制定标准

标准的类型很多,它的建立取决于所需要衡量的绩效和成果领域,主要是把效率、质量、目标市场、顾客响应和创新等具有竞争优势的因素作为评价标准。

(1) 实物标准

这是一类非货币标准,普遍适用于使用原材料、雇用劳力、提供服务和生产产品等的基层单位。实物标准可以反映数量,也可以反映质量,如货运周转量、纺织品的耐久性等。实物标准是计划的基石,也是控制的基本标准。

(2) 费用标准

这是一类货币标准,它同实物标准一样普遍适用于基层单位。这些标准把货币价值加到各种经营费用之中,如单位产品的直接费用和间接费用、单位产品或工时的人工费用等。

(3) 资金标准

这是费用标准的变种,用货币来衡量实物。这些标准与投资于公司的资本有关而与经营成本无关,所以它们主要是同资产负债表有关,而同损益表无关,对于一笔新的投资或总体控制而言,使用最广泛的标准是投资报酬率。

(4) 收入标准

这是把货币与销售额相联系而产生的,即以货币衡量的销售额。

(5) 计划标准

这是以管理者编制的计划质量作为衡量标准。

(6) 目标

这是比较理想的标准,即在各级管理机构中建立一个可考核的完整的目标网格,将目标直接作为标准。

3. 标准制定的要求

① 要使标准便于对各部门甚至每个人的工作进行衡量,当出现偏差时,能找到相应的责任单位和责任人。

② 标准应有利于组织整体目标的实现。
③ 标准应与未来发展相结合，应有利于组织的长期发展。
④ 标准要根据工作而定，不能根据完成工作的人来定。
⑤ 标准应是经过努力可以达到的，标准过高，人们将因为无法实现而放弃努力，标准过低，人们的潜力难以充分发挥。
⑥ 标准应具有一定的弹性，当环境发生变化时有一定的适应性，特殊情况能够进行例外处理。

据某报报道：每年2月，是机关文印室最繁忙的时期，但H市S区政府文印室今年并不紧张——区政府新设的"文件核算制"削平了往年的"文山"高峰。该区政府规定，每打印一份文件，8开纸收费8元，16开纸收费4元；加印一张双面8开纸收费1角，单面8开纸收费7分，16开纸对半收费。文印费由批准打印的部门从该部门业务费中开支，节约有奖，超支自负。此令一出，各部门反应强烈，"文山"不推自倒。

8.2.2　衡量工作绩效

控制过程的第二个阶段是衡量工作的绩效。有了标准之后，首先得明确衡量的手段和方法是什么，落实进行衡量和检查的人员，然后通过衡量工作绩效，获得大量信息，包括受控系统的资源配置、运行情况、工作成果等。衡量的核心是实际与计划是否一致，即是否存在大的偏差。

衡量工作绩效时应考虑两个方面：衡量什么和如何衡量。

衡量什么是有效控制的关键点，在计划执行过程中应对关键点进行衡量。关键点是在计划实施过程中起决定作用的点、容易出现偏差的点、起转折作用的点、变化大而又不容易掌握的点、有示范作用的点。

如何衡量是对实际情况实施的具体方法，即通过什么渠道收集必要的信息进行衡量。管理者通过4种方式收集信息：个人观察、统计报告、口头汇报和书面报告。

按照标准来衡量工作成效的最好办法应当建立在向前看的基础上，从而可使偏差在其实际发生之前就被发现并采取适当的措施加以避免。

一个组织如何了解它的网站表现？要想知道有多少人访问过自己的网站，以及他们观看了多少网页，这些都不算难事。但是，对于了解该网站在实现组织目标方面有多大的效果，知道这些数字仅仅是第一步。为了有助于公司评价自己的业绩，并且与其他公司进行比较，管理者一直在设法找出有效的测评标准。在网络的全盛期，像"眼球吸引率"和"盯住率"（测评一个网站在一定时期里被关注的程度）显得十分重要。如今，产生了一些更加复杂的测评标准和方法。尽管不同的公司采用了不同的测评标准和方法，但是也出现了一些通用的电子商务指标。

转换及转换率。转换指的是一名顾客决定购买一种产品或一项服务的那一时刻。每次转换的成本是需要加以关注的重要指标，因为它能告诉管理者为了使一名顾客进行购买，他们到底花了多少钱。各公司还监控转换率这一指标，该指标指的是购买者与访问者之比，以及平均的订货购买量。

点击流路径。点击流路径分析并不仅仅是一个数字，它是通过观察人们从哪里进入一个网站，他们通常在什么地方从一个访问者转变成一个购买者，以及网站通常在什么地方失去了访问者等情况，来分析顾客行为的一种方法。点击流路径还能帮助公司来跟踪顾客的"作废率"，这指的是有多少顾客在开始时已经订购了一个产品或一项服务，但是在最终实现前，却又放弃了它。

保持率或顾客忠诚度。公司总是希望顾客买了再买，因此，跟踪了解顾客的保持率是十分重要的。网上拍卖公司——易贝公司具有很高的保持率，这是因为同样的一批人不断地回到该网站来购买或销售物品。

网站表现。要想评价一个网站的表现是好是坏，通常包括以下一些基本数据：加载一个页面需要多长时间？是否容易找到你想找的东西？下一个订单需要多长时间？对于许多网站来说，这是最重要的一些指标，特别是那些向时间很紧迫的企业用户提供服务的B2B（企业到企业的电子商务模式）网站就更是如此。

电子商务机构跟踪的其他指标。现在，市面上有许多软件来帮助管理者更好地测量、分析、指导和控制电子商务的经营。在网站的经营效果和顾客行为等方面，这些新的分析工具使管理者能够得到更为宽阔和清晰的图景，从而能够降低成本和提高效益。

8.2.3 鉴别并分析偏差

控制过程的第三个阶段是将实际工作绩效与所制定的标准进行比较。当管理者阅读计算机形成的报告，或者视察车间时，他们就能够知道实际工作是达到、超过还是低于所制定的标准。这可以使用业绩报告来进行比较，通过将标准和实际的工作绩效同时输入计算机，就可以得到两者之间的差异，管理者将注意力放在这些差异上就可以修正关键问题。

衡量工作绩效后，若没有偏差发生，或者偏差在允许的范围内，则控制完成。但如果有偏差且超出了允许的范围，就要采取措施加以纠正。

1. 偏差的大小

在某些管理活动中，偏差是难免的，而且也不需要做到完全没有偏差，因此标准要确定一个可以接受的偏差范围。以一家电话机生产厂为例，该厂制定每位工人每小时生产50部电话机的生产率标准，可接受的偏差是每人每小时正负5部。可接受的偏差为控制过程确定了界限，如果实际产量为45~55部，就认为处于正常控制之下，不需要纠正，超出这一范围则表示情况失控。

2. 偏差的方向

除了偏差的大小，还需要对偏差的方向给予重视和分析。还以电话生产厂为例，如果实际产量是每人每小时42部，就意味着负向的偏差超出了可接受的范围，应该采取纠正措施。再假设现在的产量是每人每小时55部，偏差正向超出了可接受的范围，也要根据具体情况进行纠正。因为如果该厂对超出的产量没有市场需求或库存空间，超出的产量会带来问题，而且可能会占用其他资源。偏差的允许范围要视具体工作的实际情况而定。

3. 偏差的频率

这取决于控制对象的重要性和复杂性。对于较为长期、较高水平的标准，适合用年度偏差予以纠正；而对于产量、出勤率等短期、基础性的标准，则需要比较频繁的偏差纠正。

发现偏差时，管理者必须对其进行研究，他们要由表及里，深入地找出产生这些偏差的原因。如果工作目标是将销售额增加10%，而一名销售人员只增加了8%，那么到底是什么原因使他未达到目标？可能是由于替代品的进入使其销售地区的竞争更加激烈；或是他需要进一步的培训，以提高其销售的效率和能力。为了获得对影响业绩成果因素的深入理解，管理者应对偏差报着探究的态度。有效的控制既包括主观判断，也包括对业绩数据的客观分析。

2003年10月阳光明媚的一天，华尔街的上空却阴云密布，雷雨将至。证券交易管理委员会刚刚发表的一份报告撼动了纽约股票交易所，该报告指责该交易所未能对大楼底层的那些著名交易商进行适当监管，未能及时察觉种种违规操作，以及未能有效地处理许多炫耀性的虚假买卖，从而导致投资者损失了几百万美元。那些对交易规章和合规性审查程序的批评，给了这几个月来一直陷入困境的组织沉重的一击，最终让该交易所的主席迪克·格拉索卷铺盖走人。正是拙劣的控制系统使得这个备受尊敬的老牌股票交易所陷入了一场公共关系和政治的噩梦。Interim公司的主席约翰·里德建议对该交易所的控制系统进行重大修正，包括对法规部门投入更多的人力和资源。

8.2.4 纠正偏差或修改标准

将实际工作绩效与标准进行比较之后，管理者就可以依据偏差的程度和性质分析偏差产生的原因，采取相应的措施，或维持现状，或纠正偏差，或修改标准。

1. 纠正偏差

纠正偏差是整个控制过程中最为关键的一个环节。它是指根据偏差分析结果进行决策，采取纠正偏差措施，以使实际系统重新进入计划轨道保证目标实现的行为。

1) 选择纠正方式

要使实际与标准相一致，纠正行动必须在下述3种方式中进行选择：① 调整行动，使行动与计划相符；② 调整计划，使计划与行动相符；③ 既调整计划又调整行动，使二者重新取得一致。这3种方式，无论采取哪种，都要根据计划的可行性、执行者的客观条件等灵活确定。

2) 及时、迅速纠正

纠正不及时，将造成很多不必要的损失，就一般情况而言，出现的偏差由于惯性的作用，随着时间推移，是不断扩大的，有时甚至是以递增的比例扩大的。因此，纠正措施必须果断，纠正行动必须迅速。

3) 实施适度纠正

一般所谓的有效控制，是指实际轨道围绕标准，在允许幅度内上下均匀波动。基于这种认识，纠正不宜采取过于强烈的行动。如果纠正偏差的力量大于产生偏差的力量，将会造成新的偏差，形成大起大落的波动，反而不利于稳定状态的维持。同时，纠正行动也应是必要的，过多的、不适当的纠正行动也将会破坏系统的稳定状态的维持。因此，纠正行动要适可而止，恰到好处。

2. 修改标准

如果偏差的产生是由不可控因素导致的，如外部环境发生了重大变化，或是发现计划制订不符合实际，即标准是基于错误的假设和预测制定的，此时，需要对标准进行修改，以适应具体情况。

两年前，当普雷斯勒成为零售企业 Gap 的首席执行官时，他发起了一场改革运动。通过将业绩成果与工作标准进行比较，普雷斯勒发现，基本的经营情况、营销和库存等工作都失去了控制。他采取的改进措施包括：强化经营管理；更加重视对顾客的服务；改善对库存的控制，以防止那些没有销售出去的商品滞留在仓库或商店里。为了避免低价销售，普雷斯勒强制要求经理们使用新的软件来帮助他们确定在什么时候，以及降价多少来进行促销活动，这些改进措施使该公司提高了销售额，并且连续 6 个季度实现了销售增长。

8.3　有效控制的原则和要求

8.3.1　有效控制的原则

管理者都希望有一个适宜的、有效的控制系统来帮助他们确保各项活动都符合计划要求。但是，管理者却往往认识不到他们所进行的控制工作，是必须针对计划要求、组织结构、关键环节和下级主管人员的特点来设计的，他们往往不能全面了解设计控制系统的原理。因此，要使控制工作发挥有效的作用，在设计控制系统时必须遵循一些基本的原则。

1. 反映计划要求原则

每一项计划、每一种工作都各有其特点，所以，为实现每一项计划和完成每一种工作所设计的控制系统和所进行的控制工作，尽管基本过程是一样的，但在确定什么标准、控制哪些关键点和重要参数、收集什么信息、如何收集信息、采用何种方法评定成效，以及由谁来控制和采取纠正措施等方面，都必须按不同计划的特殊要求和具体情况来设计。例如，对成本计划的控制主要在于控制各部门、各单位甚至各种产品在生产过程中所发生的费用；而对产品销售计划的控制，主要包括控制销售产品的品种、规模、数量和交货期等。控制工作越考虑计划的特点，就越能更好地发挥作用。

2. 组织适宜性原则

控制工作必须反映组织结构的类型和状况，组织结构既然是对组织内各成员担任什么职务的一种规定，因而，它也就成为明确执行计划和纠正偏差职责的依据。健全的组织结构包括两个方面：一是能在组织中将反映实际工作状态的信息迅速地上传下达，保证联络渠道的畅通；二是做到责权分明，使组织结构中的各部门和各成员都能切实担负起自己的责任。否则，控制无法实现。例如，如果产品成本不按照制造部门的组织结构分别进行核算和累计，如果每个车间主任都不知道本部门产出的产品或半成品的目标成本，那么他们既不可能知道实际成本是否合理，也不可能对成本负责，这样是谈不上控制的。

3. 控制关键点原则

控制关键点是控制工作的一条重要原则。对一个管理者来说，随时注意计划执行情况的每一个细节，通常是浪费时间精力和没有必要的。控制工作应突出重点，管理者应将精力集中于计划执行中的关键影响因素上。

4. 控制趋势原则

控制趋势比仅仅改善现状重要得多，也困难得多。一般来说，趋势是多种复杂因素综合作用的结果，是在一段较长的时期内逐渐形成的，并对管理工作成效起着长期的制约作用。控制趋势的关键在于从现状中揭示倾向，在趋势刚显露苗头时就敏锐地觉察到。

5. 例外原则

管理者越是只注意一些重要的例外偏差，也就是说越把控制工作的注意力集中在那些超出一般情况的特别好或特别坏的情况，控制工作的效能和效率就越高。在实际运用中，例外原则需要与控制关键点原则相结合，把注意力放在关键点的例外情况的控制上。但二者是有区别的，控制关键点强调选择控制点，而例外原则强调发现例外偏差。

8.3.2 有效控制的要求

要使控制工作发挥作用，取得预期的成效，还要特别注意满足以下几个要求。

1. 控制系统应切合管理者的个性特点

控制系统和信息是为了协助管理者行使控制职能的。如果所设计的控制系统，不为管理者所理解、信任和使用，那么它就没有多大用处。因此，设计控制系统必须符合管理者的个性特点，使他们能够理解它，进而能信任它并自觉运用它。不同的人提供的信息形式是不同的，例如，统计师和会计师喜欢用复杂的表格形式，工程技术人员喜欢用数据形式或图表形式，数学家喜欢用数学模型。管理者不可能样样精通，在提供信息时，就要注意到他们的个性特点，提供能为他们理解和接受的信息形式。

2. 控制工作应确立客观标准

控制工作难免有许多主观因素在内,但是对于下属工作的评价,不应仅凭主观来决定。在需要凭主观来控制的那些地方,管理者或下级的个性也许会影响对工作的准确判断。但是,如能定期地检查过去所拟订的标准和计量规范,并使之符合现实的要求,那么人们客观地去控制他们的实际执行情况也不会很难。有效的控制工作要求有客观的、准确的和适当的标准。

3. 控制系统应具有灵活性

控制工作即使在面临计划发生调整,环境发生变化,出现未预见到的情况或计划全盘错误的情况下,也应当能发挥它的作用。也就是说,控制系统应该具有足够灵活的要素,以便在任何失常的情况下,都能保持对运行过程的控制。

4. 控制工作应讲究经济效益

控制需要经费,是否进行控制,控制到什么程度,都要考虑费用问题。控制工作所支出的费用必须是合理的。将控制工作所需要的费用和控制工作所产生的结果进行比较,当通过控制工作所获得的价值大于它需要付出的成本时,才有必要实施控制。如果控制技术和方法能够以最少的费用或最小的代价来探查和阐明偏离计划的原因并予以纠正,那么它就是有效的。

5. 控制系统应具有纠正措施

一个正确的、有效的控制系统,除了应能揭示哪些环节出了差错,谁应当对此负责外,还应确保能采取适当的纠正措施,否则这个系统就等于名存实亡。

6. 控制工作要具有全局观点

在组织结构中,各部门及其成员都在为实现其个别的或局部的目标而活动着。管理者往往只从本部门的利益出发,只求实现自己的局部目标而忽视了组织目标的实现,没有意识到组织目标要靠各部门及成员协调一致的活动才能实现。对于合格的管理者来说,进行控制工作时,要有全局观点,要从整体利益出发来实施控制,使各个局部的目标协调一致。

【本章小结】

本章介绍了控制职能。作为管理职能之一的控制,是指为了确保组织目标的实现,管理者按照计划标准衡量实际的完成情况,纠正执行过程中出现的偏差,也包括根据组织环境变化和组织自身发展的需要,适时修改计划标准或制订新的计划,使计划更适应实际。控制的特点有整体性、动态性、目的性和反馈性及人本性和创新性。控制和计划是"孪生兄弟",计划是控制的前提和基础,控制是计划的保障。

按控制点的不同可以将控制分为:防止问题发生的前馈控制,监控工作进行的现场控制,进行绩效评估的反馈控制。设计良好的控制过程包括:制定标准,衡量工作绩效,鉴别并分析偏差,纠正偏差或修改标准4个步骤。控制工作须遵循一定的原则和要求。

【复习题】

一、判断题

1. 只要控制工作做好了，完全可以防止管理失误。（   ）
2. 反馈控制最大的缺点是，在管理者实施纠偏措施之前，偏差已经产生，损失已经造成，对工作没有任何意义，所以没有必要进行反馈控制。（   ）

二、选择题

1. 一般而言，预算控制属于（   ）。
   A. 反馈控制   B. 前馈控制   C. 现场控制   D. 实时控制
2. 对于制定控制标准，哪一种说法不恰当？（   ）
   A. 标准应便于衡量
   B. 标准应有利于组织目标的实现
   C. 制定的标准不可以更改
   D. 制定的标准应当尽可能与未来的发展相结合
3. "根据过去工作的情况，去调整未来活动的行为"，这句话是对下述哪种控制的描述？（   ）
   A. 前馈控制   B. 反馈控制   C. 现场控制   D. 实时控制
4. 外科实习医生在第一次做手术时需要经验丰富的医生在手术过程中对其进行指导，这是一种（   ）。
   A. 前馈控制   B. 反馈控制   C. 随机控制   D. 现场控制
5. 在常用的控制标准中，"合格率"属于（   ）。
   A. 时间标准   B. 数量标准   C. 质量标准   D. 成本标准
6. 如果只能选择一种控制方式，你希望采用（   ）。
   A. 前馈控制   B. 现场控制   C. 反馈控制   D. 实时控制
7. 进行控制时，首先要制定标准。关于制定标准，下列4种说法中哪一种是错误的？（   ）
   A. 标准应该越高越好   B. 标准应考虑实施成本
   C. 标准应考虑实际问题   D. 标准应考虑顾客需求
8. 控制工作要达到的目的是（   ）。
   A. 认识现状   B. 维持现状   C. 打破现状   D. A 和 C
9. 现场控制方法主要适用于（   ）。
   A. 高层管理者   B. 中层管理者
   C. 基层管理者   D. 非管理者
10. 通过预算特别是现金和流动资金预算来控制财政资金的控制方式为（   ）。
    A. 反馈控制   B. 间接控制   C. 直接控制   D. 前馈控制
11. 根据计划和标准，对比和考核实际结果，追查出现偏差的原因和责任，然后才去进行纠正，这种控制是指（   ）。
    A. 前馈控制   B. 现场控制   C. 反馈控制   D. 间接控制

12. 计划越是明确、全面，所设计的控制系统越是能反映该计划，控制工作也就越能有效地为管理者的需要服务，是指（　　）。
    A. 反映计划要求原则　　　　　　　B. 组织适宜性原则
    C. 控制关键点原则　　　　　　　　D. 例外原则
13. 有效地控制应着重处理那些对计划的完成有着举足轻重的关键问题的原则是（　　）。
    A. 反映计划要求原则　　　　　　　B. 组织适宜性原则
    C. 控制关键点原则　　　　　　　　D. 例外原则
14. （　　）是整个控制过程中最关键的一个环节。
    A. 制定标准　　　　　　　　　　　B. 衡量工作绩效
    C. 鉴别并分析偏差　　　　　　　　D. 纠正偏差或修改标准
15. （　　）控制发生在实际的变化中。
    A. 前馈　　　　B. 反馈　　　　C. 现场　　　　D. 预防
16. 一个主管可能会对办公费用比预算高出5%给予关注，但对即使是比预算高出20%的邮资费用觉得无所谓，这是因为这位主管遵循控制中的（　　）原则。
    A. 反映计划要求　　　　　　　　　B. 控制关键点
    C. 组织适宜性　　　　　　　　　　D. 例外
17. 当产品生产出来以后，通过检验以控制质量的方法，称为（　　）。
    A. 即时控制　　B. 现场控制　　C. 反馈控制　　D. 前馈控制
18. 航空公司只要将航班、日期等资料输入计算机，就可以知道座位是否有空余。这种控制方式属于（　　）。
    A. 前馈控制　　B. 反馈控制　　C. 即时控制　　D. 现场控制
19. 控制过程的合理顺序是（　　）。
    A. 制定标准、对照标准检查实际绩效、采取纠偏行动
    B. 采取纠偏行动、对照标准检查实际绩效、制定标准
    C. 采取纠偏行动、制定标准、对照标准检查实际绩效
    D. 制定标准、采取纠偏行动、对照标准检查实际绩效
20. 猎人为了纠正子弹与飞行的野鸭之间的时间延迟，常常把瞄准点定在野鸭飞行的前方，这种做法属于（　　）。
    A. 反馈控制　　B. 前馈控制　　C. 现场控制　　D. 即时控制
21. 小郝是一家合资企业的总经理助理，为了提高企业的经济效益，总经理要求他提出一套建立企业有效管理控制系统的可行方案，总经理在提出工作要求时，提醒他一定要做到"牵牛要牵牛鼻子"。小郝分析了半天也不知道应该如何去牵"牛鼻子"。总经理所说的"牛鼻子"是（　　）。
    A. 确定控制对象　　　　　　　　　B. 选择关键控制点
    C. 制定控制标准　　　　　　　　　D. 采取纠偏措施
22. 控制就是事情按计划进行，为此就需要在企业中建立信息反馈机制，随时监控是否存在偏差。在发现偏差后，有人提倡"消灭偏差"，对于这种说法你如何看待？（　　）

A. 这种说法是正确的，只有消灭了偏差才能确保计划的顺利实现
B. 这种说法是错误的，如果要完全消灭偏差成本太高了
C. 这种说法是错误的，应该允许偏差存在，只有超出标准的偏差才进行纠偏
D. 以上说法都不正确

23. 控制的基本目的是（　　）。
    A. 维持现状　　　B. 打破现状　　　C. 计划的实现　　　D. 组织目标的实现

24. 控制的根据是（　　）。
    A. 计划和各种标准　　　　　　　B. 组织
    C. 人员配备　　　　　　　　　　D. 指导和领导

25. 根据组织结构所规定的职位要求及由此而决定的对处于这些职位上的人员的技术和素质要求，对管理者和非管理者进行选聘、考核和培训；企业运用统计抽样的方法对进厂原材料的质量进行检查；农药供应企业根据当年的虫害预报调集农药，做好准备。这些活动（　　）。
    A. 都是前馈控制　　　　　　　　B. 都是现场控制
    C. 都是反馈控制　　　　　　　　D. 属于不同类型的控制

26. 对一批数量为5 000只的灯泡，应选用的衡量工作方法为（　　）。
    A. 肉眼观察　　　　　　　　　　B. 下属做口头报告
    C. 抽样检查　　　　　　　　　　D. 全部检查

27. 衡量绩效之所以重要的原因是（　　）。
    A. 它给了工作人员一定的工作去完成
    B. 保持员工工作的高度投入
    C. 它是找出计划与实际绩效之间偏差的途径
    D. 它使管理人员知道何时工作已经完成

28. 管理者在视察中发现一名员工操作机器不当，立即指明正确的操作方法并告诉该员工在以后的工作中要按正确的方式操作。这是一种（　　）。
    A. 反馈控制　　　B. 现场控制　　　C. 前馈控制　　　D. 指挥命令

29. 控制过程中，通过解决慢性问题（长期存在的，影响组织素质的问题）达到（　　）。
    A. 维持现状　　　B. 打破现状　　　C. 组织目标　　　D. 计划的实现

30. 2003年5月，SARS疫情还未解除时，我国政府颁布了《突发公共卫生事件应急条例》，这对以后的公共卫生事件管理来说，属于（　　）。
    A. 前馈控制　　　B. 事后控制　　　C. 现场控制　　　D. 反馈控制

31. 种庄稼需要水，但某地近年老不下雨，怎么办？一种办法是灌溉，以弥补降水量的不足；另一种办法是改种耐旱作物，使所种作物与环境相适应。这两种措施分别是（　　）。
    A. 纠正偏差和调整计划　　　　　B. 调整计划和纠正偏差
    C. 反馈控制和前馈控制　　　　　D. 前馈控制和现场控制

32. 某公司在成立之初，就对公司的未来发展制订了计划，并出台了一些规章制度。尤其是为了保证最终产品合格，公司对原材料的采购做了严格的规定，要求公司采购人员必须按公司的有关标准从事采购工作。这种做法与下列哪种说法的思想一致？（　　）

A. 雨后送伞　　　B. 未雨绸缪　　　C. 亡羊补牢　　　D. 视察

三、简答题

1. 什么是控制？控制的特点是什么？
2. 简述控制与计划的关系。
3. 控制的目的、作用及重要性是什么？
4. 控制可分为哪些类型？各有什么特点？
5. 有效控制的原则是什么？
6. 控制过程包括哪些步骤？

四、讨论题

1. 一所公立学校为了给自己的教学岗位找到最佳候选人，应当如何使用前馈控制？
2. 对于一家餐馆来说，为了确保向顾客提供最高质量的食物和服务，该餐馆的经理应当如何使用现场控制方法？反馈控制方法能有用吗？
3. 假定你将成为你所在地区一家新建的沃尔玛超市的经理，在你的成本预算中，你会列出哪些项目？在你的费用预算中，又会列出哪些项目？
4. 假如你是一家连锁快餐店的老板，你会选择哪一家公司作为你经营业绩某个方面的标杆？为什么？

五、案例分析题

◇ 案例1

天安公司的管理创新

天安公司是一家以生产微波炉为主的家电企业。2015年该厂总资产5亿元，而5年前，该公司只不过还是一个员工不足200人，资产仅300万元且濒临倒闭的小厂，5年间企业之所以有了如此大的发展，主要得益于公司内部的管理创新。

第一，生产管理创新。

天安公司对产品的设计设置高起点，严格要求；依靠公司设置的关键质量控制点对产品的生产过程全程监控，同时，持续不断地提高产品的质量；加强了员工的生产质量教育和岗位培训。

第二，供应管理创新。

天安公司把所需要采购的原材料和外购零部件，根据性能、技术含量及对成品质量的影响程度，划分为A、B、C三类，并设置了不同类别的原材料和零部件的具体质量控制标准，进而协助供应厂家达到质量控制要求。

第三，服务管理创新。

天安公司通过大量的市场调研和市场分析活动制定售前决策，进行市场策划，树立公司形象；与经销商携手寻找最佳点共同为消费者提供优质服务；建立了一支高素质的服务队伍，购置先进的维修设备，建立了消费者投诉制度和用户档案制度，开展多种形式的售后服务工作，提高了消费者满意度。

【问题】

1. 本案例中的控制类型有哪些？请分别指出，并说出各自的特点。

2. 天安公司"设置了不同类别的原材料和零部件的具体质量控制标准"属于哪类控制标准？为什么？

3. 案例中"公司设置的关键质量控制点"，体现了有效控制原则中的哪一项？为什么？

◇ 案例 2

林肯电气公司

请想象一下一个获得了如此巨大成功的管理系统，以至于人们把它当作一个专有名词——"林肯管理系统"，并使许多企业都争相把它作为自己学习的标杆。俄亥俄州的林肯电气公司的声望如此之高，多年来，众多的公司都想方设法弄清其中的秘密，林肯电气公司到底是如何激发出员工最大的生产积极性并生产出质量最高的产品的，甚至在经济不景气年代也同样能做到这一点。

林肯电气公司在焊接产品、焊接设备和电机等领域名列前茅。公司每年的销售额高达10亿美元，在全世界有6 000多名员工，公司的产品广泛用于切割、制造和加工金属制品上。虽然它是一家公开上市的公司，但是林肯家族拥有60%多的股份。

林肯电气公司采用了丰富多彩的控制方法，任务被严格地加以规定，每名员工都必须不折不扣地达到考核标准。但是林肯管理系统之所以成功，更大程度上要归功于公司的文化，其文化是建立在公开、信任、共同管理和平等精神等基础上的。虽然公司里管理人员和工人界限分明，但管理者尊重生产工人的专业技能，高度评价他们对企业多方面的贡献。公司对所有的高层领导、中层经理和普通员工都一律采取开放政策，倡导进行面对面的沟通。如果工人认为领导的做法和报酬不公平，可以向上级提出意见。大多数员工都是直接从高中生中招聘来的，然后再经过培训和跨工种培训，以使他们能够胜任不同的岗位。有些工人最终会被提拔到经理岗位上，因为林肯电气公司更相信从内部选拔出来的人才。许多林肯电气公司的员工在公司里终老一生。

林肯电气公司的创办人认为，公司应当以一定的价值观作为基础，包括诚实、信任、公开、自我管理、忠诚、可以信赖和合作精神等，这些价值观一直是林肯电气公司文化的核心要素，管理层总是对那些表现出这些精神的员工予以奖励。由于林肯电气公司有效地将员工团结在一起，因此员工在工作中表现出了高度的自觉性。生产工人采用计件工资制，另外再根据绩效发放奖金，此外，员工还能根据公司的年度效益得到数目不等的年终奖，同时他们也参加公司的员工持股购买计划。年终奖根据一些指标进行发放，这些指标包括生产率、质量、可信任程度及合作精神等方面。众所周知，林肯电气公司的工人年收入最高可达10万美元，1996年时，其工人的平均工资已经达到6.2万美元。同时还有其他一些非实物的奖励，如为自己的手艺感到自豪等，在林肯电气公司里十分盛行。被授权的跨职能部门团队具有充分的决策权，负责产品的计划、开发和营销活动，有关公司的经营和财务业绩等信息，则向全公司的所有员工公开和分享。

林肯电气公司非常重视预测和解决顾客方面的问题。公司对销售代表进行统一培训，以便他们了解顾客需要，并帮助顾客学习如何使用林肯电气公司的产品和解决使用过程中的问题。同时，对顾客的关心还体现在生产过程中使用严格的责任制度，并对所有员工的生产率、质量和创新活动加以考核。此外，还使用了一个名字叫作"Rhythm"的软件系统来有效地管理生产过程中的零件和材料的流动。

林肯管理系统在美国运行得十分出色。它的文化价值观、正规的控制和奖励制度相得益彰，既把管理层、工人和公司的目标统一在了一起，又鼓励了学习和增长。目前，公司正在研究它的这套管理方法在海外是否也一样奏效。尽管林肯电气公司的大部分利润都来自于国内市场，并且公司在20世纪90年代的海外投资上损失惨重，但是高管层仍然希望进行全球扩张，因为国外市场的增长速度要远远大于国内市场。到目前为止，对于开展全球经营，林肯电气公司的管理层还没有制订一项战略管理计划，依靠的仅仅是将国内的林肯管理系统加以复制而已。

[问题]
1. 本案例中描述的是哪种控制类型？
2. 你认为林肯管理系统获得巨大成功的原因是什么？
3. 为了使得林肯管理系统适合海外需要，你认为公司的管理者应当对系统进行哪些调整？

【管理实务】

你能否控制好自己的预算？

在大学读书期间，你至少应当控制好自己的财务情况。你对自己的预算情况控制得好坏可能预示着你将来在公司里控制公司预算的能力。请回答下面列出的各种情况，看看你自己掌握预算的习惯。如果下面的表述对你不适用，请考虑你在类似情况下的行事方式。

1. 钱一到手就花完。 是 否
2. 每周（月、学期）一开始，我都列出我的固定支出。 是 否
3. 每周末或月末，我都留不下一点钱。 是 否
4. 我能支付所有的开销，但总是没钱用于娱乐。 是 否
5. 我现在存不下任何钱，等到毕业后再说吧。 是 否
6. 我无法支付所有的账单。 是 否
7. 我有一张储蓄卡，但每月月底总还能剩点钱。 是 否
8. 我用信用卡来透支。 是 否
9. 每周在外出吃饭、看电影和娱乐方面花多少钱，我都心里有数。 是 否
10. 我只用现金付账。 是 否
11. 买东西时，我力求物美价廉。 是 否
12. 只要朋友向我借钱，我总会借给他，即使这让我自己没钱花。 是 否
13. 我从来不向朋友借钱。 是 否
14. 我每个月都存点钱，以备不时之需。 是 否

如果你对2、9、10、13和14题的回答是"是"，那说明你具有最好的预算习惯。如果你对4、5、7和11题的回答是"是"，说明你有较好的预算习惯。如果你对1、3、6、8和12题的回答是"是"，那说明你的预算习惯十分糟糕。如果你的回答是诚实的，可能你会发现这三种习惯你是兼而有之的。你应当设法找出你能在哪些方面提高自己的预算能力。

企业文化

电视台记者曾经采访过同仁堂一位品质控制部的主管,是位老太太。她介绍说,同仁堂每年采购大量非常昂贵的药材都要经过她主管的控制部来检验,如果不合格,价值连城的药材也要遭淘汰。这位老太太在同仁堂可谓有无穷大的权威,每年经她的手不知道要扔掉多少昂贵的药材。有很多药厂出高价想把这位老人挖到他们厂里去,但是这位老人不肯去。她的理由是,"我不相信有任何一家企业,像同仁堂这样重视质量,会由得我这么扔。"采访她的那位记者问了她这样一个问题,"你退休了同仁堂怎么办?"正说着,进来了一位40岁左右的中年人,老太太说,"你看现在我的徒弟,全起来了,他们都是像我这样干的,我这样干也是秉承我的师傅教我这么干的。"百年老店就是这样延续企业文化的。

【管理启示】在百年老店同仁堂案例的分析中会发现这样一个问题,那就是同仁堂的企业文化体系何以能在长达一个多世纪的公司经营中,持续地发挥着促进公司业绩增长的作用,同仁堂成功的根本原因在于建立了一整套强有力且策略适当的企业文化体系。这一体系使公司长期经营业绩一直保持良好,它的短期经营业绩虽有波折,但也令人较为乐观。可见,要使企业业绩持续增长,建立这样一种企业文化体系是必需的,即在这一体系中核心价值观必须是先进而有效的,这一体系应是一个开放而动态的体系,拥有能根据市场环境变化而适时调整的机制。这也是同仁堂案例给人们的最大启示。

企业文化管理已成为21世纪的企业管理潮流,它是以人为中心进行管理,以人为出发点,培育共同价值观,实质在于调动人的自觉性和积极性、主动性和创造性,最大程度地挖掘人的潜力。企业文化是企业长久发展的土壤和精髓。世界上很多企业,早就认识到文化管理的必要性,更多的企业已开始采用这一先进的管理模式,正在向企业文化管理过渡。

本章将介绍企业文化的有关理论和应用。首先通过案例讨论给出企业文化的内涵,介绍企业文化的发展历程,并指出企业文化在当代企业中的功能、构成及特性;接着给出企业文化建设的一般原则及步骤;最后探讨在当前企业环境下,管理者如何通过企业文化建设的方法构建适合企业自身特性的企业文化。

【学习目标】

1. 掌握企业文化的内涵、构成。
2. 理解并描述企业文化的功能及特性。

3. 全面领会企业文化建设的一般原则，并联系实际理解企业文化建设的步骤和方法。
4. 了解企业文化发展历程。

企业文化是现代企业获取成功的重要因素和走向成熟的显著标志。自20世纪80年代初企业文化理论诞生以来，全球企业发展的一个重要趋势就是，企业文化对企业健康持续发展、经营业绩所起的作用越来越大，越来越突出。企业文化是企业发展的强大内在驱动力。

9.1　企业文化概述

企业文化这个概念的提出，并不意味着以前的企业没有企业文化。企业的生产、经营、管理本来就是一种文化现象，之所以要把它作为一个崭新的概念提出来，是因为当代的企业管理已经冲破了先前的一切传统管理模式，正在以一种全新的文化模式出现，只有企业文化这个词才能比较贴切地反映这种新的管理模式的本质和特点。

9.1.1　企业文化的内涵

"企业文化"是企业文化学的一个最重要、最基本的主体范畴，这一范畴的生成、发展和确立从根本上标志着企业文化学科的诞生。因此，研究、讨论和学习企业文化的理论与实际，首先应当把这一概念弄清楚。从某种意义上讲，企业文化是人类文化的一个分支、一个历史阶段、一种亚文化。因此，要了解什么是企业文化，首先必须了解什么是文化。

1. 文化的含义

在我国，通常认为文化一词的出现与《易经》有关，"文明以止，人文也。观乎天文，以察时变。观乎人文，以化成天下。"意思是文明使人止于应有的分际，这是人的文饰。观察天的文饰，以明察四季时序的变化。观察人的伦常秩序以教化天下，达到转移风俗的目的。可见，文化的含义基本上是文治教化。

在西方"文化"（culture）一词是从古拉丁语 cultura 转化而来的。"culture"的含义有很多，诸如土地耕种、动植物培育、神灵的祭祀及人的精神修养等。总的来说，文化应指人类的创造行为。

从东西方关于文化一词的含义中不难看出，文化总是与人有关的，它同人的生存行为和生存境界密切融合。然而，有意思的是，虽然中西方在文化一词的着眼点上并无多大的分歧，却很难形成一个具有共识的定义。因为每个民族都有独特的文化，所下的定义也各不相同。

法国学者大卫·克雷说，文化一词应具有两种相关的含义。它首先支持着群体或企业成员广泛持有的神话、象征、故事等价值观念，同时，它也代表存在于一个国家或一些其他大型政治企业中以价值观念为基础所构筑起的共同团体。文化是一组通过学习可以获得的、共享的、相互关联的符号，它为团体成员提供某些方针，能为企业或团体的生存提供必要的解决方案。

美国学者沙因认为，文化是由一系列假设所构成的模式，它是由企业或团体的成员在探索内部企业和外部环境这一过程中所发现和创造的。

综合国内外研究，本书认为，广义上说，文化是人类社会历史实践过程中所创造的物质财富与精神财富的总和；狭义上说，文化是社会的意识形态，以及与之相适应的礼仪制度、企业结构、行为方式等物化的精神。

2. 企业文化的含义

众所周知，价值规律是"看不见的手"，企业的活动受价值规律影响。实际上，还有一只"看不见的手"——企业文化。企业文化的导向和影响作用虽然是间接的，但是更持久、更深远、更根深蒂固。

关于企业文化的含义，国内外学者们各有自己的看法，但从根本上来说，他们对企业文化含义的理解还是一致的。

1982年，美国哈佛大学教育研究院的教授泰伦斯·迪尔和麦肯锡咨询顾问艾伦·肯尼迪在《企业文化——企业生活中的礼仪与仪式》中指出，杰出而成功的企业都有强有力的企业文化，即为全体员工共同遵守，但往往是自然而然约定俗成而非书面的行为规范。正是企业文化这一非技术、非经济的因素，导致了这些企业的成功。

清华大学教授、著名经济学家魏杰先生在其所著的《企业文化塑造——企业生命常青藤》一书中，给企业文化下了一个定义：所谓企业文化，就是企业信奉并付诸实践的价值理念。也就是说，企业信奉和倡导，并在实践中真正实行的价值理念，就是企业文化。

从以上国内外学者给企业文化下的定义来看，这些定义的侧重点或着眼点各有不同，涵盖面也不尽一致，但从整体上看，在对企业文化的理解上，都认为企业文化是企业在长期生产经营实践中创造和形成的，为广大职工所认同和遵循的，具有本企业特色的价值观、团体意识、行为规范和思维模式的总和。

9.1.2 企业文化的发展历程

第二次世界大战结束后的几十年时间里，日本以惊人的速度从战败的废墟中爬了起来，恢复和发展了本国的经济实力。特别是20世纪70年代之后，日本企业在电子、汽车等生产领域对美国企业长期占据的优势地位提出了挑战，到了20世纪80年代，日本在很多方面都超过了美国。在对日本奇迹的探索中，美国研究人员逐渐意识到，形成日本企业巨大生产力、强大竞争能力的不仅仅是发达的科学技术、先进的机器设备等，而且包括了更为深刻的社会历史、文化传统、心理状态等文化背景因素，正是这诸多因素的融合，使日本企业独具特色，造就了日本企业与众不同的企业精神。这种对日本企业成功奥秘的探究，引起了美国理论界对本国企业文化实践的深刻反思，并由此在美国拉开了企业文化理论研究的序幕。1980年秋，美国《商业周刊》的一期报道中首先使用了"企业文化"，而后被企业界和理论界认同。

20世纪80年代，企业文化的研究以探讨基本理论为主。1981年，美国加利福尼亚大学美籍日裔教授威廉·大内出版了他的专著《Z理论——美国企业界怎样迎接日本的挑战》，该书提出了"Z型文化""Z型企业"等概念，认为企业的控制机制是完全被文化所包容的。

1982年泰伦斯·迪尔和艾伦·肯尼迪在《企业文化——企业生活中的礼仪与仪式》一书中提出，杰出而成功的公司大都有强有力的企业文化，企业文化的要素包括：企业环境、价值观、英雄、仪式、文化网络。其中，价值观是核心要素。同年，美国著名管理学家托马斯·彼得斯与小罗伯特·沃特曼合著的《寻求优势：美国最成功公司的经验》，研究并总结了3家优秀的革新型公司的管理，发现这些公司都以公司文化为动力、方向和控制手段，因而取得了惊人的成就，这就是企业文化的力量。这3本著作与帕斯卡尔和阿索斯合著的《日本企业管理艺术》被合称为企业文化研究的四重奏，这标志着企业文化研究的兴起。

9.1.3 企业文化的功能

企业文化是一种先进的文化管理模式，是情感化管理或人性化管理，是管理的最高境界，这种高层次管理具有以下几方面的功能。

1. 导向功能

企业文化反映了全体员工的共同追求、共同的价值观和共同的利益，对企业经营者和生产者的思想、行为产生导向作用，使全体员工为实现企业的目标而共同奋斗。企业文化对员工行为的引导，是通过企业整体的价值认同进行的，员工在本企业价值观念的熏陶下，能够自觉地按照它来行动，即使在没有各种硬性的规章制度约束的时候，也能自觉地向本企业的目标努力。也正因为如此，企业文化才可以将理性管理与情感管理有机地结合起来，将强制行为转化为自觉行为，将消极的被动行为转化为积极的主动行为，并在共同的企业目标下将企业员工的行为协同起来。

日本松下公司之所以能够成为一家优秀的企业，多年屹立不倒，它有7种精神。第一，产业报国精神；第二，光明正大精神；第三，友好一致精神；第四，奋斗向上精神；第五，礼节谦让精神；第六，顺应和同化精神；第七，感激报恩精神。松下公司的这7种精神，给每一名松下的员工都起到了一个很好的导向作用。要想真正在松下公司兢兢业业工作，获得生存和发展的空间，就要符合它的这7种精神。

2. 约束功能

优秀的企业文化，不但有很好的导向功能，还有非常明显的约束功能。这种约束，不是靠文字，不是靠管、卡、压，不是靠处罚。优秀企业文化的约束功能，对每一名企业员工的思想、心理和行为都具有约束和规范作用。这种企业文化的约束是软约束，软约束产生了企业整个文化的氛围，以及群体的行为准则和道德规范。

沃尔玛是一个世界级的零售企业。沃尔玛的企业文化里有两条规定：第一，顾客永远是对的；第二，如有异议，请参照第一条。像这样的一种企业文化，对整个公司员工的思想和行为，都有一种约束作用。首先，顾客是企业的增值伙伴，在服务的过程中员工要有一种心态，就是在任何情况下，都不能跟顾客顶撞、争辩，不能跟顾客有激烈的冲突，这是一种企业文化。它没有让员工低三下四，但是也不允许员工去顶撞顾客。如果顾客打骂员工，那是顾客做错了，按照沃尔玛精神"如有异议，请参照第一条"，也不能与顾客发生冲突。这是一条高压线，具有一种约束功能。

3. 凝聚功能

在特定的企业文化氛围之下，员工通过自己的切身感受，产生出对本职工作的自豪感和使命感，产生对企业目标、准则和观念的认同感和对本企业的归属感，使员工把自己的思想、感情、行为与整个企业联系起来，从而使企业产生一种强大的向心力和凝聚力，发挥出巨大的整体效应。

4. 激励功能

企业文化创造一种"人人受重视，个个被尊重"的文化氛围，在这种尊重人、理解人、关心人的氛围中，激发和调动全体成员的积极性和创造性。每个人的贡献都会及时受到肯定、赞赏和褒奖，而不会被埋没。这样，员工时时受到鼓舞，处处感到满意，有了极大的荣誉感和责任心，自觉地为获得新的、更大的成功而瞄准下一个目标。这就应了一句西方谚语："没有什么比成功更能导致成功的了。"

新中国成立以来，人们学习过很多和企业文化相关的典范人物。以前，比如学雷锋、学孔繁森。后来，很多人把李嘉诚、比尔·盖茨看成是榜样，虽然这些榜样有些高远，但确实给人以激励作用。在北京某大学发生了一件事情，一位该校的保安，他的英语水平比本科生还厉害。他每天工作十几个小时，还坚持学英语，经常到英语角和学生们交流。这个保安值得人们学习，在那样艰苦的条件下，自我仍然得到提升和发展。这个例子能够对大家起到一定的激励作用，大力宣扬它，这就是一种文化的激励。

5. 辐射功能

辐射功能，指的是企业文化一旦形成比较固定模式的时候，它不仅在企业内部发挥作用，对本企业的员工能够产生影响，而且还会通过各种渠道对整个社会产生深远的影响，这种辐射功能非常强大。

香格里拉饭店的企业文化是"一切从小处着眼，对顾客的服务无微不至"。这种企业精神，最后辐射到了全世界的酒店业。个性化的服务变成了现在所有服务行业所秉承和遵循的一个原则。在香格里拉饭店，能够做到只要顾客到酒店来住过一次，它就要尽可能地了解顾客的需求，并且将需求记录在案，下一次顾客再来酒店的时候，它就会按照对顾客个性的了解来提供个性化的服务。比如，有的顾客不喜欢数字4，那么就不会给该顾客安排房间号带4的房间；如果有的顾客喜欢鲜花，那么进入房间的时候就会看到该顾客所喜欢的鲜花，有的人喜欢百合，有的人喜欢玫瑰，这些因素都会考虑到；如果顾客对鲜花过敏，那么房间里肯定不会摆放鲜花。

9.1.4 企业文化的结构

所谓结构，就是各个组成部分的搭配和排列。研究企业文化的结构就是把企业文化作为一种独特的文化，找出各个组成部分的关系及相互影响。揭示企业文化的结构有助于人们认识企业文化作为一个有机整体和各个部分之间的关系，以便于对具体内容进行研究。

1. 企业文化的构成

1）企业文化的构成层次

研究企业文化的结构是把企业文化作为一种独特的文化来研究，从这个意义上来说，企业文化不仅包括企业的精神文化，还包括精神文化的外化，共分为 3 个层次，如图 9-1 所示。

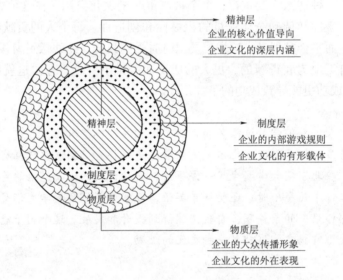

图 9-1　企业文化结构图

① 物质层是凝聚本企业精神文化的生产经营过程和产品的总和，还包括实体性的文化设施，如带有本企业文化色彩的生产环境、生产经营技巧、图书馆、俱乐部等。物质层是企业文化中的最表层的部分，是人们可以直接感受到的，是从直观上把握不同企业文化的依据。

② 制度层是具有本企业文化特色的各种规章制度、道德规范和员工行为准则的总和，包括厂规、厂纪、厂服、厂徽，以及生产经营过程中的交往方式、行为准则等。制度层是企业文化的中间层，它构成了各个企业在管理上的文化个性特征。

③ 精神层是本企业职工共同的意识活动，包括生产经营哲学、以人为本的价值观念、美学意识、管理思维方式等。它是企业文化的最深层结构，是企业文化的源泉、是企业文化比较稳定的内核。

2）企业文化层次的关系

物质层、制度层和精神层由外到内的分布就形成了企业文化的结构，这种结构不是静止的，它们之间存在相互的联系和作用。

① 精神层决定了制度层和物质层。精神层是企业文化中相对稳定的层次，它的形成受社会政治、经济、文化及本企业的实际情况影响，如世界经济状况的影响、企业管理理论的影响等。精神层一经形成，就处于比较稳定的状态。精神层是企业文化的决定因素，有什么样的精神层就有什么样的物质层。举例来说，美国的埃克森公司的价值观是：高度尊重个人的创造性，绝对相信个人的责任感，但同时，默认在做出一项重要决定前要达成一致。这就决定在制度层方面表现为随便的衣着和沟通方式，没有等级标志，相互之间激烈争论等。而另一家总部设在欧洲的麦迪公司，它的价值观是尊重资历、学识和经验，注重通过服务时间的长短、整体工作情况和个人的教育背景来评价员工，因此在制度层和物质层就表现为一切都是规范化的：大楼中各办公室都有正式标志；大厅中的静默气氛；人们在大厅中见面时周全的礼节；专门的经理人员餐厅；文件中使用正式的学术语，以及注意计划、程序和正式的会议文件等。埃克森公司和麦迪公司企业文化精神层的不同使它们的制度层和物质层表现为完全不同的内容。

② 制度层是精神层和物质层的中介。精神层直接影响制度层，并通过制度层影响物质层，因此，制度层是精神层和物质层的中介。管理者和员工基于企业哲学、价值观念、道德规范等，制定或形成了一系列的规章制度、行为准则来实现他们的目的，来体现他们特有的精神层的内容。可见精神层对制度层的影响是最直接的。在推行或实施这些规章制度、行为准则的过程中，管理者和员工又会创造出工作环境、文化设施等，从而形成独特的物质层。由此可见，精神层对物质层的影响一定是间接的。制度层的中介作用，使许多卓越的企业家都非常重视制度层的建设，使它成为企业文化的重要特色。

③ 物质层和制度层是精神层的体现。精神层虽然决定着物质层和制度层，但精神具有隐性的特征，它隐藏在显性内容的后面，它必须通过一定的表现形式来体现。就管理者和员工来说，他们的精神活动也必须付诸实践，因此，企业文化的物质层和制度层就是精神层的体现和实践。物质层和制度层以其外在的形式体现了企业文化的水平、规模和特色，体现了企业特有的企业哲学、价值观念、道德规范等方面的内容。因此，当人们看到一个企业的工作环境、文化设施、规章制度，就可以想象出该企业的文化精髓。企业文化的物质层和制度层除了体现精神层的作用以外，还能直接影响员工的工作情绪，直接促进企业哲学、价值观念、道德规范的进一步成熟和定型。所以，许多成功的企业都十分重视企业文化中物质层和制度层的建设，明确企业的特征和标志，完善企业制度的建设和规范的形成，从而以文化的手段激发职工的自觉性，实现企业的目标。

企业文化的精神层、制度层和物质层是密不可分的，它们相互影响、相互作用，共同构成企业文化的完整体系。其中，企业的精神层是最根本的，它决定着企业文化的其他两个方面。因此，在研究企业文化的时候，要紧紧抓住精神层的内容，只要抓住了精神层，企业文化的其他内容就顺理成章地揭示出来。这就是为什么许多人对企业文化的研究重点都放在企业哲学、价值观念、道德规范上的原因，也是为什么一些人把企业文化误解为就是企业精神的原因。

某公司有一个规定，由于公司比较大，所以把公司里面的厕所分成了3个等级：五星级标准、三星级标准和一星级标准。按照我们一般的理解，五星级的厕所老板用，三星级的厕所所中层管理人员用，一星级的厕所员工用。但是这家公司的规定不同。有客人往来的区域和楼层，所有厕所的装修是三星级标准。如果是公司内部使用的地方，只要没有客人往来，都是一星级标准。但是有一个地方，必须是五星级标准，用高级瓷砖装饰，有高级的卫浴设备，而且男女厕所都有专人负责看管并及时打理。这么高级的厕所是给工人用的，这家公司是一家码头货运公司。作为一家码头货运公司，真正给公司带来利益的非常重要的一个组成部分，就是工人。要体现工人的价值，不光给他们工资，还要给他们人格的尊重。在这样的情况下，工人在心态上，会有一种很好的感觉，那么工作的时候会发挥出他们主观的能动性，这种精神的作用非常大。所以深层次精神文化上的作用，是整个公司企业文化里面最重要、最核心的组成部分。

2. 企业文化的内容

从企业文化的形式来看，其内容可以分为显性和隐性两大类。一是企业文化的显性部分，即管理的对象、管理的手段、管理的结果等；二是企业文化的隐性部分，即隐藏在显性内容背后的管理思想，包括企业的价值观、企业精神、道德规范等。企业文化的这两个组成部分是相互作用，有着层次之分的。

1) 企业文化的显性内容

所谓显性内容，就是指那些以精神的物化产品和精神行为为表现形式的，人们通过直观的视听器官能感受到的、又符合企业文化实质的内容。它包括企业标志、工作环境、规章制度和经营管理行为。

（1）企业标志

企业标志，是指以标志性的外化形态来表示本企业的企业文化特色，并且和其他企业明显地区别开来的内容，包括厂牌、厂服、厂徽、厂旗、厂歌、商标、企业的标志性建筑等。在许多先进的企业中，都有一整套的企业标志，这些企业标志的形成是为了明显而形象地概括企业文化的独特色彩，使人们能很快地找出本企业和其他企业的区别。因此，企业标志不是可有可无的，它有助于企业文化其他方面的建设，有助于企业形象的塑造，有助于激发职工的自豪感和责任感，使全体职工自觉地维护本企业的形象。因此，现在许多企业都越来越重视企业标志的建设，企业标志已成为企业最表层但又不可缺少的重要组成部分。

（2）工作环境

工作环境，是指员工在企业中办公、生产、休息的场所，包括办公楼、厂房、俱乐部、图书馆等。过去企业往往只重视员工在严格的规章制度下的生产经营活动，而忽视了工作环境对员工积极性的影响。当以人为本的企业哲学确立以后，工作环境就成了企业文化的一个重要内容。一方面，良好的工作环境是企业领导爱护员工、保障员工权利的表现；另一方面，良好的工作环境能激发员工热爱企业、积极工作的自觉性。因此，以改善员工工作环境为主要内容的环境建设是企业文化的一个组成部分。

（3）规章制度

并非企业所有的规章制度都是企业文化的内容，只有那些激发员工积极性和自觉性的规章制度，才是企业文化的内容，其中最主要的就是民主管理制度。过去企业制定的往往是一些对员工的生产经营活动严格要求的规章制度，这些规章制度对员工虽然能起到约束作用，使员工按既定的要求进行生产经营活动，但是这些规章制度无助于员工积极性和自觉性的发挥，这仅仅是一种硬性的约束。企业文化的理论更侧重于软约束的作用，它要求在企业中建立起一套有利于领导和员工之间的沟通，有利于员工畅所欲言，鼓励员工发明创造的民主管理制度和其他有关制度。企业的这些规章制度是企业以人为本的企业哲学的直接体现，是使员工自觉维护企业利益的重要手段。

某水泥厂，坚持科学的以人为本原则，总结几十年企业管理的经验，提出并推行"规范化工作法"，用统一、科学的规范引发统一的行为。这种方法把 8 小时工作时间划分为 32 个时间单元，在每个单元的时间内，规定员工干什么、怎么干，按照什么顺序，干到什么程度，达到什么标准，从而使工作实现程序化、均衡化、标准化。同时，对每名员工实行定岗、定责、定薪，将竞争机制引入生产、管理岗位，彻底打破 8 级工资制，使大家在相同的条件下进行公平竞争。这样，使有消极随意性的员工产生了危机感，主观能动性强的员工更加强了紧迫感，中间状态的员工也大大提高了积极性，从而使整个企业以过硬的微观连续性管理，保证了企业目标的实现，获得了最佳经济效益。

【管理启示】这一事实，以及其他许多注重企业文化建设的事例告诉人们，这种立足于"治事"而不是"治人"，处处注重"感情投资"的企业制度、规范、准则等的改革、创新和调整，对企业生产、经营、管理及整个企业的发展，是有重大的意义和作用的。

(4) 经营管理行为

企业所有的管理行为并非都是企业文化的内容，但企业文化所包含的一部分内容是在以人为本的经营管理哲学的指导下的领导行为和以全体员工共同意志为基础的自觉的生产经营活动。例如，企业的思想政治工作，在生产中表现为以"质量第一"为核心的生产活动，在销售中表现为以"顾客至上"为宗旨的推销活动，在企业内部表现为以"建立良好的人际关系"为目标的公共关系活动等。这些行为都是企业哲学、价值观念、道德规范的具体实施，是它们的直接体现，也是这些精神活动取得成果的桥梁。再好的企业哲学或价值观念，如果不能有效地付诸实施，就无法被员工所接受，也就无法成为企业文化。企业文化总是在观念—实践—观念的过程中形成的，脱离了实践活动，企业文化就成为空中楼阁，失去了实际作用。

企业文化的显性内容主要表现为以上 4 个方面，它们是企业文化的重要组成部分，但它们毕竟是精神的外化，还不是企业文化的根本内容，因此必须进一步研究企业文化的隐性内容。

秦池集团当年在中央电视台成为广告标王，如果打开电视机，就能看到秦池的广告，这样全中国都知道秦池，都知道它的标志、它的显性文化，但是秦池最后的结果是消亡了。这说明一个问题，光有显性的文化是不够的。当年秦池有一句名言，"我们每天向中央电视台开进一部桑塔纳，就能够开出一部大奔驰。"这句话完全违背了市场规律。如果按照这样的逻辑，多开几个中央电视台，天天到电视台去打广告，企业就能够发展和生存了，这显然是不现实的。所以表层的显性文化是有作用的，但是它的作用是有限的。

2) 企业文化的隐性内容

企业文化的隐性内容是企业文化的根本，是最重要的组成部分。它虽然隐藏在显性内容的背后，但它直接表现为精神活动，直接具有文化的特质，而且它在企业文化中起着决定性作用，因此，在研究企业文化的内容时，要牢牢抓住这些隐性内容作为根本点和出发点。当然也要避免把企业文化的内容仅仅局限于隐性内容的片面认识。

企业文化的隐性内容包括组织哲学、价值观念、道德规范、企业精神几个方面。这些内容都是在企业长期的生产经营活动中形成的，存在人们的观念中，并通过一定的方式表现出来。这些内容的整合性使它们直接影响企业的生产经营管理活动，给企业带来高效率和高效益，使企业充满生机和活力。

（1）组织哲学

组织哲学和其他哲学一样，是企业理论化和系统化的世界观和方法论。它是企业全体员工所共有的对客观事物的一般看法，用它指导企业的生产、经营、管理等活动、处理人际关系等，它是一种方法论，因此，组织哲学是对企业各种活动规律的统一认识。从一定意义上讲，组织哲学是企业最高层次的文化，它主导、制约着企业文化其他内容的发展方向。组织哲学的不同，企业的建设和发展也必然不同，它是企业人格化的基础，是企业的灵魂和中枢。从根本上说，组织哲学是对企业总体设计、总体信息选择的综合方法，是企业一切行为的逻辑起点。

从企业管理史角度来看，组织哲学已经经历了"以物为中心"到"以人为中心"的转变。泰勒是第一个提出建立组织哲学的人，他认为管理者不应该是一个执鞭驱策别人的人，而应该提出一套新的管理哲学和方法。他的组织哲学着眼于工人操作的标准化，提出了操作标准和时间定额的概念和方法，确立了金钱刺激的原则。行为科学理论则使理性主义哲学开始向人本主义哲学转化，它注重人或人的行为对企业行为的影响，注重主体在企业中的决定作用，形成了全面肯定人的需求及心理满足的"科学的人道主义"组织哲学。第二次世界大战以后，随着新技术的发明和新科学的建立，理性和科学的方法再次被管理界视为根本的方法，西方现代管理学派确立了实行系统化、定量化、自动化管理的组织哲学。进入20世纪80年代，企业文化理论使企业哲学再次发生了一场变革，形成了以人为本，以文化的手段激发员工自觉性的人本主义哲学。

（2）价值观念

观念，泛指客观世界在人脑中的反映即意识。价值观念是人们对客观事物的一种评价标准，是对客观事物和人是否具有价值及价值大小的总的看法和根本观点。它包括企业存在的意义和目的，企业各项规章制度的价值和作用，企业员工的各种行为和企业利益的关系等。价值观念是企业文化的重要组成部分，它为企业的生存和发展提供了基本的方向和行动指南，为员工形成共同的行为准则奠定了基础。企业哲学的不同，导致了企业价值观念的不同，以物为本的企业哲学，就会形成一切以有利于物的发展为标准的评价体系，而以人为本的企业哲学就会形成一切以有利于人的自觉性发挥的评价体系，这种评价体系的不同就是价值观念的不同。同时，它又会导致企业管理行为的不同，前者只重视通过硬性的管理手段，迫使员工高效率地工作，而后者则注重通过文化的手段激发员工的自觉性，从而提高工作效率。因此，价值观念对员工的行为起着直接的支配作用，员工在共同的价值观念支配下，就能自觉地从事生产经营活动，这是硬性管理所达不到的。

(3) 道德规范

"道德"在拉丁文中为"风气""习俗"之意,在我国一般是指人的品质和人们的行为准则,而规范就是人们行为的依据或标准。道德规范可以理解为人们在品行方面的准则,而这种准则是自然形成的,它的实现也是靠人们的自觉行为,它的监督是靠舆论的力量。企业的道德规范,是指企业在长期的生产经营活动中形成的人们自觉遵守的道德风气和习俗,包括是非的界限、善恶的标准和荣辱的观念等。道德规范是调节人们行为的一种手段,它是和企业的规章制度相对应的,它们的区别就在于规章制度是显性的,是硬性的管理,是靠约束力来保证实施的,而道德规范是隐性的,是软性的约束,是靠人们的自觉性来保证实施的。道德规范是通过影响员工的思想观念,确立明确的是非观念,从而导致员工的自觉行为,因此,企业道德规范的作用是不容忽视的。道德规范是自然形成的,并不是说人不能影响或引导它。道德规范的形成主要取决于企业哲学和价值观念的作用,有什么样的企业哲学和价值观念,就会形成什么样的道德规范。因此,许多成功的企业都通过树立优秀的企业哲学和价值观念来引导企业形成良好的道德规范。良好的企业道德规范有利于维护企业的经济秩序和安定和谐的人际关系,有利于提高员工的劳动积极性和劳动生产率。可见,道德规范也是企业文化的重要内容。良好的道德规范主要表现在尊重知识、尊重人才、友好相处、自觉工作与企业共命运等,其核心作用还是激发员工的自觉性。企业文化以企业的道德规范为重要内容,是区别于其他管理理论的一个主要表现。

(4) 企业精神

企业精神,是指企业群体的共同心理定势和价值取向,它是企业的企业哲学、价值观念、道德观念的综合体现和高度概括,反映了全体员工的共同追求和共同的认识。企业精神是企业员工在长期的生产经营活动中,在企业哲学、价值观念和道德规范的影响下形成的。由于这些影响因素的不同,形成了各具特色的企业精神,如大庆的"铁人精神",鞍钢的"孟泰精神"等。这些企业精神虽然千差万别,但其核心内容都是激发员工的工作热情、发挥自觉性、明确责任感,主要包括了创业精神、奉献精神、主人翁精神、集体主义精神、创新精神、竞争精神、民主精神、服务精神等。这些企业精神都是对企业哲学、价值观念、道德规范的提炼和概括,并把它上升为一种精神。企业精神的这种概括性和精神性,使它具有了巨大的鼓舞作用和强烈的凝聚力。一方面它使员工更加明确企业的追求,建立起和企业一致的目标;另一方面,它又成为员工的精神支柱,激发员工的工作热情。企业精神的这种鼓舞作用是企业文化的其他内容难以达到的。因此,现在许多企业都注重把本企业的企业文化加以总结和概括,挖掘出其中最有代表性的内核,并把它升华为一种精神,从而激励全体员工为之奋斗。

美国成功的饮食服务企业麦当劳公司,有为顾客提供热情服务为荣的精神;有重视小处、完善细节的精神;有重视团队作用,激发兴奋、鼓舞的精神;有重视服务动作快、品质高、服务好、整洁优雅的精神。由于麦当劳公司为顾客提供了热情和周到的服务,因而它赢得了美国公民的欢迎。公司创办人克罗克提出要"让金黄色的 M 形拱门标志成为品质、服务、整洁与值得花钱买来吃的标志"。日本松下公司有产业报国、感激报恩等 7 种精神。日本东京西武百货公司有激励员工追求自我实现的精神。这些都是积极向上、富有鲜明个性的企业精神。

以上就是企业文化的主要隐性内容。除此之外，企业文化的隐性内容还包括企业的美学意识、企业心理、企业的管理思维方式等内容，这些都是在进行更深入的研究中要加以注意的。

9.1.5 企业文化的特性

企业文化作为一种独特的文化，具有以下5个特性。

1. 形式的文化性

企业文化是以一种文化的形式出现的，这也正是企业文化命名的主要原因。在一个企业中，生产经营、工作生活等活动可以以不同的形式展现其内容：有以物质形式出现的，如厂房、设备、产品等；有以技术形式出现的，如生产技术、推销技术等；还有以其他形式出现的。但只有当这些内容以文化的形式出现时，它们才和其他以文化形式出现的内容一样被称为企业文化，如企业哲学、制度文化、目标文化、价值观、道德文化等。形式的文化性是企业文化区别于企业其他内容的根本所在，是最明显、最重要的特征之一。

2. 内容的综合性

文化是一切精神活动、精神行为及精神文化产品的总称，文化内容的综合性使企业文化也带有综合性的特征。企业文化作为一种独特的文化，其内容渗透到企业的各个方面。一名员工的价值观不是企业文化的内容，而大部分员工共同的价值观就是企业文化的一部分；一种推销技术不是企业文化的内容，而企业共同的营销观念，如"顾客至上"，就是企业文化的一部分；企业的一项制度不是企业文化的内容，而企业所有制度的共性，如"以人为本"，就是企业文化的一部分。因此，企业文化的内容是包罗万象的。

3. 功能的整合性

企业文化功能的整合性是指其具有强大的凝聚力，具有调整员工思想行为的重大作用。企业文化的目标是要通过精神力量的作用，使企业成为一个有机的整体，显示共同的意志、目标和追求。因此，企业文化能使员工认识企业的共同目标和利益，齐心协力，尽可能减少内耗。它以文化的手段达到了调整职工行为的作用，使全体职工行为趋于一致。

4. 形成的自觉性

一般的文化都是在非自觉的状态下形成的，是在社会、政治、经济等客观因素影响下，在人们自觉意识之外形成的。而企业文化则是在主体高度自觉的努力下形成的，是企业自觉的自我意识所构成的精神文化体系。在企业的实践中，一些管理者、企业家甚至包括一些员工，在总结企业经验教训的基础上提出了企业文化理念，并将其付诸实践，从而培养、升华出高水平的精神文化。因此，企业文化是高度理性化的文化，形成的自觉性是企业文化的又一特性，也是企业文化具有管理功能的前提条件。

5. 目的的实践性

一方面，从企业文化的形成过程来看，它是在实践中得到的结论，是为了更好地进行管理实践，它直接出于实践的需要，作为一种实践工具而存在；另一方面，从企业文化的内容来看，它也是和实践密不可分的，不论是企业哲学、企业精神，还是价值观念、道德规范，都是针对管理实践而言的。因此，企业文化是一种实践的文化，目的上具有强烈的实践性。

◇ **阅读资料**

企业文化的兴起

企业文化的兴起是现代企业管理发展的一个新里程，是管理思想的一次革命。但追根溯源，关于企业文化的形成，必须从日本经济的崛起和美国的反思谈起。

过去，在世人眼里，日本只是一个国土面积小的弹丸小国。但是，就是这个小国，1980年的生产总值却高达10 300万亿美元，占世界生产总值的8.6%，跃居世界经济强国之列，这一事实成为20世纪经济领域的一大奇迹，构成了对美国经济霸主地位的主要威胁。20世纪70年代后期，日本经济增长率为美国的400%。1980年日本出口到美国的集成电路由1973年的627亿日元猛增到723.61亿日元，还向美国大量倾销彩色电视机和录像机。1981年，美国对日本贸易逆差高达180亿美元，达历史最高水平，占到了美国贸易赤字总额的45%。人们惊呼："桃太郎"生吞了"山姆大叔"！

1965年，美国国际商业机器公司（IBM）以转让IBM计算机制造技术为条件，打开了日本市场，但很快就被富士、三菱等日本电器赶出了日本。在富士抢走了IBM在香港的市场后，IBM又相继失去了菲律宾、新加坡、泰国等东南亚市场。

非但如此，日本还巧妙地用资本出口代替了产品出口，在美国及其欧洲各国的土地上开工厂、办公司。日本对美国经济的渗入，不断冲击着美国经济，美国人发现"美国的时代已经结束了"。

面对日本咄咄逼人的气势，震惊之余，美国人不得不开始考虑是什么力量促使了日本经济的持续、高速增长，日本人凭借什么来实现经济的崛起？

日本是个岛国，国土面积狭小，国内资源缺乏，作为第二次世界大战的战败国，政治、经济、文化都受到严重打击。就是这样一个经济基础几乎为零的国家，20世纪60年代经济起飞，70年代安然度过石油危机，80年代成为经济强国。在不足20年的时间内，日本不但赶上了西方发达国家，而且一跃成为经济超级大国。其变化之快，令人不禁想找出背后的究竟。

受冲击最大的当然要数美国，因此美国更要研究日本成功的奥秘，寻找自己失败的原因。在20世纪70年代末80年代初，美国派出了由几十位社会学、心理学、文化学、管理学方面的专家组成的考察团，前往日本进行考察研究。

结果表明，美国经济增长速度低于日本的原因，不是科学技术不发达，也不是财力、物力缺乏，而是因为美国的管理没有日本好。在进一步进行了管理学方面的比较研究之后，专家们发现，美国倾向于战略计划、组织机构、规章制度等方面的硬件管理，缺乏对人的重视，因而管理僵化，阻碍了企业活力的发挥。管理原因也还只是表象，背后的真正原因是文化差异。日本经济的崛起，是因为在日本企业内部有一种巨大的精神因素在起作用，这就是日本的企业文化、企业精神。

美国人在研究了日本之后，把目光放回到本国的企业文化上，发起了追求卓越、重塑美国的热潮。以日本企业文化为基础，结合自身文化背景、经济体制等因素来致力于调整本国的企业文化。

20世纪80年代初，罗杰·史密斯接任通用汽车公司董事长兼总经理之后，对日本采取"特洛伊木马"战术，在加利福尼亚州的韦里蒙特花1.5亿美元与日本丰田汽车公司合资兴办了"新联合汽车制造公司"，生产新型汽车。借此，通用汽车公司学习和掌握丰田汽车公司的生产方式、管理方式、"学习注重人性和需要"，并活学活用形成自己的新型管理方式。

实践使史密斯认识到，美国汽车工业最强劲的对手是日本。日本公司文化由于历史和民族的原因，使员工志同道合，而美国国民富于创新、勇于竞争、倾向个性自由和民族文化的多元化，使得企业内部由于意见不易趋于一致而导致了浪费。员工和管理层之间隔阂很深，合作不力。要想应对全球性的激烈竞争，通用汽车公司需要将日本人的合作精神与美国人富于想象、富于创新的能力结合起来，才能形成最佳的公司文化。

现实也使美国学者和企业家认识到，美国要重振经济雄风，必须对美国传统的经济文化和传统管理方式进行深刻认真的调整，建立起真正具有美国精神的企业文化。

可以说，企业文化的实践开始于日本。日本运用企业文化指导企业经营管理，并取得了成功经验。美国学者对日本的企业文化实践经验进行调查、总结、研究，并进行理论上的概括，上升到一个理论高度，使之成为可以指导美国企业管理改革的管理理论。其后，日本学者又从美国学者的研究出发，致力于企业文化研究，试图从本国的企业文化实践中提取理论。西欧各国也纷纷致力于企业文化研究。全世界范围内的企业文化研究得以兴起和发展。

9.2 企业文化建设

9.2.1 企业文化建设的一般原则

建设企业文化的基本原则，是企业坚持自己的个性特色，在未来的经济竞争中，形成具有鲜明的个性化的企业文化的有力保证，所以，企业在建设企业文化时，不可忽视以下基本原则。

1. 强化以人为中心

文化应以人为载体，人是文化生成与承载的第一要素。企业文化中的人不仅仅是指企业家、管理者，还包括企业的普通职工。企业文化建设中要强调关心人、尊重人、理解人和信任人。企业团体意识的形成，首先是企业的全体成员有共同的价值观念，有一致的奋斗目标，才能形成向心力，才能成为一个具有战斗力的整体。

2. 表里一致，切忌形式主义

企业文化属于意识形态的范畴，但它又要通过企业或员工的行为和外部形态表现出来，这就容易形成表里不一致的现象。建设企业文化必须首先从员工的思想观念入手，树立正确的价值观念和哲学思想，在此基础上形成企业精神和企业形象，防止搞形式主义，言行不一。形式主义不仅不能建设好企业文化，而且是对企业文化概念的曲解。

3. 注重差异性

差异性是企业文化的一个重要特征。企业文化本来就是在企业发展的历史过程中形成的。每个企业都有自己的历史传统和经营特点，企业文化建设要充分利用这一点，建设具有自己特色的文化。企业有了自己的特色，而且被顾客所公认，才能在企业之林中独树一帜，才有竞争的优势。

4. 不能忽视经济性

企业是一个经济企业，企业文化是一种微观经济企业文化，应具有经济性。所谓经济性，是指企业文化必须为企业的经济活动服务，要有利于提高企业生产力和经济效益，有利于企业的生存和发展。前面讨论的关于企业文化的各项内容中，虽然并不涉及"经济"二字，但建设和实施这些内容，最终目的都不会离开企业经济目标的实现和谋求企业的生存和发展。所以，企业文化建设实际上是一个企业战略问题，称为文化战略。

5. 继承传统文化的精华

马克思主义认为："人们自己创造自己的历史，但他们并不是随心所欲地创造，而是在直接碰到的从过去继承下来的条件下创造。"中国企业文化建设也是这样，它应该是在传统文化的基础上进行增值开发，否则企业文化就会失去存在的基础，也就没有生命力。增值开发就是对传统文化进行借鉴，去其糟粕，取其精华。我国传统文化中的民本思想、平等思想、务实思想等都是值得增值开发的内容。我国民本思想自古以来就相当强烈，并在一定程度上制约着专制行为。社会主义企业中，劳动者是企业的主人，企业文化建设自然要以民本思想为重要的思想来源，并通过这一思想的开发利用，使员工产生强烈的主人翁意识，自觉地参与企业的民主管理。中华民族坚持人的平等性，认为"人皆可以为尧舜"，这正是过去中国革命的思想基础。这种思想的增值开发并用于现代企业的文化建设，将为企业员工提供平等竞争的机会，有利于倡导按劳分配，同工同酬的运行机制。务实精神要求人们实事求是、谦虚谨慎、戒骄戒躁、刻苦努力、奋发向上，对此如能发扬光大，必将形成艰苦创业、勇于创新的企业精神。大庆"三老四严"的"铁人精神"就是这种民族精神增值开发的结果。

9.2.2 企业文化建设的步骤

一般来说，建设企业文化需要经过一定的步骤，才可能逐步实现。综合考察企业文化建设的过程，一般分为4个阶段：调查分析阶段、总体规划阶段、传播执行阶段、评估调整阶段。

这4个阶段不是截然分开的，它们之间存在前后继承的关系，前一阶段是后一阶段的前提，后一阶段是前一阶段文化发展的继续。每一阶段的工作并不独立存在，它可能与其他阶段的工作交叉进行，在空间上并存。同时，在这些阶段都存在信息反馈，根据反馈信息，不断地修正，使整个企业文化建设工作处在良性循环之中。

1. 调查分析阶段

企业文化的调查分析同其他社会调查不同，它是以企业发展、企业生产经营为中心，对企业文化因素进行考察，为建设企业文化提供参考信息。

① 企业文化发展史的调查分析。每个企业都有自己的企业文化发展史，区别在于企业文化的个性和特色。企业在建设企业文化时，实质上都在自觉或不自觉地受到过去已有的企业文化的影响，新文化是在旧文化的基础上发展起来的。因此，建设企业文化需要总结过去，继往开来。

② 企业文化发展的内在机制的调查分析。企业文化生成与发展的核心机制是内在的对企业活动信息进行加工的机制，它的现实形态表现为企业的经营活动机制。这是建设企业文化调查分析的中心环节。

③ 企业价值观的调查分析。企业价值观是企业文化的中心环节和核心。对现在企业价值观的调查分析，是确定新价值观的基础。价值观文化是企业文化中最难确定的部分，其稳定性最大、影响力最大。因此确定企业价值观是企业文化建设的首要任务。

④ 企业文化发展环境的调查分析。企业文化的形成和发展离不开发展环境，发展环境是影响企业文化的外部因素。

⑤ 企业文化发展战略的调查分析。这包括：调查分析企业文化的过去、现在的发展轨道，预测企业文化未来的发展道路；结合企业经营发展战略，对企业文化未来发展可能产生的影响进行战略性调查分析；将企业文化看成是未来企业竞争的焦点，企业文化的力量决定企业竞争的力量。

⑥ 企业人的素质的调查分析。企业文化是企业人群体加工企业信息后的产物。企业人是企业文化生成与发展的产物，企业人的素质的高低直接影响企业文化水平的高低。建设企业文化，必须调查分析企业人的素质。

2. 总体规划阶段

建设企业文化是一系列的行为，需要制订总体的规划方案，总体规划建立在调查分析的基础之上，不是主观臆测的，科学性和灵活性是制订总体规划的保证。

总体规划是企业文化的倡导者根据企业文化现实和未来发展的设想，在调查分析的基础上制订的文化发展方案。

① 提出建设企业文化的目标、宗旨及其意义，从宏观上提出未来文化发展的走向，给企业文化定位。

② 提出高品位的文化价值观。科学、简练、明确地让所有企业人都正确理解企业文化价值观对他们的要求。

③ 依据企业的个性特色，以企业价值观为中心，提出企业精神、企业哲学、文化信念

等精神文化目标。

④ 结合企业经营战略目标，明确物质文化将要达到的指标，提出有针对性、指导性的物质文化措施。

⑤ 提出切实可行的行为方案，强调企业人的文化自觉力和自我约束力，依据企业人的素质来确定强化或淡化制度，以及规定的制约机制。

⑥ 对企业原有文化给予客观公正的评价，并提出需要继承和发扬的文化传统。

3. 传播执行阶段

传播执行是将企业文化的规划变成现实的过程，这一阶段是最为复杂、最为多变的阶段，也是最为漫长的阶段。从建设企业文化的意义上来讲，显然这一阶段是最为关键的。

4. 评估调整阶段

企业文化的评估调整，就是根据企业文化特点、总体规划要求及客观执行状况，对总体规划、传播执行效果等方面进行衡量、检查、评价和估计，判断其优劣，调整目标偏差，避开企业文化负效应，保证正效应，使建设企业文化工作向健康、稳定、正确的方向发展。

9.2.3 企业文化建设的方法

在上述4个阶段的企业文化建设过程中，还需要有适当的方法。建设企业文化的方法有多种，一般而言，在企业实践中较有成效的方法有以下几种。

1. 示范法

示范法通过总结宣传先进模范人物的事迹，发挥党员、干部的模范带头作用，表扬好人好事等方法给广大员工提供直观性强的学习榜样。这些榜样的事迹和行为，就是企业文化中关于道德规范与行为准则的具体样板。做好上述工作，就是把企业所要建设的企业文化意识告诉给广大员工。

2. 激励法

激励法运用精神鼓励与物质鼓励，包括开展竞赛活动、提口号、提目标、提要求、评先进等，使员工感到自己的事业进取心将有满足的机会，从而主动努力工作。与此同时，还必须从生活方面关心员工，通过不断改革分配制度去满足员工物质利益上的合理要求。

日本东京西武百货公司激励员工追求自我实现精神所采取的措施，足以鼓励员工的工作达到卓越的程度。该公司采取的第一条措施是：公司的任何一个商店、办公室都贴着一张既吸引人又使人费解的宣传画，画中一个巨大的人头像，头顶上顶着一个小铁塔，塔尖的四周放射着闪电，这叫作西武公司的"热情发电图"，象征员工对公司的热烈情感会化作巨大的智慧，像闪电一样给公司以巨大的推动力。他们采取的第二条措施是：建立一系列保证员工自我实现的制度，如"自我申报制度""专门职务制度""员工再复职制度"等，其中"自我申报制度"要求每位员工每年都要填写自我申报表，表达每位员工对自己深造、工种交换、晋升职务的要求，以及对现在工作的满意程度和意见。该公司一位29岁的女系长，做妇女服装的销售工作，她一边工作一边学外语，提出两年后希望到国外工作，但她外语还不行，于是课长帮助她制订了一个外语进修计划，两年后她如愿以偿。她到国外后十分感激公司的培养，工作、学习劲头比以前更大了，做出了常人意想不到的业绩。该公司认为：在多数情况下，不是人不好，而是没有用好。激励精神、合理用人，当然就能使平凡人干出非凡的成绩。

3. 感染法

感染法运用一系列的文艺活动、体育活动和读书活动等，培养员工的自豪感和向心力，使之在潜移默化的过程中形成集体凝聚力。

A公司2015年举办的各类文体活动见表9-1，其目的在于体现和传播企业文化，形成"企业文化品牌"。

表9-1 A公司2015年举办的各类文体活动

时间安排	活动项目	突 出 主 题
1月	企业文化年会	企业文化队伍的沟通与交流
1—3月	书画摄影大赛	展示员工风采，活跃员工生活
4—5月	辩论赛	展示员工风采，活跃员工生活，思辨管理
7月、9月	毕业生培训	传播企业文化
7—9月	原创文学大赛	活跃员工生活，收集企业故事
9月	中秋晚会	活跃员工生活，营造欢乐氛围
10—11月	运动会	展示员工风采，活跃员工生活，体现积极拼搏精神
11月	文艺会演	展示员工风采，活跃员工生活，营造大家庭氛围
每双周周日	周末影院	活跃员工生活
不定期	员工联谊活动	青年员工联谊

4. 自我教育法

自我教育法运用谈心活动、演讲比赛、达标活动、征文活动等形式让员工对照企业的要求找差距，进行自我教育，转变价值观念和行为。

A公司2015年下半年举办的各类非文体、员工自我教育式活动见表9-2，其目的在于结合企业实际，员工寻找自我差距，系统化、立体式地推动企业文化建设，建立员工统一的企业价值理念。

表9-2 A公司2015年下半年举办的各类非文体、员工自我教育式活动

时间安排	活动项目	突 出 主 题
6月	社会责任书	展示企业社会责任，倡导企业公民行为
7月	年中总结计划大会	经营业绩体现，管理思路传播，管理团队融合
9月	人才科技月	展示对科技与人才的重视风采，表彰优秀员工
10月	生产安全月征文比赛	传播安全理念与规则，传播安全文化
12月	扶助基金捐赠仪式	体现对员工的关怀
12月底	年终总结计划大会	经营业绩体现，管理思路传播，管理团队融合

5. 灌输法

灌输法通过培训、报告会、研讨会等宣传手段进行宣教活动，把企业想要建立的文化目标与内容直接灌输给员工。

【本章小结】

本章介绍了企业文化的相关内容。企业文化是企业在长期生产经营实践中创造和形成的，为广大职工所认同和遵循的，具有本企业特色的价值观、团体意识、行为规范和思维模式的总和；企业文化的五大功能，即导向功能、约束功能、凝聚功能、激励功能和辐射功能。本章通过具体案例，对各个功能进行了详细的分析，把企业文化的结构分为物质层、制度层和精神层。对物质层所包含的一些标识或设施等内容进行了列举，并明确了企业物质文化所起到的作用，能够给人留下良好的第一印象；制度层的建立首先建立健全企业的管理体系，并且要赋予它文化的内涵；企业文化的核心层，强调了企业精神对企业成功的重要性。在明确这三层企业文化结构的基础上，又指出了三者的关系。

从解析企业文化建设的原则入手，重点讲解了企业文化建立的步骤，主要包括调查分析阶段、总体规划阶段、传播执行阶段和评估调整阶段。

【复习题】

1. 什么是企业文化？其主要内容有哪些？
2. 企业文化的物质层、制度层和精神层之间的关系是什么？
3. 企业文化的作用和功能是什么？
4. 企业文化建设应遵循哪些基本原则？
5. 企业文化建设的步骤有哪些？

【讨论题】

1. 当一个企业意识到建设企业文化的重要性，开始着手准备的时候，如何能够逐步地入手，避免假大空的运动式的变革运动？

2. 日本的企业视企业的规章制度为一堵墙一样地来执行，每个人都严格遵守，但是这种做法，是否会让员工感觉很死板，在中国的企业里，你认为应该如何平衡企业文化与制度的关系？

◇ 案例1

先给谁换？

走进任何一家南方李锦记的分公司，都会发现，所有员工桌面上的电脑显示器全是液晶显示器。因为液晶显示器没有辐射，不伤害眼睛，还能节省办公空间，提高工作效率。所以公司在2003年决定，把原来的普通显示器全部换成液晶显示器。由于液晶显示器还没有大规模上市，需要逐批买来更换。那么，先给谁换呢？是老总？总公司的员工？还是一线人员？

按照一般的企业习惯，从上到下的顺序是"老板、管理层、员工"。但是，南方李锦记认为：一切销售目标都是靠前线销售队伍完成的。南方李锦记的企业意识形态是一般习惯的翻转，是"员工、管理层、老板"。所以，第一批液晶显示器给了业务部输单组，这些一线的员工需要一天到晚对着电脑工作，还经常加班加点；第二批更换显示器的是各地分公司，这些分公司直接面对市场、消费者和业务伙伴；第三批更换的才是总公司。

[问题]

用你学习过的企业文化基本理论分析南方李锦记的做法反映出什么样的企业价值理念。

◇ 案例2

快乐的美国西南航空公司

美国西南航空公司，创建于1971年，当时只有少量顾客、几只包袋和一小群焦急不安的员工，现在已成为美国第六大航空公司，拥有1.8万名员工，服务范围已横跨美国22个州的45个大城市。

一、总裁用爱心管理公司

当时的公司总裁和董事长赫伯·凯勒是一位传奇式的创办人，他用爱心建立了这家公司。爱心说明了公司总部设在达拉斯的友爱机场，也是该公司在纽约上市股票的标志，又是西南航空公司的精神。这种精神从公司总部一直感染到公司的门卫、地勤人员。

当踏进西南航空公司总部大门时，你就会感受到一种特殊的气氛。一个巨大的、敞顶的三层楼高的门厅内，展示着公司历史上值得纪念的事件。当你穿越欢迎区域进入把办公室分列两侧的长廊时，你就会沉浸在公司为员工举行庆祝活动的气氛中。长廊的两侧布置着数百幅配有镜框的图案，镶嵌着成千上万张员工的照片，歌颂内容有公司主办的晚会和集体活动等。早期员工们的一些艺术品，像油画等也巧妙地穿插在无数图案中。

二、公司处处是欢乐和奖品

你到处可以看到奖品。装饰板上用签条标明心中的英雄奖、基蒂霍克奖、精神胜利奖、总统奖和幽默奖（这张奖状当然是倒挂着的），并骄傲地写上了受奖人的名字。你甚至还可以看到"当月顾客奖"。

当员工们轻松地迈步穿越大厅过道，前往自己的工作岗位，到处洋溢着微笑和欢乐，谈论着"好得不能再好的服务""男女英雄"和"爱心"等。公司制定的"三句话训示"挂满了整个建筑物，最后一行写着："总之，员工们在公司内部将得到同样的关心、尊敬和爱护，也正是公司盼望你们能和外面的每一顾客共同分享。"有的人也许会想，是不是走进了好莱坞摄影棚里？不！这是西南航空公司。

公司节日活动丰富多彩，情人节有服装表演，复活节有装饰考究的节日彩蛋。每年一度规模盛大的万圣节到来时，公司会把总部大楼全部开放，让员工们的家属及附近小学生们都参加"恶作剧或给糖果"游戏。

公司专为后勤人员设立"心中的英雄"奖，其获得者可以把本部门的名称喷涂在指定的飞机上作为荣誉，为期一年。

三、透明式的管理

如果你要见总裁，只要他在办公室，你可以直接进去，不用通报，也没有人会对你说："不，你不能见他。"

公司每年举行两次"新员工午餐会"，领导和新员工直接见面，保持公开联系。领导向新员工提些问题，例如，"你认为公司应该为你做的事情都做到了吗？""我们怎样做才能做得更好些？""我们怎样才能把西南航空公司办得更好些？"等。员工的每项建议，在30天内必能得到答复。一些关键的数据，包括每月载客人数、公司季度财务报表等员工都能知道。

"一线座谈会"是一个全日性的会议，是专门为那些在公司里已工作了10年以上的员工而设的。会上各位副总裁对自己管辖的部门先做概括介绍，然后公开讨论，题目有："你对西南航空公司感到怎样？""我们应该怎样使你不断前进并保持动力和热情？""我能回答你一些什么问题？"

这种爱心精神在西南航空公司内部闪闪发光，正是依靠这种爱心精神，当整个行业在赤字中跋涉时，公司连续22年盈利，创造了全行业个人生产率的最高纪录，人员调动率低得令人难以置信。连续三年获得国家运输部的"三皇冠"奖，表彰他们在航行准时、处理行李无误和客户意见最少三方面取得的最佳成绩。

[问题]

1. 西南航空公司的企业文化是什么？采取了哪些手段去贯彻？
2. 赫伯·凯勒在创建西南航空公司的企业文化中起到了什么作用？
3. 哪些事实说明了西南航空公司的"爱心管理"是成功的？

项目 10

管 理 创 新

摩托罗拉公司于 1991 年牵头成立铱星通信公司，建立由 66 颗低轨道卫星组成的全球卫星移动通信网，试图实现全球"无缝隙"覆盖。由于运营和技术换代等原因，在耗资 50 亿美元后，铱星通信公司不得不于 2000 年 3 月 17 日宣布破产。这个项目虽然失败了，但摩托罗拉公司并未因此受太多拖累，因为它在投资时已分散了风险。虽然当时铱星计划前景美妙，但摩托罗拉公司并未企图一口独吞，而是与 10 余家公司共同投资组成了铱星通信公司，摩托罗拉公司拥有其中 18% 的股份。1997 年 6 月，铱星通信公司的股票在纳斯达克上市，再次分散了风险。所以，铱星计划虽然失败，但对于摩托罗拉公司，仅是一次未伤筋骨的项目意外失手，摩托罗拉公司的整体投资策略依然可圈可点。

【**管理启示**】摩托罗拉公司铱星计划的案例说明：企业经营处处存在风险，只有通过创新（在这里是通过"风险投资"降低风险）才能避免企业的灭顶之灾。设想铱星计划假如是发生在中国，那又将是怎样的场景？某个大公司一旦发现这个"好项目"，就会认准它是个"好项目"，既是高科技又有很大的用户需求，投资上马，自有资金不够就向银行贷款，开发、生产、销售都自己干，规模都照着最理想的状况定，最后发现技术过于先进、价格过高，顾客无法接受。但摊子已经铺开了，只有出的钱没有进的钱，亏的企业想吐血。而当初上马时又是单枪匹马，全部家底已投进去了，还欠了一屁股债，企业只有死路一条。

思路决定出路，出路贵在创新。

每一项管理创新不亚于一项科学发明，需要打破传统的思维模式和传统的思想观念，相互借鉴，相互参考，全面衡量，并在此基础上发挥所有人员的聪明才智和创新思维，为组织的管理献计献策，达到最大可能的管理创新。

本章将重点介绍管理创新的基本理论，在此基础上阐述了管理创新的过程和条件。希望对企业的管理创新起一个抛砖引玉的作用。

【**学习目标**】

1. 掌握管理创新的概念，理解管理创新对企业发展的必要性。
2. 明确管理创新所应该包括的内容。
3. 了解影响企业管理创新的因素。

4. 了解管理创新的过程和条件。

创新是唯一的出路，淘汰自己，否则竞争对手将淘汰我们。

——安迪·葛洛夫

10.1 管理创新概述

1. 管理创新的简介

创新（innovation）一词是经济学家约瑟夫·熊彼特于1912年首次提出的，其意思是指以一种独特的方式综合各种思想或在各种思想之间建立起独特的联系的一种能力。它是一种能激发创造力的组织，可以不断地开发出做事的新方式及解决问题的新方法。

管理创新则是指组织形成一种创造性思想并将其转换为有用的产品、服务或作业方法的过程。或者说，富有创造力的组织能够不断地将创造性思想转变为某种有用的结果。当管理者说到要将组织变革成更富有创造性的时候，他们通常指的就是要激发创新。

管理创新也可以理解为企业把新的管理要素（如新的管理方法、新的管理手段、新的管理模式等）或管理要素组合引入企业管理系统以更有效地实现组织目标的创新活动。

2. 管理创新的必要性

斜坡球体论

海尔集团的首席执行官张瑞敏总结在激烈竞争中经营制胜的经验时提出了"斜坡球体论"。这是指企业在市场上的地位犹如斜坡上的小球，需要有上升力，使其不断向上发展；还需要有止动力，防止下滑。这种止动力是指管理基础工作，而这种上升力就是管理创新。

1）知识经济和现代科学技术的需要

创新是知识经济发展的动力，随着知识经济和现代科学技术时代的到来，创新是弥补原来不足，适应新时代、新形势和新环境的必由之路。管理创新也不例外，只有不断地管理创新才能为企业在知识经济和现代科学技术条件下补充新的血液和新的活力，才能使企业生存并得到发展。

2）市场经济和激烈的市场竞争的需要

"以产定销"的计划经济时代已经成为过去，信息化为经济市场化、国际化提供了生产力基础。企业的生存必将是全球范围内的生存。全球电子数据交换系统（EDI），使企业在产品生产和供应方面的地理概念与时间概念大大淡化，资金流通与商品流通日趋市场化、全球化。这些变化既给企业带来了机遇和挑战，又给企业带来了更高的要求与残酷的竞争。

3) 企业现状和深化企业改革的需要

管理要合理组织生产力,同时又要不断调整生产关系。当今我国企业正处于生产力大发展,生产关系大变革的环境之中,处于由计划经济向市场经济的深刻转变之中。要提高企业经济效益,经济增长方式必须从粗放经营转到集约经营上来,即由"总量增长型"向"质量效率型"转变。

3. 管理创新的内容及其分类

管理创新包括管理思想、管理理论、管理知识、管理方法、管理工具等的创新。如果按职能来划分,可以将管理创新分解为目标、计划、实施、反馈、控制、调整、领导、组织、人力9项管理职能创新。如果按业务组织的系统来划分,则可将管理创新划分为战略创新、模式创新、流程创新、标准创新、观念创新、风气创新、结构创新、制度创新。如果按企业职能部门来划分,管理创新可划分为研发管理创新、生产管理创新、市场营销和销售管理创新、采购和供应链管理创新、人力资源管理创新、财务管理创新、信息管理创新等类型。总之,划分标准不同,划分的结果也就不同。

4. 影响管理创新的因素

影响管理创新的因素包括组织结构因素、文化因素和人力资源因素。

① 从组织结构因素来看,有机式结构对管理创新有正面影响,拥有富足的资源能为管理创新提供重要保证,部门间密切的沟通有利于克服管理创新的潜在障碍。

② 从文化因素来看,充满创新精神的组织文化通常有如下特征:接受模棱两可,容忍不切实际,外部控制少,接受风险,容忍冲突,注重结果甚于手段,强调开放系统。

③ 从人力资源因素来看,有创造力的组织积极地对其员工开展培训和发展,以使其保持知识的更新;同时,它们还给员工提供工作保障,以减少他们担心因犯错误而遭解雇的顾虑;组织也鼓励员工成为革新能手,一旦产生新思想,革新能手们会主动而热情地将思想予以深化、提供支持并克服阻力。

5. 管理创新与科技创新的关系

信息技术引领的现代科技的发展及经济全球化的进程,推动了管理创新,这既包括宏观管理层面上的创新——制度创新,也包括微观管理层面上的创新。钱学森的开放的复杂巨系统理论强调知识、技术和信息化的作用,特别强调知识集成、知识管理的作用,强调信息技术引领的管理创新。知识社会环境下科技创新体系的构建需要以钱学森开放的复杂巨系统理论为指导,从科学研究、技术进步与应用创新的协同互动入手,进一步分析充分考虑现代科技引领的管理创新、制度创新。

科技创新正是科学研究、技术进步与应用创新协同演进下的一种复杂涌现,是这个三螺旋结构共同演进的产物。科技创新体系由以科学研究为先导的知识创新、以标准化为轴心的技术创新和以信息化为载体的管理创新三大体系构成,如图10-1所示。知识社会新环境下上述三大体系相互渗透、互为支撑、互为动力,推动着科学研究、技术研发、管理与制度创新的新形态,即面向知识社会的科学2.0、技术2.0和管理2.0,三者的相互作用共同塑造了面向知识社会的创新2.0体系,如图10-2所示。

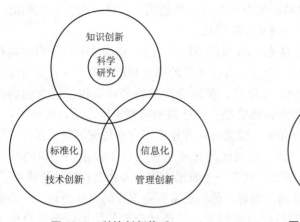
图 10-1 科技创新体系

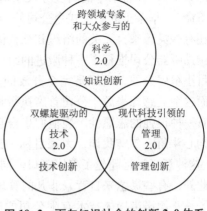
图 10-2 面向知识社会的创新 2.0 体系

10.2 管理创新的过程和条件

10.2.1 管理创新的过程

1. 对现状的不满

在几乎所有的案例中，管理创新的动机都源于对公司现状的不满：或是公司遇到危机，或是商业环境变化及新竞争者出现而形成战略型威胁，或是某些人对操作性问题产生抱怨。

例如，Litton 互联产品公司是一家为计算机组装主板系统的工厂，位于苏格兰的格伦罗西斯。1991 年，布莱克受命负责这家工厂的战略转型。他说："我们曾是一家前途黯淡的公司，与竞争对手相比，我们的组装工作毫无特色。唯一的解决办法就是采取新的工作方式，为客户提供新的服务。这是一种刻意的颠覆，也许有些冒险，但我们别无选择。"

很快，布莱克推行了新的业务单元架构方案。每个业务单元中的员工都致力于满足某一位客户的所有需要，他们学习制造、销售、服务等一系列技能。这次创新使得客户反响获得极大改善，员工流动率也大大降低。

当然，不论出于哪一种原因，管理创新都在挑战组织的某种形式，它更容易产生于紧要关头。

2. 从其他来源寻找灵感

管理创新者的灵感可能来自其他社会体系的成功经验，也可能来自那些未经证实却非常有吸引力的新观念。

有些灵感源自管理思想家和管理宗师。1987 年，华莱士出任了惠灵顿保险公司的首席执行官。在惠灵顿保险公司危机四伏的关键时候，华莱士读到了汤姆·彼得斯的新作《混沌中的繁荣》。他将书中的高度分权原则转化为一个可操作的模式，这就是人们熟知的"惠灵顿革命"。华莱士的新模式令公司的利润率大幅增长。

还有些灵感来自无关的组织和社会体系。20世纪90年代初，总部位于丹麦哥本哈根的奥迪康助听器公司推行了一种激进的组织模型：没有正式的层级和汇报关系，资源分配是围绕项目小组展开的，组织是完全开放的。几年后，奥迪康助听器公司取得了巨大的利润增长。而这个灵感却来源于公司首席执行官科林曾经参与过的美国童子军运动。科林说："童子军有一种很强的志愿性。当他们集合起来，就能有效合作而不存在任何等级关系。这里也没有钩心斗角、尔虞我诈，大家目标一致。这段经历让我重视为员工设定一个明确的'意义'，这种意义远远超越了养家糊口。同时，建立一个鼓励志愿行为和自我激励的体系。"

此外，有些灵感来自背景非凡的管理创新者，他们通常拥有丰富的工作经验。一个有趣的例子是亚德诺半导体技术有限公司的经理施奈德曼，平衡计分卡的原型就是出自他的手笔。在斯隆管理学院攻读工商管理硕士课程时，施奈德曼深受系统动态观念的影响。加入亚德诺半导体技术有限公司前，他在贝恩咨询公司做了六年的战略咨询顾问，负责贝恩咨询公司在日本的质量管理项目。施奈德曼深刻地了解日本企业，并用系统的视角看待组织的各项职能。因此当亚德诺半导体技术有限公司的首席执行官 Ray Stata 请他为公司开发一种生产质量改进流程的时候，他很快就设计出了一整套的矩阵，涵盖了各种财务和非财务指标。

这3个例子说明了一个简单的道理：管理创新的灵感很难从一个公司的内部产生。很多公司盲目对比或观察竞争者的行为，导致整个产业的竞争高度趋同。只有通过从其他来源获得灵感，公司的管理创新者们才能够开创出真正全新的东西。

3. 思考新的方式方法——创新

管理创新人员将各种不满的要素、灵感及解决方案组合在一起，组合方式通常并非一蹴而就，而是重复、渐进的，但多数管理创新人员都能找到一个清楚的推动事件，争取内部和外部的认可。

与其他创新一样，管理创新也有风险巨大、回报不确定的问题。很多人无法理解创新的潜在收益，或者担心创新失败会对公司产生负面影响，因而会竭力抵制创新。而且，在实施之前，人们很难准确判断创新的收益是否高于成本。因此对于管理创新人员来说，一个关键阶段就是争取他人对新创意的认可。

在管理创新的最初阶段，获得组织内部的接受比获得外部人士的支持更为关键。这个过程需要明确的拥护者。如果有一个威望高的高管参与创新的发起，就会大有裨益。另外，只有尽快取得成果才能证明创新的有效性，然而，许多管理创新往往在数年后才有结果。因此，创建一个支持同盟并将创新推广到组织中是非常重要的。管理创新的另一个特征是需要获得"外部认可"，以说明这项创新获得了独立观察者的印证。在尚且无法通过数据证明管理创新的有效性时，高层管理人员通常会寻求外部认可来促使内部变革。外部认可包括以下4种来源。

① 商学院的学者。这些学者密切关注各类管理创新，并整理总结企业碰到的实践问题，以应用于研究或教学。

② 咨询公司。这些公司通常对这些创新进行总结和存档，以便用于其他的情况和组织。

③ 媒体机构。这些机构热衷于向更多的人宣传创新成功的故事。

④ 行业协会。这些协会往往会提出行业创新的方向及标准，并在行业内推广有效的创

新理念。

外部认可具有双重性：一方面，它增加了其他公司复制创新成果的可能性；另一方面，它也增加了公司坚持创新的可能性。

10.2.2 管理创新的条件

为使管理创新有效地进行，还必须创造以下条件。

1. 管理创新主体应具有良好的心智模式

管理创新主体（企业家、管理者和企业员工）具有良好的心智模式是实现管理创新的关键。心智模式，是指由于过去的经历、习惯、知识素养、价值观等形成的基本固定的思维认识方式和行为习惯。管理创新主体具有的心智模式：一是远见卓识，二是较好的文化素质和价值观。

2. 管理创新主体应具有较强的能力结构

管理创新主体必须具备一定的能力才可能完成管理创新，所以它的主体应具有核心能力、必要能力和增效能力。核心能力突出地表现为创新能力；必要能力包括将创新转化为实际操作方案的能力，从事日常管理工作的能力；增效能力则是控制协调并加快创新进展的能力。

3. 企业应具备较好的基础管理条件

现代企业中的基础管理主要指最基本的管理工作，如对基础数据、技术档案、统计记录、信息归档、工作规则、岗位职责标准等的管理。管理创新往往是在基础管理工作开展得较好的基础上才有可能产生，因为好的基础管理条件可提供许多必要且准确的信息、资料、规则，这本身有助于管理创新的顺利进行。

4. 企业应营造一个良好的管理创新氛围

管理创新主体具有创新意识，能有效发挥其创新能力，与拥有一个良好的创新氛围有关。在良好的工作氛围下，人们思想活跃，新点子产生得多而快，而不好的工作氛围则可能导致人们思想僵化、思路堵塞、头脑空白。

5. 管理创新应结合本企业的特点

现代企业之所以要进行管理创新，是为了更有效地整合本企业的资源以完成本企业的目标和任务。因此，这样的管理创新就不可能脱离本企业和本国的特点。在当前的国际市场中，短期内中国大部分企业的实力比西方企业弱，如果以刚对刚则会失败，若以太极拳的方式以柔克刚，则可能是中国企业走向世界的最佳方略。中国企业应充分发挥以"情、理、法"为一体的中国式管理制度的优势和特长。

6. 管理创新应有创新目标

管理创新目标比一般目标更难确定，因为创新活动及创新目标具有更大的不确定性。尽管确定创新目标是一件困难的事情,但是如果没有一个恰当的目标则会浪费企业的资源,这本身又与管理的宗旨不符。

10.2.3 管理创新的理论依据

要有效地进行管理创新,必须依照企业管理创新的特点和基本规律,因此,管理创新要依据以下基本的理论。

1. 企业本性论

追求利润最大化——企业是现代社会的经济主体,是社会政治、经济和文化生活的基本单元。现代社会是以企业为主宰的团体社会,企业没有利润,怎样体现自己的生命意义,又怎样追求自己的价值,所以企业本性论是进行管理创新首要的和基本的理论依据。

2. 管理本性论

企业本性论指明了企业生存的目标,怎样实现这一目标必须靠科学的管理。通过加强基础管理和专业管理,使企业产品质量提高、产量增加、成本下降、利润增长,这是企业管理创新的又一理论依据。

3. 员工本性论

企业本性论明确了创造利润这一企业本性,管理本性论使人们认识到实现企业本性要靠科学的管理,根据市场和社会变化,有效地整合企业内部资源,创造更高的生产率,不断满足市场需求,另外,还必须明确管理的主体。在构成企业的诸多要素中,人是最积极、最活跃的主体性要素,企业的一切营运活动必须靠人来实现。人是生产力的基本要素,又是管理的主体。这是企业活力的源泉所在,也是管理创新能否成功的关键。

4. 国有企业特性论

国有企业是国有资产的运营载体,在国民经济中占有主导地位,是一种"特殊"的企业。政府要依靠和发挥国有经济的作用,通过国有企业实现宏观调控,与外资企业抗衡,稳定市场秩序,维护公开、公平的市场竞争,保证社会经济发展目标的实现。改革只会改变国有企业承担社会目标的形式和某些内容,但绝对不会改变其承担社会目标的职能,也不会改变经营者所面对的较之私人企业更多的管理创新难题。

10.2.4 提高企业管理创新能力的途径

1. 有意识地进行管理创新

很多企业建立了研发实验室,或是为某些人指定了明确的管理创新职责。但有多少企业建立了专门的组织构架来培育管理创新?要成为一个管理创新者,第一步必须向整个组织推销其管理创新观念。

2. 创造一个怀疑的、解决问题的文化氛围

当面临挑战时，企业员工会如何反应？他们会开始怀疑吗？他们是会借助竞争者采用的标准解决方案，还是会更深入地了解问题，努力发现新的解决之道？只有最后一条路才能将公司引向成功的管理创新，管理者应当鼓励员工寻找解决问题的方法而非选择逃避。

3. 寻求不同环境中的类比和例证

企业应该向一些高度弹性的社会体系学习，如议会民主制度等；如果企业希望提高员工的积极性，就应该去观察、学习各种志愿者组织；鼓励员工去不同的国家工作也非常有价值。总之，通过使员工在不同环境中获得各种体验，可以给员工提供多样化的视角，并激发其思维。

4. 培养低风险试验的能力

有一家公司的管理者不断鼓励员工及团队提出管理创新办法。但他们很快意识到，要想使能动性转化为有效性，就不能放任所有的新主意在整个组织内蔓延。他们规定，每种创新只能在有限的人员范围和有限的时间内进行，这样既保证了新创意有机会实施，同时也不会影响到整个组织。

5. 利用外部的资源来推动管理创新

当公司有能力自己推进管理创新时，有选择地利用外部的学者、咨询顾问、管理大师会很有用。他们有三个基本作用：新观念的来源，作为一种宣传媒介让这项管理创新更有意义，使公司已经完成的工作得到更多的认可。

6. 持续地进行管理创新

真正的成功者绝非仅进行一两次的管理创新，相反，他们是持续的管理创新者。通用电气公司就是一个例子。它不仅成名于其"群策群力"原则和无边界组织，还拥有很多更为经典的管理创新，如战略计划、管理人员发展计划、研发的商业化等。

10.2.5 管理创新的趋势

管理创新主要呈现出以下趋势。

1. 由追求利润最大化向追求企业可持续成长管理观转变

研究表明，把利润最大化作为企业发展的唯一主题，是造成企业过早夭折的重要根源之一。在产品、技术、知识等创新速度日益加快的今天，成长的可持续性已经成为现代企业所面临的一个比利润更重要的课题。

坚持可持续成长管理观，在管理创新中就会注重整体优化，讲求系统管理，实行企业系统整体功能优化，注重依靠核心竞争力，不断提高市场竞争优势，注重夯实基础管理，讲求

管理精细化、科学化、程序化、规范化和制度化，注重以人为本，不断提高员工素质，充分调动员工积极性，发挥其能动作用等。

企业是一个人造系统，其内部系统是可以改造的，这是企业能够实现可持续成长的客观条件。与可以枯竭的物质资源不同，企业文化、企业家精神等是支撑企业可持续成长的支柱。

2. 企业竞争由传统的要素竞争转向企业运营能力的竞争

企业从大量市场产品和服务标准化、寿命期长、信息含量少、简单的一次性交易的竞争环境，向产品和服务个性化、寿命期短、信息含量大，并与顾客保持沟通关系的全球竞争环境转变。提升企业的运营能力，就要使企业的生产、营销、组织、管理等方面都"敏捷"起来，使企业成为一个全新的"敏捷性"经营实体，实现向"敏捷管理"方式的转变。一个企业要适应超速的竞争，必须在以下各层面具备"敏捷性"的特点：在生产方面，"敏捷管理"意味着具有依照顾客订单，任意批量制造产品和提高服务的能力；在营销方面，它具有以顾客价值为中心、丰富顾客价值、生产个性化产品和服务组合的特点；在组织方面，它要求能够整合企业内部和外部与生产经营过程相关的资源，通过与供应商和顾客的互动合作，创造和发挥资源杠杆的竞争优势；在管理方面，它一改强调指挥和控制的管理思想，转换到领导、激励、支持和信任上来。

3. 企业间的合作由一般合作模式转向多种互利合作模式

现代企业不能只提供各种产品和服务，还必须懂得如何把自身的核心能力与技术专长恰当地同其他各种有利的竞争资源结合起来，弥补自身的不足和局限性。在现代企业的生存原则中，"排他"已被"合作"所取代包容。

许多成功企业形成了不少互利合作的竞争方式。供应链型，主要是企业与供应商之间的合作。在企业的价值链中，供应过程所占成本很多，所以供应链的动态互联至关重要。战略网络型，主要是指企业通过建立与供应商、经销商及最终用户的价值链形成一种战略网络，竞争已不是单一的公司之间的竞争，而是战略网络间的竞争。协作联营型，表现为企业通过有选择的与竞争对手，以及与供应商或其他经营组织分享和交换控制权、成本、资本、进入市场机会、信息和技术等，形成联营组织，从而在市场竞争中创造更多的价值。虚拟组织型，是利用信息技术把各种资源、能力和思想动态地连接起来，成为一种有机的企业网络组织，以最低的成本、最快的速度创造价值。

4. 员工的知识和技能成为企业保持竞争优势的重要资源

企业将主要通过管理员工的知识和技能，而不是金融资本或自然资源来获取竞争优势。企业的知识被认为是和人力、资金等并列的资源，并将逐渐成为企业最重要的资源。

出现在资产负债表上的资产，如厂房、设备等，虽然很容易估价和进行管理，但它们已经越来越难以决定企业的价值。相反，企业的价值更取决于无形资产，如品牌、专利、特许经营、软件、研究项目、创意及专长等。国外研究表明，在企业的市场价值中，已有6/7都取决于这些"知识"资产。管理这些资产中的任何一种都是很难的，但最难的还是怎样对待员工的思想和知识。企业需要更多地通过组织学习、知识管理和加强协作能力来应对知识经济的挑战，将现有组织、知识、人员和流程与知识管理和协作紧密结合起来。

5. 从传统的单一绩效考核转向全面的绩效管理

传统的单一绩效考核是通过对员工工作结果的评估来确定奖惩的，以期实现对员工的激励，其致命的问题在于：从目标到绩效结果的形成过程缺乏控制；不是封闭的，没有绩效改善的组织手段作为保证；在推行绩效考核时会遇到员工的反对。

把绩效管理与公司战略联系起来，变静态考核为动态管理，是近年来绩效管理的显著特点。信息技术的发展使更为精细的绩效管理成为可能，绩效管理的工具也由单一向多维发展，主要包括目标管理、关键绩效指标、360 度打分、平衡计分卡和 EVA（经济增加值）价值管理等。

6. 信息技术改变企业的运作方式

信息技术的发展和应用，几乎无限制地扩大了企业的业务信息空间，使业务活动和业务信息得以分离。在订单的驱动下，原本无法调和的集中与分散的矛盾得以解决，并提供了手段。通过整合能够实现企业内部资源的集中、统一和有效配置；借助信息技术手段，如"协同设计""协同制造"和"客户关系管理"等，企业能够跨越内部资源界限，实现对整个供应链资源的有效组织和管理。

为了应对挑战，出现了许多如 PDM（产品数据管理）等企业信息化产品，在不同层次、不同方面为企业管理与技术水平的提升提供了解决方案。

7. 顾客导向观念被超越

由于顾客往往缺乏主见，因此顾客导向难以使企业具有前瞻性。而近十几年来，以微软、英特尔为首的部分高科技企业放弃了"顾客导向"，采用以产品为中心的经营战略，并取得了巨大成功，由此产生了超越"顾客导向"的竞争新思维。这种现象的出现，主要是因为随着知识经济时代的到来，企业面对的已不仅仅是现有的份额，更重要的是未来的市场和挑战。要提高企业的预见性，抢占产业先机，仅着眼于顾客导向已经不够，它会随着竞争条件的变化而逐渐失效。

8. 由片面追求企业自身利益转变为注重履行社会责任，实现经济、环境、社会协调发展

越来越多的消费者关注跨国公司在推行市场全球化过程中的社会责任表现，同时更多的公司认识到，良好的企业社会责任策略和实践可以获取商业利益，社会责任表现良好的企业不仅可以获得社会利益，还可以改善风险管理，提高企业的声誉。近十几年来，管理体系方面最重要的发展应该是 SA8000 社会责任国际标准。在目前的商业环境下，已经不是"是否应该"实施社会责任政策的问题而是如何有效实施，大多数商业发展计划都要进行道德评估和环境影响分析。在 ISO 9000 和 ISO 14000 之后，SA8000 标准是一个最新的管理体系标准。大多数公司意识到，消费者在选择商家时越来越多地考虑公司的道德表现，商业行为符合道德标准已经变成一件头等大事。

【本章小结】

本章主要介绍了管理创新的相关内容。管理创新实质上是指一种能激发创造力的组织，可以不断地开发出做事的新方式及解决问题的新办法。管理创新的必要性主要是为了适应知识经济和现代科学技术的需要；是为了市场经济和激烈的市场竞争的需要；同时也是为了企业现状和深化企业改革的实际需要。管理创新的内容主要包括管理思想、管理理论、管理知识、管理方法、管理工具等方面的创新。影响企业管理创新的因素主要包括组织的结构、文化和人力资源等。

管理创新的过程主要是对现状的不满，然后从其他来源来寻找灵感，接着就去思考新的方式方法，创新自然而然就应运而生了。管理创新的基本条件是要有一个良好的心智模式，同时还应该具有较强的能力结构，具备较好的基础管理条件，企业能为创新者营造一个良好的氛围，并且要结合本企业的实际特点，达到解决企业实际问题，实现企业应有的创新目标。管理者要想提高公司的管理创新能力，首先应该有意识地进行管理创新，并且要创造一个善于怀疑和勇于解决问题的氛围。

【复习题】

1. 什么是管理创新？管理创新对企业的生存与发展有什么意义和作用？
2. 管理创新所包括的具体内容是什么？通常如何分类？
3. 简述影响企业管理创新的因素。
4. 简述管理创新与科技创新的关系。
5. 简述管理创新的过程。
6. 简述管理创新的条件。
7. 简述管理创新的理论依据。

【讨论题】

1. 作为管理者，如何才能提高公司的管理创新能力？
2. 现代企业管理创新的趋势是什么？

◇ 阅读资料

世界就是你的研发部

海尔的新型立式空调与常见的空调不同，出风口在一个圆洞里。这个环形出风口是出冷风的，但同时会从这个洞的后面带动常规的自然风过来，吹上去令人感觉很舒服。

这么一个与众不同的变化，要用到空气射流等技术，海尔原有的研发力量根本做不到。但令人惊讶的是，样机在一年内就做了出来，比以往的研发速度快了一倍。

帮了大忙的就是海尔搭建的全球研发资源整合平台，这个平台整合了全球多家知名高校和科研机构的专家学者，涉及电子、生物、动力、信息等诸多领域。海尔只要将自己的研发需求放到这个平台上，就可以坐等科研资源找上门了。

据海尔超前创新中心方案总监张立臣和海尔立式空调企划总监雷永锋介绍："把出风口难题放到资源整合平台上之后，大概一周以后，就有世界上最领先的资源，来跟我们做交互，提供相应的解决方案。出风口这一部分是中国科学院和中国空气动力研究院为我们设计的。里面还有一个智能模块，则是一个美国的资源为我们设计的。"

采用专利授权或者委托开发的模式，海尔和世界顶尖研发团队结成了一个利益共同体。在研发过程当中，形成一个专利池，谁有专利就把专利投进去，最后根据专利所占的份额不同，大家共担风险，共享成果。

关于创新，张瑞敏认为，创新不在于自身能创新什么，而在于能整合多少创新的资源。"能整合多大的资源，就有多大的能力。维基经济学认为，世界就是你的研发部。"

因此，研发应该是一个开放的平台。过去企业往往把研发作为一个很保密的部门，但如果把研发变成一个开放的平台，就会起到意想不到的放大效应。宝洁的前首席运营官到海尔来，和张瑞敏一同探讨过一个问题：宝洁为什么产品种类非常多，非常符合用户的需求？很重要的一点就是研发的开放平台。宝洁内部有9 000名研发人员，这9 000名研发人员通过一个开放平台整合了社会上180万研发人员，研发人员从数量上放大了200倍，这是非常关键的一个因素。

开放平台不仅聚集研发人员，也应聚集用户。海尔水晶洗衣机号称全球最安静的洗衣机，其研发方向就是用户确定的。研发人员通过互联网与200万用户进行互动，形成用户需求的大数据。由于是自主经营、自负盈亏，研发类经营体事先预算满足用户的这些需求后能实现的价值，然后开放地整合全球一流的技术、设备资源，达到领先的静音和洗净效果。上市后，水晶洗衣机拉动海尔滚筒洗衣机市场份额迅速上升到第一位，增速是行业的4倍。

张瑞敏说："过去我们总想重金挖人，现在，只要他们认同海尔的文化，设计团队可以是独立的，我们建立契约关系。刚开始我们很笨，用自己的想法左右他们的开发。现在我们不管，我们签订合同，不是开发产品，而是开发市场，争取用户，因为他们非常了解本地用户。我只是规定我要获取什么样的用户群体，以及他们开发出什么样的市场能获得什么样的报酬，至于其设计什么、如何设计，完全自主决定。"

现在，海尔在全球拥有五大研发中心，这些中心都是平台型的研发中心，以此形成"世界就是我的研发部"的开放体系。海尔的每个研发中心都是一个独立的研发总部，既可独立运营，又可相互协同。各研发中心根据地域性技术优势的不同从而侧重研发的聚焦也不同，如北美研发中心在基础科学及技术创新方面优势突出，海尔就把前瞻性研发及创意平台重点放在北美；欧洲研发中心在技术转移及产品孵化、工业设计等方面优势明显，海尔就把核心技术研发及技术可行性分析放在欧洲；日本研发中心聚焦在精细化及管控的优势上；中国则侧重产品的产业化。

五大研发中心的独立运营与相互协同使海尔拥有了开放式的全球研发体系，这个体系使其具备了领先行业的创新速度，进而创造着全球用户资源。其创新的法式、意式冰箱不仅获得全球用户的认可，同时也已成为全行业复制的对象。

小米现象

2013年，对于中国互联网来说，除了BAT（中国互联网公司三巨头，即百度、阿里巴巴、腾讯）是不得不提的话题以外，小米的异军突起，也成为现象级产品。本来已对国产手机不再抱有想象的公众，被打上了一针强烈的兴奋剂。小米手机以"发烧"为名聚集了一批高忠诚度的粉丝，再利用口碑效应不断为其扩大市场影响力。

数以千万计的小米用户成了小米研发的后援团，每天大量对手机的需求、意见、建议，都会通过微博、微信、论坛等渠道传递给小米的专业的交互团队，根据不同需求，小米手机的系统每周都会进行更新，每次更新都会发布几个甚至十几个功能，这其中就有1/3是由用户提出的。

更重要的是，小米是一种完全的轻资产模式，不同于传统手机厂商，它没有销售渠道，没有自己的工厂，其成功源于用互联网技术对手机制造业的改造：一是戴尔模式的供应链管理，实现了零库存，按需定制；二是亚马逊模式的渠道，降低了渠道成本；三是基于社会化媒体的"零费用营销"。

小米手机上市仅3年，营业额就达到300亿元人民币，公司估值更是高达100亿美元。小米几乎在一夜之间成为互联网颠覆传统产业的英雄，还为国民制造了一个经典的口水名词——"互联网思维"。因为小米，大家开始将所有具有互联网元素的传统企业称为"具备了互联网思维"。

互联网的颠覆力量开始全面爆发，人们的习惯在不知不觉中改变着。在计算机上看《纸牌屋》的时候，人们已习惯了网络视频；在微信上AA制的时候，人们开始离不开移动支付；当人们走进餐厅，不会先看菜单，而是打开"大众点评"；当人们开车的时候，大多数会使用高德地图。

可以看到，传统产品的互联网化是必行之路。对于制造商来说，如何转型显得迫在眉睫。解密小米模式就是解密移动互联网时代的制造业。

参考文献

[1] 达夫特．管理学．范海滨，王青，译．7版．北京：清华大学出版社，2009．
[2] 罗宾斯，库尔特．管理学．孙健敏，黄卫伟，王凤彬，等，译．9版．北京：中国人民大学出版社，2008．
[3] 周三多，陈传明，鲁明泓．管理学：原理与方法．5版．上海：复旦大学出版社，2011．
[4] 杨文士，焦叔斌，张雁，等．管理学原理．2版．北京：中国人民大学出版社，2004．
[5] 朱秀文，等．管理概论．天津：天津大学出版社，2004．
[6] 周三多．管理学．北京：高等教育出版社，2000．
[7] 孙炳堃，周刚．管理学基础．天津：天津大学出版社，2001．
[8] 吴照云．管理学．4版．北京：经济管理出版社，2003．
[9] 周健临．管理学教程．上海：上海财经大学出版社，2007．
[10] 魏晓龙，亓文会．管理学原理．长春：吉林大学出版社，2009．
[11] 赵继新，吴永林，郑强国．管理学．北京：北京交通大学出版社，2012．
[12] 戴淑芬．管理学教程．3版．北京：北京大学出版社，2009．
[13] 华锐．企业文化教程．北京：企业管理出版社，2003．
[14] 申望，李秋燕．成功企业的企业文化．北京：中国华侨出版社，2002．
[15] 王吉鹏．企业文化的39个细节．北京：中国发展出版社，2005．
[16] 陈春花．企业文化塑造．广州：广东经济出版社，2002．
[17] 陈玉芝．新经济时代的企业管理理念．中国新技术新产品，2010（2）：174．
[18] 姚乐．探析我国企业管理创新的有效方法．当代经济，2009（23）：12-13．
[19] 张晋龙．试论现代企业管理中的人本管理．甘肃科技，2009（23）：110-112．
[20] 罗宾斯，德森佐，库尔特．管理学：原理与实践。毛蕴诗，译．9版．北京：机械工业出版社，2015．
[21] 葛荃．中国古代行政管理思想史　天津：天津人民出版，2016．
[22] 苏艳芳．管理学基础与应用．2版．北京：中国财富出版社，2015．
[23] 惠顿，金梅伦．管理技能开发．张文松，等，译．8版．北京：机械工业出版社，2012．
[24] 克思斯托弗，戚依男．管理创新案例集．北京：北京大学出版社，2014．
[25] 泰勒．科学管理原理．马风才，译．北京：机械工业出版社，2013．
[26] 胡泳，郝亚洲．海尔创新史话（1984-2014）．北京：机械工业出版社，2015．
[27] 李志刚．创京东：刘强东亲述创业之路．北京：中信出版社，2015．
[28] 方兴东，刘伟．阿里巴巴正传．南京：江苏凤凰文艺出版社，2015．